中国社会科学院　学者文选

潘梓年集

中国社会科学院科研局组织编选

中国社会科学出版社

图书在版编目(CIP)数据

潘梓年集／中国社会科学院科研局组织编选. 一北京：中国社会
科学出版社，2012.12（2018.8 重印）

（中国社会科学院学者文选）

ISBN 978-7-5161-1913-6

Ⅰ.①潘…　Ⅱ.①中…　Ⅲ.①社会科学—文集　Ⅳ.①C53

中国版本图书馆 CIP 数据核字（2012）第 303251 号

出 版 人	赵剑英
责任编辑	关 桐　孙 萍
责任校对	韩海超
责任印制	李寡寡

出　　版	中国社会科学出版社
社　　址	北京鼓楼西大街甲 158 号
邮　　编	100720
网　　址	http：//www.csspw.cn
发 行 部	010-84083685
门 市 部	010-84029450
经　　销	新华书店及其他书店

印刷装订	北京市十月印刷有限公司
版　　次	2012 年 12 月第 1 版
印　　次	2018 年 8 月第 2 次印刷

开　　本	880×1230　1/32
印　　张	15.25
字　　数	379 千字
定　　价	89.00 元

出 版 说 明

　　一、《中国社会科学院学者文选》是根据李铁映院长的倡议和院务会议的决定，由科研局组织编选的大型学术性丛书。它的出版，旨在积累本院学者的重要学术成果，展示他们具有代表性的学术成就。

　　二、《文选》的作者都是中国社会科学院具有正高级专业技术职称的资深专家、学者。他们在长期的学术生涯中，对于人文社会科学的发展作出了贡献。

　　三、《文选》中所收学术论文，以作者在社科院工作期间的作品为主，同时也兼顾了作者在院外工作期间的代表作；对少数在建国前成名的学者，文章选收的时间范围更宽。

中国社会科学院

科研局

1999 年 11 月 14 日

目　　录

编 者 的 话

——纪念潘梓年诞生 120 周年和逝世 40 周年

潘梓年又名宰木、定思、弱水、任庵，是国内外知名的哲学家、逻辑学家。曾任中国科学院党组成员兼中国科学院哲学社会科学部（即今"中国社会科学院"前身）分党组书记，中国科学院哲学社会科学部副主任兼哲学研究所所长。学部委员、一级研究员、《哲学研究》编辑委员会召集人（相当于主编）、全国人民代表大会一、二、三届代表。因遭"四人帮"的迫害，1972 年 4 月 10 日病逝于狱中，终年 79 岁。

从追求新文化到坚信共产主义

潘梓年 1893 年 1 月 11 日出生在江苏省宜兴县陆平村。1911 年，18 岁的潘梓年在辛亥革命的影响下，产生了追求新知识和新文化的强烈愿望，执意外出求学，他到上海先后在私立大同书院和龙门师范读书三年。随着"五四"运动新思潮、新文化的影响遍及全国，潘梓年再一次燃起了追求新文化和新思潮的热情。1920 年他又去北京大学哲学系学习哲学、逻辑学和新文学。听过鲁迅、胡适、陈百年等人的讲课，特别是鲁迅先生主讲的新文学对他影响最大。当时的北京大学，"五四"运动的革命思潮仍旧如巨涛奔涌，《新青年》、《新潮》等进步刊物在学生中广为传阅，他就是在这样的环境下开始接受马克思主义的熏陶，新的思想、新的世界观在他的头脑里逐步形成并建立起来。也正是在这个时候，奠定了他后来从事哲学和逻辑学研究的基础。

在北京大学学习三年后，1923年他被介绍到当时颇具名声的保定育德中学教书。当时该校部分师生成立了一个"保定育德中学文学研究会"，专门请他去做新文学的讲演，先后讲了八次，深受欢迎。他的讲演记录很快被整理出来，由北新书局正式出版，书名是《文学概论》，书中还附录了他撰写的有关文学方面的论文。这本书从1926年第一版起共出六版，发行近五万册。

1926年，大革命的风暴已经到来，对腐败的军阀统治早已深恶痛绝的潘梓年，决心参加到大革命的斗争中来，并于1926年初由北京奔赴广州参加革命，但因交通不便加上途中生病，以致旅途延宕，等他到达广州时北伐军已经出发。1927年初他回到上海。不久蒋介石发动了"四·一二"反革命政变，白色恐怖笼罩全国。但是，此时的潘梓年已经决心献身革命，就在这一片白色恐怖的腥风血雨中，他毅然加入了中国共产党，从此开始了一个共产主义者的革命生涯。

入党后不久，他根据党的指示和史曜宾、李阳谷一起回到家乡宜兴，进行了重建中共宜兴县委的工作。潘梓年等到宜兴后，和留在当地的几位党员重新组织了秘密的马克思主义小组，后经中共江苏省委批准，成立了中共宜兴县特别支部，由史曜宾任书记，潘梓年任宣传委员。同时，经党组织同意，潘梓年公开出任国民党的县教育局局长，这对他利用合法身份在教育界进行团结、争取工作极为有利。他利用这一身份经常奔走于南京和宜兴之间，为在江苏举行的第一个秋收暴动做了大量准备工作。为此，他受到国民党右派的怀疑和仇恨，县城里贴出了攻击他的标语。在这种情况下，党组织考虑到他当时的处境，只好把他调回上海。后来宜兴暴动失败，他也无法再返回家乡。

1927 年 9 月，潘梓年回到上海，立即投入党的左翼文化工作。开始他在北新书局负责主编《北新》、《洪荒》等进步刊物。在《北新》半月刊上，几乎每期都有他的文章，其中最有影响的是题为《青年的烦闷》和《青年应该烦闷吗?》这两篇论文。在第一篇文章里，他揭露了当时帝国主义之间正在策划着的战争阴谋及其对中国加紧侵略和瓜分的事实；揭露了军阀间的混战和专制统治；揭露了国民党以"清党"为名屠杀共产党人和进步青年的种种罪行。接着又在第二篇文章里，告诫青年"敢于烦闷是应该的，只会烦闷就不应该"，指出当前最主要的任务就是"打倒帝国主义和打倒军阀"，号召"青年们不用烦闷了，快来寻找这解除烦闷的路途!"，潘梓年还经常以短评、杂评形式将一把把匕首、利剑投向反动营垒。有时在一期刊物上，就有他写的几篇短评，最多达到八篇，其中有揭露日本政府侵华阴谋的；有揭露国民党背叛三大政策的；有揭露某些人标榜无政府主义的反动嘴脸的等等。

1929 年，在党的指示下，他负责创办了华南大学，自任教务长并延聘知名的左翼文化界人士到校任教，在教育界打出了一面红旗。其目的之一就是为了与当时国民党改组派陈公博创办的大陆大学争夺进步青年，把大批进步青年团结在中国共产党的周围，结果学校很快被租界当局查封了。

1930 年，党派他到上海左翼文化运动的领导机关工作，开始是任"社联"（社会科学联盟）的负责人，后来又调到"文总"（"左翼文化总同盟"的简称，是各左翼团体的领导机关，下设"左联"、"社联"、"教联"、"美联"、"剧联"等）当书记，党在"文总"中的组织（不公开）叫"文委"（文化工作委员会），他也是"文委"领导人之一。丁玲生前曾深情地回忆说，"1932年春天，我和田汉、刘风涛等同志入党时，就是潘老代表'文委'主持的入党宣誓仪式，当时瞿秋白同志曾作为中共中央宣传部的代表参加了会议。"

1932年到1933年，他还曾担任江苏省委机关报《真话报》的总编辑，联络地点就设在上海四川北路昆山花园7号丁玲家中。不幸的是，1933年5月14日，由于叛徒出卖，当他到丁玲家中联系工作时，国民党特务突然破门而入，他们一起被捕了。潘梓年、丁玲被捕后，柳亚子、鲁迅等社会知名人士即时领衔组织了"丁潘营救委员会"，公开向社会呼吁营救，要求立即释放。与此同时，潘梓年的二弟潘菽（当时任教于南京第四中山大学——即南京大学前身）得知消息后，立即去拜访蔡元培、邵力子等知名人士，请他们出面营救。在这些人士积极活动并写信给当局要求尽快释放的情况下，国民党当局迫于社会舆论的强大压力，才不敢立即杀害他们。

潘梓年开始被拘留在上海警察局拘留所，后被解往南京宪兵司令部拘留所。此时，他早已将生死置之度外。敌人派了两个叛徒向他劝降，其中一个是他被捕前的直接领导人，另一个自称是他的学生。他在这两个叛徒面前正气凛然，侃侃而谈，毫无惧色。敌人见劝降无效，就对他施以酷刑，妄图迫他就范。但他始终视死如归，没有低下一个共产党员的头。结果被判处无期徒刑，投入了南京军人监狱。

1934年，红军开始举世闻名的二万五千里长征。革命力量再次遇到挫折和困难，国民党也乘机散布红军已"溃散"，中共"濒临灭亡"等谣言，对政治犯更是加紧施行欺骗、利诱、分化、胁迫等种种手段，妄图动摇政治犯的意志。潘梓年一直十分坚定，在就近的几个牢房中他的年龄最大，平时说话很少，但他沉着、坚定的神情常常给人以鼓舞和信心。为了激励难友们对革命的信念，他在狱中写下了一首托物言志的"咏雪"诗：

> 一片一片又一片，
> 飞上河山皆不见；
> 前消后继更凶猛，
> 终把河山全改变。

此诗在难友中流传着，鼓励大家坚持斗争。1940 年 1 月 9 日重庆《新蜀报》发表此诗时附有潘梓年写的一篇短序，"前年在狱，见朋辈中有困顿经年，健康为毁而颓丧怨伤，自叹不辰者，因赋雪诗以勖之"。一些后来还健在的当年难友，回忆起那段狱中生活时，都很感激潘梓年给予他们的关怀、鼓励和帮助。同牢的难友都很尊敬他，称他为"老大哥"。

由于日本帝国主义的入侵，全国出现了要求一致抗日的强烈呼声。潘梓年和难友们一起以中央军人监狱全体政治犯的名义向外界发表了一个宣言，要求释放全部政治犯和一致抗日。宣言送出后，终于在一个小报上刊登出来。潘梓年和楼适夷等还给冯玉祥将军写信，希望他促成国民党释放政治犯，给他们抗日的权利。西安事变后，由于我党的努力，再一次促成了国共合作的新形势。他的堂弟潘汉年作为中共代表团成员到达南京后，立即去狱中看望他，告以国共正要谈判，政治犯都将获释的消息。1937年 6 月，被囚禁了四年多的潘梓年终于被营救出狱了。党对他在狱中的表现，在 1942 年重庆整风时就作了结论，董必武曾代表党就这段历史对他给予了充分肯定。实践终于证明，潘梓年已经由一个新文化的追求者成为一名坚强的共产主义战士。

党在新闻、教育战线上的忠诚战士和卓越领导人

潘梓年出狱后，立即赶赴上海。周恩来很快接见了他，要求他继续留在白区，和章汉夫一起去南京筹办新华日报，经党中央批准任命他为新华日报社社长。自此整整八年抗战期间，他一直战斗在党的新闻战线上。

毫无疑问，国民党允许《新华日报》在它的统治区出版和发行，完全是被迫的。报纸于1937年10月在南京开始筹办，不到一个月就筹办就绪，试版送审，大出国民党的意料之外。于是，国民党就百般拖延、极力阻挠，不让出版。由于南京即将失守，11月下旬他们撤退到武汉。在这里继续受到国民党的阻挠，党决定先出版《群众》周刊。后来经过反复斗争，1938年1月11日第一份《新华日报》终于在武汉出版了。同年10月武汉即将失守，新华日报社又迁到重庆，潘梓年留在武汉坚持到最后一份报纸的出版。当他和李克农奉命率领100多名《新华日报》和八路军办事处工作人员向重庆撤退时，行至嘉鱼燕子窝，江轮被日机炸沉，25名同志不幸遇难，其中就有潘梓年的胞弟潘美年。他满怀失去亲人的悲痛，带领幸存者徒步行进，经过一个多月的辗转跋涉，才抵达重庆，第二天就投入了紧张的工作。

《新华日报》是第二次国共合作期间，我党在国民党统治区唯一公开出版的大型机关报，是党在国统区从事政治、外交、文化等方面的斗争，开展统战工作，组织群众运动，宣传党的纲领、路线和政治主张的有力舆论武器。它从1938年1月11日创刊起，至1947年2月28日被迫停刊的九年多时间里，国民党总是想方设法企图扼杀它。党报工作人员没有一天不要同国民党的限制、破坏的阴谋作斗争，而作为社长的潘梓年，更是时时站在

这一斗争的最前列。在我党南方局的直接领导下，他经常孤身一人，代表报社与国民党当局作面对面的交涉和斗争。

报纸在武汉创刊不几天，国民党就雇用一批流氓闯入报社的印刷厂，破坏了全部机器，潘梓年和其他同志一起，坚决和他们斗争，逼迫国民党不得不承认错误，并保证今后不再发生类似事件。

国民党还经常以"检查"为名，扣压《新华日报》的重要新闻或社论，迫使报纸经常大块大块地开"天窗"（由于稿件被扣压或撤掉而出现的空白版面）。为了和国民党的新闻限制政策作斗争，潘梓年在国民党中央宣传部召开的一次报界同业会议上，公开揭露他们摧残《新华日报》和其他进步报刊、限制新闻自由的罪行，赢得了许多新闻界人士的赞赏和支持。

国民党还把新闻检查机构设到新华日报社的门口来，潘梓年就立即去找国民党当局，当面慷慨陈词："你们的新闻检查已经很不光彩了，如果还要把检查机构摆在我们报馆的大门口，那就要在新闻史上留下最肮脏的一页，这是谁也负不起的罪责。"说罢，昂然而去。

国民党宣传部还以日机轰炸重庆为由，以机器、房屋、纸张等出版条件困难为借口，要重庆各报都临时停刊，阴谋迫使《新华日报》永远停刊。他们组织了一个重庆各报联合版，实际是在《中央日报》主持下编辑发行。国民党宣传部长叶楚伧为此准备召开一次会议。周恩来当面指示潘梓年，要求叶楚伧负责声明联合版只是一时的办法，必须确定它的结束时间。会前，潘梓年单独找叶楚伧说明了我党的态度，并声明如果不确定联合版的期限，就不参加联合版。叶楚伧只好表示同意，确定以一个月为期限。但到了一个月，仍然百般阻挠《新华日报》单独出版。潘梓年和报社同志一起，一面跟国民党当局不断交涉，一面公开出版油印版，在城内外到处张贴，先由三日刊变为二日刊，最后改成日刊，迫使国民党当局不得不同意《新华日报》复刊。

在"皖南事变"发生的那个气氛紧张的夜晚，周恩来派潘梓年和石西民马上到几家影响较大的民营报馆，揭穿国民党歪曲真相、封锁《新华日报》、妄图一手遮天的阴谋。在如墨的夜色里，他们提着灯笼，冒着刺骨的寒风，跟跄在崎岖的山路上，走访了《新蜀报》、《新民报》等报馆，恳切说明"皖南事变"真相，阐明我党的严正立场，希望他们在舆论上主持公道。进步报人以各种方式纷纷向我们表示慰问和同情。由于当时形势的突然恶化，《新华日报》被迫由200多人疏散到只剩下80多人，估计到形势可能进一步恶化，留下坚持工作的人员要准备应付突然事变，如报纸被封、人员被捕等，潘梓年就是由周恩来指定留下来坚持到底的人。这是《新华日报》创刊以来最艰难的时期，潘梓年和留下来的同志一起坚持斗争，英勇顽强地守住了我党在国民党统治区这个唯一的公开舆论阵地。

每当《新华日报》发表重要新闻和社论时，报纸的发行工作必然要遭到国民党军警、特务的捣乱，他们没收报纸，殴打报工、报童。每当遇到这种情况，潘梓年就动员、带领全报社的科室人员和工人一齐上街卖报，他也就成了国民党特务跟踪的重点对象。直到今天，在我党接收的敌伪档案中，还完整地保留着对他和他夫人吴组芳历次去周公馆（周恩来在重庆曾家岩的住所）的跟踪记录。就这样，潘梓年面对着随时可能遭到逮捕、屠杀的白色恐怖，英勇地战斗了八九个春秋。

无论平时工作多忙，他从未忘记自己是党的一个宣传、理论工作者。在九年多的时间里，他曾为报社写过数百篇社论、代论、专论和其他署名文章，宣传共产党的抗日救国主张，揭露国民党妥协投降、制造分裂、反对共产党和镇压民主运动的各种阴谋，把长枪、戟戈和匕首一起投向国民党的反动营垒。

历史已经为《新华日报》在抗日时期所立下的功勋写下了光辉的篇章。冯玉祥将军曾为《新华日报》题了"受尽辛苦、直率敢言……将来更堪纪念"的赞诗。当年邓初民曾生动地赞誉潘梓年："大布是其衣，一生只服务"。董必武也曾以"如君党性实堪钦"的诗句赞扬他。

潘梓年不仅在新闻战线上是我党的一名忠诚战士和卓越领导人，而且在教育战线也是我党的一名忠诚战士和卓越领导人。1948年12月为迎接全国的解放事业，他被派到河南郑州筹办一所培训干部的新型高等学校——中原大学（后迁开封、武汉），任校长兼党委书记，为迎接我党在全国的胜利培养了一大批骨干。

1949年5月他被调到武汉，先后担任武汉军事管制委员会文教部部长、中南军政委员会教育部部长、文委副主任兼高教局局长等职，直到1954年。在他任中南教育部部长期间，首先面临的艰巨而复杂的任务是，领导河南、湖北、湖南、广东、广西、江西六省和广州、武汉二市原国统区大、中、小学校的接管工作，这项工作任务繁重、政策性强、困难很多。为了领导好这项工作，他不折不扣地贯彻了党的"维持现状，逐步改革"的方针和对全体教师实行"包下来"的政策，从而极大地安定了广大知识分子的情绪，使接管工作得以顺利进行。他多次深入到武汉大学等院校，找学校领导和专家、教授集体座谈或个别谈心，宣传党的教育路线、接管方针和知识分子政策，逐步密切了党和知识分子的关系，使接管工作得到了广大知识分子的拥护。当时遇到的最大问题是如何妥善处理教会学校的问题，他一方面在政治上对这些学校的上层分子作必要的争取工作；另一方面更充分地做好团结广大正直、爱国知识分子的工作。由于国家对他们也采取了"包下来"的方针，准许教会学校继续招生，使得绝大多数的教职员工和学生积极拥护接管，并且安下心来坚持教育，终于在很短时间内顺利地解决了接管教会学校的难题。

在完成学校接管任务后，很快就开始了全国大专院校的院系调整工作，这又是一项极其复杂、细致、政策性很强的工作。潘梓年除在湖北抓好武汉大学这个重点外，还到河南、湖南、广东、江西等省市进行普遍调查。除听取一些教育厅、局长和大学校长的汇报外，他还召开各种教师座谈会，具体了解各地高等学校的院系设置、教师力量、教材设备等情况，听取他们对院系调整的各种意见，从而使中南地区院系调整工作进行得相当顺利。

他十分重视贯彻党的知识分子政策，经常去武汉大学拜访学校领导、专家和教授，在和他们交谈时，总是十分尊重他们，以诚相待，因此他和许多大学校长、专家、教授们相处得十分融洽。有的老专家说，潘梓年自己就是一位学者，所以最了解知识分子，最尊重知识分子，也最能团结知识分子。为了掌握各地贯彻知识分子政策的情况，他还专门派了一个调查组去广东各地调查中小学教育的情况，发现了许多违反党的知识分子政策的过"左"做法，调查组及时向他作了汇报。其后他亲自到广州向当时的华南局书记陶铸汇报了有关问题，引起了陶铸的关心和重视。当时的中央教育部副部长钱俊瑞也在中央教育部的一次会议上肯定了调查组的工作成绩。总之，潘梓年作为新中国中南地区的教育部部长，在建国之初为开创和发展党的教育事业作出了积极的贡献。

在艰苦岁月中勇敢探索和努力宣传马克思主义哲学

1927 年，他在上海入党后所从事的由党领导的左翼文化运动，使他有机会比较系统地接触和学习马克思主义，他尤其酷爱研究马克思主义哲学，并努力用辩证唯物论的观点观察社会，分析阶级矛盾和阶级斗争的形势，用一篇篇政论性文章或短评揭露和批判帝国主义的侵略野心与反动派的欺骗哲学。

1933 年至 1937 年，在四年多的监狱生活中，不论环境多么复杂艰难，他一直顽强地坚持学习和写作，针对当时有人曲解辩证法的谬论，写下了《矛盾逻辑》（1937 年经过改写公开出版时改名为《逻辑与逻辑学》，1961 年由三联书店再版）一书，通俗、系统地向读者介绍了唯物辩证法的三条基本规律和其他辩证法的范畴法则，从理论上回答了反动文人的挑战，这是继艾思奇的《大众哲学》（1936 年）之后又一本向中国读者普及唯物辩证法的重要著作，而且是一本具有独特理论见解的学术著作。

书中强调辩证法的基本规律应是三个，而不是一个或两个。他从三个方面相当全面地论述了"对立统一规律"：首先，他认为任何事物（自然、社会或思想）的内部都包含着互相对立的两个方面，只有把一个统一体分裂成两个对立的构成部分去观察，才能具体认识到事物的整体和发展。就以最简单的位置移动来说，走路中的每一步也都包含着"留住某一地同时又要离开这一地"这两个矛盾部分。而作为有机界的新陈代谢，每一个细胞都包含着"在生长同时就在死灭"这两个矛盾部分。在社会生活中更是充满着生产力与生产关系、生产和消费、资本家和工人等等互相矛盾的对立物。其次，他指出"辩证法所讲的矛盾是一个统一物自身所包含的内在矛盾"，这种内在矛盾"不但是互相渗透在一个统一物的每一分子每一质点之中，而且是贯彻于这一事物发展的自始至终全部过程之中"。这正是对矛盾普遍性的深刻表述。其三，他还论述了矛盾的主导方面，指出发展过程中所具有的互相矛盾着的两个对立部分，其中有一个方面是站在主导的地位，"一切发展过程就全靠有这主导的一面"，而这种主导面又不是固定不变的，而是随时可以变换的。

书中对"质量互变律"的论述在当时也算是比较全面的了。他认为"质量互变律"是对立统一律更具体的体现。"对立统一律"是剖析一切事物运动与发展的根源，后者是简述运动与发展的具体历程。他首先对质和量的区别和关系作了辩证的分析，指出质和量都是客观事物最根本的规定性在主观上的反映。世界上没有无质的量，也没有无量的质，而量的差别往往引起质的差别。他还指出，任何事物的变化总是要经由量的渐变到质的突变，然后又开始一个新的量变到质变的过程，当事物的量变还没有达到根本上变成另一事物时，就只是处在同一质的量变阶段。这些都比较正确地表述了量变与质变的辩证法。

书中对"否定之否定律"的论述是具有独特见解的。他认为，否定之否定律"把一切事物的发展从形式上定型化"了，并特别指出："在否定之否定这一整个发展阶段中所包含的质变与量变，不止一次，而是有两次或更多次"。所以，"否定之否定是辩证法的一个独立规律"。他说辩证法的"否定"和机械论的"取消"是根本不同的。一个事物的被否定，并不是全部被取消了，"所被否定的，只是那种不合时宜的、破烂而不可救药的运动方式，至其所有好的，仍有用的内容或成分，则仍吸收在新的事物中而予以保存，且在新的方式下继续发展下去"。这就叫做"扬弃"。所以，"革命不是简单的破坏，而是为了新建设而破坏"。总之，"否定之否定"不是简单的循环，"而是旋转到更高一级的开始时的状态"。

应当承认，这些见解在今天看来已不再新鲜。难能可贵的是，他是在70多年前提出的，而且是在狱中极少能见到参考书的条件下运用已有的马克思主义知识进行独立探索时形成的，而他对矛盾普遍性、内因与外因的关系以及主要矛盾方面的论述，特别是对事物内部矛盾的论述都是"作者自己觉得可以说是'心得'的一点"。所以，书中指出的这些思想，在当时是相当精辟和新颖的。1937年该书出版后，潘梓年当即寄给毛泽东同志，并很快就收到了毛泽东的回信，表扬他在哲学领域作出的贡献。

在整个抗日战争时期，潘梓年尽管一直在蒋管区担任《新华日报》社社长的重要工作，但是面对着争取抗战胜利这一革命的中心任务，他努力运用唯物辩证法的观点写出了一批如何争取抗战胜利的社论和专论。从1938年到1941年，他先后发表了《自力更生与争取外援》、《互相帮助共同发展争取抗战胜利》、《坚持抗战，争取更大的国际同情与援助》、《中国抗战与国际反法西斯斗争》等等专论。在这些专论中，他始终坚持理论联系实际的优良学风，充分分析了争取抗战胜利的内因和外因及其相互关系，论证了只有通过坚持持久的抗战并在争取外援的条件下才能取得抗战的最后胜利，才能使可能性变为现实性。为了向要求进步的青年和支持抗战的进步人士宣传马克思主义哲学，也为了驳斥对马克思主义哲学的各种攻击，他在繁忙的工作中，仍然挤出时间写出了《怎样学哲学》、《列宁怎样发展了马克思主义》、《关于认识论与辩证法的同一问题》、《关于"由量变到质变"的辩证规律》、《共产主义与马列主义》、《关于动机与立场》、《物质与精神的关系》等一批宣传唯物辩证法、批判唯心论和形而上学的论文。当时有的反动文人恶意攻击和歪曲马克思主义哲学，胡说他们发明了一种"创进理论"，是一种"最进步的理则"，而诬蔑辩证法的量变质变规律是落伍了的"机械论"；也有人散布认识论与辩证法没有同一性的谬论。潘梓年就在《关于"量变到质变"的辩证规律》等文章中，坚决地驳斥了那种否认量变的作用和价值的所谓"创进理论",指出这种"创进理论"的目的就是要人们放弃或放松为争取抗战胜利所作的一点一滴的努力,实际上只是为了否定自力更生的内因论,而主张完全依赖外援的外因论。他在《物质与精神的关系》一文中,一方面论述了唯物主义者对精神作用的充分承认,一方面又批判了唯心主义者在对待精神作用问题上对唯物主义的攻击,揭露他们实际上是在宣传物质与精神并存的二元论。他在《共产主义与马列主义》等文章中还批判了有人企图用民主主义来代替共产主义的谬论,坚持了马克思主义关于阶级斗争和无产阶级革命的历史唯物主义原理。

在逻辑学领域的理论失误与求实态度

潘梓年是我党早期的一位马克思主义哲学家,他在1937年出版的《逻辑与逻辑学》一书,曾以三分之二的篇幅相当系统地论述了唯物辩证法的三条基本规律和一系列辩证法范畴,是当时少有的几本传播马克思主义哲学的理论读物,曾经受到毛泽东同志的好评和鼓励。但也不可否认,他在逻辑学领域曾有过明显的理论失误。《逻辑与逻辑学》一书是"主要想来解决辩证法与形式逻辑的关系问题"的,对逻辑学特别是形式逻辑的学科性质、对象范围产生了十分明显的误解。他笼统地提出:"辩证唯物论是本体论,是逻辑,同时也是认识论"。并把逻辑学的对象表述为"是从把握宇宙一般运动法则中来获得思维运动法则的"。他不仅简单把辩证逻辑完全等同于辩证法和认识论(当时的哲学家几乎都是这样理解的),而且完全混淆了"逻辑"作为多义词的两个不同的概念,即把作为哲学领域的辩证逻辑和作为具体工具性科学的形式逻辑混合为同一个"逻辑学"。在对待形式逻辑的态度上，不仅把形式逻辑和辩证逻辑视作低级逻辑必然要发展到高级逻辑的关系，而且完全把形式逻辑误解为哲学上的形而上学世界观，进行了非常激烈的批判和否定。他说：形式逻辑都把思维看做是存在以外的东西；形式逻辑把一切自然都当作静止的东西来观察，所以它眼睛里的东西都是死的；形式逻辑是个别地去观察各种事物，把它们看做彼此孤立的东西，看作一成不变的形态；形式逻辑是从一事物以外去找寻这件事物的原因，等等。以上对形式逻辑的五点描述和指责不正是对形而上学世界观的一个完整写照吗？他正是根据对形式逻辑的严重误解进一步作出结论说："思维形式的研究（即形式逻辑）不可以再成为一门独立的科学"，"现在需要的是辩证逻辑而非形式逻辑"。而"辩证逻辑则是凌驾于形式逻辑之上的"、"发展到更高阶段的高级逻辑"。

大家知道，形式逻辑由古典的传统逻辑发展到现代的数理逻辑阶段，特别是计算机的问世，已经完全证明它是一门由仅仅研究思维形式发展到专门用数学方法研究推理形式的具体学科，是一门并非哲学世界观的专门学科。联合国教科文组织已把数理逻辑列为与数学相并列的基础科学，中国科学院原计算机研究所、现代计算机软件研究所一直设有一个纯技术性、工具性的数理逻辑研究室。我国 20 世纪 30 年代发生的一场辩证法对形式逻辑的误解和批判，无疑是应当被否定、被纠正的。但对这场批判的历史背景和理论根源都应当作具体分析，特别是对于参加这场批判的某些个人更应当作历史的、科学的分析。首先应当看到，当时正是马克思主义哲学刚刚开始在中国得到传播和研究的时候，对马克思主义哲学的理解难免会表现出某种简单、幼稚的弱点，国内哲学界和逻辑学界还没有人能对"逻辑"、"矛盾"等多义词从哲学和形式逻辑学两个方面作出科学的解释；一些逻辑学家也常常不恰当地把形式逻辑的同一律表述为反映事物不动、不变的规律；把矛盾律表述为没有矛盾的规律等等。其二，当时的苏联早已公开把形式逻辑当作为形式主义和形而上学被禁止。在这样的历史背景和理论背景下，作为一个决心信仰马克思主义的党员哲学家，出于对马克思主义哲学的忠诚和维护，几乎不可避免地要把形式逻辑当作形而上学世界观进行批判了。所以，潘梓年是如此，李达、艾思奇等也不例外。总之，潘梓年作为我党早期的一位马克思主义哲学家对形式逻辑产生的种种误解和批判，尽管是错误的，但又是应当得到理解的。

潘梓年虽然在哲学上把形式逻辑误解为形而上学的世界观进行了错误的批判。但他毕竟是一位严谨的学者，是一位要求贯彻马克思主义科学求实精神的哲学家。他当时虽然无法正确理解和解决形式逻辑和辩证法的关系，但他毕竟在北京大学哲学系攻读过哲学和逻辑学，1927年还翻译出版了美国琼斯的《逻辑》一书，这使他无法否认形式逻辑中有大量合乎科学的知识内容和推理方法。一种科学家的本性要求他必须承认这些知识的科学性和合理性。所以，面对30年代我国的一些辩证法家要求彻底否定形式逻辑的潮流，潘梓年除了从哲学上批判形式逻辑外，坚决反对对形式逻辑作全盘、彻底的否定。他明确指出："辩证逻辑学者如果根本抹煞了形式逻辑，当然不会是正确的。形式逻辑的不能被废除，是恩格斯和列宁都曾明白说过的。"在他的《逻辑与逻辑学》一书中，也实际上承认了形式逻辑合理内容的科学性质。他说："到了亚里士多德的《工具论》一书，逻辑这门学科就已有了具体的形态、完备的体系，这就是一般所说的演绎逻辑"，"演绎逻辑主要是从语言文字的活动上去考查思维活动的合法性"，并进而承认："现在形式逻辑自己也已有了很大的发展。符号逻辑、数理逻辑等已创造很严密、很广大的推演法，……这，我们一点也用不着去反对。只要我们有本领去运用，它那严谨的技术、对于我们是很有帮助的。""目前符号逻辑、数理逻辑有非常巨大的发展，这是形式逻辑演绎法的新的进步，正和统计法是归纳法的新进步一样，应当予以充分的研究。"这些论点在当时的党员哲学家中几乎是绝无仅有的一家，因而是非常难能可贵的。

在当时，潘梓年也无法解决在哲学上必须批判形式逻辑和在逻辑上必须承认形式逻辑的矛盾，但他巧妙地在"扬弃"的旗帜下，以承认"逻辑术"的名义保留着传统逻辑的基本科学内容。大家知道，当时的苏联一直是把形式逻辑当作资产阶级的形式主义和形而上学世界观加以彻底否定和排除的，因而有的苏联数理逻辑学者不得不在研究数学的名义下保留了自己的有限空间。潘梓年把逻辑区分为"逻辑学"和"逻辑术"，这一划分仅仅是为了在哲学上降低形式逻辑的地位，要求形式逻辑必须在辩证法的指挥下作为一种技术，充当一名技师。其实，形式逻辑本来就不是哲学，如果不是把逻辑学简单等同于辩证法进而否认形式逻辑的独立科学性，那么把作为哲学的"逻辑学"（辩证法或辩证逻辑）和作为形式逻辑的"逻辑术"区分开来本来就是合理和有益的。重要的是，他在"逻辑术"的名义下终于保留了形式逻辑中他认为有用的许多合理内容和推理方法。形式逻辑的三条基本规律是从哲学上被否定了，但他说"关于词、命题、三段论的各种规定及密勒五规则与统计法等等，则应全部收编过来"。《逻辑与逻辑学》一书就用了三分之一的篇幅介绍了所谓的"逻辑术"，包括基本属于传统形式逻辑的观察法（密勒的归纳五法）、统计法（统计和概率）、推论法（概念、命题和演绎三段论）等等。潘梓年在当时难以避免的理论失误中坚持承认形式逻辑内容的科学性和坚持保留形式逻辑的科学内容，正是他作为一个哲学家和逻辑学家在学术上具有的科学求实精神的充分体现。

潘梓年在逻辑理论的失误中所坚持的科学求实精神，还充分地表现在他对这一理论失误所采取的一贯的谦虚谨慎和科学求实的态度上。应当指出，作为一个理论工作者既要敢于探索、更要对可能出现的理论失误一直保持着清醒的头脑，潘梓年就是这样一位既敢于探索又一直保持着清醒头脑的理论工作者。早在1937年《逻辑与逻辑学》一书最初出版时，他就在"弁言"中强调："作者敢于提出一己之见，就正于明达……希望能引起一般人的讨论和批评，以求个人的进步。"该书在1961年再版时他又写了"敬请批判"的前言，承认书中"幼稚可笑之处甚多"。"现在把原版重新印行，不正好用以征集批评的意见，在有时间重写时获得很多很多的匡正吗？"这就是一种勇敢和坦率的求实态度。1949年，他就坚持要在中原大学开设形式逻辑课。1955年他在创建哲学研究所时，就设立了逻辑研究组（室），并特地从北京大学请来了著名的逻辑学家金岳霖先生到哲学所任副所长兼逻辑研究组组长，还从北大把数理逻辑家沈有鼎和周礼全请来哲学所从事数理逻辑的研究，而当时的逻辑组并不包括辩证逻辑的研究，这都在实际上改变了他对形式逻辑的偏见和误解，承认了形式逻辑作为一门独立科学的合法地位。1958年他发表了《谈学逻辑》一文，认为"学习逻辑，可以帮助人写起文章来就文理通顺，讲起话来就条理清楚"，强调"逻辑是使人文理通顺、条理清楚方面成功和失败的经验总结，是从人类几千年的经验中总结出来的科学"。他还指出：逻辑的内容主要有三部分，一讲概念；二讲判断；三讲推理——三段论。而这些正是传统形式逻辑的内容。这也充分证明，他已经在理论上承认了形式逻辑的独立科学地位。他又指出：概念要明确，不能含糊，"三段论中三个命题所用三个概念，其内容必须前后一致，不能有所变更，不能前后不一致"等，这实际上就是对形式逻辑同一律和矛盾律原则的一种承认。正是他和金岳霖、胡锡奎等一起在1959年发起、组织了一次规模较大的逻辑学大讨论，这对推动逻辑学领域的百家争鸣与逻辑学理论的研究起了积极的推动作用。1962年，潘梓年在年已古稀时决心退居二线，表示要写出《辩证唯物主义与历史唯物主义》和《逻辑学》两本专著，这也表明他已经把形式逻辑作为独立于辩证法的一个专门学科对待了。尽管人们对他在逻辑学领域中的一些观点还会有这样那样的异议，但他确实为推动我国形式逻辑科学的研究和发展作出了自己应有的贡献。

坚持理论联系实际，为发展新中国的哲学研究事业鞠躬尽瘁

1954年，潘梓年到中国科学院工作，负责筹建中国科学院哲学社会科学部（即今"中国社会科学院"前身）和哲学研究所，并筹备出版我国第一本哲学理论刊物——《哲学研究》，作为推动全国哲学研究工作和团结全国哲学工作者的重要阵地。经过努力，《哲学研究》于1955年3月正式创刊。次年6月中国科学院哲学社会科学部成立，他任学部委员和学部副主任（主任由郭沫若院长兼任，实际上他一直是学部的第一负责人），并担任学部分党组书记。1955年11月成立哲学研究所，他兼任所长。平时他除了主持哲学社会科学部日常工作外，主要负责领导哲学研究所。自那时起，他就把自己余年的全部精力献给了我国的哲学研究事业。

潘梓年在担任哲学研究所所长的十多年中，为推动全所和全国的哲学研究事业不遗余力。1956年，在全国制定十二年科学

发展规划时，他就在《人民日报》上著文强调，哲学研究的任务极为繁重，但"目前从事哲学研究的队伍还很小，具有一定研究成果的哲学专家特别缺乏，哲学中的许多学科还是空白和薄弱的"，并提出了培养干部，扩大队伍，加强薄弱环节，填补空白学科，整理遗产和出版专著与通俗读物等迫切任务。

为了办好《哲学研究》，潘梓年一开始就把团结、依靠全国有真才实学的专家作为一条重要措施。由他负责组织的编委会包括了当时全国一批最有威望的哲学家，如：李达、杨献珍、艾思奇、胡绳、冯定、于光达、周建人、汤用彤、冯友兰、金岳霖、孙定国等。在潘梓年的主持下，编委会定期召开会议，研究《哲学研究》的编辑方针，审定每一期稿件等。他十分重视通过《哲学研究》贯彻自由讨论、百家争鸣的方针，他在《发刊词》中明确写道："自由讨论、自由批判的作风，必须成为编辑工作中坚决贯彻的一个工作方针。"因此，《哲学研究》在他的主持下，十分重视发表各种不同学派、不同学术观点的文章。不仅发表了一大批代表各学科、各学派的老专家的学术专论，也发表过一批中青年学者的论文，有力地推动了全国的哲学研究工作。

他经常亲自组织、主持各种学术讨论会，支持、帮助各学科开展研究工作。1959年，为纪念五四运动40周年，他和杨献珍一起在中央党校主持召开了"关于主观能动性和客观规律性问题"的讨论会。同年5月中旬，他和杨献珍、胡锡奎、金岳霖等一起在中国人民大学主持了一次规模较大的全国逻辑讨论会。为推动中国哲学史的研究，他曾多次赞助和参加中国哲学史讨论会，并动员学部委员、佛学专家吕澂在南京开办了一个佛学研究班，为抢救佛学遗产培养了研究骨干。有的同志深有所感地说，这是潘梓年"为抢救佛学遗产立下的一个功劳"。他对自然辩证法的研究也给予了特别的关注和支持，十分重视哲学工作者和自然科学工作者的联合，强调研究自然科学应该用马克思主义哲学作指导，而研究哲学的人最好能熟悉一门自然科学知识。他还积极支持创办《自然辩证法研究通讯》，并为刊物题名。1962年8月在哈尔滨召开的全国第一次自然辩证法座谈会上，他参加并致开幕词。

尽管潘梓年在文化革命前的十多年时间内一直担负着繁重的学术组织和行政领导工作，但作为老一辈的马克思主义哲学家，他始终没有忘记宣传、探索唯物辩证法和批判唯心论与形而上学的神圣职责。平时他非常关心和重视哲学的普及工作，在这方面他真正做到了身体力行、言行一致。他虽然是中国科学院哲学研究所所长，又是海内外知名的哲学家，但是他在哲学所发表的第一篇论文，就是为《中国青年》杂志写的批判胡适实用主义的文章。新中国成立后出版的第一本著作，就是用来向工人群众宣传唯物辩证法的小册子——《大家来学点儿哲学》，他生前发表的最后一篇文章就是被编入人民体育出版社出版的《读〈关于如何打乒乓球〉》一书中的一篇通俗作品。因此可以说，他的一生一直都在为宣传和普及唯物辩证法、批判唯心论和形而上学而尽心竭力。

需要特别指出的是，潘梓年在理论上勇于探索的精神在新中国成立后又有了新的特点，这就是努力把理论研究和社会实践结合起来。他从来不把自己禁锢在书斋里，尽管年事已高，但总是十分注重现实问题的调查研究，注重思想界在现实斗争中提出的新问题，并努力用马克思主义的哲学观点回答现实中的问题，总结实践中的经验。1958年，年近七旬的潘梓年还带着自己的研究生和助手，到郑州、开封、洛阳、许昌、登封等六、七个市县的郊区农村调查，每天晚上亲自和当地干部、群众座谈，参加群众的各种学习会，历时两个月。在调查研究的基础上，他先后在禹县和郑州大学向干部、群众作了《辩证法是哲学的核心》等报告。他以大量生动的事实，结合马克思主义哲学产生的历史，深入浅出地论述了辩证法是哲学的核心和马克思主义哲学是改造世界的武器等根本问题，论述了世界观和方法论的关系，人的主观能动性和客观规律性以及如何由必然王国向自由王国的过渡等一系列马克思主义哲学的重要内容。

他在1956年写了《对我国过渡时期经济基础与上层建筑怎样进行研究》一文，这是潘梓年在历史唯物主义领域进行理论探索的重要尝试，也是他坚持理论联系实际的一次重要尝试。他在文章中首先指出："我们没有在任何著作中看到……过渡时期的生产方式。但是，书本上没有讲过的东西，并不能妨碍生活中能够出现这种东西"，更"没有理由因为书本上没有讲过就否定事实上确已存在了的东西"。正是凭着这种敢于实事求是的科学态度，作者在对我国过渡时期的经济基础和上层建筑的讨论提出了一系列独到的理论见解。其中具有创见性的论点有三：第一，肯定过渡时期经济基础的客观存在，反驳了当时有人否认有过渡时期经济基础存在的论点。第二，过渡时期的经济基础不只限于社会主义成分，还应包括非社会主义成分，反驳了当时有人认为只有社会主义经济成分才是过渡时期经济基础的论点。第三，过渡时期的经济基础是几种不同经济成分的一个完整的统一体，反驳了当时有人把过渡时期存在的几种不同经济成分看做是杂凑或并列在一起的混合体的论点。实践证明，这些论断是经得起历史考验的。

他不断努力用马克思主义的哲学观点具体总结我国革命和建设中的实践经验。1958年，在纪念毛泽东同志《关于正确处理人民内部矛盾的问题》发表一周年之际，他写了《从马克思主义国家学说方面对毛主席两类矛盾学说的一点体会》，文章特别联系我国革命的实际，阐说了马克思主义的国家学说，强调国家消亡的必然性及其条件，并从哲学的高度具体分析了在我国条件下怎样正确处理人民内部矛盾、民主与专政、民主与集中等方面的关系。

1958年，他写了具有学术创见的《哲学的中国要求有中国化的哲学》一文，指出"马克思主义一进入中国，就使中国人民的革命事业面目为之一新，就开始了马克思列宁主义哲学中国化和中国马克思主义哲学化的过程"，"中国即将成为哲学的中国"，"哲学的中国要求有中国化的哲学……要求中国的哲学工作者及时概括这种（指社会主义革命和建设）新变化，研究和解决新变化所提出的新问题"。1959年，他还在《宏伟的远景规划，卓越的科学成就》一文中，从哲学的角度具体论述党的群众路线的优良作风，指出"力戒浮夸，就是革命热情和科学分析相结合。这些都是实际工作中能否贯彻辩证唯物主义的问题。"

应当特别提到的是，他还非常强调哲学研究要联系生产斗争和自然科学的实践活动。他在1937年出版的《逻辑与逻辑学》一书，就注意联系心理学、神经学、数学、物理学、化学、农业、天文学等自然科学知识，深入浅出地阐述唯物辩证法。新中国成立后，他更加关心哲学工作者和自然科学工作者的联盟。他在1951年就指出：没有自然科学，也就没有哲学；总结社会主义建设的经验，也包括总结自然科学研究的成就。所以，他一贯支持自然辩证法的研究工作，不仅在1962年8月亲自参加全国第一次自然辩证法座谈会并致开幕词。他还在"农业八字宪法的辩证法"座谈会上作了发言，强调研究自然辩证法对指导生产实践、科学研究和发展马克思主义哲学的重大意义。

潘梓年在学术理论上勇于探索的精神一直坚持到他的晚年。

1962 年，他决心退居二线，集中精力做研究工作。他对自己的助手说，我现在老了，可还想用十年到二十年的时间，把我过去研究的一些东西整理出来，准备在晚年写出两本书：一本是《逻辑学》，一本是《辩证唯物主义和历史唯物主义》。他还说，这两本书不能只是讲讲空洞的一般原理，一定要写出结合中国实际的特点来。为此，他在助手的帮助下做了近千张资料卡片，并已准备动笔。即使在文化革命的风暴几乎把所有的人从书斋中赶出来的时候，他还是不止一次地要和做逻辑研究工作的同志研讨充足理由律等逻辑问题，并对他们说："我现在正在集中力量研究逻辑"，并认为作为学术问题都是可以再讨论、再研究的。不幸的是，十年浩劫使他在学术上长期为之努力的宿愿未能实现。

回顾潘梓年的一生，他无愧于革命实践家的一生，也无愧于马克思主义哲学家的一生。这次《潘梓年集》的编辑出版，正值潘梓年诞生 120 周年（2013 年）和逝世 40 周年（2012 年）之际，我们仅以《潘梓年集》的编辑出版表达我们对这位马克思主义哲学家的深切怀念。

为保持原貌，除个别勘误之外，译名与行文风格都未作改变。

在本书编辑过程中，哲学所领导给予了充分的关心和帮助，特致谢忱。

周云之　刘新文
于中国社会科学院哲学研究所
2012 年元旦

第一部分　哲学

关于认识论与辩证法的同一问题

　　认识论与辩证法的同一问题的彻底阐发，是现代哲学上列宁阶段的主要特点之一。列宁自己就直截了当地说过：辩证法、逻辑、认识论这三个名称实在是不必要的，因为三者是同一的东西。辩证法与逻辑的同一，到今天，除了一部分对形式逻辑抱残守缺死不肯放的"遗老遗少"外，还没有看到有人提出异议。而辩证法与认识论的同一，就是在进步的人士之中也还有人认为"这个问题仍然是个谜"的问题。说来说去，三者同一的所以然——尤其是认识和另外二者（指辩证法与逻辑——梓年）同一的所以然，总还是被遗留在五里雾之中（见《理论与现实》第2卷第3期，冬青著《辩证法、论理学、认识论，三者同一问题试论》）。

　　在这一《试论》里，冬青先生的结论是"辩证法和论理学是绝对同一的，……认识论和它们却不是同一的，而是有加区分的必要的东西。……三者是同一的这个断语中的认识论那词语，也许就是指认识方法说。"他在前面曾说，"论理学在正常的界说上，……是个认识方法的科学"。这就是说，只有逻辑是和辩证法同一的，认识论和辩证法并不同一，"有加以区别的必要"。

认识论和辩证法的同一，也和逻辑和辩证法的同一一样，在列宁的那个断语中是斩钉截铁地指出了的，不容有所置疑的。说那个断语中的认识论是指认识方面（逻辑）而言是毫无根据的。因为在这里明明是说"三者是同一"而没有说"二者同一"；如果"在列宁的使用上，认识论这词语和认识方法是相通的"（冬青先生语），那断语里还要把认识论和逻辑同时提出而说三者是同一，岂不成了笑话？就这一句断语本身也已足够说明认识论和辩证法的同一是毫无疑问的，何况列宁还有更明白的话，说辩证法就是认识论——，他在批评普列汉诺夫时说："辩证法也就是（黑格尔和）马克思主义的认识论：正是问题的这一'方面'（这不是问题的一个'方面'，而是问题的本质）普列汉诺夫没有注意到；至于其他的马克思主义者就更不用说了。"① 可见列宁所说的硬是认识论而不是其他。那么，将如何解答冬青所提的"辩证论理学和认识论同一的问题又该怎样解决"这一问题呢？

唯心论者把"心"或"精神"或"理性"看做是独立于物以外的东西，或者与物对峙着、平行而存在着的东西；物是物，心是心，互为独立、互相外在，它们之间只能发生一种外在的相互作用。因此就不能不发生了"心是怎样能够认识物？怎样认识物？能否真的认识物"等等一串问题，而建立了"以人类的认识力为对象的"认识论这一门科学来研究、讨论这一类的问题。而辩证唯物论者的理论、思想，则"都被下列事实以绝对的力量统治着：我们的主观思维和客观的世界都为同一法则所支配，因此在它们终极的基础上，它们都不会互相冲突而必然互相

---

① 《谈谈辩证法问题》，《列宁选集》第2卷，人民出版社1975年版，第714页。

调处的。"① 在这样一种绝对有力的基本原则所统治的理论思想体系中，认识论所要求解决的一些问题，就很自然地迎刃而解了。

这就是认识论和辩证法所以同一的基本出发点。

可不可以如冬青先生所说，从这里只能得出"有用辩证法贯穿着的认识论"的结论而"决不能用来作辩证法和认识论是同一的这结论的论据呢"？我们的回答：不可以。

哲学所要解决的一向就是三个大问题：一是客观存在的究竟，研究这一问题的叫做"本体论"；一是主观思维的究竟，研究这一问题的叫做"逻辑学"；一是思维和存在的关系，研究这一问题的叫做"认识论"。哲学，就由这三个部分所构成，每一个哲学体系都是必须用一贯的理论来解决这三个问题的理论体系；必须在这三个问题都完满地（至少是自己认为是完满地）解决了之后，一个哲学体系方能确立起来。辩证唯物论如果是一个完整的哲学体系的话，那当然就不能在它以外再另有别的认识论。

在唯心论者或机械唯物论者手里，因为他把存在和思维分离开，因为他不能把主观和客观辩证地统一起来，这三个问题只能分别解决；把哲学分成本体论、逻辑学、认识论，三个各自分立的科学。到了辩证唯物论者手里，因为客观存在和主观思维都为同一法则所支配；因为思维也是存在之一，因为"凡就本体论是客观的东西，是某种物质的过程，它对于具有头脑的实体却同时又是主观的、心理的行为。"所以辩证法是客观存在的法则，是本体论，同时又是主观思维的法则，是逻辑学，又是主观和客观辩证统一的法则，是认识论，这三者是同一的了，没有"加

① 参见恩格斯《自然辩证法》，引自艾思奇编《哲学文选》，第 163 页。

以区别的必要"了。

"对于在辩证唯物论中融合着逻辑、辩证法和认识论三者这一点，列宁是非常重视。列宁这种见解；不仅指出辩证唯物论是一门科学，而且指示了他对哲学任务之本质的了解"。为什么？因为"要做一个彻底的唯物论者，单单承认物质的基源性是不够的，他还必须承认物质的可认识性"。

思维和存在的关系问题是哲学的基本问题，这是恩格斯所指出的。他在《费尔巴哈论》中说明这个问题时，就指出了这个问题有两个方面。即一方面："什么是本原的，是精神、还是自然界？"①"但是，思维和存在的关系问题还有另一个方面：我们关于我们周围世界的思想对这个世界本身的关系是怎样的？我们的思维能不能认识现实世界？我们能不能在我们关于现实世界的表象和概念中正确地反映现实？"② 所以，如果唯物辩证法不把物质的可认识性这个复杂问题予以正确的、详细的彻底解决，它就没有完成自己的任务。

就因为这个道理，所以如前面所引，列宁批评普列汉诺夫时，才说他所不注意的"辩证法就是认识论"这一点，不只是马克思主义哲学的"一方面"，而正是它的"实质"。

认识论和辩证法同一的原则，是辩证唯物论关于理论和实践的统一这个总原则的特殊表现。辩证法（逻辑）是概括的总和的认识史，是"认识世界的总结、结论"。认识论也同样是概括的、总和的、发展起来的认识史。如果我们研究逻辑，研究人类认识的形式，如概念、判断、推理等等，而不去注意这些形式在

---

① 《路德维希·费尔巴哈和德国古典哲学的终结》，《马克思恩格斯选集》第4卷，人民出版社1976年版，第220页。

② 同上书，第221页。

实际上、在实在的认识的历史过程中如何应用，不去注意这些形式如何随着认识之发展而结晶成为人类的认识，如何复杂起来，发展起来，那是不合理的。同样，如果我们研究认识论，研究人类的认识能力及其限度而不去考察认识如何影响于实践，实践如何影响于认识，不去研究人类认识的实际历史，那也是不合理的。

过去的哲学，尤其是康德主义的哲学，把逻辑和认识论分裂开来的原因，是在他们对二者都从形式上去考察，抛开了实践、抛开了内容，非历史地去考察它们的缘故。在辩证唯物论者手里是不允许这样做的。"学游泳、不到水里去是不行的"，研究逻辑必须研究它的内容，到实践中去研究，从历史去研究。"逻辑的"东西就是"历史的"东西。在这里，认识论和逻辑就再没有"加以区别的必要"了。

正因为这个"区别的必要"已经没有了，所以使冬青先生认为"在列宁的使用上"以及"苏联到现在，也还是把认识论那个词语当作认识方法使用的"。既是同一，当然也就可以"相通"。

对列宁所不止一次地明白肯定的断语（列宁考察马克思时也曾提到"辩证法中包含着今日被称为认识论的学说"这一问题），今天的冬青先生还要提出异议（试论）。我想，这恐怕是由于他没有把辩证唯物论从整个去研究，尤其没有从实际上、实践上去研究，而只汇集了片段的章句加以形式地研究的缘故。否则就不至于要提出这样的问题。

最后，还要附带说一说，肯定了三者——辩证法、逻辑、认识论——的同一，是不是就必然要否定了逻辑或认识论的特殊范畴，说逻辑或认识论"在现在，可以说已经成为不必要的东西"（冬青先生语）呢？是不是逻辑或认识论就不能再有它自己的特殊东西了呢？我想是不必的。就以冬青先生来说，他一方面尽管说"辩证法和论理学是绝对同一的"（着重号是我加的——梓）。另一方面也说，"……到现在为止，辩证论者都还没有根据辩证法的根本精神，和根据辩证法已有诸法则等，作出自己的完整的论理学……"，"还须根据辩证法的根本精神，根据列宁所指示的研究事物时的根本态度，并根据已有的诸法则，制作出自己的视察法，自己的推理判断法（也可以说是论断法），以及自己的检证法等"。可见他在"绝对同一"的论断之下并不以为逻辑就不能再有它自己的东西。

不过这一点就更说明了他自己怀疑认识论和辩证法的同一时所举出的那些论证是没有根据的了。

（原载《新华日报》1941 年 4 月 11 日）

关于"由量变到质变"的辩证律

　　量的变化到了某限度，就要引起质的变化——这样一个定律，大概总可以说不至再有什么问题了吧？"然而不然"，竟有问题。在中国已经有人"发明"出一种"创造理则"，据说，"比之质量律实在是一种最进步的理则"，而"质量律"已经是落伍了的"机械论"了。尽管我们科学落后，产业落后，而"发明"却比任何国家都不落后，这倒是"可喜"的事情，真不愧是"精神文明的古国"！

　　"发明家"告诉我们，"辩证法的质量律，对于一种事物之质的转变，认为完全由于量的增加"。（请注意"完全"二字，这是一种新知识啊！）而照"创造理则"，则"一个社会制度之是否健全或能否转变为新的社会制度……和量的增加并无必然的关系"；"一个国家或社会的质的转变……并不一定由于量的增加所致"。那么，在这里的"必然"或"不能不"的东西是什么呢？是"不能不依赖国际间的合作互助"，是"必然由于内部组织的改造与外部相互间的协力或影响"！

　　这一"发明"，真使我们有点不寒而栗！根据这一"发明"，自力更生，只是"某种非常时期"的事情，而"普通"则是

"不能不依赖国际间的合作互助"的。无怪乎有人要说，中国抗战了四年都不能算数，直到今天人家在太平洋上也快要打起来的时候，中国抗战的胜利才算有了真的保障了！中国的命运，原来不决定于中国人自己力量的生长与增强的自力更生，而却依赖着国际的"协力或影响"，这真是"尤其对于次殖民地的中国更为适用"的发明！

且先来看看这个发明的"理论根据"吧。

恩格斯对从量变到质变这样一个定律，曾举过这样一个例证："拿破仑描写过骑术不精但有纪律的法国骑兵和当时无疑地最善于单个格斗但没有纪律的骑兵——马木留克兵之间的战斗，他写道：'两个马木留克兵绝对能打赢 3 个法国兵，100 个法国兵与 100 个马木留克兵势均力敌，300 个法国兵大都能战胜 300 个马木留克兵，而 1000 个法国兵则总能打败 1500 个马木留克兵。'"①

据说，"这种例证……可说毫无是处"，因为马木留克兵和法国骑兵同样的增加，而且增加到 1500 人，数量比法国骑兵更多，为什么法国骑兵反而较强，马木留克兵反而较弱了呢？可见，"这不但不能证明他们的量增质变说，反而证明了……一种事物的优劣要看他们内部原理的优劣来决定……和量的增加可谓毫不相涉。"这是"新的发明"！

照这样的发明，我想还可以有更"新"的发明出现。人家说，要有好的收获，改良种子是必要的。我说不然。因为我曾经把最好的棉种种在石头缝里，结果还不如最坏的棉种那样收获好。故说收获的好坏和种子的好坏"可谓毫不相涉"！

在恩格斯所举的那个例证里，明明是首先提出有无纪律作为

---

① 恩格斯：《反杜林论》，人民出版社 1970 年版，第 126 页。

前提的，而我们的"发明家"却故意装做没看见，提出"为什么……"那样的问题来问倒恩格斯，背后又把这没有看见的偷了过来，写成"内部组织原理的优劣"等字样，作为自己的发明。真是"伟大"！可惜的是，你的"组织原理"无论如何优秀，如果没有足够的数量的东西来充实它，它就变成什么也没有的空架子了。不然，为什么又会"两个马术留克兵绝对优于三个法国兵"呢？这里难道不是量的关系？

发明家还举《资本论》中讲到货币变成资本的一段来驳诘，说"货币发展到某种数量的限度，它便转变为资本"，"这样的说明也极其错误"。这里的"理论根据"也和前面同样"高明"，我们可以无需再费笔墨来多讲了吧！

在低级的逻辑即形式逻辑里，早就讲到这样一个法则：一个真的命题，把它倒过来就未必是真。就是说，质的变一定要有量变作准备，作基础；但单单量的变就未必引起质的变，还需要其他的条件。我们的"发明家"却连这一点也不懂，所以当人家说，要把平房改为楼房，一定要增加某种数量的材料时，他就可以驳诘："为什么我有了这么些材料在这里，还只是一堆材料，并没有变成楼房呢"？之后，他又把从量变到质变偷偷写成："一种事物的转变，完全由于量的增加"的语句，然后对它大肆驳斥，真是一位自己扎了个草人，然后对它大肆射击的英雄！

"理论根据"算已弄明白，再来谈谈实际吧。

我们的"发明家"说，"一个国家或社会的质的转变，必然由于内部组织的改造与外部相互间的协力或影响才能达到，并不由于量的增加所致"。在这里，内部组织的改造，自然是必要的，在量变到质变律上也从未抹煞过这一点。问题在于，这所谓组织的改造，其内容到底是什么？例如我们要建立新中国，到底是靠自己内部经济上、政治上某种数量好的成分的增加与发展呢，还是依赖国际的合作与互助？难道我们可以自己在量上无所增长，却专等国际朋友来相帮吗？难道如果人家不和你合作，甚至要对你侵略，你就简直没有办法建立新中国了吗？不错，外国资本以及外国的新技术之类，我们是要利用的；但只能是利用，不能是"依赖"，而且所谓利用也只是利用了来使自己民族产业发展的数量增加得更快，怎么会说"并不一定由于量的增加所致"呢？如果要说"迎头赶上"，那也首先要在量上能迎头赶上，然后才能有质的迎头赶上，这不是再明白不过的事吗？离开了量的增加而讲"内部组织的改造"，不但只是空谈，而且是有害的说法。

再如抗战。我们对抗战的胜利有坚定的信念，是因为我们有决心要做到自己的力量不断增强和敌人力量的不断消耗，前者如国防工业的建立和民族经济的发展等是其一例。在这里，外援是要竭力争取的，但这不是主要的，主要是自己力量的增强。因为外援可能有来不了或没有得来的时候，但即使没有外援，我们仍然要抗下去，而且仍然有可能胜利。难道能够说我们的抗战胜利，必然由于国际间的合作互助才能达到吗？

马克思的辩证法认为：质变是量变的完成，量变是质变的准备；没有准备革命的进化，革命是不可能。中国的抗战与建国，其必胜必成，都需要物质经济一定数量上的增长和政治上一定限量的改进，没有这些增长与改进，必成必胜就不会有可能。

（原载《新华日报》1941 年 6 月 8 日）

关于动机与立场

　　动机，我们是不大讲的；我们主要讲立场。立场，或者说"出发点"，就是说一个人站在什么地方说话，用什么尺度、标准来观察问题、分析问题、解决问题或处理问题。凡有问题的地方都有辨明立场的必要。毛泽东同志在《反对党八股》那篇文章里说："问题就是事物的矛盾。哪里有没有解决的矛盾，哪里就有问题。既有问题，你总得赞成一方面，反对另一方面"，就是说，遇有问题，你首先应确定自己的立场，到底站在哪一个方面。"无论何时，都总有某种东西在产生着和发展着，都总有某种东西在败坏着和衰颓着。"你是要维护那"在产生着和发展着"的某种东西呢，还是要维护那"在败坏着和衰颓着"的某种东西呢？你必须替自己选定一个立场而不容游移。所以，立场问题和"用意何在？"或"居心何在？"的问题，动机问题，实际上并不是什么可以"话分两头"的东西。这是一。

　　其次，动机是藏在一个人心里的东西，无法究诘，立场则按照一个人的言行而循流溯源地去找寻起来是无法隐遁的。势利和尚冷落了板桥居士，还说内心对他非常敬爱；上海流氓敲了你一大竹杠，还说为的是要帮你大忙——这种浑帐你从何处去清算？这是二。

再次，如果做的方法不对，动机尽管好，也是于事无补。老太婆看见孙儿害病，连忙为他去烧香念佛，而不去请教医师，动机不算不好，而对她的孙儿却只有害处没有好处。这是三。

因此，我们不大愿意讲动机，而要讲立场。

是不是动机就完全不讲或不应该讲了呢？当然不会是这样。没有错误的人是没有的，对于有些人的错误常常应当加以原谅，所谓君子之过如日月之蚀，及其更也，人皆仰之。这就是说，这错误是偶然的，不是有意的，事虽错了，动机却还不坏。

这里所谓动机不坏，又是根据什么来说的呢？

根据一个人的历史，根据他过去的做事讲话，根据他对于自己错误的态度和所采取的补救办法。老太婆的烧香念佛，所以能见谅于人，说她动机不坏，只是因为她平素的确对她的孙儿非常爱护，"解衣衣之，推食食之"的缘故。

由此可见，动机和立场原来是彼此合辙的、一致的，但也会有偶然脱节的时候。可是这脱节不能持久；不是立场很快就好回来，就是因动机跟着坏过去，而归于"破镜重圆。"它们老是分道扬镳的事是没有的。因此，根本不承认动机和立场有不一致的时候是不对的；完全抛开了立场来讲动机，把它们看做两个能长久分离了的东西也是不对的，两者都未免太机械了一点。动机好，立场就应当正确；由于认识不够，站立不稳，不免稍稍滑过了一点，或者一时滑过去了，这也是难免有的事；但如滑过去以后久不滑回来，动机也就不会再是好的了。

（原载《新华日报》1942 年 12 月 5 日）

物质与精神的关系

反对唯物主义（辩证唯物主义和历史唯物主义）的人，常常是用这样一种论证方法：先是把唯物主义者说得好像只承认物质的存在不承认精神的存在似的，或者至少好像是不承认精神有重要作用似的；接着再说明精神有如何的重要，精神作用有如何之大；然后作一个结论，说唯物主义是错误的，"世界之上是没有它的立足之地"的。这种论证方法，可说完全是一种无知，是一种向壁虚造的方法。

他们说："在整个宇宙之内，无疑的确有物质与精神两种现象的存在，而物质力量可影响精神，精神力量亦可影响物质；因此，我们要解释任何事物，以至于解释历史，便非将物质与精神两者，同时并重兼顾不可；否则，如果忽略任何一方面，便都是一偏之见，而终陷于不可救药的错误。"意思就是说，唯物主义就是忽略了精神的一方面，所以是"一偏之见"，所以要"陷于不可救药的错误"。

他们说："精神作用的重要及其力量的伟大，实非任何人所能否认的。"意思是说，唯物主义者就正是否认了这一点，所以他们可以"在有形无形之中，给予马克思唯物史观以无情的打击，使之无立足之地"。

这种"打击"的方法，是莫须有的打击方法；说得好一点，是扎了草人当箭靶的办法，说得不好一点，是栽赃诬陷的办法。

马列主义，辩证唯物主义和历史唯物主义，不但没有忽略了精神的一方面，恰恰相反，正还很重视精神的一方面；不但没有否认精神的作用，恰恰相反，正还很强调精神的作用。斯大林在《辩证唯物主义和历史唯物主义》这本小册子中，非常明确地指出了这一点。且看他怎样说明着这一点：

——"至于社会思想、理论、观点和政治设施的意义，至于它们在历史上的作用，那末历史唯物主义不仅不否认，相反，正是着重指出它们在社会生活和社会历史中的重大作用和意义。"[①]

——"可是，当它们一经产生，它们就会成为促进解决社会物质生活的发展所提出的新任务，促进社会前进的最重大的力量。"[②]

你们看，在唯物主义者看来，思想、理论、观点等等精神的一方面，在社会生活中，在社会历史上，不但有作用、有意义，而且还是有"重大作用和意义"；在社会前进上，不但是一种力量，而且还是一种"最重大"的力量。那么，说唯物主义者忽略了精神方面，否认了"精神作用的重要及其力量的伟大"，算有什么根据呢？这还不算，在同一小册子内，斯大林还从反面说明了精神的重要。他说：

"经济主义者和孟什维克所以垮台，其原因之一，就是他们不承认先进理论、先进思想有动员作用、组织作用和改造作用，

---

①　《斯大林文选》，人民出版社1977年版，第191页。

②　同上。

他们陷入庸俗唯物主义，把先进理论和先进思想的作用看成几等于零，从而要党消极起来，无所作为。"①

"马克思列宁主义的力量和生命力在于，它以正确反映社会物质生活发展需要的先进理论为依据，把这种理论提到它应有的高度，并且把充分利用这种理论的动员力量、组织力量和改造力量，看作自己的职责。"②

原来忽略精神作用，轻视精神作用的，倒不是唯物主义者，而正是反唯物主义者或者经济唯物主义者，那么，拿反唯物主义者的罪状推到唯物主义者的头上来，不是栽赃诬陷的办法吗？

这样一种观点，不但不忽略精神的作用和意义，而且还非常重视精神的作用和意义的观点，当然不是斯大林才是如此，而是一切马列主义者无一不是如此的。例如列宁为了领导俄国革命而从事于建党工作的时候，首先就力求党的和非党的布尔什维克在思想上、理论上的统一，作为建党的重要预备条件之一。又如恩格斯，他说，社会主义革命就是必然的王国走进自由的王国。所谓自由，就是人类的主观作用也就是精神作用获得自由发挥与发展条件；把这一点作为社会主义革命的里程碑，他是把精神作用提到他所应有的高度了。至于一切马列主义者，没有一个不把武装自己的头脑看作头等重要的事情，也就是把精神作用看作头等重要的事情，那是无需多说的了。

既然这样，既然唯物主义者对精神作用如此看重，那么，唯物主义者，其特点又在哪里呢？

唯物主义的特点是在于唯心主义者以美妙的理想为满足，把它挂在天上叫人去膜拜，把它安放在明天作为一种希望；唯物主

---

① 《斯大林文选》，人民出版社 1977 年版，第 192 页。
② 同上。

义者则不以美妙的理想为满足，而且还要求得到怎样能够见之于实际，要把它从天上拉到地下来，要把它从明天的变成今天的。说详细些，根据斯大林的规定，唯物主义的特点：

（一）唯心主义认为世界是"绝对观念"、"宇宙精神"，"意识"的体现。唯物主义则认为：按其本质说，世界是物质的，世界上形形色色的现象是为运动的物质的各种形态；世界是按物质运动规律而发展着，它并不需要任何"宇宙精神"。用恩格斯的话来说，就提"唯物主义的世界观，不过是对自然界本来面目的了解，而不需要任何外来的附加"。

（二）唯心主义者认为只有我们的意识才真实存在着，物质世界、自然界只在我们的意识中，只在我们的感觉、观念、概念中存在着。唯物主义则认为：物质、自然界，是在意识以外并不依赖于意识而存在着的客观现实；物质是第二性的现象，意识则是第二性的现象，是物质的反映，思维则是发展到完善高度的物质的产物，即人脑的产物。用恩格斯的话来说，就是"凡断定精神先于自然界存在的……；就组成唯心主义的阵营。而凡认为自然界是基本起源的，则属于唯物主义的各派"。

（三）唯心主义否认有认识世界及其规律的可能性，不相信我们知识的确实性，不承认客观真理；认为世界是充满着那些为科学所永远不能认识的自在之物。唯物主义则认为：世界及其规律是完全可以认识的；世界上没有不可认识之物，只有尚未认识之物，而且它们最终要被科学和实践力量所揭露和认识的。如恩格斯所说："既然我们能够以这样一种方法来证明我们对于自然界某一现象的了解正确，就是说，我们自己把它制造出来，依它的条件而把它产生出来，并且强迫它服务于我们的目的，——既然如此，那么，应该的不可捉摸的'自在之物'就要完结了。"（参看《辩证唯物主义和历史唯物主义》）

　　据此可知，唯物主义和唯心主义的区分，并不在于后者只承认精神，前者只承认物质。物质与精神，两者都是一种客观存在，谁也否认不了其中的任何一种。唯物与唯心之分是在于后者把精神认做是先有的、根源的，前者则把物质认为是先有的、根源的；后者是要把精神作为一切事物的最后解释者、推动者，而前者则把物质作为一切事物的最后解释者、推动者。精神是不可捉摸的，所以把它作为最后的解释者，就常常会有不可知之物，即所谓"自在之物"，把它作为最后的推动者，就常常坐而言的不能起而行，因为无从着手。物质是有迹象可寻的，所以把它作为最后的解释者，就没有不可知之物，把它作为最后的推动者，就一切都可以有找到办法的着手处。

　　至此，反对唯物主义的人一定会说，既然物质与精神，两者都是一种客观存在，为什么不可把两者认为是同时存在的，同是根源的，而一定要偏执其一而认其为先有，为根源呢？殊不知物质先于精神而存在，为先有，为根源，并不只是我们认为是如此，而事实上就是如此。这一点，恩格斯已解释得很明白。他用在精神现象出现以前不知几千万年就已有生物存在，在有生物存在以前不知几千万年就已有地球存在、有星云存在这样的事实来解释了这一点。而且，一种理论或学说或主义，是真是假，是正确是悖谬，应由实践来考验。要问为什么，最好就去问问实践先生。坚持抗战，努力建国，精神与物质，自然两者重要，必须同时兼顾，但必胜必成，即必须要到经济、军事等物质力量中树之基。苏军保卫斯大林格勒的胜利，反攻德军中的不断胜利，像斯大林格勒人那样的新精神，自然发挥了极大的作用，但如果没有后方充足的经济力量的支持，没有如大炮之类足够的火力为依靠，则这种精神也将无从发挥其作用，无从表现其力量。不但如此，试问像中国人民这样全国一致同仇敌忾的精神，是否有其根源呢？为什么敌人就不会有这样的精神呢？像苏联人民那样大家都愿把所有的力量都贡献到前线去的精神，是否有其根源呢？为什么纳粹统治下的人民就不会有那样的精神呢？我们可以看到，这两种精神决不是飘浮在空中的白云，它们都是有其根源的。中国人民百年以来所受外强侵凌的苦病，已水深火热到无法再忍，再不起来抗战，就只有死路一条。这就是全中国人民所以不顾一切牺牲起而抗战的决心（精神）在物质方面的根源。苏联人民三次五年计划的社会主义建设，使大家从自己的生活上清清楚楚地看到，这种社会主义的工厂与农庄是决不能让自私自利者侵夺了去的，谁要想来侵夺就要把谁打回去。这就是全苏联人民所以愿用一切力量以保卫社会主义祖国的精神，在物质方面的根源。日德法西斯统治下的人民所以不会有如中国人民这样的精神，如苏联人民那样的精神，就是因为他们在物质方面没有产生这样那样精神的根源。反过来，要培养一种精神，也必须从物质方面培养起。中国有仓廪实而后知礼义，救死不赡奚暇洽礼义之说，西哲有强健的精神宿于强健的身体中之说，都是积了许多实践经验而后获得的不刊之论。

我们必须弄清楚，"根源的"和"重要的"这两语之间，决不能划上一个等号。我们不能从达尔文人猿同宗说或猿为人祖说，得出猿比人重要的结论，也不能从古人仓廪实而后知礼义这名话，得出实仓廪比知礼义重要的结论，不能从强健的精神宿于强健的身体中这句话，得出强健的身体比强健的精神重要的结论。说它是重要的，是说它的作用大，说这是根源的，是说应从这里着力。根深者叶茂，树艺必从根上下功夫。但树艺的重要却少在根上，大多是在花和果上，有的则在于上。就抗战说，胜利第一，经济第一，制胜之基，是在军队的战斗力和物资的供应力上，国人必须在这两方面痛下功夫，而这两方面都是物质的；但使抗战必胜最重要的一个因素，则是我们的抗战是正义的战争，进步的战争这一点，而这一点是精神的。

话再说回来。根源的不一定比那派生的重要些，有时后者的作用常比前者大，后者也就比前者重要；这是指那派生的已经产生以后说的。例如仓廪实后已知礼义；身体健后精神已强健，树艺者所要求得的花果已经收获。那时，礼义比仓廪、精神比身体、花果比根株，作用更大，意义更重要。但一点也不是说，后面那些仓廪、身体、根株等等，那时就可不去顾；如果不顾后者，前面那些重要的东西也就会跟着消失去。所以，如果就"没有后者就没有前者"的意义来说，则后者的作用仍旧又是大的，其意义仍旧又是重要的了。这就是唯物主义者所以对于精神虽然也和对于物质一样的重视，有时还把精神（思想、观念、理论，等等）的作用估计得很高，对它的意义估计得很重要，但终究要把重点摆在物质这一方面的道理。

的确，唯物主义者（辩证唯物主义和历史唯物主义者）对于精神的作用估计之高，对于它的意义估计之重，比到别的人是有过之而无不及的。马列主义者有这样一句话：历史应由人类自己来创造。这意思说，到今天为止，人类的历史还是一个必然的王国，一切还都在受自然性的历史法则的支配，人类自己无能加以控制；自然性的历史法则决定要来的事，不管对人类是如何惨重的灾难，如水旱灾，如瘟疫，如生产过剩、市场混乱，如战争，等等，要来的终于要来，拒绝不了，逃避不了。自然性的法则没有决定要来的事，不管人是如何的想望，如丰收，如康宁，如升平，等等，不来的还是不来。人类还始终处于被动的地位，没有掌握到主动权。马列主义的事业，就是要使人类把这主动权扭转到自己手里来。自然科学的发达，已使人类把对自然现象的主动权逐渐扭转到自己手里来了，马列主义就要来使人类把对社会现象的主动权也逐渐扭转到自己手里来。"社会历史科学，不管社会现象如何复杂，总都能够成为例如生物学一样准确的科学，它能够利用社会发展规律来供实际的应用"（斯大林），使我们对于社会现象，也能够像对自然现象那样，"我们自己把它制造出来，依它的条件而把它产生出来，并且强迫它服务于我们的目的"（恩格斯）。譬如说，生产事业中的那种无政府状态是首先需要克服的，人剥削人，人压迫人那样的人与人之间的关系是应当把它革除的，各民族之间的那种隔阂以至于仇视是应当叫它休止的，大多数劳动大众受不到文化教育的春风化雨的现象应当叫它消灭的。一切现象，需要的把它产生出来，不要的，把它消除掉，都要由人类自己作出分期完成的计划来，按部就班地做去。如苏联的几次五年计划那样，不管经济建设也好，政治建设或社会建设也好，文化教育建设也好，都有一定的计划，都能按照计划去做，按照计划完成。这样，人类就真的能把对社会现象的主动权逐渐扭转到自己手里来了，就真的能强迫它服务于我们的目的了，就真的能由自己来创造历史了，就真的能由必然的王国一步一步的走入自由的王国了。把这一切现象，自然的、社会的，都由自己来创造，来控制，对一切现象都能强迫它服务于自己的目的，这还不是把精神的作用扩张到最大限度了吗？这还不是把精神的力量发挥到最高程度了吗？这还不是把精神的意义估计得极重要了吗？试看一看苏联当年五年计划四年完成时，各处突击队员那种工作竞赛的奋发精神；嗣后斯达哈诺夫运动工作者那种把工作速率提高到几十倍几百倍于一般工作速率的创造精神，今日莫斯科保卫战中，塞巴斯托波尔保卫战中，斯大林格勒保卫战中，红军将士所表现的那种斯大林格勒人的精神，其后方人民父代子，妻代夫以加紧生产的那种只知有国不知有己的爱国精神，其意义之大，力量之高，真是旷古罕闻，人间少有。

然而，唯物主义者所以能把精神作用、精神力量发挥到如此之高的道理，正是因为他们首先承认社会物质生活条件在社会发展过程中的首要作用。社会主义建设首先是把人民生活改善了，剥削取消了，压迫没有了；斯达哈诺夫运动之所以成为可能，是因为现代化的生产技术条件具备了，人与人之间的对立关系没有了，苏联人民的卫国战争所以那样英勇，爱国精神所以那样辉煌，是因为他们的物质生活条件已达到了空前的完善。精神是重要的，伟大的，但它不能自己生长，自己发展，而要因物质的生长而生长，因物质的发展而发展。

上面所讲的这一些，无非说明这样一个真理：在唯物主义面前，精神是重要的，但物质却是首要的；物质是根源的，精神是派生的。

最后可以讲一讲唯物主义的道德问题。

反对唯物主义的人说："依照唯物主义者的主张，人类的意志与精神价值，既被其否认，所有一切的行为与动向，完全为物质境遇所支配，其结果将使各人的人格可以不讲，奋斗吃苦的精神更可不要，大家都以个人目前的私利是图，既无所谓道德，亦无所谓正义，完全听受环境的支配，人于富贵则淫，陷于贫贱则移，遭遇威武则屈，毫无人格精神之可言。"说这样话的人，他自己的人格精神大概总是高尚的了吧？但，对什么是唯物主义还未摸清，就信口雌黄，而且破口骂人——这就叫做王婆骂街，王婆骂街是常常骂在自己身上的。

如前所述，唯物主义者一点也没有否认"人类的意志与精神价值"。既然如此，那么根据了这点所发出的一切议论、批评，就都落了空，所发出的许多恶骂就都骂在骂者自己身上，这里无需对此多讲什么费话。

辩证唯物主义者的战斗精神，牺牲精神，忠于自己的主义的精神，忠于人类解放事业的精神，刻苦奋斗坚韧不拔的精神，世有公论，无庸争辩。我们所要讲的是：唯物主义者一方面非常讲究气节，讲究道德，但同时他决不空谈气节，空谈道德，他认为气节、道德等等是有物质基础的，是从一定的利益出发的。唯其因为唯物主义者讲道德笔直揭出道德的物质基础，揭出道德所捍卫的到底是怎样的一种利益，和自己的利益又是怎样的关系，所以他对于道德的认识就毫无模糊之处，他对道德的态度就非常坚强，因而他所表现出来的殉道精神也就比别的人有过之而无不及。于此也证明了唯物主义的真实性。

（原载《群众》第 8 卷第 4 期）

新哲学研究的方向*

在中央人民政府成立时，在北京有许多朋友商谈开展新哲学的研究问题，发起了中国新哲学研究会筹备会。武汉的哲学工作者也组织起来从事于新哲学的研究，成立了武汉分会。我们这个会之所以叫做"新哲学研究会"，就是用新的观点来研究哲学上的各项问题。我们要加强对马列主义理论的研究，用马列主义的哲学研究中国的实际问题。

什么是哲学呢？有人说："哲学是科学之科学。"亚里斯多德把论述物理学方面的称为科学，把非物理学方面的称为哲学，即所谓"形而上学"。这样将科学与哲学对立，好像哲学就不是科学。我个人认为哲学也是科学，是科学的总结。具体地讲，科学是在特殊的部分找出其规律，是某一部门知识的总结。用毛主席的话说：总结事物发展的规律就是科学。用中国的旧话说，科学就是以约赅博，以简驭繁。各种科学都可以如此看。哲学是把所有的科学加以总结，找出总的规律，所以哲学是把自然科学、社会科学以及思维科学的共同的规律总结起来，得出总的规律，

* 本文是潘梓年同志 1950 年 12 月 15 日在中国新哲学研究会武汉分会上的讲话。

而这总的规律就是辩证唯物论的几条原则。这个讲法是马列主义肯定了的，为什么还说是个人的看法呢？因为从研究方法讲是否成立、妥当，我还没有跟旁的朋友谈过，所以是个人的意见。

从研究方法上来讲，研究哲学最主要的是总结当前现实的斗争经验，找出它的规律来。我们不论研究哪一种学问，不能只是研究一些已经过去了的，或限于现有的，更主要的是研究发展中新生的事物，根据马列主义的观点，尤其要研究那是怎样发展、如何推动其发展。我们不只是解释世界，而是要改变世界。我们找出规律，把它引向我们所需要发展的方向，使发展具有目的性，这样才不致走入"客观主义"的歧途。

我们要研究当前的阶级斗争、生产建设斗争等的经验，找出它的规律，推动其发展。对于这种提法，在苏联哲学家尤金同志新近来武汉时对同志们的诸问题的答复中，更加强了个人的信心。在同志们所提出的问题中，有这样一个问题：苏联目前哲学工作者的主要任务是什么？尤金同志说：苏联目前哲学工作者的主要任务有三：（一）总结社会主义的建设经验；（二）总结国际工人运动的经验；（三）根据现代科学的成就进一步研究哲学。这种看法与个人的意见可以说是一致的，因此加强了我的信心。

另外有同志提这样的问题：研究哲学不懂自然科学行不行？尤琴同志对这个问题没有作正面答复，他说：假使哲学同自然科学没有关系，那就没有哲学；总结社会主义建设，如何能离开自然科学呢？

工人运动是怎样的一回事呢？就是要革命，要改造世界。工人运动本是阶级斗争中最尖锐的、最前进的。在没有马列主义以前，其斗争是自发的、无领导的、没有科学武装的。有了马列主义以后，这个运动转成自觉的、有领导的、有科学武装的。因此工人运动是科学的实际行动，是把科学向前推进的运动。总结工人运动的经验就可以使这个科学经常地向前发展。用列宁的话说，创造的马列主义，必须经常有新的内容加进去，发展和修改旧的结论。

这种总结实际斗争经验的方法，不仅是哲学的研究方法，就是其他学问的研究方法也是如此。最近苏联对冈察洛夫的《教育学原理》的批判最主要的一点，就是指出他没有从现实的教育出发，总结新鲜的经验。这是资产阶级的方法，是脱离现实的方法。经济学也是如此。斯大林同志说：经济学的主要任务是研究解决经济建设方面的问题，总结其经验。各种科学是如此，哲学也非如此不可。再拿毛泽东思想来讲，毛泽东思想就是中国最好的哲学。它的产生是总结中国革命的实践和经验，那就是"把马列主义的普遍真理与中国革命的具体实践结合。"在这些经验中，提出了许多新的规律，把马列主义进一步地向前发展。在毛泽东的著作中，包含着新鲜生动的丰富内容。其所以是新鲜生动，就因为这些都是毛主席由研究和总结中国革命过程中的各个问题而提出的规律。这些规律是从实际斗争中找出来的而又去指导实际，是总结群众的斗争经验而又用来指导群众进行斗争。这就是从群众中来，到群众中去。我们如果很好地掌握毛主席的这些规律，我们就能把新民主主义的社会建立起来而推进其发展，所以这样的总结经验，不仅能够解决实际的问题，而且能够提高思想和理论，这是我们很好的榜样。我们已经知道研究哲学就是总结实际斗争的经验，得出一般的规律。可是什么是总结的武器呢？总结的武器是马列主义。进一步的研究是在于更丰富它的内容，使它的范围更扩大，包罗万象，使这放之四海而皆准的武器，一方面解决新的问题、新的现象，另一方面又丰富了内容。比如把资本主义社会变为社会主义社会主要的关键和动力是什么？根据斯大林同志的《辩证唯物主义与历史唯物主义》一一书中的第一条有机联系的规律来看，苏联过去的革命是被帝国主义国家所包围，是孤立无援的，今天的新民主主义的国家就不同了，首先有苏联的帮助和新民主主义国家间的影响。再就第四条矛盾的斗争和统一的规律来看，土地改革，就是新的与旧的在斗争，在斗争中新的在生长，旧的在死亡，私有制要死亡的，新的要战胜旧的。新的力量有各种，而其中主导的是工人阶级，工人如何领导农民，工业如何领导农业等等问题，这些问题就把那条规律的内容变得更生动更丰富了。如果我们一条一条的研究起来，都可以在这里得到很丰富的哲学内容。

在我们中国如何进行研究哲学呢？一方面有苏联的经验帮助我们，同时我们从半封建半殖民地过渡到新民主主义的建设，这中间不管军事、政治、经济、文化、教育等都有许多的现实问题，有许多宝贵的经验，我们要研究如何解决这些问题，如何总结这些经验，使工作向前推进。拿武汉来讲，在经济方面，初解放时是破烂不堪，后来如何繁荣起来的呢？开始是稳定货币，接着调整公私关系，改进劳资关系，解决城乡互助，内外交流等问题。处理这些问题有其一定的步骤、计划和方案，这些步骤计划就是值得研究与总结的。我们有什么成功的经验，有什么失败的教训，而这些内容就会丰富辩证法中的某些条规律，这都是我们研究的对象，很好的材料。这样的研究是可以增加马列主义的财富的。

再拿教育来讲，我们的文教政策是团结、教育、改造。这种政策合不合理，是否科学，是否符合唯物辩证法的精神，都值得研究。其他如土地改革政策，文化政策，外交政策等等也都是值得深入研究的。我们研究哲学就是要深入地研究这些东西。研究这些东西，一方面不会使我们脱离实际，另外还帮助我们掌握马列主义，不会钻牛角尖。同时我们这种研究工作是有助于当前建设事业的。这样，可说在理论与实际结合的基础上提高和发展了马列主义的理论。

以上这种对哲学的看法，我还没有与旁的同志交换过意见，这仅是个人的意见。

我们研究哲学，就是研究并总结实际斗争的经验，那么哲学史上的许多问题是不是还要研究呢？我们的答案是肯定的。哲学史的问题不但要研究，而且还要很好地研究，但如果没有与我们前面所讲的一并研究，恐怕是不完整的。同时进行总结现实斗争经验的研究，对哲学史上一些问题的研究，是会大有帮助的。

单纯地研究历史上许多问题，有时会变成钻牛角尖。我过去曾研究《中庸》一书上的"诚"字，花很大气力，并且很感兴趣，自以为是新的观点，曾把这个研究寄与我老弟看，请提意见。我老弟批判我在钻牛角尖。我过去又曾研究过王安石、商鞅以及卜算等的思想，现在自己发现过去走了许多弯路。自然，在研究工作中弯路是很难完全避免的，可是总是要尽力避免少走一些才好。我也看到许多朋友争论孔孟，站在旁边看，他们确是在钻牛角尖。只是研究历史上的问题，全不注意总结现实斗争的经验，是有危险的。所以我认为大学哲学系的同学，首先应研究新的问题，然后再研究康德、黑格尔等，使同学们先能掌握马列主义的立场、观点、方法，再去研究哲学史上的许多问题，才不致走太曲折的路。

哲学不只是解释世界，还要改造世界，就是要掌握和研究当前的实际问题，总结其经验，提出规律，使当前的社会更向前发展，这就是我们所应努力的方向。

（原载《新建设》1951 年第 3 卷第 6 期）

对我国过渡时期的经济基础与上层建筑怎样进行研究

关于我国过渡时期的经济基础与上层建筑的问题，我们已看到了不少论文，这些论文提出了一些不同的意见。现在我也愿意提出自己的意见，和研究这个问题的同志们商讨。

一 过渡时期的经济基础与上层建筑到底怎样

关于我国过渡时期的经济基础与上层建筑到底怎样这一个问题，据我所看到的来说，有下列几种主要的不同意见。

（一）对这个问题采取根本否定的态度

认为在过渡时期没有经济基础的问题，1956 年第 5 期《学习译丛》译载了苏联阿·索波列夫同志的《论欧洲人民民主国家从资本主义到社会主义的过渡规律》一文。他在批判了认为有多少种经济成分就有多少种基础的观点是完全不对的以后，接着又批判了第二种观点，说："有一些经济学家硬说，在人民民主国家中好像存在着一种过渡的经济基础。这一论点的拥护者们这样议论说，既然这些国家的经济具有过渡性，那么也就是说，那里的基础也是过渡的。""但是，这一论点也是站不住脚的，因为它没有考虑到生产力和生产关系之间相互联系的实质。大家知道，基础在任何条件下都体现着独立的生产方式在经济上的特点。如果我们承认不同于资本主义基础和社会主义基础的独立的过渡基础的存在，那么这就是说，我们也必须要承认独立的过渡的生产方式的存在。但是，这种生产方式是没有的。"所有这一切就意味着，过渡经济不是一个独立的经济基础，意味着并不存在过渡的基础。的确，过渡时期仍然是一种革命时期。我们还是在革命征途中，只是从这里过一过；并不打算在这里定居下来、兴家立业；因此，也就不准备也不应该把我们的社会主义事业建基在现有的经济状况之上。但是，革命征途到底和一般的旅途不同；旅途的目的地是已经存在在前面，并不是从一路所经由的地区发展起来、产生出来的，而革命征途的目的，却还并没有现成地存在在前面，它正是要从我们所经由的状况发展起来、产生出来的。一般的旅行目的地，并不需要以所经由的地区作基础，革命的目的，却要把现有的情况作为基础加以改造、加以发展而形成。这就是说，我们的革命目的——社会主义不能凭空制造出来，一定要从现有的基地上产生出来、长成起来。同时，我们虽然还是在革命时期，但已不是战争时期，而已经是要过着一种正常生活，有计划地组织所有的力量来进行和平建设事业的时期。这就不能没有一个基地作为我们正常生活的基础、作为建设事业的基础。也就是说，在这个时期经济基础是必须要有的，事实上也是存在着的。我们如果要从实际出发来进行研究，用实际作为我们研究的对象，那么，我觉得应当肯定，过渡时期应有它自己的经济基础。

认为这个论点站不住脚的一个论据是：不同于资本主义生产

方式和社会主义生产方式的独立的过渡的生产方式是没有的，因此，体现着这种独立的生产方式特点的经济基础也就不能存在。是的，我们没有在任何著作上看到过在原始社会、奴隶社会、封建社会、资本主义社会、社会主义社会这些生产方式以外，还说过有过渡时期的生产方式。但是，书本上没有讲过的东西，并不能妨碍实际生活中能够出现这种东西；我们固然要查查书本上有没有说过这种生产方式，但是，更须要看一看事实上到底是否有了这种生产方式。我们在事实上已经看到了这种生产方式，而且我们国家的全体人民都在不短的一个时期内亲身体验着这种生产方式，那我们就再没有理由因为书本上没有讲过就否定事实上确已存在了的东西。而且列宁在《关于俄国现时经济》一文中就曾这样说过："大概，还没有一个人在研究俄国经济问题时，竟否认这种经济的过渡性。……那么，过渡，这字眼又是什么意思呢？它在经济基础上是否说，在制度中既有资本主义的，也有社会主义的成分、部分或因素呢？谁都承认，是这样的。但并非所有承认这一点的人都思考到了；俄国现存的各种不同社会经济结构的成分，究竟是怎样的。问题的全部关键就在这里。"下面在列举五种经济成分以后接着说："俄国如此辽阔广大，如此形形色色，以至社会经济结构的这各种类型都错综在它内面，特点也就在这里。"（引文中的着重点是我加的，意思是要指出列宁在这里明明是在讲经济基础——制度也是基础）并且还明白地说各种社会经济结构都错综在这经济基础里面。并且说，过渡时期的特点就在这里。这正是说明了从资本主义到社会主义的过渡时期不同于历史上任何一个过渡时期的具体情况，这在马克思的《哥达纲领批判》中就已经详细说明过。由于社会主义生产方式不像封建主义生产方式和资本主义生产方式那样，在它的前期社会中就已孕育成形，而要在工人阶级获得了政权以后，从头培养起来、发育起来；因此，需要一个历时较长的过渡时期，以便全体劳动人民在工人阶级领导之下进行着从各方面准备起建成一个社会主义社会的必要条件的和平建设事业——边改造边建设的和平建设事业。这个和平建设事业是不能凭空进行的，必须要在一定的物质基础即经济基础上进行的。因此，在这样一个过渡时期，就不能没有它的经济基础。如果说，肯定过渡时期有它的经济基础，就必须肯定过渡时期的生产方式又是怎样，那么，我们只能把从事实上看到的过渡时期的经济基础首先加以肯定，然后再来看看过渡时期的生产方式到底怎样，而不能以过去书本上没有讲过渡时期的生产方式为根据来否定实实在在摆在我们面前的经济基础。

那么，过渡时期的生产方式到底怎样呢？我觉得，上引列宁的那一段话已经给了解答。在下文第三节里还要回答这一问题。

有了过渡时期的经济基础，自然就有和这基础相适应的上层建筑。而且，过渡到社会主义的过渡时期是以工人阶级取得政权开始的，而政权就是上层建筑中最基本的东西。政权的存在，就标志了上层建筑的存在。我们对于过渡时期有没有它自己所特有的经济基础和上层建筑的问题都应当根据事实给以肯定的回答。

（二）认为过渡时期的经济基础是社会主义的

那么，在我国过渡时期到底是怎样的一种经济基础和上层建筑呢？对这问题，有着不同的回答。我们且举出一种回答来研究一下。这种回答是：我国过渡时期的经济基础是社会主义经济成分，和它相适应的上层建筑也是社会主义的。这个回答，也不是否定过渡时期的经济除了社会主义这一成分以外，还有资本主义经济、小商品经济以及其他的经济成分，而是说能够成为我国过渡时期经济基础的只有社会主义经济成分，其他那些经济成分，都不能"拦入经济基础之内。这一回答的论据有二。论据之一是：经济基础这个范畴，讲的是一种生产方式诸生产关系（如生产关系、分配关系、交换关系等等）的总和，而不是诸生产方式的生产关系的总和。论据之二是，按照斯大林《马克思主义与语言学问题》中所提出的关于经济基础与上层建筑的定义，经济基础是上层建筑所要加以巩固、加以发展的经济成分。在我国过渡时期，社会主义经济成分以外的其他经济成分，都不是我们政权所要加以巩固，加以发展的，因而不能成为这一时期的经济基础。

我们现在看看第一个论据。说经济基础这个范畴只是讲的一种生产方式诸生产关系的总和，而不能解释为几种生产方式诸生产关系的总和，这种说法并没有什么明确的根据。在经典著作中讲到经济基础的时候，固然没有明确说过，讲的是几种生产方式诸生产关系的总和，但同时也没有明确说过讲的只是一种生产方式诸生产关系的总和，而只是讲经济基础是指的诸生产关系的总和。所谓诸生产关系的总和，可以解释为一种生产方式诸生产关系的总和，但也未始不可以解释为几种生产方式诸生产关系的总和。到底怎样解释较为合适，应当根据事实来确定。所以这个论据是并不怎样有力的。我们与其援引这种可以这样解释也可以那样解释的词句作为我们进行研究的根据，还不如用摆在我们面前的实际情况作为我们进行研究的出发点（在这里也就是根据的意思）。如果要从实际出发，那么，很显然，我们的社会主义经济不只要从已有的社会主义经济扩大、加强而成，同时也要从资本主义经济、小商品经济等非社会主义经济成分的改造而成，因此，我们就没有理由把非社会主义经济成分排斥在我们过渡时期经济基础以外。

再看第二个论据。我认为斯大林在这里所讲的是一般的经济基础与上层建筑，而没有把过渡时期的经济基础与上层建筑包括在内。但斯大林却在另一个地方这样说过："苏维埃政权决不能长久地建立在两个对立的经济基础上，一方面建立在消灭资本主义分子的巨大社会主义工业上，另一方面建立在资本主义分子的细小个体农业上。"说"不能长久地建立在两个对立的经济基础上"，就是说暂时还不能不建立在两个对立的经济基础上。所以，第二个论据，也不是怎么样有力的。

从而我们就要进一步探讨，凡是政权不去加以巩固、加以发展的经济成分就不能作为自己的经济基础这个论断是否能够成立。我认为这个论断是不能够成立的。小商品生产经济固然不能长时期存在下去，初级合作社也不是我们要使它长期存在下去的，就是已经成为社会主义性质的高级合作社的那种集体所有制，也是我们终于要用全民所有制来取而代之的一种过渡性质的经济成分。我们能不能说，初级合作社还不是我们的经济基础呢？能不能说高级合作社集体农庄还不是我们的经济基础呢？显然是不能够的。

资本主义经济是不能长期存在下去的，公私合营以后的高级国家资本主义经济也是不能长期存在下去的，就是采取定息制度以后的、社会主义性质已达到相当高度的国家资本主义经济，仍然是很快就要改掉的，要说公私合营以后的高级国家资本主义经济，特别是实行定息制度以后的国家资本主义经济还不是我们的经济基础，不但不合于事实，就是在理论上，恐怕也是说不过去的。

有人会说：初级合作社、高级合作社虽然不是要让它长期存在下去的生产方式，但却是我们所要加以发展、加以巩固的生产方式，因此，它们当然是我们的经济基础。这样的讲法，我觉得只是从"巩固"、"发展"这些字眼上做文章，而没有具体分析具体情况。一说"上层建筑对经济基础要起发展它、巩固它的作用"时所说的"发展"和"巩固"，其主要的实际意义是要使它长期存在下去的意思，说"要发展合作社，巩固合作社"时所说的发展和巩固就没有要使它长期存在下去的含义，而是说的要普遍建立合作社，并且要充分发挥其作用的意思。为什么既不是我们所要使它长期存在下去，而又要使它普遍建立起来，充分发挥其作用呢？这一方面是因为它是我们过渡到社会主义的必由之路，另一方面，很重要的，它是我们物质生活所必须要依靠的经济基础，同时也是我们进行和平建设事业所必须要凭借的物质基础。在这样一种意义上的发展和巩固，对单干的小商品生产经济，对各级国家资本主义经济，甚至对还没有进入国家资本主义时期的资本主义经济，也都是适用的，因为它们也同样是我们达到社会主义的必由之路，同样是我们的物质生活和进行建设事业时所必须要依靠的经济基础。事实上也是如此。在过渡时期的最初阶段，我们是曾经采取过一些措施，使这些经济获得一定范围之内和一定程度之上的发展，并且在共同纲领上乃至人民宪法上也有着对这些经济（生产资料所有权）要建法保护的法律条文（加以巩固）。要把这些非社会主义经济成分作为我们过渡时期的经济基础，其所以有必要，不能光从书本上去找根据，主要要从事实方面去找根据。丢开事实硬钻书本，是教条主义的办法。就小农经济来讲，一经土地改革，原先没有土地和土地很少的农民，因为获得了或增加了土地，政治觉悟和生产情绪都大为提高，工农联盟就进一步从政治上、经济上更为巩固。他们的经济，不但是我们的国家获得粮食比前更为可靠的基础，同时也是我们的工业获得原料、获得市场比前更为可靠的基础。就资本主义经济来讲，当我们开始过渡的一个时期内，国民经济已经遭受了帝国主义和国民党反动统治的严重破坏，我们面临着一个恢复国民经济的重大任务；同时又由于我国经济很落后，小生产占优势，工人阶级有必要同愿意接受自己政党领导的民族资产阶级形成经济上的联盟，在限制资本主义工商业不利于国计民生的消极作用这一条件之下，利用其有利于国计民生的积极作用来加速恢复工作，借以取得更多的工业品，来供应社会上物质生活的需要，来和农民交换农产品，加强城乡之间即工业和农业之间的互助关系，加强工农联盟。另一方面，在民主革命刚刚胜利后的一个时期内，我们还正忙于接管官僚资本主义的企业和进行土地改革，有必要让资本主义经济暂时存在下去，要让资本主义工商业者，在公私兼顾、劳资两利的原则之下发展生产，繁荣经济，使国家有税可收，职工有业可就，企业设备可以发挥作用，而且也便于我们能够有一个学习过程和准备阶段去学会管理工商企业的本领，并使资本主义制度过渡到社会主义制度的时候，尽量避免破坏和损失。

在这里，有的同志说，我们所要依靠的是这些经济的生产力，而不是这些经济的生产关系。因而这些经济不是我们的经济基础。我认为把生产力和生产关系割裂开来，在主观主义的概念中也许还可以做到，但在实际上是行不通的。譬如，我们为了要爱惜、鼓励农民的生产积极性。发挥他们的生产力，不只是在土地改革当时需要发给农民以土地证，保证他们的土地所有权，而且在 1954 年 10 月所颁布的人民宪法第八条还明文规定国家要依法保护农民的土地所有权和其他生产资料所有权；就是到了大规模地推行半社会主义性质的农业生产合作社的时候，还需要慎重处理土地分红，大农具的租用借用问题。这充分说明要依靠农民的生产力，而不要他们的生产关系是主观主义的粗暴行为，是错误的。对小农经济如此，对资本主义经济也是一样。在共同纲领上乃至人民宪法上也同样有明文规定国家要依法保护这些经济的经营者的生产资料所有权和其他财产所有权。这是说明我们是要使这些经济的生产方式在一定时期内得到稳定，同时也就说明了这些经济是我们过渡时期的经济基础。

谈到这里，我们应该指出，用第二种论据来论断非社会主义经济成分不是我国过渡时期的经济基础的同志们，其思想上有着一种软弱病，好像承认了它们是我们的经济基础，就不应当再去改造它们、消灭它们似的。这种想法，不但不是实事求是的想法，同时也不是一个革命主义者所应有的想法。我们知道，国家是我们终于要使它归于衰亡的，共产党这样一个政党也是终于要消灭的；但这一点也没有妨碍我们在目前的历史发展阶段上，要用大力来巩固它、加强它。就是社会主义社会，也只是能够存在一定的时期，我们能不能因此就不敢去发展它、巩固它呢？马克思主义者，是把一切都当作发展过程来看待的，在一定的时期，一定的条件下，对于人民还是有利的东西，还有它的积极作用的东西，我们就要发展它，在一定的限度之内发展它，使它的积极作用获得充分的发挥。使它的积极作用发挥尽净的过程，正就是使它逐步消灭的过程。这就叫作唯物辩证法。我们的思想，如果有了这种辩证法作为武装，那就一点也用不着害怕把眼看不久就要改造掉的非社会主义经济，当作自己在物质生活方面，在进行建设事业方面所要暂时依靠的经济基础。

刘少奇同志《关于中华人民共和国宪法草案的报告》中有这样一段，"有不少的人问，宪法草案一方面规定，国家依照法律保护资本家生产资料所有权和其他资本所有权，另一方面又规定，要对资本主义工商业实行社会主义改造，要逐步以全民所有制代替资本家所有制，这岂不是互相矛盾吗？如果说这里有什么矛盾，那么，这正是反映着客观生活中存在的矛盾。"这是马克思主义理论的典范。马克思主义理论，就是要从实际出发，就是要能善于反映实际生活中的矛盾，不能避开这种矛盾，更不能抹煞这种矛盾——不能引证经典著作里面已有的个别结论来使实际生活中的矛盾就范。要依靠几种非社会主义经济成分作为我们进行社会主义建设事业的经济基础，的确是我们面前的一个绝大的矛盾。正因为有这种矛盾的存在，所以需要有一个较长的过渡时期，来逐步地使其获得解决。企图用简单的理论来避开甚至抹煞事实上存在着的矛盾，就不但不能使这种矛盾就此解决，而且还要妨碍这种矛盾的获得解决。

（三）说过渡时期有几种经济基础的说法当然是不对的

几种不同经济成分在我国过渡时期的经济基础中错综地存在着，它们当然不是如有些人所说的那样是杂凑在一起或并列在一起的混合体；它们是一个统一体，它们是按照整个社会经济生活的内在联系有机地组织在一起，成为一个统一而完整的经济基础的有机构成部分。这就是过渡时期所独有的经济基础。其生产方式，则如《共同纲领》第4章第26条所讲的那样，各种非社会主义经济成分在经营范围、原料供给、销售市场、技术设备、财政政策、金融政策等六个方面，受着国家的调剂和管理，受着国营经济的领导分工合作，各得其所，为发展生产、繁荣经济，为满足全国人民的物质生活和文化生活的需要而服务，同时，为逐步向着社会主义过渡做好一些准备。如果看不到这些非社会主义经济成分在国家管理和国营经济领导之下的分工合作，各得其所，并且都在一个共同目标之下进行活动，就会难于理解几种不同经济成分竟能成为一个统一的经济基础的有机组成部分，这就是有些人要把这几种非社会主义经济成分和社会主义经济成分的同时并存，看做是我国过渡时期有几种经济基础的那种不恰当讲法的由来。

（四） 过渡时期的上层建筑是怎样

我国过渡时期有这样复杂的经济基础，自然就有与之相适应的复杂的上层建筑。有些同志根据我国过渡时期的社会是社会主义类型的社会，是工人阶级所领导的人民民主专政，就认为我国过渡时期的上层建筑是单一的社会主义上层建筑。这样一种看法，同样也不是从实际出发的。在这里，混淆不清的观点有二：第一，把"社会主义类型的"和"社会主义的"混同起来了。说它是社会主义类型的，就是说它还不是社会主义的；这正如我们说小农经济是资本主义类型的经济，并不就是说小农经济已是资本主义经济那一样。说它是社会主义类型的，是因为：一方面，工人阶级通过共产党已经在这里取得了领导权，各种应兴应革的事业都已经在工人阶级领导之下进行，都要服从工人阶级的（同时也就是全国人民的）最高利益和长远利益；因而第二，这就使得社会的各方面都要向着社会主义这个目标而不再向着任何其他目标前进。说它还不是社会主义的，是因为在这个时期还允许一时还不能轻易放弃非社会主义事业的阶级继续存在着，并且把它组织在人民民主统一战线之内，它和工人阶级在法律上处于平等地位，在政治上也有它的代表，享有政治上的选举权、发言权和表决权。这些阶级，既然一方面各自有它的经济基础，自然也就要在过渡时期的上层建筑中，在一定限度（开始时是由共同纲领所规定，现在是人民宪法所规定的限度）之内，各自得到它本身利益的反映。所以，我国过渡时期的上层建筑事实上并不是单一的，而是相当复杂的。

所谓上层建筑，指的就是政权机构、政党、人民团体、意识形态等等，其中最主要的是政党和政权机构。政权机构中又包括政府（中央政府、地方政府）、军队、法制等等。在我国过渡时期，我们可以看到在政党方面代表各阶层的民主党派和代表工人阶级的共产党是长期共存的；在人民团体方面，除了由各阶层所组织起来的像妇联、青联等等之外，还有由资本主义工商业者所组织起来的工商联和工人阶级的工会同时并存着；在意识形态方面，除了作为工人阶级意识形态的马克思主义在不断扩大其阵地，逐步取得统治地位以外，还有一些非马克思主义的意识形态。它们虽然始终是我们思想批判的对象，但在我们的社会里，到底是有着合法地位的，并且是在起着一定的作用的。这种作用并不限制在个人方面的日常生活中，而且还要在我们的政策措施中有其一定的影响。最后在政权机构方面，我们也可以看到，除了像军队等一些部门以外，都是有各阶层、各党派的代表人物在参加负责工作。政权的最高机构在1954年以前是由各党派、各阶层的代表所组织起来的人民政治协商委员会，这个委员会在人民代表大会没有成立以前，就代行人民代表大会的职权，在人民代表大会成立以后，仍旧是协商解决国家大事和各地方重要问题的一种机构。1954年成立的人民代表大会，也仍然是由各党派、各阶层的代表组织起来的。各党派、各阶层的代表人物不只是在人民代表大会、人民政治协商委员会以及中央政府和地方政府各部门中的成员，而且他们在那里都是有职有权（选举权、发言权、表决权、行政职权）。这些都极具体地表明我国过渡时期的政权机构，并不只是有工人阶级的代表，而是有各阶层、各党派的代表人物在共产党领导之下，行使着政权机构的各种职权，在那里通过民主讨论，确定和执行国家各种政策，处理各种国家事务。而在法制方面，在具有临时宪法性质的共同纲领中，则有依法保护资本主义所有制和其他私有制的条文；在人民宪法中，仍然是有依法保护资本主义工商业者以及手工业者和农民的生产资料所有权和其他财产所有权的条文。

所有这一切事实，都表明我国过渡时期的上层建筑并不是单一的社会主义的，而是相当复杂的社会主义类型的。这种上层建筑也和经济基础一样，并不是各种成分不分主从地并列在一起的混合物，而是大家在工人阶级（共产党）领导之下，分工合作，有职有权而又尽职尽责地在动员、组织和督促一切力量来从事于发展生产、繁荣经济、开展各种文化等共同事业以后，又进一步从事于社会主义建设和社会主义改造，有计划、有步骤地向着完全的社会主义社会迈进。

二　我国过渡时期的经济基础和上层建筑的发展过程

我觉得我们所要研究的问题，主要的倒不是我国过渡时期的经济基础与上层建筑是什么的问题，而是这个经济基础与上层建筑的发展过程如何的问题。我们的经济基础是什么，是已经给予了的东西，实际上已经存在了的东西。对于这种在实际上已经存在着的东西，我们固然要有一个明确的认识，但关于这种认识，我们党中央已经有过详细的分析①，并且在共同纲领与人民宪法上也已有过简单明了的描述。上层建筑是要和经济基础相适应的，有怎样的基础，就相应地也有怎样的上层建筑。

根据我们的任务"不只是在认识世界、解释世界，更重要的是在改造世界"这一原则，我们对于自己的经济基础和上层建筑问题的研究，主要应该研究它的发展过程，发现其规律，以便据以促进这个发展过程。要对这个发展过程作研究，需要对它

---

① 参看张如心《论我国过渡时期的经济基础与上层建筑》，人民出版社1956年版，第2—3页。

各方面的具体问题进行具体的分析。这当然不是这篇短文所能担负得起的。但我们不妨姑且先就它的主要方面，用粗线条把它划出一个轮廓。在这里，我们谈一谈下述的两个方面。

（一）　政权是这个发展过程的杠杆

根据马克思主义基本理论，我们知道，革命的基本问题是夺取政权的问题。对于社会主义革命来讲，政权问题有其特别重要的意义。过去的革命，只是财产私有制的改变，不是财产私有制的根本废除，因而政权问题还不算那么严重；政权改变以前，革命已在进行，改变政权是革命斗争的结束。社会主义革命就大不相同了，它不是要改变私有制，而是要消灭剥削、要根本废除私有制，因而它不是以夺取政权为结束而是以夺取政权来开始的。所以政权在社会主义革命发展过程中的杠杆作用，就有其特别严重的意义。反动政权是障碍社会发展的桎梏，进步政权就成为社会发展的推动者，这一层无须再去讲它。这里所要研究的是：我们建立的是怎样的一个政权，怎样建立起这个政权以及怎样运用这个政权等问题。

一般讲来，社会主义革命中的政权，自然应当是工人阶级专政的政权。但是，我们的政权是以工人阶级为领导、以工农联盟为基础的人民民主专政——这里面的人民，包括着工人阶级、农民阶级、民族资产阶级、小资产阶级以及其他民主人士。我们可以说，这样一种政权是工人阶级专政类型的政权，和单一的工人阶级专政多少还有些区别。说是"工人阶级专政"类型的政权，是说这个政权本质上是工人阶级专政的政权；这个政权的核心，是工人阶级的领导权，这个政权是在工人阶级（共产党）领导之下的政权。工人阶级的领导权，一方面表现在作为政权支柱的革命武装的纯洁性，同时表现在这个政权的一切政策措施，都要从工人阶级的（同时也就是全国最大多数人民的）最高利益和长远利益出发来考虑、来决定（工人阶级有一个真理：只有解放了全人类，自己才能获得完全的解放；工人阶级的阶级利益就是最大多数人民的最高利益）。说是工人阶级专政"类型"的政权，说的是这个政权除了有不断巩固起来的工农联盟为其基础外，还广泛地组织了各阶层的代表人物——包括民族资产阶级的代表人物到政权机构里面来，直接支持工人阶级的领导，协力贯彻这个领导所决定的一切政策措施。这样，就使我们的政权领导和各阶层人民的联系，更为广泛，更为密切，更有利于社会主义革命的顺利前进。

这样一种政权，是怎样建立起来的呢？从形式上讲，这个政权是在宣布中华人民共和国成立的时候建立起来的。但从实际上来检查，我们可以看到，这个政权是在新民主主义革命的整个阶段中逐步地准备起来的。"武装斗争是中国革命的特点，也是中国革命的优点"。建立一支掌握在工人阶级手里的革命武装部队，并且在一路的英勇、艰苦斗争过程中不断地壮大起来和坚强起来，是夺得政权的首要条件，也是能够夺得政权的必要方法。工人阶级没有自己的武装部队，没有顽强不屈的武装斗争，夺取政权是无从谈起的，这是一方面。另一方面，工人阶级在整个新民主主义革命中，通过它的英勇、忠诚的战斗和各种各样政策措施的贯彻等等实际行动，培养起了自己的政治威信和阶级力量，建立起共甘苦、共患难的可靠的工农联盟，因而，吸引了具有爱国心肠和追求民主自由愿望的城市小资产阶级和民族资产阶级分子站到自己方面来，经过又联合又斗争的道路，在同农民以及城市小资产阶级所结成的巩固联盟基础之上，逐步地和民族资产阶级以及其他民主人士形成了、并且不断地扩大和巩固了一个民族民主统一战线。这也是我们夺取政权的重要准备工作之一。中国共产党，中国工人阶级的先进部队，一方面掌握着始终保持了它的纯洁性的武装部队；一方面又能团结了各阶层的人民在自己领导之下，在革命的万里征途上一同前进。这样，才使我们这样一个政权，能够在宣布中华人民共和国成立的时候，水到渠成地建立起来。毛泽东同志说，党的领导、革命武装、统一战线，是中国革命很可宝贵的三大经验。我觉得，我们对于毛泽东同志这句意义深远的话，也应当把上述这种情况作为一个方面来求得理解。

政权的运用，一般地讲，不外乎在人民内部发扬民主，对人民的敌人加强专政这样两个方面。但从我们这个政权的具体运用来看，就要复杂得多。从七年以来我们政权所发挥的作用来看，它不只在一方面用民主方式动员、组织和发挥了一切积极因素的力量，另一方面用专政方式制止和扫除了一切消极因素的势力，同时，它还起着把某些原来是消极的因素，改造成为积极因素的一种特殊作用。这种作用，我们从各方面都可以看到，但特别要从总路线的社会主义改造这个侧面，尤其要从对民族资产阶级又团结又斗争的统一战线政策中看到它的无比卓越性。

在这里，我们有必要先从主观能动性这一方面来认清楚社会主义革命和历史上其他几次革命基本不同之点。社会主义革命是在马克思主义这个科学理论的武装之下开始和贯彻到底的。科学是使人类的实际生活斗争实践从自发转变为自觉、从盲目性转变为目的性、从被动转变为能动的一个武器。盲目、被动就是由于还没有了解，因而也就不可能掌握客观事物的发展规律，因而自己的行动也就多少不免带着盲目性，受着各种客观规律的支配，始终不免处于被动地位。有了科学，特别是有了马克思主义这一科学，使我们所能够认识、能够掌握到的不只是自然现象的各种客观规律，而且，已经扩大到了社会现象的各种发展规律，因而使得人类自己就有可能从在客观发展规律支配之下行动着的被动地位，转变到掌握、运用各种客观发展规律来为自己服务的主观能动地位。我们的政权能够发挥出把消极因素改造成为积极因素这样一种卓越作用，主要就是由于能够善于运用马克思主义科学这一武器而充分地加以发挥。我们的社会主义改造这一巨大而又艰巨的任务，是从各方面用最大的努力，来使"生产关系一定要适合生产力性质"这一最基本的经济规律，能及时地、不断地扩大其活动阵地，一步一步完成，从而获得一个接着一个的伟大胜利的。就农业经济来看，土地改革使农业生产力在得到解放以后能够不断地提高。

我们的政权，一方面领导农民进行许多大大小小的水利工程方面、生产技术方面的不断改进来帮助生产力的提高；另一方面，就适应着这一生产力的提高，用互助合作初级合作社、高级合作社，一个紧接着一个，把它及时地重新加以组织。这样，即使农业的单位面积产量又快又多地提高起来，工业原料的供应一天天充分起来，同时又使政权自己的基础——工农联盟愈来愈巩固愈来愈坚强。就私营工商业来看，资本主义的发展是要依靠市场吸取营养的，它的自由泛滥——生产无政府状态主要也是显现在市场上。我们的政权一开始就抓住了这点，解放一个城市就紧握着这个城市的市场管理，一方面管制住市场的牌价，另一方面最主要的是把（棉）花、纱（布）、粮食、食油、百货等有关人民日常生活的重要商品，掌握在国家手里（通过国营公司），依靠充分的物资以调节供应，稳定物价。接着又把供销合作社深入到农村，把农村市场也加以控制。然后对花、纱、食油、粮食等几种主要物资实行统购统销，以切断农村经济和资本主义经济的直接联系，而使农村经济和国营经济联系得更为紧密。这样，就一方面促进了农村经济的走向合作化，另一方面限制住了资本主义经济的自由泛滥，为资本主义工商业进入接受初级国家资本主义这一社会主义改造的初级阶段，准备了一种主要条件。再从资金、技术设备、劳动条件、税收等方面进行调整，资本主义经济就不由自主地要在国营经济领导之下，走上各级国家资本主义的道路。同时，国营经济处于优先发展地位在很快地壮大起来，一方面在不断加强着它的领导力量，一方面也显示出社会主义生产关系在推动生产力更顺利地提高上的优越性。在这样一些情况之下，私营工商业者就不难看到：自由泛滥已遇到了坚厚的堤障；国家资本主义道路是既能更好地提高生产力因而确能使自己有利可图，而又风险要少得多的道路，于是就无可奈何地走上了这条道路。由于几年来工人生产积极性的汹涌高涨，生产力的提高又快又大，如果不再改变一下生产关系，进一步走上高级的国家资本主义，资本主义工商业就难于继续经营下去。在这时候，政府英明地提出了全行业公私合营的办法，正是因势利导，所以就得到了民族资产阶级分子敲锣打鼓的欢迎。

政权的充分发挥主观能动性，大大地教育了资产阶级分子，鞭策了他们，诱导了他们按照历史的发展规律办事，使他们也终于能够从盲目、被动的地位转变到了主观能动的地位。工农联盟加强了，在这基础之上的人民民主统一战线加强了，政权自己也就坚强而不可拔。

我们知道，马克思主义科学、特别是马克思主义的社会科学是有阶级性的。这个阶级性，我们可以从两方面来了解。一方面，这种科学是为劳动者阶级，主要是为工人阶级服务，而不是也不能为剥削者阶级如资产阶级服务的；另一方面，社会现象的各种客观发展规律只有劳动者阶级，特别是工人阶级能够认识到、掌握到，能够加以运用，而剥削者阶级，特别是资产阶级，在各种社会现象客观发展规律面前，由于深受阶级利益的锢蔽、腐蚀，不但失去了运用它的能力，就是认识它的能力也消失了。这一点，马克思在《资本论》中早就指出了的。在社会主义革命的征途上，成为消极因素的东西，主要就是那些为依靠剥削过活的阶级利益所锢蔽、腐蚀的一些东西，换句话说，就是民族资产阶级两面性当中消极的一面。中国民族资产阶级的所以具有两面性，是由半封建、半殖民地这样一种具体社会环境、历史条件所决定的。两面性，也就是所谓软弱性、动摇性。一方面，由于它受到帝国主义和国民党反动统治的压制，使它具有要求民主、要求独立自由的反帝反封建的革命积极性；另一方面，由于它是资产阶级，也具有着坚持剥削、唯利是图、要求发展资本主义、反对社会主义的反动性。在新民主主义革命阶段，由于中国工人阶级在那时候不但正在进行着反帝反封建的民族民主革命，正符合于民族资产阶级的革命要求，而且也表现出它确实具有充分的革命力量，能够担当得起民族资产阶级自己无力负起的革命任务，所以民族资产阶级也就能够被争取、被组织到民族民主统一战线里面来，虽然这一争取，是经过了几度往返，曲曲折折的艰苦道路。对于这样一种情况，我们必须注意抓住其中的一点，这就是中国民族资产阶级还没有成熟，还没有完全长成；就是说，它在政治上、经济上的软弱无力，正是使它所受到依靠剥削过活这种阶级利益的锢蔽、侵蚀，也还没有到达资本主义国家资产阶级那样程度的具体表现。这里就蕴着一些被改造的可能。在那时候，我们对它所采取的又联合又斗争的政策，就为它留下了被改造的余地。到了进入社会主义革命阶段以后，已经胜利完成的民主革命为资本主义发展扫清了道路，使得民族资产阶级的革命要求基本上得到了满足；同时，也引起了它发展资本主义这一强烈的要求。因此，它的消极的一面就在抬头，上升，乃至猖獗起来，以至要用它的五毒罪行，向工人阶级进行猖狂的进攻，竟想篡夺国家的领导权。那时候，我们又团结又斗争的统一战线政策就必须把斗争的一面强调起来，大张旗鼓地展开一次"五反"群众运动，使民族资产阶级分子被阶级利益所冲昏了的头脑能够及时清醒过来。在那个运动中，一方面强调了"五毒"罪行必须受到坚决的打击，同时也明确提出了爱国守法就能得到政府保护的方针，这就使得统一战线政策又团结又斗争这两个方面同时都在发挥其作用；既能使民族资产阶级中敢于用五毒罪行来进行反革命活动的违法分子知难而退，又能使民族资产阶级中的爱国守法分子慢慢增多起来，和广大职工以及其他革命队伍一起，来支持贯彻"五反"这个政策。于是就通过工会、妇联、青联和各民主党派、工商联、民主建国会、人民政治协商委员会等等组织机构，充分发挥了鼓励积极因素，打击消极因素的政权作用。

用各级国家资本主义形式，贯彻对资本主义利用、限制、改造政策，使民族资产阶级分子，从具体的事例和亲身体验中看到了他们在发展生产、繁荣经济方面的积极作用能够得到充分的发挥，同时，也有逐渐增多的人看到了"五毒"罪行对于国家和人民的危害，对自己又并没有什么好处，看到了唯利是图那种消极因素不可能、也不应当任其自由泛滥，从而逐渐走上了接受社会主义改造的道路。在逐渐走上接受社会主义改造道路的过程中，"逐渐增多地出现了大批的接受社会主义改造的积极分子和相当数量的进步核心分子"。（见李维汉同志 1956 年在第一届全国人民代表大会第三次会议上的发言）。这些积极分子和进步核心分子，就是清醒地看到了资本主义道路走不通、社会主义必然要来到这一社会发展规律的分子。于是"认识社会发展规律，掌握自己的命运"这样的口号就在民族资产阶级分子当中，造成了社会主义改造（全行业公私合营）的高潮。这样一个过程，不能不说是民族资产阶级分子也能从盲目、被动的地位，逐渐转

变到清醒、主观能动地位的过程；具体地说，就是从为阶级利益
所锢蔽，因而丧失了认识社会现象发展规律的能力，逐渐转变到
能够拨开阶级利益的锢蔽，生长出认识社会发展规律的能力的过
程。这就充分说明马克思主义的威力，用马克思主义武装起来的
共产党的威力，由中国共产党制定出来的统一战线政策的威力，
不但能够限制以至阻止消极因素发挥作用，动员、组织一切积极
因素充分发挥其作用，而且还能够把原来是消极的因素，逐渐转
变为为国家人民服务的积极因素。例如：资产阶级分子对于调整
大经济、大生产的一些经验和知识技能、在经营管理以及工业生
产方面的一些经验和科学技术的知识技能，原来都是用以加重对
工人阶级的剥削，损害社会生产力，乃至投机倒把危害国家和人
民的一些消极因素；在他们接受了社会主义改造，成为国营企业
或公私合营企业的公职人员以后，这些因素就都可以转变成为帮
助社会主义工业化、为社会主义建设服务的积极因素。在社会主
义改造高潮以后，民族资产阶级分子还正在进一步努力于对革命
理论的学习，争取在观察和处理问题的立场、观点和方法方面，
在思想和作风方面，"破掉资本主义的一套，立好社会主义的一
套"，争取能够经过又鼓励又批评，进一步的自我改造，把在经
营管理方法上的那些资本主义传统和习惯，从思想上和实践上逐
步地改革得一干二净，从剥削者转变成为真正能够自食其力的劳
动者。这样，他们就能把自己的积极作用、能动作用，提高到互
相监督主要是对共产党进行监督的高度。（参照李维汉同志同上
发言）。

　　马克思列宁主义这一科学，不但能使工人阶级以及其他劳动
者阶级从"自在"转变为"自为"、从被动转变为主观能动，而
且也能使像中国民族资产阶级分子这样的剥削者阶级分子，从只
能被他们的阶级利益推着走的被动（盲目）地位转变到能够把

自己的命运掌握到自己手里来的主观能动地位。只要大家能够团结在马克思列宁主义旗帜之下，我们就一定能够首先在阶级斗争方面和一部分生产斗争方面，然后还将在整个生产斗争方面，从必然的王国一步一步地跃进自由的王国。

（二）资产阶级分子和工人群众的阶级矛盾从对抗性的转变为非对抗性的然后归于彻底解决

资产阶级分子和工人群众的阶级矛盾，从阶级本质上来讲是对抗性的。这种矛盾的对抗性，曾经表现在新民主主义革命阶段中国民族资产阶级和中国工人阶级争夺对中国农民、小资产阶级的领导权上，表现在"五反"以前民族资产阶级对工人阶级的猖狂进攻。企图篡夺国家领导权使其走向资本主义发展方向这一狂妄的行动上，表现在资本主义工商业者拼命反对统购统销政策、企图和国营经济夺取农村市场上，最后还表现在抓拾一些流言蜚语来污蔑农业合作化的发展上，表现在公私合营时还有少数人抽逃资金、抬高资产价格、怠工乃至破坏生产等等不法行为上。但是，在正确贯彻统一战线政策的过程中，中国民族资产阶级分子和中国职工之间的矛盾，整个说来，是在一天天逐渐增加地从私营工商业中的劳资关系转变为公私合营企业中的共同工作关系。这种关系，虽然还包含着阶级关系和分工合作关系的两重性，但在阶级关系方面已经从对抗性的矛盾转变到非对抗性的矛盾。这种非对抗性的矛盾，经过今后民族资产阶级分子自我改造的努力和工人阶级的监督和帮助，经过大家在革命理论水平、政治水平上的提高和业务上的改进，将要使资产阶级分子逐步地改变为自食其力的真正劳动者。那时候，资产阶级分子和工人群众之间的区别将归于消灭，同时也就是他们之间的矛盾归于彻底解决。所以中国资产阶级分子和中国工人群众之间的阶级矛盾从对抗性的转变到非对抗性的，而最后归于彻底解决，已经是事实问题，而不再是什么理论问题了。但这并不是说，对于这个问题，我们再不需要进行什么研究，不是的。我们还需要研究，我们要研究阶级矛盾为什么能够从对抗性的转变成非对抗性的而后归于彻底解决（这里是把这一阶级分子对那一阶级分子之间的阶级关系和这一阶级对那一阶级的阶级关系分别看待的。关于这一点的论述，容待另文）

　　在这里，我们首先需要研究一下对抗性矛盾与非对抗性矛盾的具体内容，以及它们所由形成的具体条件。所谓对抗性矛盾，就是两个在发展方向上正相反对，在发展渐近终点时绝对不能相容的对立面之间的矛盾。这种矛盾的解决，不可避免地要采取消灭两个对立面中的一个。所以，它们之间的斗争是你死我活的斗争。非对抗性的矛盾，就是两个对立面虽然有着发展方向上的区别，因而在发展过程中经常在进行着互相争取对对方统治地位的斗争。但是，这两个对立面统治与被统治的主从地位，早已在发展过程中互相转换了，在还没有看到发展终点时，旧的一面早已失去了统治能力。因而这种矛盾就并非除了采取消灭两方中的一方的办法之外，再没有其他办法可以解决的矛盾。我们再看一看形成这两种矛盾的具体条件是什么。我们从中国资产阶级和工人阶级的阶级矛盾来研究一下。这两个阶级在历史发展的道路上，工人阶级是绝对的有着远大前途的，因此，它对资产阶级的斗争，只是要摆脱资产阶级的剥削和压迫的斗争，而并不需要非把资产阶级分子置之死地不可。所以，对抗性的根源不在于工人阶级方面。但是，在资产阶级方面，由于它在历史发展的道路上，已经没有了它的前途，因此，在资产阶级分子还没有看到自己除了继续剥削生活以外还有什么其他生路的时候，它就只有对工人阶级的解放斗争作拼命的抵抗，对它进行你死我活的斗争。当工人阶级还没有取得领导地位以前，它是没有可能来替资产阶级分子开辟剥削道路以外的其他生路，在那时候，这两个阶级的阶级矛盾，就始终是对抗性的矛盾。等到工人阶级在政治上取得领导地位以后，特别在国家政权中取得了领导权以后，它就能够逐渐地找出资产阶级分子可以采取、能够采取的除剥削生路以外的其他生路，同时也已经有力量来限制、阻止资产阶级分子肆无忌惮的剥削，有资格来对资产阶级分子进行教育改造的工作，帮助资产阶级分子从阶级利益锢蔽之下逐步地解放出来。但在这个时候，资产阶级分子对工人阶级为他们指出的新的生路和对他们所进行的教育、改造，特别是对工人阶级给予他们的限制，仍还不是一下子就能接受的，还在进行直接的或间接的、公开的或隐蔽的抵抗。只有经过一系列经济上、行政上和思想上的艰苦斗争，在坚决阻止住资产阶级的消极因素发生作用以后，又在另一方面为资产阶级分子在工作上、生活上以及政治上作妥善的安排，同时也帮助他们进行自我教育和自我改造以后，这才使得资产阶级分子从实际上既看到了老路的此路不通，又看到了一条新的并不算坏的生路，同时也在思想认识上看到了社会主义的必然性和优越性。在这样的实际情况之下，资产阶级分子和工人群众的阶级矛盾就逐步地从对抗性的转变为非对抗性的。在这里，我们可以看到：政治上的领导地位，特别是政权中的领导权是具有决定意义的关键。具体地说，如果领导地位不在工人阶级方面，领导权不在工人阶级手里而在对方手里，对方就要利用它的领导地位、领导权来阻止社会发展规律如"生产关系一定要适合生产力性质"这样的规律为自己开辟活动阵地，因而使这新旧两个对立面之间矛盾始终是对抗性的；一旦新的对立面转到了领导地位，取得了领导权，生产关系一定要适合生产力性质这一规律就能在资本主义经济的领域中不断地为自己开辟活动阵地，使资本主义企业逐渐改变其性质。这就改变了造成新旧对立面之间矛盾的物质基础，或者说，消除了产生矛盾对抗性的根据。但是，还须指出，就是在这种情况之下，仍然还会有极少数旧分子在挣扎着要来阻挡客观发展规律的为自己开辟活动阵地，那就要使他们和新的对立面之间的矛盾仍然保持着对抗性，其结果，当然只能是他们自己的不幸。

跟着经济基础中各种非社会主义经济成分的社会主义改造的发展过程一路前进，上层建筑也在相应地一路前进。各政党，参加政权机构的各党各派的代表人物，各人民团体以及各种思想意识，都在继续不断地趋向于政治上、思想上的一致。其具体的里程碑是几年来的土地改革学习，思想改造学习，民主改革学习，三反、五反学习，镇压反革命学习，总路线学习，肃反学习以及最近正在进行的革命理论学习等等学习内容和学习成果。上引李维汉同志的那次发言，可以说是这一方面发展过程的一个总结。

这篇短文所提出的一些看法，只能说是并未成熟的一些意见。说不上什么科学研究，希望能够得到读者同志们的指正、批评。

（原载《哲学研究》1956 年 4 期）

否定之否定——辩证法三条基本规律之一

辩证法的三条基本规律——对立面的统一与斗争，由量变到质变，否定之否定——是不可分割的一个整体；它们各自从不同的方面描述着辩证法规律的内容、性质，不能把它们看成各自描述各自的而彼此不相关，更不能看成彼此没有多大区别，因而可以随便简略。它们所各自描述的辩证法这一整个规律的不同方面，是彼此渗透着、相互说明着、补充着的，简略了其中的一条，就要使我们对辩证法规律的了解残缺不全；从而对于其余几条的掌握也会不够全面，以致在认识上，乃至行动上把自己引导到错误的道路去。

列宁曾经指出：对立面的统一和斗争是辩证法的核心、灵魂，也就是说是它的中心内容，其他两条则是这个中心内容的表现形式——这应当是说，其余两条是这个中心内容在不同方面的表现形式。由量变到质变，是从由一个质的规定转变到另一个质的规定这一段过程的表现形式；否定之否定则是由于量变而使统一物中两个对立面有互相转化的同一性，因而某一事物能转变成另一事物，再继而转变成又一事物，这种不断发展的整个过程的表现形式。乍看起来，否定之否定这一条所要描述的螺旋形的发展过程，似乎可以由量变到质变这一条足够地说明，因此可以简略去。其实，辩证法最优越之处，是在于它揭出了任何事物都有两重性，都有两个互相对立着而又能够互相转化的对立面；只看到由量变到质变的发展过程，看不到否定之否定的发展过程，就不能掌握到辩证法的全面，就失去辩证法的精神实质。而且抛开了否定之否定这一条，由量变到质变这一条也变成了化石，不能使人认识清楚它本身所要描述的生动内容。

否定之否定到底是怎样的一条规律，我们至少可以从列宁的教导中懂得，应从下述两个方面的意义上来理解：一是从发展过程行进的方式去理解；一是从否定中还包括历史的继承性的一个方面去理解。

列宁《哲学笔记》中《谈谈辩证法问题》这一文末后，记有这样的几句："人的认识不是直线（也就是说，不是沿着直线进行的），而是那无限地近似于一串圆圈、近似于螺旋的曲线。这一曲线的任何一个断片、碎片、小段都能被变成（被片面地变成）独立的完整的直线，而这条直线能把人们（如果只见树木不见森林的话）引到泥坑里去，引到僧侣主义那里去（在那里统治阶级的阶级利益就会把它巩固起来）。直线性和片面性，死板和僵化，主观主义和主观盲目性就是唯心主义的认识根源。"① 关于这一层，毛泽东同志曾经在他的许多著作中，特别是在日常工作中无数次地教导过我们，提醒过我们，说我们看问题、办事情不要走直线，要走曲线；欢喜走直线的人，常常是容易犯错误的人。这就是说，从这一着眼点来掌握否定之否定这一辩证规律，是有非常重要的实践意义的。正是由于客观事物的发

① 《列宁选集》第 2 卷，第 715 页。

展不是按照直线式而是按照螺旋式行进，所以人们的认识和行动也就不能循着直线而要循着那近似螺旋形的曲线行进。这对于帮助我们理解对立面的统一与斗争这一辩证法的核心，有着很重要的意义。为什么不是直线而是曲线？这是由于客观实际远不是单纯，而是非常繁复的。一件事、一个物在任何刹那都不是只受到一种力量的作用，而是有几种力量同时在对它发生作用。因此，它的运动，它的发展就不能是、不可能是一直线地向前行进，而是要由于几种力量（有外部的，也有内部的；有目前的事也有历史的）同时交互错综地在发生作用，因而要循着曲线行进。如果我们把事物的发展道路当成直线，那就是说我们只看到或者只注意到同时在发生作用的许多力量中的一种力量在作用，因而就是片面的；根据这种认识而行动，就免不了要出偏差，以至于错误。如果我们要求自己行动能够全面，我们就首先必须认识到、注意到，每一件事、每一个物是在几种力量同时错综地在起着作用的情况下向前行进。要使我们的认识能够尽量的全面、使我们的行动能够尽量地避免偏差，就必须要走曲线，而不能走直线。

这种情况也就说明了对立面的统一与斗争这种辩证关系是非常复杂的。对立面是互相矛盾着的，因而是互相斗争着的，但它们同时又是一个统一着的整体不可分割的组成部分；它们是彼此对立着，斗争着，同时又是彼此互相渗透着，制约着，影响着（恩格斯有时把对立面的统一与斗争这一条称之为矛盾的互相渗透，很值得我们重视）。如果我们只看到它们的区别、斗争，而看不到它们的互相渗透，互相影响，就要使我们看事情、看问题简单化，走直线，从而使我们所采取的处理方式走直线，流于粗暴。这在我们这几年来的革命事业中已有了不少值得记取的经验教训。

否定之否定这一规律，既是描述客观发展过程所采取的螺旋形的行进方式，显然就不能由量变到质变的规律所代替或包括。我们要根据否定之否定这一表现形式来分析对立面的统一与斗争这一中心内容的复杂和生动，来认清事物发展为什么不是走的直线，更不是走平面圆形路线，而是走逐步上升的螺旋形路线的所以然。

抛开了否定之否定这一条，不只不能使我们对对立面的统一与斗争这个辩证中心内容理解的周全，同时也不能使我们对由量变到质变这一辩证过程了解得具体。试问由量变到质变这一过程当中的量变，其具体情况到底如何呢？

量变当然是指的某一事物中新因素比重的增长。新因素比重的增长可以有两种情况：一种是从外面汲取进来的新因素不断增加，一种是由内部原有的旧因素因受到外部各方面的影响（或各种力量的作用）而在一天多似一天地起着变化，向着新的方向发展。这两种情况不是互不相关的，而是不可分割地互相渗透地联系着。从外面汲取进来的新因素，如果对内部原有的旧因素不起什么作用，不能使后者发生变化，那么，它是终于停留不住的，就是说，终于要被排斥出去的；只有它在那里能够扎下根，那就是说，能够对于原有旧因素中的某些部分发生一定作用，使其趋向自己逐渐同化，那时候它才能够成为那个事物的有机构成部分。在这里，我们要注意，新因素在对原有因素发生作用，使其发生变化时，同时也就避免不了要或多或少地受到原有因素的影响，使自己也多少要起些变化。至于原有旧因素在由于受到新入因素的影响起着变化而发展成为新因素，也不是新得完全如新入因素原来那样，而是在它的新形态中，仍旧多少保留着一些它自己原有的东西。这种情况下的量变，是某一物体内一定数量的因素向着更富有生命力，更适于前进与提高而变化着。这种变化，一方面是汲取了原来没有的，但是在发展和提高上所必要的新东西，另一方面也得保留着自己原有的仍然还适于发展和提高的旧东西。

另外一种情况之下的量变，是一个事物内部的某些因素，因受到外部各方面的影响（或各种力量的作用）而起着变化，它们的数量是在继续增加。这样变化过来的新因素，更是像上述的那样，一方面有因外部影响而革新了的东西，同时也还保留着自己所原有的而仍然适合于发展和提高的东西。这两种情况，都是证明新因素的新，并不能是绝对的，而是要受着它的母体的一定的制约的。这种制约来自母体所固有的（它所特有的）发展规律，即所谓历史传统。这种一方面一定要革新，另一方面又不能不受到限制的情况，正就是事物内部斗争的具体情况。这种情况，同时也说明了外部的影响，必须要通过内部斗争才能使一个事物真正发生变化的道理。这一点，正是由量变到质变这一规律，是对立面的统一与斗争这一规律的表现形式的意义。但是，请注意，也就在这一点上，说明了有必要借助否定之否定那一条规律，来审辨清楚量变的具体情况，来了解由量变质变这一表现形式全部的而且是生动的辩证内容。现在，我们就从这一点上导引到再从下述一个着眼点来掌握否定之否定这一规律的主要意义。

列宁从黑格尔《逻辑学》一书摘下了这样几句话："认识是从内容进展到内容（即从旧认识进展到新认识——梓年）。首先这个前进运动的特征就是：它从一些简单的规定性开始，而在这些规定性之后的规定性就愈来愈丰富，愈来愈具体。因为结果包含着自己的开端，而开端的运动用某种新的规定性丰富了它。普遍的东西构成基础；因此，不应当把前进的运动看做从某一他物到另一他物的流动。绝对方法中的概念保存在自己的异在中，普遍的东西保存在自己的单独的东西中，保存在判断和实在中；在继续规定的每一个阶段上，普遍的东西不断提高它以前的全部内容，它不仅没有因其辩证的前进运动而丧失了什么，丢下了什么，而且还带着一切收获物，使自己的内部不断丰富和充实起来。"① 并在下面批道："这一段话对于什么是辩证法这个问题，非常不坏地做了某种总结。"② 这一总结正是从否定之否定的这一方面做出的。从这里，我们可以懂得，对否定之否定这一条辩证规律固然主要是要从革新的意义上来掌握，但这还不够，还要从历史的继承性方面来掌握。

　　否定之否定所描述的发展过程，不是简单的舍旧从新，而是一方面尽量汲取一切新的好东西，同时也尽量地随身携带着已有的好东西。只要是好的，不管是新也好，旧也好都需要，都不能让它丧失掉，都不能让它丢在自己的身后。另一方面，也不是只要是新的就全都是好的，也要从中有所取舍。那就是说，否定一样旧东西，使之变为新东西，既不能简单地对旧的采取虚无主义的态度而一笔抹煞，而是批判地否定其陈腐部分，而继承其仍然生动的部分，也不能狂热地对新的采取盲目崇拜的态度，把它当作偶像而囫囵吞下。党中央在对资本主义工商业进行社会主义改造这一问题上教导我们说："只能改好，不能改坏"。意思是说，要把不合于国家利益、人民利益的东西通通改革掉，但又不能不加分析、没有区别地连合于国家利益、人民利益的东西也改革掉。具体地说，就是要把资本主义工商业经营管理方面一些好的特点，如品种的多样、特殊品种的优异处，组织货源和销售商品方面一些好的经营方法都应当把它保存下来。这使我们懂得不只

---

① 列宁：《哲学笔记》，第249—250页。
② 同上书，第250页。

对于接受一样新的东西、好的东西要采取批判的态度加以分析而有所取舍，就是对于所要否定的旧的东西、坏的东西，也同样要采取批判的态度，加以分析而有所去留。

这一点非常重要，当我们有必要否定一样旧东西的时候，如果我们不能对它先加以分析，把其中还能有用的部分汲取过来，而采取一种简单的、粗暴的方法，把它一脚踢开的话，结果是会仍旧否定不了它的。好的东西，就是有生命的东西，有用的东西，我们所要否定的那个旧东西中还能有用的部分，没有被我们汲取过来，仍旧还遗留在那里，那就要使我们所要否定的那个对象，仍旧对人们有用，仍旧还是人们所需要，因此，你就否定不了它。

这对于学术发展同样重要。上面所引列宁《谈谈辩证法问题》那一段笔记，就在紧靠着的前面一段话："从粗陋的、简单的、形而上学的唯物主义的观点看来，哲学唯心主义不过是胡说。相反地，从辩证唯物主义的观点看来，哲学唯心主义是把认识的某一个特征、方面、部分片面地、夸大地（狄慈根）发展（膨胀、扩大）为脱离了物质、脱离了自然的、神化了的绝对。唯心主义是僧侣主义。这是对的。但（'更正确些'和'除此以外'）哲学唯心主义是经过人的无限复杂的（辩证的）认识的一个成分而通向僧侣主义的道路。"① 在这旁边还注着："注意，这个警句。"这就是说，如果要否定一种错误的乃至荒谬的学说、理论，须得对它仔细分析，看它在发展道路上，到底从哪一点无限复杂的（辩证的）认识的一个"成分"上"膨胀"起来"扩大"起来的，而把它任何微小的一点合理之处（即认识的某一特征，方面、部分）都给抽取过来，然后才能把它否定掉。黑

---

① 《列宁选集》第 2 卷，第 715 页。

格尔的唯心主义哲学，对它采取一笔抹煞的青年派，没有能够把它否定得了，而马克思、恩格斯把它的合理部分汲取过来以后，才把它彻底地否定了。一句话，我们所要否定的东西，只有当它所有一点优良的部分都被我们汲干，使它已经丝毫没有再存留下去的必要时，才能真正把它否定掉。

否定之否定在这样一个方面的含义，是它之所以成为对立面的统一与斗争这个复杂而生动的辩证内容的表现形式的主要点。不从这一方面去理解它，就会认为没有必要把它当做一条独立的辩证规律去研究，同时也就使自己不会对对立面的统一与斗争这一个辩证核心全面地掌握到。要把统一着的一个整体分解为两个互相矛盾着、互相斗争着的对立面去观察，这样一种辩证的认识方法是对任何一件事物都是必要的；对旧事物要这样去认识，对新事物也要这样去认识。民主集中制是历史上从未有过而具有无限优越性的社会主义的社会制度。但它也是两个对立面（民主与集中）的统一体。当我们由于客观形势的需要，有必要把集中的一面适当地强调起来的时候，如果我们看不到因民主不足而产生出来的阴暗面（即无产阶级专政的阴暗面）的话，就会把集中"吹肿"而使民主偏枯，就有发生主观、独断那样严重错误的危险。只有看清楚这个阴暗面，才能及时地提出民主来加以必要的强调，使集中受到必要的制约，使社会主义发展过程始终循着健康的道路行进。保守主义是没有掌握这种辩证观点去认识旧事物的结果，教条主义、经验主义则是没有掌握这种辩证观点去认识新事物的结果。

又团结又斗争的统一战线政策，是我们非常成功、非常可贵的一条革命经验。统一战线以民族资产阶级为其主要对象，团结是发挥这一阶级的积极因素，斗争则是打击它的消极因素。统一战线这一政策之所以能够那样地成功，那样地可贵，是由于一方面在原则上把无产阶级和资产阶级严格地划清界限，毫不模糊地对它从各方面（政治、经济、思想）进行了不妥协的斗争；同时另一方面却又公正不偏地对予它任何一点积极因素都加以重视，加以充分的发挥。因为能够在后一方面做到仁至义尽，我们就能在前一方面更顺利更迅速地取得战果，结束战斗。这种经验，不只对资产阶级进行斗争来说是好经验，对于我们所要进行的各种斗争也都是好经验。这条经验，从内容上讲是按照对立面的统一与斗争这一规律办事的，从形式上讲是按照否定之否定这条规律办事。

　　否定之中有肯定、肯定之中有否定，这就是否定之否定这一规律的精神实质，也就是我们所说的历史主义的精神实质。"否定之否定"一语中的前一个否定是矛盾的揭发，后一个否定是矛盾的解决。矛盾是新与旧在斗争；解决矛盾，是新的战胜了旧的。把旧的一笔抹杀，一棒打死，并没有把旧的战胜。（用简单办法反立三路线的人并没有能使立三路线死亡，倒使自己跌倒在立三路线的泥潭中）把新的生硬地强加到旧的中间去，也无力战胜旧的，两者都解决不了矛盾。只有对新旧双方都做到有分析、有批判、实事求是的办法才能使矛盾获得真正的解决，而这办法正就是符合否定之否定这一辩证规律的精神实质的办法。我们要对旧社会进行翻天覆地的革命，汲取一切先进经验、好的经验来建立一个完全新的社会主义社会。但要建立一个比过去任何社会都优越无比的社会主义社会，不只要对过去进行革命，还要能够对过去接受遗产，发扬一切祖传下来的优良传统。这种传统，可以来自资本主义时代的也可以是来自封建主义时代的。这种遗产，这种传统，当然不是原封不动地被接收下来，而是要经过批判、经过改造。但是"批判"、"改造"决计没有丧失什么、丢下什么在身后；祖先的一切获得物，都随身携带着。学习先进经验、学习好的经验，也不能生搬硬套，也要经过批判，使它能和自己的实际结合得起来（切合于自己的实际）。这样，我们所建立起来的新社会才能是最丰富、最优越的社会。

资本主义和社会主义比较起来是坏东西，和封建主义比较起来却是大大前进了一步的好东西。当我们从资本主义过渡到社会主义的时候，有必要把资本主义分析一下，弄清它比封建主义优越得多的优越性到底在什么地方，看其中是否还有一些值得随身携带的东西——即还不失其为优良的东西。但有不少人却没有能够这样，他们认为，资本主义中已经没有什么可取的了，资本主义的体现者——资产阶级也没有什么积极因素了，有的甚至说，到了社会主义革命阶段，资产阶级已经和工人阶级没有任何同一性了，它已完全没有积极因素了；于是就不断提出疑问：统一战线政策是否还须要继续下去，如果还要继续下去的话，那也只是一种虚文了吧？事实已经证明，这样的看法是不对的；统一战线这一政策，不是在一天天缩小其发生作用的范围，不是在一天天削弱其作用，而是在不断地扩大和加强。价值规律是资本主义的一个重要规律，它不只是在过渡时期对于我们很有用，就是在整个社会主义阶段（共产主义的前期阶段），都还始终有用，我们的分配是要采取按劳取酬的原则，我们的生产是要计算成本，争取盈余，要进行严格的经济核算；我们的工资政策，要根据从物质利益上来鼓励大家关心生产率的提高的原则来考虑。成为封建社会组织细胞的家庭，曾经被一些狂热的革命者认为应当是被粉碎了的，但我们知道，在新社会里，家庭仍然是必需的一种基层组织。当然，新社会的家庭和封建社会的家庭是完全不同了的。但使家庭之所以成为家庭的那种友爱互助的精神，却是祖传下来的优良传统。资本主义发现了"人性"、"个性"而把它发扬到极致，这应当说是好的，但由于把它"吹肿"得太厉害了，致使人与人的关系被物的（商品的、金钱的）关系所淹没，把封建社会所培育起来的友爱互助，这个优良传统"丢在身后去"了，因而让彼此之间的对立关系，彼此之间互相排斥的关系压倒了甚至压死了（在统治者方面）彼此之间的统一关系，彼此之间互相团结的关系。（友谊是在劳动人民之间发展起来的；在鹄主和零民之间讲不到什么友谊；而这种友谊在工人之间也还保存着。但整个说来，在封建社会里，友谊的发生作用是比较广泛的、重要的；而个人主义也总是资本主义社会最基本的一个特点，工人阶级的团结，由于资本主义私有制的作用，也并非总是没有困难之处。）我们要发扬不予吹肿的个性，也要发扬表现人与人的关系的友谊。汲取其好的，革除其坏的，因而获得不断向前的发展，这就叫做历史主义。由于否定之否定这一规律有历史主义的内容，所以它才能描述出螺旋形的发展方式、发展路线——不是简单的重复，而是在更高阶段上的复归。

从上述两个着眼点来理解否定之否定，可以看出否定之否定这条规律，作为对立面的统一与斗争那个辩证核心的表现形式，是不可能由量变到质变那个表现形式所代替或包括得了的。对立面的统一与斗争这样复杂的辩证发展内容，需要有两条规律从不同的方面来表现，才能表现得完整。把否定之否定简略了去，想把它所担任的表现任务，交给由量变到质变一条规律包了去，恐怕只能是由于对否定之否定所表现的内容没有理解得完整，从而也就是对于对立面的统一与斗争的复杂内容没有理解得完整。斯大林在其《辩证唯物主义与历史唯物主义》这一著作中，一方面不提否定之否定这一条规律，另一方面在讲对立面的统一与斗争那一条规律时，也只讲到斗争，没有讲到统一，恐怕不会是偶然的。这是否可以说是表现了在认识论方面的一个重大缺陷呢？是不是可以说，这就是斯大林错误的认识论根源呢？

如上所述，对"否定中包含着肯定"的肯定方面也许强调得过火了一点，对"对立面的统一与斗争"的统一方面也许强调得太多了一点。但是，人的认识，在其不同的发展阶段上是会有所不同的，当工人阶级开始进入对资产阶级进行决战的阶段时，有必要把对资产阶级否定的一面、斗争的一面提出来加以强调；当工人阶级经过了一系列艰苦卓绝的战斗，在"谁战胜谁"这个历史战役中已经取得了决定性的胜利时，就有必要把对资产阶级肯定的一面、统一的一面提出来加以强调。十月革命一经胜利，列宁就提出不同的社会制度可以和平共处的和平政策加以强调；目前处在社会主义民主主义已经取得对资本主义垄断主义的压倒优势的时候，为了争取国际紧张局势不断缓和下去，更有必要把否定中肯定的一面，把对立面的同一性这一面提出来加以强调，把不同社会制度的国家之间共存关系提出来加以强调。这种强调，丝毫不应该使自己麻痹，以致淡忘了所必须划清的阶级界限，模糊了实际上还正在进展着的新旧之间的毫不容情的斗争。

（原载《哲学研究》1956 年 5 期）

从马克思主义国家学说方面对毛主席两类矛盾学说的一点体会

　　毛泽东同志在《关于正确处理人民内部矛盾的问题》这本著作中全面地总结了我国几年来的革命实践，又把《矛盾论》的哲学思想大大地发展了一步，对于今后的革命斗争和建设事业有重大的指导作用。我们研究这本著作，不但要研究著作本身，更需要根据著作发表后的各种革命实践，从各个方面来体会著作的精神实质。因它涉及的问题很多，现在只想从马克思主义国家学说方面谈一谈自己对这一著作关于两类矛盾学说的一点体会。

　　马克思主义国家学说问题是过渡时期的重要问题，或者也可以说是一个中心问题。马克思主义的国家学说，包括两部分：一部分是阐明国家是阶级社会的历史产物，是阶级统治的工具，即一个阶级压迫其他阶级的政治工具；另一部分阐明在无产阶级取得政权以后，就要在加强政权、巩固国家的同时，为国家的逐渐消亡准备条件。这一学说的建立，不管哪一部分，都是要用阶级分析的方法，都是要有阶级观点，即认定阶级斗争是阶级还没有彻底消灭以前各个历史时期发展的动力。离开了阶级观点，离开了阶级分析，就没有马克思主义的国家学说。马克思主义反对形形色色的机会主义，就是因为它们反对无产阶级夺取政权，即反对无产阶级革命和无产阶级专政，因为它们不懂得或有意不懂得：要消灭阶级，就必须展开阶级斗争，把斗争推向革命高峰，推向无产阶级夺取政权，并把国家这个政治工具拿在无产阶级手里，继续对已经被打垮了的但还没有彻底消灭的资产阶级和其他剥削阶级进行斗争，加以压迫，直到剥削阶级彻底消灭为止。剥削阶级被消灭，阶级社会才成为过去，国家也没有存在的必要而消亡了。剥削阶级逐步被消灭的过程，就是国家逐步消亡的过程。因此，要搞通马克思主义国家学说，基本关键在于阶级观点明确，阶级分析恰当。

毛主席在这一著作里，首先就把社会主义社会的矛盾分为两类，即敌我矛盾和人民内部矛盾，并对人民这个概念作了科学的规定，这样就使我们的阶级观点更易于明确，进行阶级分析时就更易于恰当了。

在这里，首先要特别注意毛主席对人民这一概念作了科学的规定，不论在理论上和革命实践上都有十分重要的意义。列宁在《国家与革命》第三章第一节里就曾提到马克思"真正人民革命"这用语的重要意义，加以具体的阐明，并斥责了一些自命为马克思主义者的人对马克思主义的曲解，说："在他们看来，除了资产阶级革命和无产阶级革命的对立以外，再没有任何东西，而且他们对这种对立的了解也是非常死板的。"[①] 可惜的是，列宁这一指示，在很长时期以来，似乎一直被遗忘了，以致只看到阶级对立的两极而看不到两极之间还有一个中间状态；只知道有敌我之分，不知道还有敌友之分。另一方面，有些人懂得了划分敌、我、友的重要，但对"人民"的了解又"是非常死板

---

① 《列宁选集》第3卷，人民出版社1975年版，第203页。

的"，不知道对"人民的范围"同样也要从阶级观点出发来进行阶级分析，要看到"人民这个概念在不同的国家和各个国家的不同的历史时期，有着不同的内容"。否则敌、我、友的界限还是划不清楚。毛主席指出人民的范围要因革命的阶段的不同而有所不同，使我们在掌握阶级观点这一点上提高了一步。

　　我们要怎样从这一点来提高自己呢？时刻不要忘记我们还是处在过渡时期，就是说我们还没有到达社会主义社会的彼岸，还会有风险。是些什么风险呢？中国有句老话说："百足之虫，死而不僵"，资产阶级是被推翻了，打垮了，但还没有完全被消灭；它的"百足"还留在社会的各个角落里，蠕蠕欲动，还能死灰复燃。这种风险，只要世界上还有资产阶级存在着，就不能认为今后绝不会再有，我们今后仍须对它提高警惕。因此，现在我们虽然应集中主要力量去建设社会主义社会，但必须充分估计到：社会主义世界和帝国主义世界之间的阶级斗争还严重地存在着，国内的阶级斗争也还是存在着，否则就要上大当，吃大亏。在这里，划清人民的范围就具有非常重大的意义。把朋友划了出去，对建设不利；让敌人暗藏在人民之中，更对建设不利，因为他们处心积虑要使我们上当、吃亏。

　　我们知道，毛主席在这一著作正式发表的几个月以前，就做了一这个问题的报告，著作和报告都是为了要整风，为了要我们把国家工作做得更好，把社会主义革命和社会主义建设的工作做得更好，把无产阶级专政的工作做得更好。做好专政工作，不是不要发扬民主。恰恰相反，我们的专政和资产阶级的专政截然不同，我们是人民民主专政，民主愈发扬，专政的力量也就愈强大。

　　无产阶级革命导师根据革命形势的向前发展和斗争经验的日益积累，规定无产阶级国家的职能是镇压资产阶级的反抗和组织社会主义经济两大项——即社会主义革命和社会主义建设，换句话说，就是专政和民主的两个侧面。在这里，人们的思想、认识容易搞糊涂的地方，就是专政和民主的关系问题。一般人常常把专政和民主看做是互不干涉的绝对的两个对立物，只看到两者的对立，而看不到它们的统一，因而就认为加强了或强调了这一面多必然就要削弱或放松那一面。从对主席这一著作的学习过程中，我们可以清楚地看到，专政和民主是分明有区别但又密切联结在一起的两个对立面。人民民主专政，对敌人要压服，对人民则不能压服，只能说服；压服即专政，是解决敌我矛盾的方法；说服即民主，是解决人民内部矛盾的方法。这点必须要有明确的界限。但民主如果发扬得不够，专政也就软弱无力；民主愈发扬，专政也就愈坚强，二者又是密切地相联结着的。我们可回想一下，不久以前的"肃反"和几年前的"五反"，也主要是通过广大群众把那些暗藏的反革命分子检举出来加以肃清，把那些向无产阶级猖狂进攻的顽固不化的资产阶级分子打退。这些，还不足以使我们对专政和民主的关系问题辨认得更清楚吗？

　　毛主席这一著作对马克思主义国家学说方面的重大贡献，就在于把敌我矛盾和人民内部矛盾严格地区分开，就在于对"人民"这一概念给以科学的、历史唯物主义的规定。这两点不是互相独立而是互相联系、互相结合的；有了后一点，才能使前一点即两类矛盾的区分既明确又不至流于死板。有了两类矛盾的严格区分，就能使民主和专政这两种无产阶级国家的双重作用运用得更准确，就能对人民的敌人看得准，打得狠，加强了专政；同时也就使人民团结得更亲密，加强了民主。民主的加强，又使专政威力的加强促使消灭人民敌人的过程更可以缩短，这是一。其次，人民的范围并不是死板的。由于专政和民主这两种工具运用的准确，人民的敌人就会分化，就会有一部分慢慢地向着人民方面转变过来。人民中间也在起着变化，其中个别的也有可能变坏，但更多的是在向好的方面转，我们可以根据对人民的科学规定，加强社会主义教育和其他措施，如这一著作各章所讲的那样，使人民的政治水平日益提高，人民的团结日益巩固，这是二。有此二者，就突出地表现了无产阶级专政下的国家和资产阶级国家有截然不同的性质，突出地表现出无产阶级专政是在怎样迅速地消灭剥削、消灭阶级，是在怎样地在实际工作中准备着国家自行消亡下去的具体条件，在促使国家消亡的过程趋于缩短。但必须注意：国家的当真消亡，并不能只决定于国内条件，还必须同时决定于国际条件，即决定于国际上剥削阶级是否已完全消灭。

毛泽东同志在这一著作中根本没有提到国家消亡不消亡的问题，这是由于我们的实际生活还没有提出这一问题要求解决。恰恰相反，实际生活提出来要求解决的，正是多快好省地建设社会主义的问题，使国家更加巩固的问题，因此，这一著作除了重点是放在讨论人民内部的矛盾问题外，也说到敌我矛盾的问题。特别在第二章就肃反问题详细说明了肃反对巩固国家的重要关系。毛泽东同志说："我们国家的巩固，首先不是由于肃反。"① "但是，我们在肃清反革命方面的成功，无疑是我们国家巩固的重要原因之一。② 又说，"目前……，还有反革命，但是不多了。首先是还有反革命。有人说，已经没有了，天下太平了，可以把枕头塞得高高地睡觉了。这是不合事实的。"③ "必须懂得，没有肃清的暗藏的反革命分子是不会死心的，他们必定要乘机捣乱。美

---

① 毛泽东：《关于正确处理人民内部矛盾的问题》，载《毛泽东选集》，第376页。

② 同上书，第377页。

③ 同上书，第378页。

帝国主义者和蒋介石集团经常还在派遣特务到我们这里来进行破坏活动。原有的反革命分子肃清了，还可能出现一些新的反革命分子。如果我们丧失警惕性，那就会上大当，吃大亏。"① 并且还说公安部门、检察部门、司法部门、监狱、劳动改造的管理机关等等都要采取积极态度，帮助广大干部和积极分子把今后的肃反工作做得更好。非常清楚，无论从我们国家两方面职能的哪一方面来说，都是要求国家更巩固而不是要求国家消亡。在这时大喊大叫要国家消亡的人，只能是要我们上大当、吃大亏的人。

那么，对马克思主义国家消亡学说在今天应当怎样了解呢？这首先要认清当前的具体国际革命形势和马克思、恩格斯当年所估计到的国际革命形势有很大的不同。马克思、恩格斯当年所估计到的国际革命形势，是所有的或绝大部分的资产阶级国家会同时出现无产阶级革命的国际形势。而当前的国际形势，则只有少数几个资产阶级的国家已变为无产阶级的国家。因而对国家消亡学说要从马克思主义的精神、实质去理解，而不能从形式上、词句上去理解。列宁在《论"民主"与专政》一文中驳斥考茨基等人对无产阶级专政的污蔑时说明巩固社会主义的国家正就是国家走上消亡之路，他说："这是用无产阶级专政代替事实上的资产阶级专政（以民主的资产阶级共和制形式伪装起来的专政）。……这是用无产阶级国家代替资产阶级国家，这种代替是使国家根本消亡的唯一道路。"② 这还是列宁在 1918 年说的话。到 1919 年，列宁在《论国家》的一个讲演中，就说得更明白，他说："我们已经从资本家那里把这个机器夺过来，由自己来掌

① 毛泽东：《关于正确处理人民内部矛盾的问题》，载《毛泽东选集》，第378页。
② 见《列宁全集》第28卷，第351页。

握。我们要用这个机器或棍棒去消灭一切剥削。只有到世界上再没有进行剥削的可能，再没有土地占有者和工厂占有者，再没有一部分人吃得很饱一部分人挨饿的现象，再没有发生这种情形的任何可能的时候，我们才会把这个机器毁掉。那时就不会有国家了，就不会有剥削了。这就是我们共产党的观点。"① 这说得再清楚也没有了，必须要到世界上再没有剥削的可能，再没有发生一部分人吃得很饱一部分人挨饿这种情况的任何可能的时候，国家才能消亡。试问目前是否已经可以说世界上没有剥削的可能。再没有发生一部分人吃得很饱一部分人挨饿的任何可能了呢？不，绝对没有。那么，在这个时候来大谈特谈国家消亡，除了麻痹工人阶级和一切劳动人民的战斗意志，叫大家放松对敌斗争以外，还会有什么其他作用呢？

　　是的，无产阶级需要国家是暂时的，在无产阶级专政是以废除国家为目的这一问题上，一切共产主义者也都是没有异议的。但问题在于离开现实的具体的历史条件，离开当前的国内外阶级斗争的实际情况，不问国家消亡在目前的客观条件下有没有可能，而大谈什么国家消亡，那就是背离了无产阶级，背离了马克思主义。

（原载《哲学研究》1958 年 3 期）

---

① 　见《列宁全集》第 29 卷，第 444 页。

大家来学点儿哲学

一　大家来学点儿哲学

提起哲学，会有人觉得它有点神秘，不可捉摸。的确，反动的哲学、剥削阶级的哲学是有点莫名其妙的。这是因为哲学应当讲清道理。剥削，根本就没有道理，没有道理偏偏还要讲道理，讲的就只能是弯弯理，愈讲愈不好懂了。而我们的哲学是马克思主义哲学，是无产阶级的哲学，劳动人民的哲学，是争取解放、建设社会主义，创造自由幸福的哲学；它所要讲清的道理是怎样才能认识世界、改造世界的道理，是所有劳动人民怎样才能获得自由幸福的生活，并使这种生活一天好过一天的道理。道理，是要从客观事物分析出来、整理出来、总结出来的。反动的哲学是唯心主义的，是某些"哲学家"坐在书斋里凭空虚构出来或任意猜想出来的，愈讲愈离开事实，也就愈难懂。但马克思主义哲学是彻底唯物主义的，是以事实为根据的，它所讲的道理都是从广泛的实际斗争经验中总结出来的。所以它和各种各样的反动哲学都完全不同，它对富有实际斗争经验的人是好懂的，也是好学的。不过，道理也有大小之分。小道理是算小账算出来的，大道理是算大账算出来的。马克思主义哲学就是算大账，就是讲的大道理。小道理是要服从大道理的，学懂了大道理，小道理就可以讲得更充分、更清楚。

闹革命、搞建设，都会是有时胜利、有时失败，有时顺利、有时受挫折。为什么？关键就在于学懂了还是没有学懂这个大道理。在毛主席没有当家的时候，我们的党还没有把马克思主义哲学——无产阶级的大道理学得好，学得真正懂。那时候的革命，在听毛主席的话的时候就胜利，在不听他的话的时候就失败。毛主席当了家以后，我们在党的领导之下闹革命，革命就一步步地胜利，一直到最后的彻底胜利；在党的领导之下搞建设，建设也是一个胜利接着一个胜利，在今天更是在胜利大路上迈开脚步向前迈进。这说明，能按着这个大道理办事就胜利，不能按着这个大道理办事就失败。

今天我们搞建设，不仅要只能胜利不能失败，而且还要多快好省不能少慢差费，光是党中央和各级党委懂得这个大道理就已经不够，还要要求全体党员、全体团员、全部工人阶级、所有劳动人民和工人阶级知识分子都能懂得工人阶级的大道理，都来学习马克思主义哲学，来保证我们各项建设事业，不断地向前迈进。

二　工人阶级更需要学点儿哲学

有的工人同志对"全部工人阶级都来学习马克思主义哲学"这句话摇头，说："我们这些老粗，只会干活，哲学这玩意儿，没有我们的份。"我说："同志，你错了。"工人阶级是世界的主人，他们正在改造旧世界，创造新世界。马克思主义哲学，正是讲的改造旧世界创造新世界的大道理。这个大道理，工人阶级早已把它运用到自己的"活儿"里去了，怎么说没有自己的份呢？天不怕，地不怕，高山也要叫它低头，河水也要叫它让路，是工人阶级的本色，是一切劳动人民的本色，难道对哲学倒不敢去碰它一碰吗？毛主席要我们破除迷信。认为哲学没有自己的份儿，是由于自己对哲学还有迷信，我们一定要破除这种迷信。

马克思主义哲学，内容当然很丰富，愈到近来愈丰富。但它的基本内容却又简单明了。这个哲学叫做辩证唯物主义。一要能够懂而且应该懂的大道理，特别是领导阶级斗争和生产斗争的工人阶级能够懂而且应该懂的大道理。马克思主义哲学原来是没有的，19世纪前期，欧洲的工人阶级对资产阶级的阶级斗争和当时的生产斗争的实际情况反映在马克思、恩格斯等人的脑子里，再经他们的脑子加以精工制造——分析研究、概括总结，就产生出马克思主义哲学。两种斗争的实际情况继续向前发展。这个哲学也跟着向前发展，发展到20世纪初期，爆发了十月革命，出现了第一个社会主义国家——苏联，这个哲学也发展成为马克思列宁主义哲学；其内容比先前更丰富多了。这个哲学到了中国，中国的革命运动（阶级斗争）和社会主义建设（生产斗争）的实际情况，又成为它的新的原料，反映在毛主席的脑子里，经过毛主席的脑子的精工制造，又使它有了新的发展。中国的革命运动（阶级斗争）和社会主义建设运动（生产斗争）是中国工人阶级亲自参加并且领头的，在这运动中发展起来的哲学怎么会是工人阶级学不懂的呢？

辩证的哲学同形而上学的哲学正相反对。形而上学把哲学这种大道理说成是一成不变的大道理，说什么"天不变，道亦不变"。

这种道理是蒋介石之流，杜勒斯之流的道理；蒋介石要以不变应万变，杜勒斯则要拼命反对把资本主义社会变为社会主义社会。而一切高唱着天不变道亦不变的颂圣歌的顽固分子就都是他们的哲学家。这样的大道理，这样的哲学，当然没有工人阶级的份。辩证哲学完全不是这样，它讲的正是变的道理、革命的道理、发展的道理。辩证法就是变的方法、革命的方法、发展的方法。工人阶级是最爱变、最爱革命、最爱发展的。工人阶级和它所领导的广大人民所干的事业——阶级斗争和生产斗争，就是变的事业、革命的事业、发展的事业，怎么会对变的道理、革命的道理、发展的道理反而不懂甚至学也学不懂呢？

有的工人同志也许会说："学是可以学得懂，但我们要学的东西很多，要学技术、要学科学，还要学文化；学哲学，对我们并不是怎么必要。"这话看来似乎有些道理，其实不然。工人阶级是领导阶级，不管对革命也好，对建设也好，它都应当负起领导的责任。靠什么去领导呢？首先就要有马克思列宁主义，要有共产主义思想指导，而马克思列宁主义哲学，则是马克思列宁主义、共产主义思想的理论基础。有了党的领导，我们的实际行动事实上是有了保证，不至有太大的脱离这一哲学思想指导的危险。但我们决不能以此为满足。我们已经在经济上、政治上获得了解放，我们还要进一步要求在文化上解放，要求在文化上翻身。过去我们被剥夺了受教育的权利，以至原来是由我们创造出来的各种知识和各种学问也被反动统治阶级剥夺了去，造成了我们文化落后的状态，使我们作为一个领导阶级一时还不能够完整无缺。因此我们的党和政府，在经济革命、政治革命和思想革命获得决定性胜利之后，就紧接着提出技术革命和文化革命的任务。这是符合于列宁曾经向青年团所作的指示的："只有在现代知识的基础上，才能建立共产主义社会"，要不然，"那共产主义就始终不过是一种愿望而已"。同时，也符合于目前广大群众的这种迫切要求；社会主义是天堂，没有文化不能上。哲学是一切文化、一切现代知识的基础，是一切文化、一切现代知识的指导思想，要求在文化上翻身，不能不要求在哲学上翻身。过去那些为剥削阶级服务的哲学家曾经把哲学搞的乌烟瘴气，使人看上去神秘不堪，高深莫测，这一方面固然是由于他们受着自己阶级的限制，拿不出什么好货来，同时也正是他们要对我们故弄玄虚，把我们排斥在哲学的大门之外，有意把哲学讲得那样艰深难懂。我们的政党和导师为了帮助我们在各方面都从反动统治的压迫之下解放出来，彻底地解放出来，在哲学方面也已经攻占了敌人的这个堡垒，而且已经把它改造得再没有一点神秘之处，大门敞开，人人可学，人人可懂。据 1958 年 6 月 5 日《人民日报》第一版上的报导，上海求新造船厂已经成立了 11 个哲学组，并且在认真学了毛主席的哲学著作，联系到自己的思想，联系到厂内存在着的实际问题加以讨论之后，使原来不团结的团结起来了，原来完成不了生产任务的已超额一倍以上完成了生产任务。这一事实说明工人阶级学习哲学不但是可能的而且是必要的。

有人问，马克思主义哲学为什么竟会产生如求新造船厂所获得的那样的效果？这问题提的好，我们可以谈一谈。哲学的基本问题，是要弄清楚人的思想意识同外界事物的实际情况的关系到底怎样这一问题。这一问题，在马克思主义以前始终没有解决得了。以前的哲学家，有的认为客观是由主观决定的，人把世界看成怎么样，世界就是怎么样。这种哲学叫做唯心主义哲学，是完全错误的。我们整风中所要反掉的思想上的主观主义正就是这种哲学的产物。有的认为客观不能由主观来决定，恰恰相反，主观倒是要由客观来决定；世界是怎么样，人就把世界看成怎么样。这种哲学叫做唯物主义哲学。它比前一种哲学正确多了。但有的唯物主义者又把事情看得过于简单了，他们把人的脑子看得像一面镜子一样，外面有什么，镜子里就有什么——一定有什么，而且只能有什么。这叫做机械唯物主义，也是不正确的。马克思主义是怎么把这一问题解决了的呢？它一方面肯定主观要由客观来决定，同时又不把人的脑子看成镜子，而是把它看得有点像一个加工工厂。没有原材料，工厂固然无法生产，但工厂的产品并不就是原材料。同样的原材料，经过不同的工厂，可以生产出产量不同、质量也不同的产品来。在这里，工厂是要发生很大的作用的，人的脑子也发生加工工厂那样的大作用。这种作用叫做主观能动性。这样解决主观与客观的关系这一基本问题的哲学就叫辩证唯物主义。它是唯一正确的哲学，因为它是按照事实原来的样子解决问题的，没有加进什么，也没有漏掉什么。换句话说，它已摸透了整个世界（客观世界和主观世界都包括在内）的底细。唯物、辩证，就是这个世界的底，就是这个世界的客观的基本规律。因此，它就成为我们认识世界的武器，同时也就成为我们改造世界的武器。它是改造客观世界的武器，也是改造主观世界的武器。它能叫使用自己的双手和智慧去改造社会改造自然的人们，在改造客观世界（社会、自然）的同时改造自己的主观世界——自己的思想意识。为什么我们的思想需要改造？解放以前反动统治阶级残酷地剥削和压迫我们，把我们直搞得身心交困，饥寒交迫，眼睛看，只能看到鼻子底下的一块小天地；心里想，只能想到眼下刹那间的利害关系，没有办法看得周到一点，想得远大一点。外面广阔的客观世界向前发展，自己的主观世界却不能同样地向前发展，以致自己主观世界——思想意识就和当前的客观世界的实际情况很难取得一致。这就叫做思想落后于实际，主观落后于客观。新中国成立以后，我们在经济上、政治上翻了身，这种落后状态却还没有彻底的改变。但今天是再也不能让它继续下去了；再这样，我们就将担负不起多快好省地建设社会主义社会的重大任务。一定要想法使自己的主观世界赶上当前的客观世界，和它一致起来。换句话说，要能把客观世界改造得又快又好，首先要把自己的主观世界改造得又快又好。因此，大家就来摆事实，讲道理，互相帮助使自己的眼睛看得更周到一点，使自己的思想想得更远大一点，使主观和客观又快又好地一致起来。这是改造主观世界的一种很好的新方法。在这个新方法里面，就已有了或多或少的马克思主义哲学；摆事实是摆的唯物辩证的事实，讲道理是讲的唯物辩证的道理。但由于我们运用这一办法时还没有意识到这里面有哲学，因而对这办法的运用，还不够熟练，它所产生的已经很大的效果，也还不够巩固。如果学了一点哲学，摆事实就会摆得更恰当，讲道理就会讲得更深透，互相帮助改造各自的主观世界就会改造得更快更好。为什么毛主席以及别的许多负责同志做起报告来，摆事实摆得那样确切生动，讲道理又讲得那样深刻透彻呢？就是因为他们把马克思主义哲学学到家了。

"我们工作这样紧张，要学哲学，应该怎么个学法呢？"有的工人同志这样问。

"可以由小到大，由近到远。"可以研究研究本单位领导所做的一些决定，如生产指标、技术措施、工作安排等等，看它们够不够唯物，即是否把客观上存在着的潜力都看到了，都计算在内了；看它们够不够辩证，即是否已把可以设法发挥出来的大家的积极性、创造性和多努一把力就可以多做一点的事情等等都估计得足够了。现在我们的党已经制定了建设社会主义的总路线，这是我们应该好好学习的大题目。少奇同志在"八大"第二次会议上的报告，是我们都必须认真学习的一个重要文件，其中充满着辩证唯物的观点和方法，是我们学习哲学非常合适的读物。

我们还可以结合本单位的生产情况来进行分析研究。此外，本单位的规章制度，是否有某些已经过时而需要调整的，经营管理方面是否有哪些需要改进的地方，等等，都可以作为我们学习哲学的研究对象。特别像工资问题、福利问题等等，像工作中有没有保守思想、主观主义的问题，像工农业之间的关系问题，个人与集体之间的关系问题，小组与小组、车间与车间、厂与厂之间的关系问题，一个生产单位与国家的关系问题等等，都是我们应当研究清楚的问题。这些问题都可以作为哲学题目来进行讨论研究。为了把这些问题研究得好，讨论得好，就有必要先学习毛主席的一些哲学著作，首先学习一下《关于正确处理人民内部矛盾的问题》、《矛盾论》、《实践论》等著作。在学习这些著作的同时，还可以找党中央的一些有关文件来阅读。总之，一句话，我们不要为学习哲学而学习哲学，而要为了搞清楚当前的某些实际问题（工作问题或思想问题）才去学习哲学，才到哲学著作中去找老师。

三　马克思主义哲学是行动的指南针而不是教条

有人问：学习哲学不是容易犯教条主义的毛病吗？怎样才能免犯这种毛病呢？

教条主义是对经典著作抱着迷信观点的结果，在教条主义者看来，似乎经典著作中对古今中外的一切问题都已有了现成的答案。有了要解决的问题，只要从经典著作中把答案找出来就是了。他们不懂得任何经典著作都只对我们指出应当如何行动的方向，至于具体做法，还须要自己按照这问题所关联到的实际情况、具体条件，付出劳动（独立思考），进行研究，才能找到。经典著作所指给我们的就是唯物、就是辩证。例如《关于正确处理人民内部矛盾的问题》一书讲到统筹兼顾、适当安排时说："我们作计划，办事、想问题，都要从我国有六亿人口这一点出发，千万不要忘记这一点。"① 这就是讲的唯物。物质生产是社会存在的物质基础，历史是生产发展的历史，是从事生产劳动的广大人民的历史，牢牢记住"最大多数人民的最高利益就是真理"这一点，牢牢记住"中国无产阶级、中国共产党除了六亿人口的利益以外就再没有其他的利益"这一点，牢牢记住我国有六亿人口这一点，就是在中国讲历史唯物主义的精神实质，就是我们闹革命、搞建设的总方向。毛主席讲到坏事能否变成好事时说，处理得正确，坏事就能变成好事；处理得不正确，坏事就会变得更坏。这是讲的辩证。一切事物都在变、都会变。但既会变好，也会变坏。我们改造世界、创造世界，是要使一切都只向好的方向变，不让有什么向坏的方向变；原来向着坏的方向变去的，也要把它扭转来，向好的方向变去。有什么办法做到？请看《矛盾论》。《矛盾论》讲矛盾，着重讲到区分主要矛盾和次要矛盾的重要性，着重讲到分清矛盾的主要方面和次要方面的重要性。这就是使一切都只向好的方向变，不让有什么向坏的方向变的主要方法。为什么？因为这些区分正是辩证法（讲矛盾就是讲的辩证法）的阶级性、党性之所在，科学性之所在，革命性之所在。没有这种区分或者区分错了，就要使人走错方向，就不是辩证法，就会是混淆是非、颠倒黑白的诡辩论。诡辩论正是辩证法的凶恶敌人。由此可见，党性、阶级性、革命性、科学性，就是辩证法对我们所指出的解决一切问题的总方向，也就是辩证法的精神实质。

---

① 毛泽东：《关于正确处理人民内部矛盾的问题》，第24页。

四　辩证法是马克思主义哲学的核心

真正的辩证法一定是唯物主义的。但也曾有过唯心主义的辩证法，如黑格尔的辩证法就是。黑格尔对辩证法很有研究，他使辩证法获得了完整的体系，在哲学上立了一大功。但由于他是一个资产阶级知识分子，是一个唯心主义者，辩证法终于在他手里被窒息死了，他把辩证法这个原来是革命的武器弄成了保守的武器、反革命的武器——捍卫普鲁士王朝的武器。所以以后欧美资产阶级统治的辩护士就有很多都成了黑格尔主义者或新黑格尔主义者。这就是讲的唯物。物质生产是社会存在的物质基础，历史是生产发展的历史，是从事生产劳动的广大人民的历史，牢牢记住"最大多数人民的最高利益就是真理"这一点，牢牢记住"黑格尔的学生马克思，由于他献身于当时的工人运动，把辩证法从黑格尔手里夺取过来，并且和他的战友恩格斯共同努力把它救活了；他们把它和当时的工人运动一结合，就使它获得了生命，脱了胎换了骨，改造成唯物主义的辩证法，终于成为革命的武器、战斗的武器。辩证法的这一段历史，充分说明了只有工人阶级及其知识分子才能保卫它、养护它，同时也说明了要学辩证法必须要和实际斗争结合着去学，要到实际斗争（阶级斗争、生产斗争）中去学，因为只有实际斗争才是适宜于它的生长的土壤。这也就是辩证法一定是唯物主义的具体说明。目前，全中国到处都充满了各式各样的斗争生活，成了唯物辩证法繁殖怒放的肥沃土壤，只要愿意去学习，到处都可以找到它。《人民日报》和《红旗》半月刊上发表的各级党组织负责同志的许多报告，就是例证。

辩证法的核心问题是矛盾问题。辩证法是研究客观事物的发展规律的一种学问。是科学，也是哲学。或者说是科学的哲学。一切事物都是在不断地发展着的。其所以能够发展，是由于一切事物本身都包含着两个互相矛盾着的对立面，这两个对立面的统一与斗争就是事物向前发展的动力。生物所以能够生长，是由于它具有新陈代谢的机能。这是大家知道的。而"新"同"陈（旧）"这两个对立面的统一与斗争就是辩证法。矛盾，是一切事物发展的基本规律；学习辩证法首先就是要弄清楚矛盾是怎么回事。我们闹革命，搞建设，就是要让一切矛盾着的两个对立面中的"新"的一面（主要的一面）战胜"陈"的一面，就是要让辩证法在祖国的土壤里繁殖怒放。革命，已经把障碍着生产这个经济基础向前发展的旧上层建筑给推翻了，而重新建立起适合于经济发展的新的上层建筑即人民民主专政；已经把障碍着生产力向前发展的旧生产关系改造成为适合于生产力发展的新的生产关系即基本生产资料公有制：全民所有制或集体所有制。但并不是从此以后社会的上层建筑同经济基础之间、生产关系同生产力之间就完全没有矛盾了。不是的。它们仍然是互相矛盾着的两对对立面。旧矛盾解决了，没有了，新矛盾又产生了。搞建设，就是要不断地解决这里所不断冒出的各种新矛盾。解决一次矛盾，就是一次革命建设过程，就是不断革命的过程。不过现在的矛盾和革命以前的矛盾在性质上已完全不同了；以前要解决的矛盾是对抗性的矛盾，解决的方法就不能不是暴力的革命即武装斗争；现在所要解决的矛盾主要已是非对抗性的了，是人民内部的矛盾了（要解决的对抗性矛盾当然还有；不过已不是大量的了），解决的方法主要就不再是暴力革命而是说理斗争了。搞建设就是闹不断革命：闹经济革命、政治革命、思想革命、技术革命和文化革命等等。这些革命，实际上就是调整上层建筑中某些不适合于经济基础的发展的环节，调整生产关系中不适合于生产力发展的某些环节，使生产力获得最充分的解放，因而能够多快好省地提高和发展。

这些问题能否得到解决，能否解决得好，关键在于主观同客观之间所存在着的矛盾能否得到解决，能否解决得好。这个矛盾是人们的思想意识落后于客观形势的新发展的矛盾。这个矛盾也正是上层建筑中思想这一环节同经济基础之间的矛盾。我们读一读报刊上发表出来的那些报告，差不多都归结到这样一个问题。

这些报告让我们看到的问题首先就是工农业之间的矛盾，即工业的发展赶不上农业的发展的矛盾。但工业是不是真的赶不上农业呢？表面上是，一时之间是。如果看深一点，看透一点，看远一点，就不是。换句话说，矛盾是存在的，但矛盾本身就包含着解决矛盾的条件，因而有办法。办法在哪里？办法在调整各生产部门之间和各生产单位之间的关系即生产关系的某些环节。在这里，就是要使工农业互相支援，就是要凡属有关的方面都充分协作，就是要在分配收益上个人的利益更能服从集体的利益，即尽量节约费用以增加生产资金。这就是调整生产关系方面的某些环节，使它适合于工业的发展，适合于生产力的发展接着看到的问题。

更重要的是我们要看到：矛盾的解决是两个对立面中的哪一面克服了或战胜了其他的一面；几个矛盾问题中要先解决哪一个才能使这几个矛盾都得到解决。如前面所说，在这里面先要解决上层建筑同经济基础之间的矛盾，即解决上层建筑中的思想问题，使它从落后变为先进。按照毛主席在《矛盾论》中的说法，这个矛盾就叫"诸矛盾中的主要矛盾"。同时也可以看到；解决的方法是调整上层建筑中的某些环节和生产关系中的某些环节使它们适合于基础和生产力的发展；反过来讲，就是要让生产力这一面战胜生产关系那一面，使经济基础这一面战胜上层建筑那一面。按照毛主席在《矛盾论》中的讲法，这二面就叫做"诸矛盾方面的主要方面"。这正是说明辩证法的阶级性、党性、革命性和科学性。说是科学性，是因为事实上生产关系是由生产力性质所产生、所决定，上层建筑是由经济基础所产生、所决定；只有这样的解决办法才是合乎事实的、科学的。说是革命性，是因为在历史的发展过程中，这一面总是最先进、最革命的面，要那面来战胜这一面就是倒行逆施，就叫做反动、反革命，至少要叫历史停滞不前，是不革命、是保守。例如，原来工业与农业在生产中的关系，不是工业面向农业，以致农业已经上了马，工业还上不了马。这时候，是叫农业下马呢，还是催促工业也赶快上马？前一办法就是保守的办法，后一办法才是革命的办法。说是阶级性、党性，是因为只有工人阶级、共产党及其领导之下的人民才能认识它、运用它，其他的阶级、其他的党和其他的人没有能力可以认识它，更没有能力来运用它。

从此，就应得出一个结论；到实际斗争中去学习辩证法，最重要的是，必须按照毛主席《矛盾论》的指示，首先要划分清楚诸矛盾中的主要矛盾和次要矛盾，划分清楚诸矛盾方面中的主要方面和次要方面。否则就会有上诡辩论的当的危险，就会有跌到诡辩论的泥坑中去的危险。

五　结束语

总起来说一遍，讲辩证法不只要讲变、讲发展，而且更重要的还要讲变的方向、讲发展的方向。否则要资本主义向社会主义过渡是讲的变，要社会主义倒退到资本主义去，也是讲的变；要个人利益服从整个社会的利益是讲的发展，要社会利益服从个人利益，也是讲的"发展"。走社会主义道路是在变，是在发展，走资本主义道路，也是在变，是在"发展"。掌握辩证法的精神实质，就是掌握住方向，掌握住前进的方向、革命的方向。讲唯物不只是要合乎事实，而且更重要的还要合乎事实的全貌，合乎事实的本质。否则革命战士是人，反革命分子也是人；贫雇农是农民，富农也是农民；讲六亿人口是讲的事实，讲小圈子以内的人口也是讲的事实。掌握唯物主义的精神实质，就是要掌握住事物的全貌，事物的本质。掌握住"人在世间一切事物中是具有最可宝贵的劳动力的历史创造者"这一人的本质。

学习哲学，就是要在我们的实际工作中，辨认出怎样的工作才是向着革命方向发展，才是最充分地发挥着人的生产力；就是要从我们的实践经验中总结出哪些才是把人这一生产力发挥得最充分的工作方法。正确处理人民内部矛盾的问题，就是要把上层建筑中已经不适合于经济基础的某些环节和生产关系中已经不适合于生产力发展的某些环节加以调整，调整得能使人的生产力一点不受束缚，把社会主义更好地建设起来。

能否掌握马克思主义哲学的精神实质，能否把这种精神实质在处理实际问题时运用得灵活和准确，关键并不在于所读经典著作的多少。能够多读几本书固然不能说不好，但如果不是为着一定的目的去阅读，不是为着解决某一实际问题（工作问题或思想问题）到有关的经典著作中去找老师，只是为了贪多而多读，那就常常会是不好的；常常会是书读得越多脑子越糊涂，以致钻进书堆跑不出来，使自己有成为教条主义者的危险。初学的时候，倒以少读几本为宜，等到自己已经有了一定的哲学基础知识后，再去多读几本别的经典著作也还不迟。

（上海人民出版社 1958 年版）

哲学的中国要求有中国化的哲学

 1842 年，马克思曾说过这样的话：我们的哲学要成为世界的哲学，世界也将成为哲学的世界。马克思这句话目前正在中国实现着。由于有了中国共产党的领导，由于有了毛泽东著作那样的使马克思列宁主义的普遍真理和中国的革命实践相结合的典范，马克思列宁主义哲学一进入中国，就使中国人民的革命事业面目为之一新，就开始了马克思列宁主义哲学中国化和中国马克思列宁主义哲学化的过程。中国人民民主革命和社会主义革命的相继胜利，以及社会主义建设的辉煌成就，就是这个哲学在中国所开的灿烂之花，所结的丰硕之果。目前中国人民正在进行社会主义建设事业上的飞速发展，将使这个哲学在中国开出更美丽的花朵，结出更为高产的果实。

 在我们面前展示出一幅百花齐放、争奇斗艳的美丽画图：中国即将成为哲学的中国。干部、群众，不只是在努力贯彻党的政策，完成党和政府交给他们的社会主义建设的宏伟计划，而且还在努力学习辩证唯物主义，提高自己的哲学理论水平，把哲学掌握到自己手里当作阶级斗争和生产斗争的有力武器，打击反动言行，巩固无产阶级政权，克服落后思想，提高生产指标。从而使改造旧中国创造新中国的革命事业突飞猛进的发展。这将使中国成为哲学的中国。

哲学的中国要求有中国化的哲学。最近这一时期，中国自然科学方面的许多尖端科学有了许多发明创造，其中有许多已打破了世界纪录，要求中国的哲学工作者及时总结这方面的新成就，使自然辩证法获得新的内容和新的发展。同时，中国的社会面貌也在日新月异；体制的改变，新的教育方针的制定和贯彻，使整个社会结构，人与人的关系，人的思想状况起了许多根本性的变化，使人的物质生活和精神生活都在掀起各种各样的飞跃。这些都在要求中国的哲学工作者及时概括这种变化，研究和解决新变化所提出的新问题，使历史唯物主义和辩证逻辑获得新的内容和新的发展。

社会主义建设事业的飞跃前进对马克思列宁主义哲学中国化提出的问题是够多的。例如，上层建筑、经济基础、生产关系、生产力等历史唯物主义的基本范畴，在我们社会的剧烈变化面前，应该如何理解才能成为社会存在的接近真实的反映，就是一个很可以讨论的问题，这一问题，过去也有过一些讨论，但联系着实际的讨论是不够的。我们很可以根据这些材料来进行研究、讨论。

又如矛盾有对抗性与非对抗性之分，又有敌我矛盾和人民内部矛盾之分，又有主要与次要之分，这些区分是否一致的——这样的问题，和它们的相互转化所根据的一定条件又是怎样的问题，也是很可以联系几十年来中国革命斗争的实际经验来加以研究。

再如逻辑方面一直在争论着的也有不少问题。这些问题不管是关于形式逻辑的还是关于辩证逻辑的，或是关于两者之间的关系的，我看，如果能到近几年来的实际斗争经验中搜集一些材料来讨论研究，会比光靠引经据典来互相诘难有成效得多。

再如中国生物学者关于遗传学上摩尔根派与米丘林派之争，在过去也一直没有争得清楚。现在农业园艺方面已有许多培育新品种和大量增产的实际经验，很可以从哲学观点来加以总结，看它对两派之间争论的解决能否提供某些帮助。最近中国各地高等院校师生对心理学资产阶级学术观点的批判，大体上虽说已驳倒了"生物化"的主张，但要说已解决了问题，我看还早了一点。在这方面，哲学工作者也是有事可做的。近几年来，微观世界、宏观世界都有了很多很大的新发现；热核子的裂变，一直是无法控制的，现在也已经能够控制了，地心吸力也可冲破了，在这些方面，中国科学家也做了一些工作，有了一些成就。以上种种，都对哲学研究提出了不少极须研究解决的新课题。

中国将要成为哲学的中国，哲学也必须要有中国化的哲学，这已是摆在我们面前的事，已是提到哲学工作者的议事日程上来的事了。哲学大有可为，这真是对我们莫大的鼓舞，同时也是莫大的压力。

（原载《哲学研究》1958 年第 7 期）

要"敢于"革命,还要"善于"革命

　　毛泽东同志《论帝国主义和一切反动派都是纸老虎》这一文献的发表,特别是在这个时候发表,具有十分重要的历史意义。在现实意义上十分重要,在理论意义上也同样十分重要。

　　这一文献发表以后,全国都在展开群众性的学习运动,大大地提高了我们思想认识的水平。这里人民志愿军和人民解放军的同志们所写的几篇文章,又历举了他们亲身体验的战斗经验,非常生动地论证了这一文献的正确性和科学性。并且从理论上,阐发了"起决定作用的是人不是物"这一条历史唯物主义的真理,从"纸老虎"这一用语分析这一文献的辩证内容,分析"战略上轻视敌人,战术上重视敌人"这一指导思想的辩证意义。这些文章对大家学习这个重要文献,对我们哲学工作者学习这个重要文献,无疑都是很有帮助的。

　　学习马克思列宁主义哲学,提高理论水平和认识水平,对一个人的能不能革命、敢不敢革命,是可以起重大作用的。马克思主义不是教条而是行动的指针,其哲学不但能用以说明世界、而且能用以改造世界即用以革命。它是唯物的,又是辩证的,而唯物辩证法首先就是革命的方法论。"帝国主义和一切反动派都是纸老虎"，就是活生生的唯物辩证法。因为是"纸"老虎，所以可以轻视它，因为还是老虎所以又要重视它。首先要从战略上轻视它，然后再在战术上重视它。在战略上轻视它才能"敢于"革命，在战术上重视它才能"善于"革命。我们首先要敢于革命，但同时还要善于革命。敢于革命的人，如果不善于革命，还是终于要不能革命。帝国主义和一切反动派都是纸老虎，这原来是从古今中外千百年来无数的革命斗争经验总结出来的一条真理，已有无数的事例为它作证，为什么还会有不少的人不能掌握到这条真理呢？就是因为还没有懂得或还没有精通唯物辩证法。有些人，在这只纸老虎面前，只看到它是老虎，屈服于它的压力之下，只会一味重视它，压根儿就不敢轻视它，这种人当然不能革命，当然也就掌握不到这条真理。还有些人，看到了这只老虎是纸糊的，敢于轻视它，敢于革命，但还不懂得纸老虎并不是一戳即能穿，敌人并不是一打就会倒，革命并不是一步就能胜利，还必须经过一个长期奋斗的艰巨过程，在这过程中每前进一步都会遇到在战胜敌人上或大或小的困难，只有克服了所遇到的困难才能前进，因而这种人也仍然掌握不到这一条真理。在困难面前低头，不能在战略上藐视敌人的人固然谈不上革命。能在战略上藐视敌人，有革命的志气，有善良的革命愿望，但还不懂得要在战术上重视敌人，对困难掉以轻心的人也不能使困难得到克服，不能使革命前进，不能使革命到达胜利，也就会挫伤革命的信心和勇气，甚至有的还会终于离开了革命。一句话，不懂得"在战略上我们要藐视一切敌人，在战术上我们要重视一切敌人"这一"对立面的统一"的辩证法的人，或者根本不敢革命，或者能够敢于革命但不能善于革命。而不能善于革命的人，即使敢于革命，也常常会是不能革命到底，归根到底还不是真正敢于革命的人。因此,毛泽东同志的《帝国主义和一切反动派都是纸老虎》这一文献的发表,使大家都有机会对它展开一次认真的学习,学懂对帝国主义和一切反动派一方面要在战略上藐视它,另一方面还要在战术上重视它的道理,从而能在目前对敌斗争十分有利的客观形势下,大家团结一致、一心一德,集中力量向它进行不屈不懈的斗争,就能促使客观形势所已形成的革命胜利的可能性转变而为革命胜利的现实。这就是发表这个文献十分重要的历史意义。

革命在开始的时候,常常还是处在敌强我弱的形势之下的。革命者的任务就在于要扭转这种形势,使敌强我弱的形势转变而为敌弱我强的形势,一直到敌人终归于灭亡,革命终归于胜利。要完成这一任务,就不只要敢于革命,还要善于革命。怎样叫善于革命呢?用毛泽东同志的话来说,就是要能不断削弱敌人,不断壮大自己。具体地说,在军事上的每一个战役,都要能重视敌人,不打没有准备的仗,不打没有把握的仗;都要在找到了敌人弱点的时候,抓住了敌人犯了错误的时候集中我们的力量;集中到优于敌人的力量,对敌人给以狠狠的一击,把敌人投入这一战役的有生力量消灭掉。这样一个战役一个战役地打下去,就能一次一次地削弱敌人、壮大自己,一直到把整个军事形势彻底扭转过来。扭转整个军事形势是需要有一定的时间的,因而在战略上就要是持久战。但在消灭敌人某一部分有生力量的时候就愈快愈好,否则就夜长梦多,因而在战役上又要是速决战。把敌强我弱的形势转变而为敌弱我强的形势,这叫做质变。经过一个战役,削弱一次敌人、壮大一次自己,就叫做量变。经过一个战役,终于把整个军事局势扭转过来,就叫做通过量变达到质变。用另外的话来说,也叫做积小胜为大胜。这里充满着活生生的辩证法。

这是从军事上来讲。

　　军事是政治的继续，我们还必须从政治上来研究敌我力量对比的形势，找到转变形势的办法，找到善于革命的途径。政治形势，主要是人心向背的问题。在革命开始的时候，在政治上也常常还会是处于敌强我弱的形势之下的。这是由于一方面敌人的反动面目、敌人的腐朽无能，还没有暴露出来，或者还没有足够的暴露出来，人民还会受它的欺骗，还会对它存有幻想，一句话，对它还有迷信；另一方面革命的威力还没有显示出来，或者还没有足够地显示出来，人民对革命的信心还没有建立起来或者还没有坚定下来。但这种敌我力量的对比，只是客观形势的现象，而不是它的本质。革命者的任务就在于要能从理论上来具体分析，揭示现象指出本质，来扭转这种形势。这需要一方面对自己的指战员加强政治教育，使其既敢于革命又善于革命，打几个小的胜仗，显示出革命的威力；更重要的还在于要对广泛的人民加强政治上的宣传教育工作，用铁的事实揭发敌人的反动面目及其欺骗手段，揭发它的腐朽无能，打破人民对它的迷信，把人民从对它的幻想中唤醒过来。同时要用革命政策的正确性取得人民的信任，使人民从切身的体验中认识到只有进行革命才能够而且一定能够得到出路，才能够而且一定能够翻过身来。这种宣传教育工作始终不懈地一次又一次地进行，就会使人民一次多于一次地团结到革命的周围，一直到使敌人的腐败无能在人民面前完全暴露，完全失去人心，完全陷于孤立。这样就把整个政治形势扭转过来。这里也是一个长期的艰苦奋斗的过程、也是通过量变到达质变的过程，也同样充满着活生生的辩证法。敌人一旦失尽了人心，不管它手中所有的是多么强大的军事力量（连同高产量的钢铁等等的经济力量），也就等于一大堆废物，它也就只能倒下去。这在活生生的辩证法之外，又加上一条历史唯物主义的真理——“在历史上起决定作用的是人不是物”。

　　目前整个国际形势是大好的,已远不是什么敌强我弱的形势。但那只纸老虎还有力量,还在张牙舞爪,还没有到一戳就穿,一打就倒的地步。"革命尚未成功,同志仍须努力",一方面还须从经济上和军事上壮大自己,同时更重要的还要从理论上打破还有一些人对敌人的迷信,从政治上孤立敌人,"灭敌人的威风壮革命的志气"。《帝国主义和一切反动派都是纸老虎》这一文献,正是从理论上,从世界观上打破一些人对敌人的迷信,从政治上孤立敌人,灭敌人威风壮革命志气的精锐武器。

（原载《哲学研究》1958 年第 8 期）

宏伟的远景规划，卓越的科学理论

党的八届六中全会是具有巨大历史意义的一次会议。全会解决的问题都是当前极其重大的问题，全会所产生的文件都是对马克思列宁主义宝库的巨大贡献。

八届六中全会《关于人民公社若干问题的决议》① 对我们社会主义共产主义事业，是宏伟的远景规划，也是卓越的科学理论。全国人民正在以极其振奋的心情学习这个决议。如果用哲学的眼光来学习，那么内容是太丰富了，太生动了，正如有的同志所说，这个决议是一部最生动的哲学教科书。

这个决议所涉及的问题是很广泛的，而且都是根本性的；都是革命实践中的根本问题，也是哲学理论上的根本问题。我们如果能够对这个决议结合着过去的经验和今后的工作进行学习，就一定能够使自己对事物的对立和统一、量变和质变、肯定和否定

---

① 这是 1958 年 12 月党的八届六中全会集中第一次郑州会议和尊昌会议以来的研究成果而制定的一个重要决议。决议从理论上和政策上明确反对了混淆集体所有制和全民所有制、社会主义和共产主义的界限，反对了急于向全民所有制过渡和向共产主义过渡的错误。不过决议也反映了不少"左"的东西，如对人民公社的肯定，把供给制"吃饭不要钱"说成"共产主义因素"等。

等唯物辩证法的基本规律掌握到更为深刻、更为充实的内容。认真学习这个决议以及这次会议的其他文件应当成为今后哲学研究工作者的重大的政治任务。

决议中十分强调群众路线与实事求是这两种优良作风的重要性。群众路线的作风，即领导与群众相结合的工作方法，实事求是、力戒浮夸就是革命热情与科学分析相结合，这都是实际工作中能否贯彻辩证唯物主义的问题。

自从党的鼓足干劲，力争上游，多快好省地建设社会主义总路线一提出，6.5 亿人民的主观能动性势如风发，磅礴万物，政治、经济、科学、文教各个战线上都出现了大好的局面，人在历史中决定性的作用获得了充分的发挥。但人和物，是历史发展这一统一运动中的两个对立面。劳动创造一切，一方面需要人的生产积极性和首创精神，另一方面还须依靠着物的客观规律。历史的发展正就是人和物这两个对立面获得了应有的统一的产物，正就是主观能动性和客观规律性这两个对立面得到了应有的结合的果实。这两个对立面结合得愈好，统一得愈好，历史发展的速度就愈快；如果结合得不好，发展的步伐就会放慢下来；如果结合受到了干扰，受到了障碍，发展就会限于停滞；如果结合受到了破坏，这两个对立面像牛郎织女那样有一条天河横亘于其间，完全得不到结合，历史就不但不能向前发展，还要往后倒退，经常闹别扭、出乱子。阶级社会所以必然要死亡，资本主义所以必然要死亡，道理就在于在那些社会里，特别是在资本主义社会里，人和物这两个对立面，主观能动性和客观规律性这两个对立面始而结合得不够好，继而结合受到了障碍，终于因障碍愈来愈大，大得像天河，结合受到了破坏，客观规律性被窒息了，主观能动性被窒息了，历史就要爆炸了。历史要爆炸，社会就要革命。我们的社会主义革命已叫天河让了路，主观能动性（劳动力、生产积极性）已获得了解放；社会主义建设总路线又已使主观能动性像原子能那样活跃起来了，它已磅礴及于万物，充塞社会的每一角落，余下的问题就是使人们的主观能动性和独立于人们以外的客观规律性得到应有的结合。因此，这次全会、这个决议，就把冲天的干劲和科学分析相结合的问题，革命的热情和冷静的头脑相结合的问题提上了我们议事日程的首要地位。

　　主观能动性要由人们自己鼓起自己的干劲来把它发挥到最高度，客观规律性也要由人们鼓足干劲去发现，去掌握，去运用。人在历史上是有决定性作用的一个因素这一条历史唯物主义原则，群众路线这一个优良作风，在这里就显得十分重要。能动性就是六亿人民的干劲，它是无穷无尽的，贯彻群众路线，就可使人民的干劲愈来愈足。规律性也是无穷无尽的，能够科学分析，就可使被发现被运用的客观规律愈来愈多。能动性多发挥一分，规律性就可多掌握一分；规律性多掌握一分又可使能动性多增长一分——这两个对立面，就像两条腿走路，左脚跨上了一步，就可使右脚提起来，跨出去；右脚跨了出去，又要使左脚再提起，再跨出。左跨右跨，反复不已，生产提高无止境，工作改进无止境，历史发展无止境。这是历史唯物主义，也是唯物辩证法。过去的一年发展的速度是飞快的，但我们掌握到的客观规律还是不多的。一穷二白是我们原有的家底。白就是科学落后，就是掌握到的客观规律还不多，现在这个家底，虽已有了改变，但改变的还不多，还不能说基本上已有了改变，更说不上彻底改变。我们的科学仍然还是落的。须要强调科学分析，提高我们的科学技术。我们的世界需要改造。世界有两个方面，改造也就要从两个方面进行，要改造自然、改造社会，也要改造人、改造人的思想作风、改造人的生活习惯。自然、社会，各有它自己的发展规律，人、思想作风、生活习惯，也各有它自己的发展规律。这些发展规律性的发现、掌握、运用,都需要有科学分析。自然、社会,是客观的存在,站在它们对面的是人;一切发展规律——包括人的思想作风和生活习惯的发展规律在内又都是客观的存在,站在它们对面的是科学研究工作,是革命的工作,改造世界的工作,是主观的努力、主观的干劲。如果说,辩证唯物主义要讲的是客观规律的发现,是认识论,是说人的认识要使主观和客观取得一致,不要犯主观主义,使自己的认识脱离了客观实际(客观情况的实际、客观规律的实际);那么,历史唯物主义就主要讲的是客观规律的运用,是辩证唯物主义在历史领域里的运用,是革命论、改造世界论,是说人的革命工作、改造世界的工作要按照客观规律办事,不要犯主观主义,听凭自己的愿望办事——决议上说:"集体所有制向全民所有制过渡的迟早,取决于生产发展的水平和人民觉悟的水平这些客观存在的形势,而不能听凭人们的主观愿望,想迟就迟,想早就早"。认识、革命,所要解决的问题都是主客观两个对立面的统一问题,冲天干劲和科学分析的结合问题,辩证唯物主义和历史唯物主义的问题。辩证唯物主义和历史唯物主义不是互相独立的而是互为表里的;认识须从革命中来,革命须依靠认识来进行。当客观存在任何一部分(包括人自己的各个方面在内)的发展规律没有被人们发现(认识),没有被用以去进行改造世界的工作以前,多这一部分、这一方面就始终和人们站在对抗的地位,和人们闹别扭,人对那一部分就没有能动性可言,实际上是在受它的驱使,做它的奴隶。一旦发现了它的发展规律,并用以进行改造工作,它就变成了自己主观能动性的组成部分。主客观统一起来了,主观能动性就有增长。一个人犯了错误,在他不愿意把它摆到桌面上来让大家帮着自己把它弄清楚以前,它是一直要同这个人捣乱下去的;一旦摆了出来,把它的历史根源、社会根源和思想根源,一句话，把它的发展规律闹清楚了，这个人就立刻感到轻松愉快，因为这样一来就把它改造过来了。轻松愉快是已经有了主观能动性的表现。这就说明，不认识事物的客观规律，就不但对自然现象和社会现象做不了主人，就连对自己也做不了主人。主观能动性一生长，能被发现、被运用的客观规律就可增多；能被发现运用的客观规律愈增多，主观能动性就愈增长；主观客观两条腿这样交错地、辩证地、一步又一步地前进，历史就一步一步地向着高度发展。发展到相当高的程度，建成了社会主义，再向上发展一个阶段就成为共产主义。

发现客观规律是科学研究的事，运用客观规律以进行改进工作是生产劳动的事、是社会改革的事、是改造思想作风、生活习惯的事，一句话，是革命的事，是改造世界的事。科学研究和革命工作互相交错地结合在一起。决议上说："社会主义社会和共产主义社会是经济上发展程度不同的两个阶段"。经济发展是包括科学文化的发展在内的。要有一定的科学文化才能有一定的经济发展。所谓发展程度就是能够运用多少客观规律进行多少改造工作的程度。改造要一部分一部分地改、一方面一个方面地改，革命要不断地革。因此我们是不断革命论者。主观能动性不能一下子就发挥到顶而且永远发挥到顶，客观规律不能一下子就发现完也永远发现不完，主客观也就不能一下子结合得完。当资产阶级分子、知识分子对公社的各种做法还有许多在思想上想不通的时候，城市的人民公社就不宜过早地搞，就需要先改造思想方法，加紧工作，创造条件；在物质还不够丰富的时候，就不宜于过早地扩大供给面、提高供给标准，不宜于过早地向全民所有制过渡、向按需分配制过渡，就需要再进一步发展生产，要发展自给的生产，更要发展商品的生产，为过渡创造条件；当生产已有了一定的发展的时候，就要抓生活福利，使人民生活得到进一步的改善，为生产积极性进一步提高创造条件；当经济战线上、政治战线上获得了决定性的胜利以后，就需要加紧文化革命和技术革命，为经济方面和政治方面进一步的社会改革创造条件。如此等等，主客观是要不断地结合下去的，革命是要不断地革下去的。这就是不断革命论。不断的革命就是世界（包括主客观双方）一部分一部分地、一方面一个方面地不断改造，就是世界的量变。量变是部分的质变，变的部分增多到一定的程度就要使世界的整个面貌改观，就要使整个世界的本质改变，就要发生质变。这就使革命进入了一个新的阶段。按劳分配是社会主义革命的旗帜，是社会主义社会这一阶段底本质的标志，按需分配是共产主义革命的旗帜，是共产主义社会这一阶段底本质的标志。这两种不同的分配制度，当然不是单纯地表现了两种不同分配方法，而是综合地表现了两个阶段内各自有了一系列的部分质变，一系列的量变而使整个社会起了质的变化，是质变的表现。这从决议中所引党中央政治局八月决议的那一段里可以看得很清楚。一个阶段有一个阶段的质的规定性，这是革命的客观规律性。这就叫革命阶段论。

　　社会主义社会实行的是工资制，资本主义社会实行的也是工资制，而且在工资份额上和工资级别上彼此也是差别不大的，前者既是按劳分配，后者不也就可以说是按劳分配吗？它们之间到底有什么区别呢？人们会提出这样的问题。不，只从形式上看，你就会觉得两者没有什么区别，如果能从内容上看，从本质上看，那就很明显，两者是有原则上的区别的。资本主义是把劳动力当做商品看待的，付给的工资是作为偿还了产生一个劳动力的一切价值，因而资本家就认为可以"理直气壮"地把实际并不属于他的劳动力占为己有，把劳动者所生产的财富除了一小部分作为工资支付出去以外全部占为己有。劳动者除了得到仅足以维持最低限度生活的工资以外其他什么也得不到了。社会主义社会就完全不是这样。它不把劳动力当做商品看待。商品是物，是死的；劳动力是人，是活的。劳动力在被使用的过程中，不只是生产出足以抵偿产生劳动力的一切价值，而且还生产更多的财富。劳动者在资本主义社会里只取得自己所生产的全部财富中很小的一部分，其余的都被资本家占为己有了。劳动者在社会主义社会里直接取得的虽然是只有工资，只有他所生产的全部财富中的一部分，但其余部分并没有被什么人占为己有，而是用以进行基本建设为劳动者扩大再生产；用以办科学、卫生、文化教育以及其他许多事业为劳动者服务；用以支付国家的行政费用使劳动者的生产秩序和和平生活有了保证——所有这一切，都是经由各种形式被劳动者间接地取回去了，真正是所谓"取之于民、用之于民"。这难道不是显而易见的吗？那么，按劳分配，采取工资制作为直接分配的方法，是否就已经完全合理了呢？不。工资制、按劳分配制还不是真正合理的社会制度，这里面还存在着事实上的不平等、不公平，还存在着资产阶级法权的性质，我们必须要把它破除掉。但这是历史上遗留下来的不平等和不公平，它是资产阶级法权的残余，是由各方面（主客观双方）的许多具体条件所造成的，要破除这种事实上的不平等，就必须首先逐一地对这些具体条件进行改造。要工农业同时并举，要自给生产和商品生产同时并举，要一方面争取生产上更大的跃进，进一步改造客观世界，同时还要加紧社会主义共产主义教育，进一步改造主观世界，这样来改造旧条件，创造一些新条件。决议中指出，资产阶级法权是三种差别的反映，即工农差别、城乡差别和体力劳动与脑力劳动的差别的反映。在这三种差别还没有消灭以前，要完全破除资产阶级法权是不可能的。正确的办法是对它作具体的分析，其中有哪些部分对消灭三种差别不利就应大力加以破除，如三风五气，哪些部分对消灭三种差别还能发生作用，就暂时予以保留，如工资制。这里有着深刻的哲学理论。要否定一件事物，往往需要首先肯定这件事物，经过肯定才能达到否定。国家是我们所要否定的；战争也是我们所要否定的。为了要否定国家却先须加强我们的国家；为了要否定战争却不能放松抗战的准备。对于工资，对于事实上的不公平、不平等，也应作如是观。

（原载《哲学研究》1959 年第 1 期）

辩证法是哲学的核心 [*]

今天向大家谈的题目是：辩证法是哲学的核心。

谈到这个题目时，马上就牵连到一个问题。我们的哲学是马克思列宁主义的哲学，这个哲学各位比我懂得要多得多，因为在各位的工作中，天天是按照这个哲学办事，天天用行动在贯彻这个哲学，并且经常在总结工作经验，经常在实际工作中发展这个哲学。现在试分几个小题目来谈谈这个问题。

一 我们的马克思主义哲学，同马克思以前的 哲学是根本不同的

我们的哲学不只是要能够说明世界为什么是这个样子，并且还要能够改造这个世界才行。这是马克思和恩格斯说过的。他们认为过去的哲学不解决问题，只能说明世界的哲学不能成为一种武器，帮助我们改造世界，归到根来连世界为什么是这个样子这一问题也仍旧没有真正解决。所以要来个革命，来个新的哲学，

———————————

* 这是潘梓年同志 1958 年 7 月 22 日在河北禹县县直机关干部会议上的讲演。

要使哲学成为改造世界的武器。我们说马克思主义不是教条，而是行动的指南就是这个意思。换句话说，哲学不是挂在嘴上讲的东西，而是能够帮助把工作做得更好的理论武器。哲学应当是讲真理的、正确的。什么叫正确呢？口说无凭一定要用实践来检验，照你这样说的去做，结果是好的，就证明你所说的好是真理，否则你的话就站不住脚，毛主席写的《实践论》就充分说清楚了这个意思。因为过去的哲学不是拿去实践的，而是摆在嘴上讲的或者是想出来的，因此产生了许多哲学的派别。你讲你的对，我讲我的对，谁也说服不了谁。而马克思主义哲学不光是讲，而且要实践，用实践作为检验真理的标准。共产党就是掌握了马克思列宁主义的政党，根据马克思主义哲学理论来制定改造世界的各种政策，这些政策是否英明正确呢？那就要实践，看到底有没有错，中国共产党曾经过了几个曲折，如一开头中国共产党是陈独秀当家的，陈独秀把中国革命搞失败了；说明他没有掌握马列主义哲学，像李立三、张国焘都使革命遭受很大失败，这也说明了他们没有懂得马克思主义哲学，一直到毛泽东同志起来当家，革命才一次胜利接着一次胜利，这说明毛泽东同志是的的确确懂马克思主义哲学的。这种情况在各国共产党都是一样的，所以一个人错了并不是谁愿意说他错就错，说他正确就正确，而是要看照他说的去做是胜利还是失败。这是一个事实问题，不是什么人能够随便说说的问题。

二　辩证法是哲学的核心

世界有三个方面：自然方面，社会方面，精神方面，我们改造世界就要从这三方面来进行。

世界的三个方面有没有主要方面？有没有中心？还是三个方

面并列着没有主次之分呢？在这三个方面中有一个是主要的方面，有一个中心，这个中心就是人，所谓精神就是人的精神，人的思想意识，人的情感。为什么要改造自然？要改造到什么样子才算好？要把自然改造得能够增加人的幸福，适合于人的要求，换句话说，改造自然就是改造人和自然的关系。如治山、治水、在土地中施肥、改良品种都是改造自然；开矿山、工厂也是改造自然，都是满足人的需要。过去人同自然的关系不好，自然对人用处不够大，有的甚至还有坏处，如洪水、害虫等等。因为土地的产量不高，有的还不能耕种，不能满足人的要求；矿藏不能利用，埋在那里不发生作用，所以要改造，改造得能满足人的需要，增长人的幸福。总之，改造自然要根据人的需要去改造。

为什么要改造社会？改造到什么样子才好？社会是由人组成的，改造社会就是改造人与人的关系，过去人与人的关系是怎么样的呢？是少数人剥削多数人，不劳动的少数人剥削劳动生产的大多数人，少数人压迫大多数人，这样一种人与人的关系不能使社会成为一个幸福的社会，是大鱼吃小鱼的社会，过去几千年来这个社会始终是痛苦的社会，黑暗的社会，充满了罪恶的社会，因此要改造，要革命，改造社会也是为了人的幸福，人的自由。

改造精神、改造思想意识、改造思想情感是什么呢？是改造人的主观同人以外的客观的关系，人的主观就是一个人对自己以外的客观形势的认识，过去人的思想认识、感情都是落后于客观的，与客观不一致，客观前进了，主观还是停留在原有情况上，因此就产生主观主义、官僚主义，或者有些人他的主观很片面，他的思想认识只看到一个小圈圈，他打的算盘是小圈圈的问题，看不到全面，这些就是三个主义——主观主义、官僚主义、本位主义的根源。更有些人看不见别人，光看到自己，这就叫个人主义，这些主义都是坏东西，都是由于主观与客观不一致所造成的，他们的思想水平、政治水平都不高，作风不好，他们干起工作、干起革命来都是要失败的，改造精神世界就是要改变这种关系，使主观能及时反映新的客观情况并和它一致起来。

改造世界这三个方面都是拿人作中心的，要以改造精神世界为主要的一面，因为主观和客观不一致就到处都要碰壁无法改造自然，更无法改造社会，唯有主观客观一致才能在改造自然和社会的过程中一个胜利接着一个胜利，才能得到自由，得到幸福。因此马克思主义哲学比过去任何一种哲学都要来得高明、正确，它是科学的哲学。世界的三个方面中自然世界比较容易改造，在马克思、恩格斯以前，科学技术已很发达，天文、数学、物理、化学、生物对自然界已认识了很多，不但能加以说明，而且还能掌握，设法使它以及其他许多自然为人们服务，但对其他两个方面的认识和改造就比较困难。为什么呢？

因为少了一个东西，就是少了一个辩证法。对自然方面能够勉强地用辩证法去认识和改造，但对社会和自己的精神就没有办法。马克思主义哲学主要有两个部分：一个叫辩证唯物主义；一个叫历史唯物主义。如果从自然现象来讲在马克思主义以前多少有了一点唯物论、辩证法，但对于历史、对于社会、对于思想来说，则没有一点唯物论，也没有辩证法。在马克思主义以前有个伟大的德国哲学家叫费尔巴哈，这个人马克思很称赞他，是伟大的唯物主义者，他对自然现象是唯物的，但他无辩证法，在历史问题上、社会问题上没有弄清，成了唯心主义者。马克思就给自己规定了一个任务：用辩证法来认识社会，来认识当时的资本主义社会，结果写了《资本论》。它用辩证法摸清了资本主义社会的发展规律，同时也把整个社会发展的规律摸到了底，这说明辩证法很重要，如果没有辩证法，《资本论》就写不出来。马克思还批判了费尔巴哈，后来恩格斯根据马克思的批判纲领写了一本小册子，叫做《路德维希·费尔巴哈和德国古典哲学的终结》，这样历史唯物主义就建立起来了。摸清了历史发展规律、社会发展规律，就有办法来改造世界的其他两个方面，不但能把自然改造得更好；而且能改造社会、改造人的思想、改造整个世界。后来马克思又写了一本关于《黑格尔法哲学批判》，批判了他对法律的唯心主义观点。马克思、恩格斯、列宁、斯大林、毛泽东都是非常重视辩证法的。列宁有一部《哲学笔记》，主要也是研究辩证法的；毛主席有两部著作：一本叫做《矛盾论》，一本叫《关于正确处理人民内部矛盾的问题》，此外还有一本《实践论》，都是讲的辩证法。因为辩证法很重要，我们懂得了辩证法，就懂得了马克思主义哲学。

什么叫辩证法呢？正如毛泽东同志所讲的：辩证法主要是研究矛盾。把矛盾研究得愈清楚，哲学就愈能向前发展，内容就愈丰富。在《矛盾论》里，已把矛盾分得很仔细，分主要矛盾和次要矛盾，有矛盾的主要方面和矛盾的次要方面；在《关于正确处理人民内部矛盾的问题》里又对敌我矛盾和人民内部矛盾做了科学的分析，进一步发展了"矛盾"。所以研究辩证法最基本、最中心的问题就是研究矛盾问题。什么叫矛盾呢？矛盾就是两个对立面的统一。两个对立面在互相斗争着，又互相统一着。任何一个东西都包括着两个既互相斗争着又互相统一着的对立面。如我们人吧，人就是两个对立面的统一，如果没有这两个对立面，就不成其为人了。从生理上讲，两个对立面就是新陈代谢，人天天要吃东西，同时天天要大、小便，把已消化了的东西作为营养吸收了，把渣滓排泄出去，吃进去新的食物，就构成新的细胞，原来的细胞衰老了，就要被排出去，陈旧的东西退下去，由新的东西来代替，这就叫新陈代谢。有了新陈代谢，人才成为一个活生生的人。如果不吃饭，就没有新的一面了，人就不能活了，或者光吃，大、小便不通了，那这人就不健康了，甚至有致命危险。所以从生理上讲，一定要新的代替老的，如果一个人胃口不好，消化力不强，吃下去的东西不能很好被吸收成为养料，那就是有病，就要请医生治疗，如果这个医生能够使他的消化力变好，通大便，那这个医生就是高明，能够治病救人；如果医生不能使消化力变好，不能使大便通；那这医生就不行，治不好病；甚至反而把病治坏，就是所谓庸医杀人。两个互相矛盾着的对立面，一面叫新，一面叫旧。如果你能帮助新的去战胜旧的，就是正确的；如果你帮助旧的去打击新的，就是错误的或者是反动的、反革命的。从我们的头脑来讲，同样是两个对立面的统一体，我们脑子里有新的思想，也有旧的思想，这两个思想经常在打仗斗争，新的思想要把旧的思想打下去来代替它。我们改造思想，就是要用社会主义新思想来代替各种旧思想。有的人对新的思想不大愿意接受，始终让旧思想占据着自己的脑子，这样的人就叫做落后分子。因此解决矛盾，处理矛盾主要是要使新的战胜旧的，帮助新的成长起来，把旧的消灭，让新的占着统治地位。在两个互相矛盾着的对立面中，新的一面是主要的一面，旧的一面是次要的一面。马克思主义辩证法就是革命的方法，用新的革旧的命。旧的是永远旧了不会再新了，但新的是不是一直新下去呢？今天是新的到明天就变成旧的了，今天吃了饭，不能到明天就不吃饭了。我们的革命事业、建设事业也是一样。所以旧的东西不会变成新的，但新的东西不断要变成旧的，因此马克思主义认为真理不能是绝对的，只能是相对的，由于条件在不断变化，今天是真理；明天就不一定是真理了，我们的真理是不断向前发展，永远发展；永远要变的，没有顶的，不能说某一天它不再发展了。

三　诡辩论、相对主义是辩证法的敌人

　　辩证法讲变，讲发展，讲不断前进，那么这个变，这个发展是否有方向呢？换句话讲，有没有变好变坏的分别呢？是不是只要变就是好的？不是的，辩证法讲变是有它一定的方向的，有一定的标准的，照这标准变去就是好的，不合这个标准的变就是坏的，标准的问题就是立场的问题。首先是人的立场，人民的立场，变就是要合于人的利益，合于人的要求；合于人民的立场，变了对人更有利，变就是好的；如果变对人没有利而有害，这个变就是坏的。如佛教也主张社会要变，主张人也要改造，它怎样变呢？它不管老虎也好，豺狼也好，不管动物害人不害人，都不应打掉，认为有生命的东西杀掉都不对，它不就是愿意叫老虎把人吃掉吗？这就是没有人的立场了，所以我们不赞同。我们要打掉老虎，至少要把它关在铁笼子里，不让他吃人。目莲的母亲愿意自己在竹园子里叫蚊子咬，我们也赞同我们要除四害，要把蚊子消灭掉，这是人的立场问题，是按人的需要办事的。但是人有各种不同的人，有地主、富农、资本家、官僚资产阶级、民族资产阶级、工人、农民，这些人的立场是否一样呢？不一样，我们需要的人的立场是什么人的立场呢？我们需要的人的立场是工人阶级的立场，不是地主、资本家的立场，因为地主是要害人的，资本家也是要害人的，使工人农民过不上好日子。辨别一种哲学理论是进步的还是反动的，就看他是什么阶级的立场。工人阶级立场是最合于广大人民利益的立场，只有按照工人阶级的立场改造世界，改造自然，改造社会，改造人的精神思想，才能有利于人类的大多数。立场，具体说起来就是根据什么阶级的利益来分析问题、考虑问题、解决问题。有着坚定的立场，什么事都根据这个立场去办，才是马克思主义的辩证法。有些人把立场问题丢开了，他也讲改造，也讲变，也讲发展，但却不讲立场。这就不是辩证法，叫诡辩论。如果让诡辩论颠倒黑白，混淆是非，就会使人民思想混乱，所以我们的辩证法讲变化、讲改造是有一定的方向的。

另外，还有一种人是相对主义，他们认为根本没有绝对真理，并且说你们共产主义者不也是说真理没有绝对的吗？是的，我们是这样讲的，但我们这样讲不是相对主义。他们讲真理没有绝对的，是相对的，是什么意思呢？就是说各人有各人的主张，各人有各人的真理，我的办法对我有利就是我的真理，如果你的办法对你有利就是你的真理，你有你的是非，我有我的是非，你不能说服我，我也不能说服你，对他自己好的就是真理，所以他们的真理没有个标准，这就叫相对主义。辩证法说真理是相对的，是不是这样的讲法呢？不是这样的讲法，它有一个标准，有一个立场，今天是真理，明天就不一定是，因为明天不一定适应工人阶级利益。如今年全县小麦的平均产量，但到明年就不够了，如果有人还主张这个产量那就不对了，不是真理了，到明年要更多，因为产量是可以提高而且应该提高的，因此真理虽是相对的，但也有它的绝对性，有它一定的标准。有它一定的标准，有它一定的尺度就有一定的是非，不会是公说公有理，婆说婆有理。真理有客观的标准，这标准是绝对的，就是工人阶级的立场，拿毛主席的话来讲，就是符合最大多数人民的最高利益。分析一切问题，考虑一切问题，都要从六亿人民的利益出发。六亿人民是广大劳动人民，是愿意走社会主义道路的，如果有人不愿走社会主义道路，反对和颠覆无产阶级专政，那就不是人民了，就是人民的敌人了，所以毛主席在《关于正确处理人民内部矛盾的问题》中一开始就讲明了这个问题，矛盾有两种：一种是人民内部矛盾，一种是敌我矛盾。敌我矛盾是方向相反的；人民内部矛盾是方向一致的，是在根本利益上是一致的，都是要走社会主义道路的，有些人主张变慢一点而我们主张走的快一些，这就是人民内部矛盾。方向相反，基本利益不一致就是敌我矛盾。我们说禹县有禹县的办法，别的地方不一定都适合，因此真理不是绝对的，是相对的。但是有一个共同的标准，你我不同不能超过一定的范围，这个范围就是一定的方向，你我不同不能离开社会主义道路。因此辩证法是很复杂的，如立场不坚定，如果不从六亿人民的利益出发，那就要搞糊涂，把诡辩论当辩证法。所以在讲辩证法时，首先要解决立场问题、方向问题。

四　从团结的愿望出发，经过斗争达到新的团结

这个题目原来是我们的党几十年来组织工作的经验总结。总结成为一个公式就是："从团结的愿望出发，经过批评或者斗争，在新的基础上达到新的团结"，当时这个公式主要是讲党内，后来扩大到统一战线和党外，但始终是讲人的团结，人的斗争。现在我们借用这个题目来讲怎么改造世界——改造自然、改造社会、改造思想，改造世界这三方面也都是这样一种情况、方法，都是这样一个精神，就是说都是从团结的愿望出发，经过斗争，达到新的团结。如改造自然，原来自然和我们人不很团结，山与我们禹县人民不友好，对我们没有多大好处，有的甚至还要增加我们的麻烦，许多河流、土地也是一样。我们的耕地面积并不多，有些可耕土地产量也不高，因此我们要改造它们，希望"团结"许许多多的土地、山头、河流来帮助我们过好日子。从这个愿望出发来和自然作斗争，团结一定要经过斗争，山要治，水也要治，土地要改良。现在山治好了，水利化了，土地也一步

一步在改良，不能耕种生产的现在也能耕种、也能生产了，可以造林了，不肥的土地使它变肥了。现在的自然比过去和我们是"团结"得多了。但是这个团结是经过斗争换来的，用辛勤的劳动，用锄头用铁铲与它斗争。经过全县 67 万人民与凶山恶水作斗争，现在山头、河流都为人民服务了，现在团结了。

改造社会，改造人与人之间的关系也是这样。过去全国进行民主改革时，我们和民主党派团结在一起，共同抗战，反对蒋介石；现在社会主义革命了，要革资产阶级的命了，这些民族资产阶级觉得没有办法，于是勉勉强强接受党的领导，但还有一小部分不愿接受领导，反对社会主义改造，来一个"五毒"，所以我们就来一个大张旗鼓的群众运动——五反运动，经过这次运动，我们同民族资产阶级的团结进了一步。经过斗争，团结不是破坏了，而是更进一步了，这说明辩证法最基本的一条是两个对立面的斗争与统一。一方面是对立的互相斗争的，另一方面是统一的，斗争与统一就是辩证法。这个辩证法并不太好懂，到现在还有些人不太懂，因此在工作中只讲斗争，不讲团结，不是从团结的愿望出发去斗争，这就是"左"倾机会主义。过去的立三路线、王明路线就是这样，打倒一切，不讲团结，不是从团结愿望出发，而是一棒子打死，这样，使革命、使工人阶级的利益受到很大损失。另一种是只讲团结，不讲斗争，只讲照顾，不讲教育迁就落后，这就是右倾机会主义。我们同自然要团结，我们同社会上各种非无产阶级、非劳动人民也要团结，谁去团结呢？是要人去团结，人去斗争，我们同非劳动群众、资产阶级知识分子、民主人士团结，是要党所领导的工人、农民、广大劳动群众去和他们团结，同他们斗争。工人阶级在这方面是主动的，一方面是争取，一方面是斗争。如果工人阶级、广大人民不是在党的领导下主动地和资产阶级知识分子作斗争，恐怕就不能团结得这样好，有这样多的进步分子、积极分子。这就说明辩证法有个中心，这个中心就是人，人中的工人阶级，我们的党。党代表了工人阶级和劳动人民来进行斗争，进行团结。辩证法是革命的，是要改造世界的，工人阶级运用了它去团结广大人民进行革命改造自然、改造社会。所以，马克思主义哲学的改造世界，就是由掌握了它的共产党来发挥人的特别是工人阶级的主观能动性，把工人阶级以及其他广大人民的积极性、创造性充分发挥起来，发挥得愈透，就会把世界改造得愈好，成绩就愈大，革命就愈胜利。

改造自然是这样，改造社会是这样，改造精神世界、改造思想也是这样。但有一点不同，改造精神，改造思想是人自己改造自己，叫自我教育，自我革命。自己革自己的命，这里也是斗争和统一，用新的思想和旧的思想斗争，以达到新的统一。一个人在进行思想斗争，在他的脑子里有两个思想在打仗，拿不定主意，在两个思想之间摇摆不定，这时候他的脑子是不团结的，谁能从团结的愿望出发，经过斗争，达到新的团结呢？就是他自己用新的思想发挥自己的主观能动性去改造旧思想，换句话说，要用他今天的我去战胜他昨天的我。他的人格在那时就有两个，一个是旧思想，一个是新思想苗头。如果新思想苗头不能战胜旧思想，这个人能不能积极起来工作呢？不能。这个人就很痛苦，他会感到自己孤立，感到苦闷，觉得抬起头来大家都在看着他，都看不起他，不相信他。自己和自己打麻烦不团结，一定要经过斗争，一定要用马克思主义思想和非马克思主义思想进行斗争，另外别人帮助他，和他讲道理，说服他，用新思想战胜旧的思想，对旧思想已经战胜，心情就愉快了，脑子统一了，工作也积极了，就能成为积极分子、进步分子，这样他自己的主观能动性也就能发挥起来。但是在这三方面中改造人的思想要比改造社会、改造自然困难得多，如果社会、自然不愿和我们团结，我们还有个办法，用高尔基的话来说就是"敌人不投降，就消灭它"。如果有块大石头，硬赖着不让路，我们就用炸药把它炸掉，因为它不投降，我们就消灭它！一块沙土，不能耕种，我们就把沙挖掉，另外换上土。我们对蒋介石也曾进行过团结，抗战胜利后，毛主席到重庆去主动和他团结，劝他不要打，但是他一定要打，怎么办？那就消灭他，把他赶走。在五反时也有个别资产阶级分子始终是抵抗的，不肯投降，怎么办？就用法律制裁！对反革命分子，我们宽大处理，但他还是为非作恶，我们就用法律来制裁他。但对思想和精神却不能采用这个方法，因为思想在脑子里，不能把它从脑子里挖出来消灭它，因此思想改造只能用讲道理的方法，用自我改造的方法，如果自己不愿意改造怎么办呢？那就正像毛主席所说的只能让他带着花岗岩的脑子去见上帝了，因此思想改造要比改造自然、改造社会困难得多，所以我们要用政治工作、宣传工作教育他们，用各种方法宣传教育。因此政治工作在社会主义建设时期不是比过去革命时期不重要一些，而是更重要一些，更应加强。为什么思想改造这样困难呢？这是由于过去几千年的反动的教育把有些人的脑子弄坏了，在脑子有了厚厚的一层肮脏的垃圾把他的脑子封起来了，一下子不容易去掉，如果这个人已经看到一点新的光明，懂得一点非改造不可，那就好办了，他总有一天可以改造的，但如果他硬是看不到，像杜勒斯、艾森豪威尔、蒋介石那样一些人，他们对这样大的一个新中国都看不到，对新中国这样大的成绩也看不到，对他们来说改造就困难了，那就只好叫他带着花岗岩的脑袋去见上帝了。除了这些人以外，是不是还有这样的人呢？还有的，但不会多了。如果脑子是这样坏了，不能再变了，那就让他去见上帝吧！如果脑子坏了，不能再变，而且还要在行动上进行破坏捣乱，那就连他的身体也要保不住了，但这种人是不会多的。我们要专政，有些人，我们要把他们关起来。对他们专政，但我们的专政与反动统治的专政不一样，过去反动统治的专政是少数人压迫大多数人，是少数人对大多数人的专政，我们的专政是大多数人专少数人的政。现在被关起来、被管制、被镇压的没有多少人了，顶多是几十万人吧，而且愈来愈少了，所以我们是大多数人压迫极少数人，不能说服就压服，为什么要压服呢？因为他们破坏革命，破坏社会主义建设，不压他们，广大人民就要吃亏，压迫他们是为了广大人民的利益、社会主义的利益、工人阶级的利益。因此对他们的专政就是我们的民主，正是为了广大人民的利益着想，是为了保卫社会主义利益。所以在旧社会，资本家的专政同民主是不能统一起来的。相反的，他们专政，就没有民主，我们的专政是使民主愈来愈多，愈来愈丰富，人民的利益愈来愈巩固，所以我们的专政和民主是一致的，我们要扩大民主。我们的公安工作不管是对特务，或是对坏分子，都是依靠广大人民的，广大人民都要求把坏分子的根子去掉，保障人民的利益；这种专政和民主是一样，也就是工人阶级，劳动人民主观能动性的发挥。这样讲起来，我们可以懂得马克思主义的辩证法最主要的就是把工人阶级和全体劳动人民的积极性、创造性、主观能动性充分的发挥出来。它所以能改造世界，就主要依靠这个。

五　从必然的王国向自由的王国跃进

"从必然的王国向自由的王国跃进"，这是恩格斯讲的话。什么叫必然的王国呢？就是说我们人还没有争取到主动权，还处于被动地位，是自然的、社会的客观发展规律在推动着我们前进。例如洪水来了，只能逃荒；帝国主义来了，只能作殖民地奴隶；病来了，只能听天由命，请医生看，医生说我只能治病，不能治命，非常被动，靠天吃饭。为此，我们要改造这个世界，我们要争取主动权，使人处于主动地位，有办法治山、治水，发展工业、发展农业，还有办法改造思想，有办法进行革命，也有办法进行社会主义建设。一句话，就是要人的自由；争取人的主动权，这叫做从必然的王国向自由的王国跃进。如果我们把社会主义建成了，再进一步建成共产主义社会，我们那时就非常自由了，完全有了主动权。

那么照这样讲起来，不成了主观主义了吗？马克思主义不是反对主观主义吗？照这样讲，我们不是在犯主观主义吗？想怎么就怎么，很自由，很主动，不成了唯心主义吗？我们说不是的，完全不是的。在马克思、恩格斯之前就有一种社会主义，马克思叫它"空想社会主义"，但马克思主义的社会主义是科学的社会主义，不是空想的。这里有什么区别呢？空想社会主义虽然对自然发展规律掌握了一些，但对社会和思想的发展规律它却根本未掌握到，不懂。对唯物辩证法没有掌握，不懂！他们也希望能够团结自然，能够团结大多数人，他们的愿望应该说是好的，但是因为他们不懂客观发展规律，他们就不能按照这种规律办事，只能按照主观愿望去办事，因此，走来走去走不通。历史上曾经有许多社会主义者都失败了。孙中山他也主张世界大同，这也是社会主义，康有为也是这样，但是行不通，因为他们没有掌握客观发展规律，没有历史唯物主义，没有辩证法，凭主观愿望出发办事，到处碰壁，所以孙中山"积40年之经验""革命尚未成功"。我们要掌握主动权，首先要掌握客观发展规律。如治水，不能随便想怎么办就怎么办，先要勘查，看地势、看水文、看水库修在什么地方，不能要怎么样就怎么样。治山，我们要了解能不能种树？种什么树？果树？还是用材林？能不能种庄稼，要按照自然的客观发展规律办事，不能要怎么就怎么呀！开矿也是这样，有煤的地方开煤矿，有铁的地方开铁矿，有什么开什么，要有多少开多少，不能要多少开多少。改造社会也是这样，也要按照社会的发展规律去进行，如我们进行土地革命，在老解放区是一个方法，到新解放区又是一个方法，为什么不同？就是按照客观发展规律，按照这个规律，就能把土地革命革得更好，我们在进行社会主义革命即对资本主义工商业进行改造时，也是按照规律来进行的，起初是采取加工订货，统购包销的方法，进一步就采取逐步的公私合营，一直到全行业的合营，大规模的公私合营，这些步骤就是经济的发展规律。农业合作化也是这样，并不是一开始就组织高级合作社，因此我们的社会主义改造很顺利，没有受到什么损失，胜利很大。因为我们按照客观发展规律办事，所以很顺利，很自由，我们的胜利一个接着一个。这就是唯物，也是辩证。共产党要改造资产阶级就改造了资产阶级，要改造农业就改造了农业，为什么这样自由呢？因为党按照客观规律办事，右倾机会主义不管客观发展规律，不研究掌握客观规律，光凭主观愿望办事，所以它失败，它没有能使中国人民得到自由，也没有使自己得到自由，到处碰了壁。我们懂得了客观发展规律了，也就是懂得了科学，我们就能利用这个科学来改造自然，改造世界，我们不是蛮干，是讲科学道理的。什么是科学道理呢？就是客观规律。这规律是唯物的，不断发展的，所以是辩证的。什么人去掌握这个规律呢？当然是我们人的思想。发展也有它的规律的，改造思想也是有步骤的，新中国一成立，就进行过一次思想改造运动，这次整风运动又是一次思想大改造。但这次与过去不同，过去思想改造是改造封建主义、官僚资本主义和帝国主义思想，对民族资产阶级思想未去改造，虽然也在批判，但还承认它是合法的。现在是要改造资产阶级思想，宣布它为非法的了。如果在过去改造时，不光是改造三个思想，还同时改造资产阶级思想，那就不对了，不符合客观发展规律，就要犯"左"倾错误，就要失败，就要脱离相当大一部分群众。我们对于思想顽固的人始终不采取消灭其自身的办法，我们是与人为善，治病救人，因为我们相信人民能够改造他，我们是唯物主义者。世界变了，形势变了，人的主观多少能接受点新的东西，总是能够改造过来的，但如果还有极少数人硬是改造不过来，那只有让他带着花岗岩的脑子去见上帝。

马克思主义对于人的改造是积极的，一点也不消极，不向任何困难低头，按照客观规律办事，依靠群众力量来解决问题，做好政治工作，我们就能团结革命的知识分子，广大人民都能团结起来，克服一切困难建设社会主义。社会主义建设是否还是革命呢？还是革命，过去是社会革命，现在主要是革自然的命，把自然的命革得更彻底。在这同时还要进行自我革命，就是思想改造，自己改造自己的思想。自我革命是改造旧思想，把旧的思想作风扫除掉，是人的革命，所以还是革命；技术革命就是提高技术，来改造自然；我们办学校，采取打破陈规的办法，来办小学、办中学、办大学，这也是革命，是文化革命。这样天天革命，一直革下去，是不是会有一天革命革到头呢？有没有底呢？没有！要一直革下去，就是到共产主义社会还是要革命的，革思想的命，革落后的命。毛主席说，先进和落后、正确和错误、陈旧和新生始终是矛盾的，落后、错误、陈旧始终是要改造的，为什么到了共产主义，人的思想还会陈旧呢？因为客观是不断发展，不断前进的。治山治水以后，工作多了，劳动力紧张，这是矛盾，于是要技术革新，改良工具；或者有了暮气，劲头不大，就有矛盾了，就要革命，新的情况一出来就要有新的发展规律产生，就要由新思想来革旧思想的命。所以我们的辩证法就是不断革命，我们要争取主动，不断发挥主观能动性，就要不断进行革命。如果一个人主观能动性没有了，思想衰退了，就好像从革命的列车上掉下来，掉了队，那就跟不上时代的步伐了。因此共产主义、马克思主义永远是充满着生命力的，生命力永远是充沛的，永远是朝气勃勃的。所以我们说马克思主义哲学永远是真理，它不会有一天是陈旧的，它永远是胜利的，永远是具有生命力的。

（河南人民出版社 1959 年版）

读《关于如何打乒乓球》

　　徐寅生同志对中国女子乒乓球运动员的讲话，确是学活用活了毛泽东思想，用活了辩证唯物论。如能好好地读一读这篇讲话，就定会看出：毛泽东思想、辩证唯物论这一理论武器，不只是徐寅生能够学好用好，其他的每一个运动员，只要努一把力，也能学得好用得好。

　　毛泽东思想是无产阶级革命的思想。辩证唯物论是无产阶级革命的哲学，是毛泽东思想的理论基础，其特点如马克思所指出，是要解决改造世界的问题。整个世界包括三个领域，即自然领域、社会领域和精神领域。无产阶级革命对这三个领域都要进行改造。推翻压迫人民的反动统治，建立共产党领导下的人民民主专政是革命；铲除任何形式的剥削制度，彻底改变生产资料的私有制是革命；发展工农业生产，向大自然开战，亦是革命；清除几千年来的习惯势力，清除一切坏思想、坏习惯，进行思想改造，改变生活方式，亦是革命。无产阶级革命是要在政治战线、经济战线、思想战线等各个战线上展开阶级斗争，把整个历史来一翻天覆地的大变革；如恩格斯所说，使今后的历史成为真正人的历史，成为广大劳动人民自己掌握自己命运的历史，成为从必然的王国向自由的王国飞跃的历史。因此，辩证唯物论的原理、原则，是自然，社会、精神这三个领域本身的发展规律的高度概括，是在这三个领域的任何部门都贯彻着的，是在经济、政治、思想等各个战线都要发挥其作用的。所以马克思说：我们的哲学要成为世界的哲学，今后的世界将成为哲学的世界。恩格斯亦说：辩证唯物论再不应当在某种特殊的科学中，而应当在各门现实的科学中得到证实，并表现出来。它在形式上被克服了，而在其真实内容上被保留了。辩证唯物论的这个特点在毛泽东思想中阐明得更为深刻、具体。毛主席说：应当让哲学从哲学家的课堂上和书本里解放出来，变为群众手里的尖锐武器。在实际工作中运用辩证唯物论，用马克思列宁主义教育干部和群众，是共产党和工人党的迫切任务之一。这里所说的实际工作，当然是指的阶级斗争、生产斗争和科学实验三大社会实践。总之一句话，辩证唯物论不是挂在嘴上讲讲，笔下袅袅的美丽词句，而是革命行动的指南。它是活的、不是死的，它是活跃于广大人民的斗争生活中的。在社会主义社会中，不管是打乒乓球或从事其他体育活动亦好，理论工作亦好，政治工作亦好。经济工作亦好，文化工作亦好，军事工作亦好，都需要用辩证唯物论作为工作的指导思想。毛泽东思想是马克思列宁主义、辩证唯物论在当代的运用和发展，要学习和运用辩证唯物论，首先就要学习运用毛泽东思想。

徐寅生同志这篇讲话是怎样学习运用毛泽东思想的呢？首先一个问题就是解决阶级立场问题，革命干劲问题。无产阶级革命是人类从必然王国向自由王国发展的一个大飞跃，要使自己所处的社会、国家面貌为之一新。旧中国曾被人家看成是"病夫"的国家，现在中国人民是翻身了，站起来了，他们已经不再是病夫，而是在一切革命战线上的英勇战士。作为一个人民的运动员，就不应当再从个人的得失去考虑自己的活动，而要把祖国的荣誉放在第一位。立场问题一解决，革命干劲鼓足，自己的精神面貌就红光焕发，自身也就以无产阶级战士的姿态在球场上出现了。这姿态是什么样的一种姿态呢？就是在战略上藐视困难的姿态，就是革命的姿态。无产阶级有了党的领导，有了辩证唯物论指导自己的行动，就能改造世界的各个领域、各个方面。他们在各个战线上都是雄赳赳气昂昂的，不会在任何困难面前低头。毛主席指出，人类的历史就是一个不断地从必然王国向自由王国发展的历史。人类总得不断地总结经验，有所发现，有所发明，有所创造，有所前进。所谓困难，就是在我们面前的还是一个必然王国，我们还没有摸清它的发展规律，还不知道怎样向自由王国跃进。但根据辩证唯物论，一切事物的发展规律都是可知的、能够摸清的，其办法就是实践。毛主席说，人的正确思想，只能从生产斗争、阶级斗争和科学实验这三项社会实践中来。正确思想就是摸清客观规律的思想。所以，无产阶级在困难面前，不是知难而退；而是冒难而进，从实践中取得经验，正面的和反面的，并且及时加以总结，就能有所发现，有所发明，有所创造，有所前进。这种敢于斗争的无产阶级革命干劲，就是自觉的主观能动性的发扬，是辩证唯物论很重要的一种精神实质。所以，认识社会实践在改造世界中的重要性，就成为无产阶级哲学区别于过去一切哲学的分水岭。这在马克思的《费尔巴哈提纲》中已经提出了的。而在毛泽东思想中实践所占的地位就非常突出。这一点，我们只要读一读《实践论》、《人的正确思想是从哪里来的？》这样一些著作，就可以很清楚地体会到。

徐寅生同志打球的经验，正是经过了从"不要"到"要"这样一个思想斗争过程的。"要"就是一定要胜利，就是干，就是敢于斗争，冒难而进。这是他学习运用毛泽东思想很重要的一环。

那么，是不是盲目冒进呢？不，他是有毛泽东思想作指导的，是根据一切现状都在变，而且可使之向着对自己有利的方向变去这一辩证唯物论而藐视困难的。同时，在战略上藐视困难的革命干劲，还有在战术上重视困难的科学精神与之相结合。在战术上重视困难，就是一方面摸清困难的具体情况，从这具体情况中研究出克服困难的途径。这是唯物论。同时肯定一切现状都在变化，都可以改变。不管怎样敌强我弱的情况，都可以改变为我强敌弱的情况，问题是在于我们能否闹清楚战胜困难的有利条件是什么，不利条件是什么，怎样才能限制、克服不利条件，创造、增加有有利条件。这是辩证法。徐寅生同志正是这样来解决战术上重视困难的问题的。他是在研究"哪些地方吃了亏，一定要根据对手的特点，练出一套有效的技术"，而"逐条逐条地破他"，他的打球就是这样从实战出发，"每天留心有目的地去练习"的。从战略上藐视困难就能鼓足干劲，就能敢于斗争；敢于胜利，从战术上重视困难，就能力争上游，就能善于斗争，终于胜利。（革命的逻辑：斗争、失败、再斗争、再失败、再斗争；一直到胜利）这样，就不再有任何克服不了的困难，不再有战而不胜的对立。

看，这不是任何一个运动员，只要肯努力，都可以做到的事吗？

毛泽东思想、辩证唯物论，内容是极为丰富，道理是极为深刻的，但毛主席在战略上藐视一切困难，在战术上重视一切困难这两句话，是从革命原则的高度把这一哲学的丰富内容、深刻道理的精神实质，少而精地概括起来了。打好球，要在战略上藐视一切困难，鼓足革命干劲，同时又要在战术上重视一切困难，发扬科学精神。做好其他一切工作，也都要在战略上藐视一切困难，鼓足革命干劲，同时又要在战术上重视一切困难，发扬科学精神。

毛泽东思想、辩证唯物论是革命精神和科学精神相结合的思想，既是革命的，又是科学的。用辩证唯物论、毛泽东思想武装起来以后，人们的主观能动性就从自发的发展成为自觉的。所谓自发的就是还没有摸清事物的客观规律，是带着相当大的盲目性的。所谓自觉的，就是有了辩证唯物论、毛泽东思想作为理论武器，在干的当中，从试验性的实践当中摸清客观规律，既在战略上藐视困难，又在战术上重视困难，就能把鼓足革命干劲和发扬科学精神很好地结合起来，充分地发挥人类自觉的主观能动性。

（人民体育出版社 1965 年版）

第二部分　逻辑学

再和陈百年先生论判断二成分说*

  陈先生在《海天集》里说："在传统的逻辑里，大都采用三成分一说，近时逻辑学者详细研究判断底性质，觉得三成分说实有不可道的地方，于是想改用二成分说来替代。故逻辑学者所以采用二成分说，无非欲适合判断底性质，阐发判断的真相。至于采用二成分说，足以免除谓词范畴变更的弊病，还不是二成分说底主要优点。因为若只采用了二成分说而不更采他种新说以为之助，则仍然免不了这种弊病。旧说之所以重视系词，承认其为主谓二词以外的一个独立成分者，因旧说认主谓二词本为两个不相连结的概念，必待系词的牵合始能连结而成判断。……但这种看法实在是错误的，实在是误解了主谓二词的性质的。主词之所以为主词，以其对谓词而言，谓词之所以为谓词则又以其对主词

---

  * 陈百年先生提出，一个判断（如"花是红的"）中的主词（花），系词（是）和谓词（红的）应归为二成分，而不应说成三成分，即作为系词的"是"应归入谓词中（"是红的"）。潘梓年同志不同意这种绝对的论点，认为就判断的性质（或文法）言以二成分说为宜，而以认辨判断的真假言则以三成分说为宜。因为判断的构成和真假都离不开系词的表述。此文对理解和分析语句（命题）和判断的不同性质是有价值的，今天仍然有人在这个问题上混淆不清。

而言。若主谓二词是两个绝无关系不相连结的概念，则只是两个绝无关系不相连结的概念而已，主词便不得谓主词，谓词也不得谓为谓词。……主词谓词是依其在判断中所占位置，在判断中所营作用而得名的。……故只在判断中方有主词谓词；若离开了判断，则成了两个无关系的概念，不能再称主词和谓词。所以既称某二概念为主词谓词，便是已经承认它们两者之间有一种关系——所谓能谓底关系，简言之，可称论谓关系。……若谓必待系词底牵合而后主词谓词才能连结起来字造成判断，则不啻已经取消了主词谓词底资格。故系词底牵合而后主词谓词才能连结起来，造成判断，则不啻已经取消了主词谓词底资格。故系词底牵合作用和主词谓词所本有的功用是不相容的，……故二成分说只承认主词谓词二成分，而不承认系词之亦为成分。……至于判断中所常用的'是'字，即普通逻辑所认为系词者，应归入谓词之中。例如有'这朵花是红的'一判断，则'这朵花'是主词，'是红的'便是谓词。由此看来，近时学者之所以采用二成分说，实在是有见于三成分说底不妥当。"

论谓关系，从判断本身的性质上讲，是主谓二词间所固有的功用，这是我十二分明白的。因为在文法上早已把一句句子分为主、谓二部分，而把"云谓"和"宾词"合成"谓词"了。我的问题，完全不在这一点上。我以为，逻辑之所以要讲，完全是因为要说明一个论断的如何成立，及论断怎样就真确、怎样就谬误的一个准则。至少对于初学是这样，要说明这两点，不可不先弄清楚概念和判断这两件东西的来历和其相互关系。在这里，系词似乎很有一点帮助说明的功用。我觉得要使初学者明了这个判断何以真确，那个判断何以谬误，直接从判断本身的性质上讲是说不明白的，必须先要使他明白概念的性质和范畴，然后再从这范畴上使他明白所谓判断到底是什么回事。这样一个判断的是真是假就很容易辨别得出来了。例如，"你是北京人，凡北京人都喜欢听戏的，所以我知道你是喜欢听戏的"和"你是北京人，大凡北京人都能唱戏，所以我知道你定能唱戏"这两个判断，……我们必得先把"北京人"、"凡北京人"、"大凡北京人"、"喜欢听戏"、"能唱戏"等等概念的范畴一个个都认辨清楚，然后再看在大小前提中这些概念所原有的关系是怎样的一种，来准绳结论中的判断的真确与谬误，才能籀绎出一个头绪，定出一条定律来。

其实，逻辑中的判断一章，只是归类科学的一种；所谓批判，不过是表明白主词所表的那种事物是否可以归入谓词所表的那一类里去就是了。等到这归类工作的历程完结，一个判断方开始成立；判断成立，主谓二词的名位乃定，功用乃显。而在其看是否有从属关系，而系词这个成分乃为不可少的一件东西。所以，我以为，逻辑中所论的判断，是判断的成立过程，而二成分说所论的判断是成立后的判断的性质，二者完全立在两个不同的立场上。我们的目的如果是先认清判断的性质，二成分说是很为合适；但这是文法的所有事。我们的目的如果是在认辨判断的真假，我们就应从判断的成立历程中看其有无错误，在这里，三成分说就较为合用；这才是逻辑的所有事。……

为什么要看清判断的成立历程有无错误必须要用三成分论说呢？因为一个判断中的两个概念，原来是我们不知其有无关系的，到某一个时候，我们忽然发现它们确实有或确实没有统属的关系，才用系词把这关系的有无肯定下来，等到这样一肯定，一个判断方才成立，这样一次肯定，实在是判断的成立历程中最重要的一个步骤；一个判断的是真是假，完全在于这一个步骤的有无错误。所以，把系词特别提出来仔细研究这一个步骤的有无错误，是逻辑判断一章中最吃紧的一件分析工作。如果采用了二成分说，从概念一跳就跳到判断，何以会从原不相关的两个概念变成有了一定关系的一个判断中之主谓二词，就没有仔细研究的余地，这岂不要失了研究逻辑的原意？我尝以为研究逻辑的意义，主要是在弄清楚各个概念的范畴；概念的范畴弄清楚了，对于判断的真假，推理的正确与否已经"思过半矣"。那些"易位""易质"的玩意儿，也不过是反反复复使学者弄清楚概念的范畴罢了。并不一定要算做推理，它们才有意义。

……

根据上面所述的意义，我们结论是：二成分说只可以在讨论判断终了以后，在概念范畴弄清楚，从概念到判断的过程说明了以后，用来辨正判断的性质，阐发判断的真相；在弄清概念的范畴时，在说明从概念到判断的过程时，我总觉得用三成分说比用二成分说要便当得多，合适得多，而研究逻辑的意义，在前者又不及在后者的主要而重大，所以在逻辑中应以采用三成分说为主，以采用二成分说为辅。

（原载《北新》杂志第 2 卷 9 号）

逻辑与逻辑学 *

弁　言

这本小册子，主要是想来解决辩证法与形式逻辑的关系问题。这一问题，无论从辩证法的了解上或从逻辑的了解上讲，到现在都已是急需要有一个解决的问题。作者敢提出一己之见，就正于明达，已拟定一相当巨大的稿子①——约有 30 万到 50 万字——先将私意轮廓写成一小册子发表，希望能引起一般人的讨

---

　　* 这是作者在 1937 年出狱后写的讨论形式逻辑与辩证逻辑关系的专著。书中不仅涉及了形式逻辑的一些理论和方法，而且论述了辩证法的基本规律和范畴。实际上是作者一生中最有代表性的哲学和逻辑学专著，所以我们将它全文收入。该书于 1938 年再版时曾改名为《逻辑与逻辑术》，直到 1961 年由三联书店以《逻辑丛刊》重版时仍沿用原名。该书在 1961 年重版时，除对个别不适当的提法和错字加以改正外，从内容到文字都没有作修改，与 1937 年的初版本相同。编者为尊重作者原意，也删去和改正了作者认为不适当的提法和错字。并在后面附有作者 1961 年再版时写的前言"敬请批判"，以供参考。

　　① 这是指作者在 1933 年到 1936 年在狱中写的《矛盾逻辑》一书，由于各种原因一直未能整理出版，现已查找到部分遗稿约 20 万字。

论与批评，以求个人的进步，再来把所拟的稿子修改问世。

对"思维到底是什么？"这一个问题，作者在这里也提出一点新的见解；如果这一见解能够没有错误，那在解决唯物论与唯心论的关系问题上或许也就可以作出一个新的方案。作者很希望在这一点能够获得充分的批评，使自己有所进益。

这是作者在 1937 年出狱后写的讨论形式逻辑与辩证法关系的专著。书中不仅涉及了形式逻辑的一些理论和方法，而且论述了辩证法的基本规律和范畴。实际上是作者一生中一本最有代表性的哲学和逻辑学专著，所以我们将它全文收入。关于辩证法，作者觉得，如果可以把"根据与条件"一项提高，这对于辩证法的了解，可以得到很大的帮助。这亦是作者自己觉得可以说是"心得"的一点，有予以充分讨论的必要的一个问题。形式逻辑的各种具体方法，尤其是演绎法中的许多方法，是否应当吸收到辩证逻辑里面来，以及吸收时要加以怎样的改造？关于这一问题，作者也很大胆地在这里提出了一己的私见。在这里，目前符号逻辑、数学逻辑非常巨大的发展，个人认为是形式逻辑演绎法的一个新的进步，正和统计法是归纳法的新进步一样，应当予以充分的研究。

逻辑发展史的研究，是作者认为在求了解逻辑上尤其是在了解辩证逻辑与形式逻辑的关系上的一个必要条件，而为一般谈辩证逻辑的人从没谈到过的。在这小册子内，已对这方面做了一个简单的叙述，以后到那大本子出版时想作更详细的研究。关于各种错误，如主观主义、客观主义、宿命论、无定论、机会主义、无政府主义等方法论方面的错误，和论点转移、循环论证、字义双关或语意双歧以及理由不充足等技术方面的错误，照例是也应当在本书末后讲述一下。作者觉得这些都属于运用逻辑时的问题，其根源还在于对方法论了解的正确与否。我们这里既是从事实方面讲的，似乎就无需再讲那些错误；因为一般所以觉得有讲那些的必要，是因为这可以从实际应用上来使读者得到灵活一些的了。

1937 年 10 月 10 日于镇江省立图书馆之景贤楼

绪　论

第一章　思维与思维方法

小引

从辩证逻辑介绍到中国以后，形式逻辑学者大起恐慌，纷起反对；有的说辩证法根本不是逻辑，只有形式逻辑才是逻辑；有的说不管辩证法是不是逻辑，形式逻辑总始终不是它所能否定得了的。在另一方面，辩证逻辑学者对形式逻辑到底是否还有其存在的问题，也始终没有一个好的解决。

形式逻辑的不能废除，是恩格斯和列宁都曾明白说过的；同时，它的不能再成为逻辑，又是列宁所一再说过。但它到底应以怎样的形态继续其存在，或者说辩证法到底采取了它哪一些"真正内容"，怎样"批判地加以改作"，则两位老师都没有明白指示，而为我们所需要来解决的问题。这个问题的必须有一明确的解决，现在已是十分迫切，因为要了解逻辑，要了解辩证法，都有待于这个问题的解答。要解决这个问题，作者以为先须弄清楚作为逻辑对象的思维应当是怎样的一种，这里所讲的思维方法又应当如何讲法，否则所提解决方法，终不能得到要领。故这本小册子，就从这里开始。

1. 思维是一个特殊官能

官能，就是器官的机能，例如各种感觉。一个人如果没有了感觉，是不是还能成为一个人，是很难想象出来的。但光光有了感觉是不是就够了人的资格？不。视觉、听觉、嗅觉，味觉、触觉等等，是许多动物早就有了的；在进化的长途上，人总算是和动物离了开来的；离开得颇为辽远了的。但人在离开动物颇远这一段征程中，到底得了什么独得的珍物呢？或者换句话说，人到底靠了什么独得之秘，使他能够在进化路途上走得比其他动物都远了这么一长段的距离？这，我们可以说，他所用以进化得特别快特别远的珍宝，就是他在进化过程中所获得了的一个新官能；他于视觉、听觉等等感觉以外又获得一个他所独有的官能，思维。

说思维也是一种官能，恐怕要使大家惊异以至于反对。其实，不但近来心理学、神经学等已经证明记忆、联想等等思维作用，都在脑神经上各有一个特殊的部位，而且近来原子学在研究人工放射时，又发现"能"（Energy）是从极少的质点中解放出来，或者说转变而成的；极少量的质，可以变成极大量的能。这也就旁证了思维这一种"能"是由某一特殊部分脑神经中放射出来的小质点所变化而成。这就是说，能思能看能听，一样是生理上的一种机能，一样是某一特殊生理机构的"能"，一样是一种官能。

思维比感觉特异之处就在于：第一，它能冲破空间上与时间上的限制；感觉只能对于现在的事物，当前的——虽则不只限于面前的——事物发挥其能力，而思维则过去可以思，将来也可以思，隔着千山万水可以思，隔着云汉可以思。第二，感觉只能限于具体的存在，而思维还能够及到形象以外的存在以至于可以存在而实际还未存在的东西。第三，感觉只能认取到事物的表象，而思维就能透过这表面的现象而去认取隐藏在现象背后的以及各现象之间的各种意义、因果、本质。第四，感觉只能认取个别的东西；而思维就能够会合个别的认识来思及全体、整个。所以新增了思维这一官能以后，人的生存能力就突然增加了无数倍，凡光用感觉不能确定的事事物物，都可以用思维来确定它。因此，人的生活，人的存在，就和动物完全不同。这个不同，我们的老师曾用不多几句话很清楚地说明过。他在《政治经济学批判》一书中说。"蛛网和蜂巢，就是最精巧的织工与建筑师也要对它觉得惭愧；然而毕竟最粗笨的织物和建筑都要高出蛛网和蜂巢之上。"其中的道理，就在于后者都是本能活动，即感觉活动或感性活动的结果，而前者则在还没有开始织与筑之前，那怎样织与怎样筑的全部计划与成果的图样，早就存在于织工与建筑师的脑子中了。

　　然而，思维的能力虽远出各种感觉之上，而因为感觉的运用是实际的、具体的，可以捉摸得定的，思维的运用是凭空的、抽象的不易捉摸的，所以感觉人人都能用，连动物也能用，思维就不见得大家都能用，能用的人也常常要发生错误与不够。因此，运用感觉讲不到什么方法，而要把思维运用得正确与充分，就非讲方法不可。所以从人类运用思维的能力一经发达以后，就注意到了思维的方法问题。研究这思想方法问题的逻辑这科目，也就跟着各种科学而逐渐发达与完成。

　　2. 思维与感觉

　　要把思维运用得充分与正确，须先明白思维的内在法则，要明白这一法则，又须先弄清楚思维活动到底是什么一回事；在这里，首先要对于它和感觉的关系有个正确的辨认。这关系，其中完全是充满着矛盾的：一方面，为了要冲破感觉的局限性，它必须要奋力摆脱感觉的束缚；另一方面，因为它自己没有门户，非借种种感觉做个出入口不可，所以它又无论如何也离不开感觉。

　　感觉对思维有怎样的束缚呢？第一，感觉对于人的诱惑力着实不小。声、色、货剂、美味、醇酒的诱惑人心，使人只知取快一时而失却了深思远虑的能力，是不用说的了；只能感受到他个人的、眼前的苦乐；他自己眼前稍为好一点，就以为人家也是好的，整个世界都是好的；过一会儿，自己又稍稍苦起来，于是一下子所有其他的人以及全世界又都变成了要不得的东西；要自己甘愿奴伏于自己感性生活的人去发挥思维作用是难而又难的。初学下棋的人，一看到可以吃敌人一个子，就马上要去吃了来，再也不肯多想一想吃了这个子，往后所要他付偿的到底是什么代价。所以不首先摆脱感觉所引起的冲动与愿欲，思维这个官能就根本无由发挥。

第二，感觉是局限的、片面的。这种局限性与片面性，就是多汇合了几个方面，多积集了几次观察，也仍旧是克服不了；走遍了全球，仍旧看不到地球是圆的，观察了几千年，仍旧看不出人猿是同宗。在运用思维这个官能时，必须要从感觉摆脱开去，不受局部的限制与片面的蒙蔽，然后才能统观到全局。所谓经验论（以培根为始祖）；把经验即感觉当做知识的唯一源泉，就因为他们没有懂得这一点；没有懂得感觉或者说经验只能提供一些局部的，片面的材料，要等思维这个新官能来加工制造以后，才能有知识产出。就因为经验派不能摆脱感觉的限制与束缚，所以终于成了怀疑主义者（如休谟），说知识是不完全的、表面的，因此是靠不住的。自然罗（啰），感觉当然是不完全的、表面的、靠不住的罗（啰）。

为什么思维又无论如何离不开感觉呢？思维是跟在各种感觉之后发展起来的更高一级的一个官能；它的产生，只是来补救感觉的局限性与片面性，并不是来代替它们、取消它们。它的地位是深居脑中，不能自己和外面世界直接来往，而是要以感觉来做自己的基础的。它正好像一个导师，起初是尽力帮助感觉，使它做得完全一些，比如下棋，不用思维时只能看到当前的一着，用了思维就能看到两着三着以至于许多着；到以后，就想法使它们自己逐渐完全起来。如显微镜、望远镜、电话、电影、广播电台，以及各种测量器、测验机等等，都在从各方面来使各种感觉自己弥补自己的局限性与片面性。但这，当然不是如新经验论者——实验主义者、经验批判论者等等所以为的那样，说是要借助于思维之处在一天天减少下去，使知识成为纯感觉的东西。不是的，思维的改善感觉，只是为的要使自己有更进一步的发展，只有在先使感觉增强了能力以后才有可能。正和因为不懂得思维首先要摆脱感觉，所以就发生经验论一样，这里又因为不懂得思维到底离不开感觉，而在另一方面产生了所谓唯理论（笛卡儿是其始祖），说思维是知识的唯一源泉。这种唯理论，必然要使知识成为玄虚的、空洞的、和实际生活不发生关系的东西。

3. 思维方法是什么

我们普通所说的方法，有各种各样，实在说起来，可以把这些方法，从性质上分成两种：一种是技术性的方法，一种是理论性的方法。比如这张桌子要怎么做，书要怎样装订，话要怎样说才能顺妥明白，文句要怎样构造，画画时线条要怎么划，形象要怎么勾法，色彩要怎么染着，汽车飞机要怎样开动与驾驶，这一些方法都是属于前一种。它们都是具体的，有一定的步骤与技巧可以遵循与操练的。至于说话要用什么语气与态度，文章要从哪一点哪一面着笔，画画要如何布局、取什么背景、取什么笔调，战时军队要如何配置、用什么战略，治理事件要强硬还是要缓和，所有这一些就都要审察当时的具体情形与所具有的条件去临机应变，随时决定、随时改变，不能有定出一种不变的步骤与法式来到处通行，每次适用。这就属于第二种。思维所需要的方法是哪一种呢？这，我们须得先看一看思维活动到底是怎么回事

（关于思维活动的内在法则以后再讲），方可以说明。从前面所讲的来看，我们可以知道思维活动虽是要以具体的感觉做基础，但其进行向着现存的具体材料以外去寻觅尚未把握得定的意义、本质、因果、计划、出路等等；它是要到感觉以外去辨清楚我们所处世界的全局面及其将来的前途与到达这前途的路径，所以它是悬空的、冒险的。因此，我们就可以知道，思维活动所需要的方法决不会是第一种而是要第二种。就是说，思维方法，不应当是一定的，什么地方什么时候都可用得的各种公式。然而，一般形式逻辑学家以及叶青之类的"辩证逻辑学家"（参看他的《论逻辑问题》一书），却一定要叫思想活动采用第一种方法，说只有这种方法才是思维自己的方法，科学的方法，辩证法是不能代替它的。他们没有懂得有一定步骤一定技巧可以遵循与操练的那种方法，只是工匠的而不是工程师的，只是兵卒的而不是指挥官的总司令的方法；因此他们所死死抱住不肯放手的方法也只是感觉的方法而不是思维的方法。自然，工程师如果不能同时懂得工匠的方法，司令官如果不能懂得枪的射击与各种战斗的技巧，终究也是很大的缺陷，所以辩证逻辑学者如果根本抹煞了形式逻辑，当然不会是正确的。但是，我们决不能把形式逻辑来和辩证逻辑"并立"起来。我们必须要明白确定：辩证逻辑才是思维方法；形式逻辑中所有现在还可以用得的那些部分，只是思维活动已经决定了在某一具体情境之下要取什么方法之后所需要的一些技巧；它们只是技术而不是方法。

通常我们说，你这样想法不对，这事情应当那样想去才能想得通。这难道是说他想得不合形式逻辑吗？不是的，是说他想得不合辩证法。如叶青在其《论逻辑问题》一书引用恩格斯所指出的，一般生物学家只能把反刍和偶蹄从外表上联在一起，而不能从生理机构上来说明它们中间的实际联系那样的毛病，难道是因为他们的形式逻辑运用得不充分或用错了吗？不，是因为他们没有知道运用辩证法。

至于辩证法是什么，以及现在仍然有用而当做技巧吸收在辩证逻辑之中的一部分形式逻辑到底是些什么，等等，等到以后再说，现在关于思维是什么这一问题的话还未说完，要在下面继续讲下去。

4. 通过相对到达绝对

我们要问思维既已摆脱了感觉的束缚，它自己是否就是没有什么限制了呢？这，正如思维和感觉的关系一样，其中完全充满着矛盾的。思维活动及其所得的知识——真理，一方面因为是已经超脱了感觉的局限性与片面性，所以是没有限制了，绝对的了；同时，又因为它到底还离不开感觉，所以仍旧还有限制的、相对的这样一种矛盾，是从来的哲学，不管是唯心论还是唯物论所一向不能解决的。到了辩证唯物论这一崭新的哲学诞生以后，懂得了思维原来也和感觉一样，是外界各种各样不断地在运动着、变化着，生生死死、死死生生着这一活的过程中的存在，在我们脑子中的反映（所谓"反映论"），才把这矛盾正确地解决了。怎样解决的呢？且看几个故事。

门前一片青草，主人要把它铲除净尽，就不怕麻烦地动手拔去。你说他拔不干净吗？不，拔了一天或数天，毫无疑问能把这一片青草拔的一根不剩；绝对能拔干净。但是他真能把这青草绝对地拔干净吗？又不，不多几天，新的小草又在蓬蓬勃勃地生长出来了；他的拔干净只是相对地拔干净。

一个主人在早上穿他的皮鞋，看见满鞋灰土，一日叫仆人来问为什么昨晚没有把皮鞋擦干净时，他的仆人回答说：晚上擦干净了，明天一着仍旧那样脏；反正是个脏，倒不如索性不擦来得省事，后来主人用不让他吃饭来做报复，使他终于还只好天天去擦皮鞋。这就是说，擦皮鞋这件事是绝对的（绝对能擦得干净），同时又是相对的（天天要重新擦）。

一个专门的科学家，是能把所有关于他这门科学的著作与论文绝对地读完全了的，但他并不就能从此用不着再读书；到了明天或下一个月，本科的新著作又出版了，他得继续读下去。这样，他一方面可以说是这一门科学的绝对全知者，同时，他又只是对这门科学相对地知道了一点的人，因为他仍得与日俱进地追求新知。

这样，我们看到：拔草者把一片草地拔得绝对干净是完全做得到的，只要他对于每次的相对拔干净，一次也不放松；皮鞋也是能够绝对擦干净的，只要那个仆人对于他每晚擦干净的相对性不生悲观；而科学家也只要每天没有忘记他所知道的东西只是相对的而继续努力不辍，他就能够始终保持住他在当时是这门科学绝对的全知者。

这就叫做"通过相对到达绝对"。换句话说，绝对是由相对构成的；只有一步一步踏着相对不断地前进，才是达到绝对的唯一正路。人类的一切努力都是这样。思维活动，即对于真理的追求与收获也是这样。

思维的收获就是知识，就是真理。人类自从它造出了自己的历史以后，不断地在竭尽力之所能，从事于各种各样的生产活动。在这生产活动不断前进的过程中，思维这一官能也跟着生长起来、发展起来；不但跟着生产力的提高而增加起思维的方便，跟着生产过程中各方面活动不断地有着外界新姿态、新方面、新质、新属性、新关系、新法则等等的开示，而使思维的对象不断地增多起来；而且"人类一方面在改变自然，同时也改变了自身"，思维官能的机构也跟着一天发达一天。这就是说思维活动是，它的结果的真理也跟着是有历史性的，是被当时的生产力和生产活动所及的范围所限制着，是相对的。

不但如此，历史发展的各个阶段，都各有其作为生产活动的主导者的社会集团——当时的统治阶级，因而那时的思维活动，不能不和生产活动相一致而成为这主导集团的领有物。所以各时代都有它自己的哲学，自己的真理以及其他一切文化；一句话，有它自己的思维活动的产物。这就是说，真理是有阶段性的、相对的。

然而，真理并不因此就没有了绝对性。第一，和今天的草已绝对拔干净一样，在历史上某一阶段中所获得的真理，在本阶段讲是绝对的。第二，和不断前进的科学家是当时这门科学绝对的全知者一样，历史每一阶段上前进阶级所获得的真理总保持住它对先行阶级所获真理的绝对性。

5. 不只解释世界还要改造世界

解释，只是把这一事当做那一事的原因去说明一下，对那事物不能有所改变；改造，就是发现一事自己的发展法则，循这法则去使它改变。如上所说，我们可以知道思维也和其他官能一样，是适应着生存竞争的需要而生长起来发达起来的，同时也就作为生存竞争的武器而不断地发展着。生产活动是孕育思维的苗床，淬砺思维的刀砖，同时也就是思维的箭垛。几何学是从尼罗河两旁土地的测量中产生出来的，同时也就以测算面积的大小与量的比较为任务；天文学与气象学是地中海红海沿岸的许多居民为着畜牧上、农事上以及航海上的需要，从计算分野与时令，预测阴晴和风暴等等中产生出来，同时也就以解决这些问题为自己的任务；牛顿的物理学只有在英国当时那样发达的生产技术的条件之下才有产生的可能，同时，他的物理学也就以促进当时的冶金术、商船构造法、航海术以及军事工业的更向前发展为其中心任务；卢梭的《民约论》是法国当时社会机构的产物，同时也就以改造这一机构为任务。其他一切科学与哲学，也没有不是这样的。

另一方面，中国在前清末年，曾国藩、张之洞他们看到外国的强盛和自己国度的衰弱，其原因就在于科学的发达与否，因而派遣大批留学生到西洋去搬运科学。这些留学生如严复等在科学上的造就倒也很高。但到回国以后，因为中国自己的生产活动中，政治机构中，没有科学的用武之地，终究没有能够使科学在中国生长起来；后来各地的农业学校也因为同样的理由，始终没能使中国的农事科学化。但是，到了五四以后，杜威的实验主义哲学却因正合着当时反动统治者的需要而在中国有了它的市场。

上述一正一负的两种情形都在说明：思维不只以获得知识能够解释世界为止境，而是还要去改造世界，并且还只有在改造世界中才能发展起来。但是，那些自己从生产活动游离了出来的"有闲阶级"及其御用学者们，为得要把思维这一武器专利当做自己的禁脔，而且也根本不愿世界再有所改变，就硬把劳心与劳力、思维与行动、理论与实践割离开来，对立起来，把知识、学问当做只是劳心的产物，只是他们用以说明世界的宝物，不是劳力者所能分享。这显然是在障碍思维活动的向前进取。所以等到真理的相对性逼得他们不得不承认他们原先的说明，对于面前已经发展到了更高阶段的自然状态和社会状态已经解释不通时，他们那顶纸糊的华贵高冠就不得不倒塌下来。于是悲观失望，他们就索性把真理的绝对性根本否认了。

辩证唯物论是现代劳动阶级的哲学，它以改造自然存在，尤其是以改造社会存在的各种实践为基础，同时也就以这些实践为归宿，看出了思维的真面目是通过了行动去改造世界。于是思维的积极性、真理的绝对性，就表现在外界各种存在都逐一地经由思维及其领导下的行动而转变为自己的所有物这一点上。

说真理是有其相对性的唯物辩证法，和怀疑论者的相对论以及庄子"彼亦一是非此亦一是非"的学说是根本不相同的；后者是把真理当做个人主观上的虚构，前者是把真理认做是客观实有的存在在主观上的反映；所以，在后者真理是没有绝对性的，而在前者则其绝对性就十分明确。同样，说真理绝对性的证据就在于它改造世界的成果的唯物辩证法，和英美的功利主义以及实验主义等等也是根本不同的；后者都是经验论的产物，都只以局部的暂时的有用和成功为真理的最高标准，不管全体和究竟，更不管客观上到底怎样，如詹姆士竟会把和客观完全不相容的宗教，因为它能欺骗劳动者麻痹劳动者，对少数剥削者暂时颇有功利，就也当做了真理。而前者则要以改造世界来证验思维的是否和客观合致。

6. 语言文字与思维

在思维的发展上，语言与文字是绝对必需的条件；实在讲起来，语言与思维是完全分不开的；没有思维固然发展不出语言来，没有语言也决计发展不出思维来；语言是思维的形式，思维是语言的内容。行为心理学家说思维是不出声的语言，这话可以说是正确的。思维的不能不经由语言，正和行路的不能不经由步伐一样。平常所说的默想，其实也就是默语；虽然不出声，不调舌，而喉头以至于整个口腔都在轻微地动作着。所谓心算也是如此。而且，用这种极其轻微，连自己也不觉得的默语，只能进行极简单的思维；到思维得稍稍复杂时就不由得不自言自语起来，或者没有声音，或者带着或高或低的声音。

文字是语言进一步的形式。只要用到四则的简单算题，口算还可以算出，含有分数与小数的四则题，或比例以上的算术题，就需要用算式来帮助；至于代数、几何以上的数学题目，那就简直非用方程式不可了。讨论日常问题时，口语自然够用，讨论专门问题时就必须要有底稿与记录，至于学术的著作那就更非文字不可了。没有语言，思维是根本不能发展的；没有文字，思维的发展也就极其有限。帝国主义一定要摧残殖民地人民自己的文字，横暴的统治者一定不肯让他治下的人民享受言论与出版的自由，也就为的是要束缚他们思维的发展，削弱他们竞存的武器。

然而，正和一切形式都能障碍内容底发展一样，语言文字也要障碍思维的发展的。普通说，"勿以辞害意"，说话、写信，一不小心就会引起对方误会；而且在演讲或写一篇文章的时候，常常会因为要使说话或文章有力，引用了一句漂亮的或有权威的话，以后竟就由这句话底顺次推演而终于归结到与原来意思完全相反的结论上去。这种经验是颇为普通的，这主要的原因是在于词类含义的广泛与模糊，以及思维活动的进行根本是要在语言文字的逐步推演中方能获得其发展。形式逻辑的所以到现在还能有一部分可以用，必须用，其根据就在这里。此外，词类一经定形化，就成为凝固着的硬壳，而思维活动则在不断前进着、变化着，因而语言文字常常追不上思维，不能确切地充当思维的盛器。这又是形式逻辑到底不能站立得住的原因。

7. 结论

现在，对于"思维活动到底是什么？"这个问题，我们应当总结如下：思维是机体发展到某一阶段时才产生出来的一种官能；它以反映客观存在为本质；是到人类生产能力达到足使一部分人免去生产劳动，专门从事于生产的管理与计划这一阶段的奴隶社会时，才获得开始长足进展的可能。以后常常适应着当时的生产能力与社会机构而发展着。所以说"不是意识决定存在，倒是存在决定意识"。因此：

第一，我们应当说，存在是本原的，思维是派生的。

思维虽然也是官能之一，但它已相当地脱离了空间与时间的

限制,超越了形象的障壁;它要突出到感觉的前面去而翱翔于太空。因此:

第二,我们应当指出思维的第一特点是抽象作用。我们的老师马克思说过:"抽象作用,显微镜,实验,是人类深入自然,征服自然,宰制自然的三副利器。"①

人类有了思维,方能深刻地、精确地去认识一切自然,而且反过来就用这种认识来决定他改变一切自然——人类自己的历史与思维也包括在内——的行动。列宁说:"没有革命的理论,就不会有革命的运动。"② 所以:

第三,我们应当说思维是行动的领导者。人类虽然由自己的新的行动而显出了以前思维的不正确与不充分,但这并不是表示思维的无能,倒正是证明思维领导行动的功绩及自己的前途无量,因为暴露旧思维不充分的新行动原来就正是旧思维的产物。因此,我们应当确信:

第四,思维是在一天天接近绝对的真理,和两条平行线一定要在无穷远处相交一样地确实。

第五,也是最后,思维必须要有精确适切的语言文字;就是说,我们要发展思维,同时必须还要发展语言文字;所以争取言论出版的绝对自由,就成为发展思维的必要条件。

思维既然是领着人类向前迈进的引路明灯,其重要可以说是无以复加了。但同时,它的抽象性,不像各种感觉那样有迹象可循,又最容易引人走到幻想、妄想、胡思乱想等等泥沼与绝路上去。因此,我们的运用思维就不能像运用感觉那样随便、大意,

---

① 据查原文应为"分析经济形式,既不能用显微镜,也不能用化学试剂。二者都必须用抽象力来代替。"见《资本论》第 1 卷,人民出版社 1975 年版,第 8 页。

② 列宁:《怎么办?》,《列宁选集》第 1 卷,人民出版社 1972 年版,第 241 页。

而必须要讲究思维方法，必须要研究逻辑。作为逻辑内容的思维方法，不能是公式化了的形式逻辑，而要是照应当时具体条件而随时活用的辩证法；形式逻辑只是感觉的方法，辩证法才是思维的方法。

第二章　逻辑与逻辑的发展

8. 本体论、认识论、逻辑

专门以研究思维方法为自己任务的逻辑，是构成哲学的一个部门。以前的哲学家把客观存在和主观思维分离开来，对立起来，认为思维是存在以外的一个特别东西。因此就建立了三种各别的科目，用本体论来研究客观存在的究竟，用逻辑来研究思维运动的合法则性，用认识论来研究思维和存在的关系，即研究思维是否能和存在一致，是否人类能够真的认识到客观存在，认识到它的本体，以及这认识有无限度等问题。

到了辩证唯物论这一现代哲学出现以后，完全看清楚思维并不存在于客观存在以外，它也是这一般存在之一；正如光、热、电磁等一样，它也是物质运动的一种形式，是一种"能"；正如视觉、听觉、嗅觉等等一样，它也是一种感官的机能。因此，思维运动的实际情形，完全是和一般存在的实际情形一致的，而思维运动的法则，也和一切客观存在的法则完全一致，于是研究一般存在法则的辩证唯物论，是本体论，同时也就是思维方法论，是逻辑。

思维既和存在一致，那思维和存在的关系也就已寄存于一般客观存在的运动之中，寄存于思维运动之中；就是说，思维运动的法则，就是思维和存在合致的法则，于是思维方法论与认识论又完全合一。唯物辩证法是本体论，是逻辑，同时也就是认识论。

所以列宁说："逻辑，辩证法和唯物主义的认识论［不必要三个词，它们是同一个东西］。"①

反过来说，我们为了要能正确地、充分地运用思维活动，就不可不去研究客观存在的一般法则。因为只有在思维运动和客观存在的一般运动完全合致时，思维活动才能正确与充分。换句话说，只有认识了客观世界的运动法则才算是认识了世界，只有把握到了客观世界的运动法则才算是把握住了世界，才能有方法去改造世界。因此，我们的逻辑，是从把握宇宙一般运动的法则中来获得思维运动的法则的；同时，这也就是认识过程的法则。

存在于客观存在中的运动法则是客观辩证法，反映了这客观辩证法而存在于思维中的又叫做主观辩证法。我们不能说主观辩证法就是客观辩证法，因为我们到现在所能反映到的客观存在，所获得的真理，还没有达到完全无缺的境界，还没有达到绝对。然而，我们所已反映到的主观辩证法却和我们所已认识到了的客观辩证法完全一致。因此，完整的客观辩证法尚有待于今后各种科学从各方面去努力攻占，而我们的主观辩证法也将跟着这各方面的胜利而逐步完整起来。

当我们在结算迄今各科学的总收获时，我们所得到的一篇总账就是唯物辩证法；这时的唯物辩证法是认识论，因为它是我们现有认识的总结算、综合物。当我们回过身来就用所得的总资本去继续各科学的前进，继续向客观存在的各方面奋力猛攻时，这笔总资本——唯物辩证法就又成为我们科学的方法论。这正合着我们中国的一句老话，叫作"执柯以伐柯"，叫作"以其人之道还治其人之身"。能够正确地充分地运用这一方法论去做各科学

---

① 《列宁全集》第 38 卷，人民出版社 1959 年版，第 357 页。

的研究时，就一定可以比以前更能进行顺利、攻无不克、战无不利。

9. 从形式逻辑到辩证逻辑

我们现在不能抱怨说为什么我们没有能够早日获得辩证逻辑这一副科学利器；也不能讥评过去的逻辑学者为什么那么笨，只能找到形式逻辑而不能一找就找到辩证逻辑。因为逻辑也和一切科学一样是一种历史的产物，是被当时的生产诸力以及整个社会机构所限制着的。我们的逻辑必须要经由形式逻辑逐渐发展到辩证逻辑，是再合理也没有的事情。所以现在来追溯一下逻辑发展的历史，看它怎样地从形式的发展到辩证的，这对我们在了解后者为什么要比前者更高一级，更为正确上是很有帮助的。

在原始社会的时候，大家忙着寻找食物，没有余暇去前思后想。而且从当时的生产活动——渔猎动物与采集果实中所显现出来的客观存在，也是方面极其狭窄，姿态极其单纯，容了不多少思维活动。到了一个人的生产物能够维持一身而有余，且这有余足够畜养奴隶时，奴隶社会就渐渐产生。到了奴隶已经成为生产基础以后，奴隶主人就能够慢慢地从生产劳动中解脱出来，专门从事于生产经验的积集，生产方法的改造以及生产管理与生产计划的讲求，于是思维活动开始有了长足进步的可能，同时也就产生了专以知识的猎获与保存为业务的僧侣或知识分子，于是作为奴隶社会典型的希腊，就成了世界文化的摇篮。在希腊，跟着思维活动的开展，对于这个思维活动的方式问题也同时有了注意。这在到了诡辩派以后，可以说是盛极一时，到了亚里士多德的《工具论》一出，逻辑这门学科就已有了具体的形态、完备的体系。这就是一般所说的演绎逻辑。

演绎逻辑，主要是以语言文字的活动上去考查思维活动的合法则性的；它首先要求人家对于自己所用的词类下一个明确的定义，即确定各个词类的内涵与外延。之后，再要求在把名词连缀成一个命题，构成判断，以及把命题连缀成论式、构成推理时，都要遵守一定的法则。同时，严格禁止利用含义双关或模棱两可的词和句点转移论点、躲避驳击，首先要求严守同一律、矛盾律、排中律这三个所谓的思维律。这样，演绎逻辑的研究，可说完全是局限在语言文字的构成形式上（张东荪说，逻辑只是研究怎样说得通，并不是来研究怎样使用思维合于事实。这倒可以说是替演绎逻辑做了切当的供状了）。

语言文字固然是思维活动的形式，固然是在要使思维正确时所不能注意到的；但到底思维的正确与否，要以它的是否符合于客观存在的法则来决定只从它的形式（语言文字）的形成上去做功夫是完全不够的。演绎逻辑只是告诉我们如何把已经有了的装盛到语言文字里去了的知识，互相配搭，就可以翻出怎样的新花样来；它不能告诉我们怎样去获得新知识。这简直是翻弄旧知识的逻辑。所以到了文艺复兴以后，又有培根的《新工具论》出来，这就是所谓归纳逻辑。

归纳逻辑是研究怎样才能发现新知识的逻辑，它把注意从语言文字的形式上拉回到思维活动本身的形式上来，指出五种当时所认为要获得新的知识时思维活动所必须经由的法式，定为科学的思维方法，教我们怎样去观察现象，会合这些观察来对比校勘，以发现各现象彼此间的关系与因果。这当然是比演绎逻辑进了一步了。因为它已抛开了思维的外壳而抚摩了思维的肉身；它已锁着我们冲出了固有的阵地，闯入了全新的世界。

然而，归纳法所触到的仍旧只是思维活动在外观上的法式，仍旧只是从思维到达客观世界的门墙的路由而不是深入客观世界的堂奥的门径，或者说，仍旧只是思维的形式而没有触到思维的内在法则。所以它仍然只是一部形式逻辑。用了它所能看到的，只是客观存在的外貌或现象——一些互相分离、固定不变、因此不能互相转变与蜕化，仍旧是穷于解释的现象；它只领我们看到了许多新的东西，但仍没有教我们怎样去窥破它们的底蕴，察出它们的原委。因此，到了19世纪的后半叶，又有马、恩二氏的唯物辩证法出现，这就是所谓辩证逻辑。至此，我们才算有了真能认得世界的思维方法。

10. 辩证逻辑与形式逻辑的差异点

归纳法与演绎法，虽然各自不同，但只是程度上的不同，量上的不同，没有性质上的区别，它们都只是形式逻辑。到了辩证法，才替逻辑开了一个新纪元，它和以前两种形式逻辑有了根本的不同。分别说明如下：

形式逻辑都把思维看做是存在以外的东西，认为思维是有它自己的方法，相存在——自然——的方法是完全不同的；它们都把思维独立起来，单独就着思维来找求思维方法。辩证法是把思维看做客观存在之一，认为思维方法就是自然法则的反映，就拿科学研究所发现出来的一般的法则作为思维法则。

形式逻辑是把一切自然都当作静止的东西来观察，只去认识它们的形状（Being），不知道它们有"行为"（Doing）。所以它眼睛里的东西都是死的。辩证法看到了万物的动态。它不是去看自然的外貌，而是去看它们是在怎样运动、怎样发展：换言之，就是去看它们怎样产生、怎样长成，以及怎样衰老与死灭。

形式逻辑是各别地去观察各种事物。把它们看做各自独立的东西，动物就是动物、植物就是植物。换言之，它是就一个事物的本身来研究这个事物的。辩证法则从一个事物和其四周许多事物的关联中来研究这个事物的所以会成为目前这一种情状。

形式逻辑把各种事物都看做一成不变的固定型态，而辩证法则把各种事物看做都是在相互转变之中不断的变化与发展，某一事物只是这转变过程中某些特殊条件之下所显现出来的一个特殊型态。换句话说，形式逻辑是把事物当做就是那个样子的事物看，而辩证法则把事物当做不断变化中的某一过程看。

和第三点恰恰成为一个对照的另一点是：形式逻辑是从一件事物以外去找寻这件事物所以这样的原因，而辩证法则从这事物的自身中、自己运动中来追究它所以如此的根据。

11. 逻辑发展的社会根据

然而，逻辑研究，即对思维方法的把握，为什么要经过前述的三个发展阶段呢？这在当时的生产诸力，社会机构以及思维活动的进步程度上，到底有着怎样的根据呢？

说演绎逻辑是亚里士多德的创作，这是一般的说法。其实，我们所看到的演绎法，已经不是他自己的东西，而是后人替他窜改过的东西了。希腊末年，奴隶社会已经盛极而衰，一部分比较进步的，与工商业者相关的分子，对当时的现存秩序非常不满，在政治上产生了革命的政党，在思想界出现了诡辩派（诡辩派这一名称是后来反对他们的人所加给他们恶意的讥评，其实照原来的意义讲应当说是"求智者"），于是就有所谓辩论术来研究语言文字的合法则性，来研究怎样才能够折服自己的论敌，坚强自己的立论。同时，彼此论争，使得向来深信不疑的是非起了动摇，就使得人心极为浮动，而奴隶时代的工商业，又没有改革当时社会机构的充分力量，希腊就因此终于一蹶不振。马其顿统一了希腊以后，仍是继续着奴隶生产的经济机构，要望能长治久安，那镇压人心，使承认现制度的确为合理，就成为当务之急，于是就由"太师太保"的亚里士多德之手，产生一部一方面足以压伏诡辩派，同时又为现存秩序辩护的思维方法以应急需。以后罗马时代以及黑暗时代的僧侣们，又因为这样一种思维方法对于他们的布道说教非常合用，更把其中活生生的东西抛除开去而只留下一些死的公式，于是就成了现在所看到那样的呆板演绎法。在另一方面，那时的生产还没有要求大规模的工业，还没有要求科学知识的猎获；那时的生产诸力，还不足以对他们显出客观世界的仪态万状；他们所有知识的朴素，使他们在感到有把握思维方法的必要时，只能从思维的形式方面去找寻，只能从已有知识中去翻花样。

到了 16 世纪末叶，英国已攫得了海上霸权，占领了美洲新大陆。海外贸易的隆盛与家庭手工业的勃兴，都促使英国人发生找寻新知识以征服新世界的要求。同时，也就由这样的生产力赋予了满足这要求的能力。另一方面文艺复兴的潮流，也已把人们的智力洗刷一新；而哥白尼、伽利略等伟大天才也已撞开了科学的大门。于是研究自然、发现新知这一个簇新的问题，就提上了当时资产阶级的议事日程；而培根的归纳法就以科学方法的资格，成为当时的幸运儿。然而，当时所忙着的，只是多多益善地从各方面去获得一些新东西，贪多务得地尽量把它们罗掘务尽，还没有想到，也没有能力想到它们相互之间要有什么联系。同时，当作猎获新知的场地的又是比较静穆的，看上去好像常在那里周而复始，并无什么变动的自然现象。加以那时的科学研究还刚开始，科学知识的基础还极端单薄。所以那时人们就只能力求知识在种类上与数量上的增多，而不能融会贯通；只要求思维能够看清个别的新东西，而不要求它去把握这些东西内在的运动法则。

18 世纪以后，以前认为人类黄金时代的资本主义社会，已经破绽百出；指望中的乐园竟在现实中转变成苦海，以当时的直接生产者充当了当时一切苦痛的负担者。于是无产阶级就热烈地要求着从各方面去研究当时的社会机构，而莫尔的《乌托邦》，欧文诸人的空想社会主义以及马克思的《资本论》等等以社会现象作对象的各种研究就相继而起。无产阶级所急切要求的是社会机构的改造而不是自然世界的征服。社会现象比自然现象是复杂了许多、错综了许多、流动了许多，对于它们的研究，必须要从它们的变化上、相互关系上去把握它的发展法则，才能有所了解，才能完成无产阶级所课与的任务。同时，那时各种科学都已非常发达，而曝露自然的历史法则的自然史与天体论、地质学等也已开始大踏步迈进；尤其是物能互变说、进化论以及细胞学这三种划时代的科学成就，开辟了研究一切自然现象发展法则的大道。于是马克思与恩格斯就从英国的劳工解放运动、德法两国的革命斗争、资本主义社会的经济机构，以及为劳动者找寻出路的空想社会主义与古典哲学等等的研究中，建立起唯物辩证法这一个思维方法论。

12. 辩证逻辑扬弃了形式逻辑

这样，辩证逻辑完全"是由世界认识的历史中得出来的结论"。在思维开始发展不久的时候，人们对于世界只能从外面整个地混一地认识一下，所以演绎法也只能是对于世界从整个上笼统地去思维的思维方法，它必然只能到语言文字上去探求，建立思维形式的法则。资本主义初期，思维发展已积了 2000 多年的历史，人们已开始来凿开这混一，来分剖这整个，来逐一研究世界构成分子的各个自然现象。对应着当时的需要，根据着当时的科学程度，其思维方法必然是从思维活动本身的形式上所提出来而只能去观察个别现象表面的归纳法。到了资本主义后期，思维发展已从自然科学伸展进社会科学的领域，不再以个别地、表象地认识各种事物为满足，而要从它们相互间的关系上，它们内在的发展规律上来认识事物。因而逻辑也就再不能停留在思维活动的形式上，而要进步到足以研究一切物质的、社会的、精神的事事物物发展法则的思维方法，即足以研究一切具体内容及其认识的发展法则的思维方法。这只有唯物辩证法才能担当这种大任。由此看来，很明白，辩证逻辑并不是和形式逻辑并立着的第二逻辑，而是凌驾于形式逻辑之上，根据了更雄厚、更精确的科学成果而发展到更高阶段的高级逻辑。

但现在还有许多人不肯承认这一点，或者更正确一点说，未能看清这一点，说辩证法只是一种世界观，只是一种看法，里面没有具体的方法，无论如何，代替不了形式逻辑。这种说法的完全不正确，我们在讲思想方法那一节即第三节中已详细论述过，这里不用再讲。但还有像叶青那样的"辩证逻辑学家"，偏偏要假扬弃形式逻辑之名来做保全形式逻辑之实，还肩着数学、几何学等无可否认的科学，来强词夺理地争辩思维形式研究的可以成为科学，而且这样的思维形式的"科学"还是绝对地必要。他似乎不知道数学与几何根本是以数和形做它们自己的研究对象，而逻辑所要研究的却并不是思维的数或形，而是它内在的运动法则；（现在的符号的逻辑以及伦序学，都自己就申明不是思维科学，而是以研究一般事物的结构或伦序，为自己的任务；这正和数学以及几何并不是物理学而只是研究一般物的形和数一样）。数学与几何是并不能借来做形式逻辑的挡箭牌、护身符。不但如此，数学也并没有把研究从感觉上直观得来的数之演算的那一部分算在里面；那只叫做算术而不能称为数学。数学已经不是研究数在形式上的搬运与分合，而是深入到数的内在的运动法则，如虚数、无理数、函数、零、极限等数之性质的转变及其生长与消灭等等问题上了。几何学现在也已发展到了非欧几里得几何学的阶段，欧几里得几何已经没有存在的必要；而非欧几里得几何也已经并不是只去研究从感觉上直观得来的形体，局限于感觉所及的一小部分的形体，而已研究到以整个宇宙为对象的形之转变与消长。这一切，都正在证明现在所需要的是辩证逻辑而已非形式逻辑。这恐怕是叶青先生所不及料的，他又在《论理学问题》一书内用了许多的篇幅来证明"生活需要形式逻辑"，"思维需要形式逻辑"，来替形式逻辑争"地盘"，争与辩证逻辑并立之权，其声势，正和詹姆士用"事实上需要宗教"来替宗教争真理之权同样的凶猛。他竟似乎一点也没知道历史发展的法则；否定了一样东西的东西，不会再和被否定的东西并立着，他是改造了后者，不是补充了后者。马克思哲学不再和黑格尔哲学并立着；因为前者已把后者改造过包含在自身之内而不是从外面补充它一下；黎曼几何学也不能再和欧几里得几何学并立着，因为前者已把后者改造过而包含在自身之内，而并非只是对它补充一点东西；爱因斯坦物理学也不能再和牛顿物理学并立着，因为前者已把后者改造过而包含在自身之中，并非只是对它有所补充。同样的，辩证逻辑也不能再和形式逻辑并立着，它已改造了后者而包含在自身之中，并非只是后者的补充部分。

辩证逻辑是把形式逻辑扬弃了。但扬弃不是把它完全排除而是加以根本的改作。非欧几里得几何学的扬弃欧几里得几何学、爱因斯坦物理学的扬弃牛顿物理学、唯物辩证法的扬弃唯心辩证法，都给了我们很好的模范。我们知道：地圆说虽然推翻了地平说，但仍不妨而且必须在地面上测量时收用着以前地平说下面的许多测算方法；太阳中心说虽然推翻了地球中心说，但在推算日月蚀与各种星躔时，仍不妨而且必需沿用了以前的许多计算方法。同样，辩证逻辑的扬弃形式逻辑，是可以收用它下面的许多有用方法的。因为既已从根本上把思维活动所走的方向与路线改变过来了，就已使思维方法根本变了质，收用的一些旧方法，只是叫它们充当一个走卒，一名技师，在新方法指挥之下尽着执行意旨的劳作；它们已从方法的地位降而为技术。

具体说来，形式逻辑的三个思维律，即同一律、矛盾律、排中律已绝对不能用；概念论、判断论、推理论、分析与综合、演绎与归纳等等则须加以根本的改作而构成思维方法的一部分；关于词、命题、三段论的各种规定以及密勒五规则与统计法等等，则全部收编过来，叫它们充当技师而列为思维技术。因此，我们的逻辑就分为讨论思维方法的逻辑学与讨论思维技术的逻辑术这两个部门。

13. 几个枝节

唯物辩证法的创始人着重地指出：辩证法是各种科学研究从自然现象（包括物质的、社会的、精神的）自身中掘发出来而不是什么人从外面加到自然现象身上去的东西；同时，发掘这辩证法的科学家却至今还是大多数没有意识到这个法则，甚至还有在那里竭力反对的。因此，就有人（机械论者）以为，既然各科学都在从各方面发掘这一法则，那我们就应到各科学去具体研究这个法则，用不到而且不应该有唯物辩证法这一科来空讲辩证法（如所谓哲学消灭论之类）。还有人说，既然以前科学家并没有懂得，就连名字也不知道，什么辩证法，居然也能做出现有的成绩，可见科学家并不需要什么辩证逻辑以至于任何逻辑。这些说法都是非常错误的。前一种说法的错误，在于没有想到各科学的产生辩证法完全是自发的、无意识的。无意识的收获是始终把持不住，只有等到我们明确地意识到了它的存在以后，才能成为我们的占有物。所以把无意识的收获转变为有意识的领有物这一件事，是人类统治整个世界这一威权的唯一根源。各种科学中虽然存在着辩证法，但因没有被科学家意识到，他们就不但不能去充分运用它而且还在反对它。所以，把散见于各科学中那些零乱的、片段的、杂碎的唯物辩证法加以熔铸、组织，而使之系统化、明确化，不但当做认识论来作为现代科学的总结算，而且当做方法论来作为今后科学研究的指南针，这是一件极其了不起的业绩。只有这样之后，人们才能领有这一法则，才能替科学研究开辟一个新纪元。

后一种说法更为幼稚。蛛网与蜂巢何尝不是精美的作品，何尝不是宝贵的劳绩，但它们却始终只是一种不长进的东西。为什么？因为作者虽然那么"天才地"做了，自己却还没有明白其所以然。如果不愿使科学成为蛛网与蜂巢，就不应该轻视逻辑，尤其是辩证逻辑。

反对辩证法的人说，辩证法既然说一切东西都包含着矛盾，都要被自己的对立物所否定，那它自身当然也包含着矛盾，也终于要被否定，就是说自己一开始就已把自己否定了（张东荪等）。这说法实在幼稚到不值一驳。活着的人没有一个不承认自己终于要死亡，却没有一个不在努力争为世界的主人。

唯物辩证法的吸收唯心辩证法的某些部分，不是像叶青所说：

"唯物论 + 辩证法"

而是把唯物论贯彻到辩证法的每一个毛孔每一个细胞里去一样，辩证逻辑的吸收形式逻辑的某些部分，也不如叶青所说：

"辩证法 + 形式逻辑"

而是使所吸收的那些部分彻头彻尾地浸入在辩证法之中。用伟大的社会主义建设把某一个原来很反动的富农特殊地改变成为非常积极的革命先锋、社会主义建设突击队队员，你难道能够因为那个富农的身躯还依然如故，而就说对于他的改造只是

"反动的身躯 + 革命的脑子"吗？

许多人竟把思维与述说或观察混淆了。有的人说，形式逻辑是仍然不能废除的，比如历史上的已成事实，甲就只能永远是甲，乙也只能永远是乙，不会再有变更，因而在历史领域内就仍旧要用形式逻辑。这真是非常巧妙同时又非常愚蠢的反对论，如

果要讲研究，那所研究的历史问题就都不是已成事实。如中国的历史到底应从什么时代开始？奴隶制、井田制到底是否存在过？在什么时候存在过？其真相又是如何？等等，都是比较大的问题；绝不是已成事实。它们的不是形式逻辑所能解决是显而易见的。如果要讲已成事实，那就只有像汉唐宋明各有多少年代？多少皇帝？出过几个有名人物？等这一类的东西；而对于这样一类的东西，原来就根本用不到思维，还讲什么逻辑，至于像商鞅、王莽、王安石等人的变法，就其事件讲自然是已成事实，就其内情与性质以及为功为罪，那就并非已成事实；要对它们有正确的认识与评价，绝非形式逻辑所能胜任，这也是不用多说的。

其次，恩格斯曾经指明过，说，像二加三等于五，拿破仑生于以及死于某年某月某日等简单明了的事实，是根本说不上什么辩证法的（《反杜林论》）。这是因为对于那样事实的认识是只需用到感觉而根本用不到思维的，所以也就谈不上辩证法。然而，在1936年的《读书生活》上，还有人提出"像某人生于某地这样的事，还是只能用同一律来说生于某地就是生于某地呢，还是要用辩证法来说生于某地同时又不生于某地呢"的问题来。这显然是弄糊涂了逻辑是要在用到思维的地方来讲这一点初步知识。但编者的解答也竟没有指出这一层，却也跟着大谈其辩证法，说，虽然生于某地是不能变的，但这某地对太阳说来就常在改变其地位。这真是辩证法的滥用。

上述情形，都是还没有懂得"不只解释世界还要改造世界"这一思维特质，致把思维与述说或观察混淆了。现我们可举例说明如下；一个小孩已长得一尺八寸长，如果我们只要述说这一"既成事实"，那就只需观察，根本无需用其思维；如果母亲要替他做二件小衣服，那她必须一方面肯定他是一尺八寸长，使衣服不至做得不称身，同时又要明白他不久又要更长，而把尺寸稍稍放长一些，否则不多久就要新衣太短，所以那时母亲对小孩的身长，已不能止于述说，而须加以思维。其思维法则是一尺八寸，同时又不是一尺八寸。对于某人生于某地的问题也是这样。如果我们只是要述说这一"既成事实"，也就根本谈不上辩证法；如果我们要对这某人有所思考。如须加以教育或某种训练，或叫他去做什么事，而必须。认清楚这个人的性格时，那就必须运用"是—否，否—是"的法则；肯定他是生于某地，才能了解他生活上各种习性的根源，否定他完全生于某地，知道他还曾流转了许多其他地方与职务，才能了解他生活上各种习性的错综与复杂。

方法论（逻辑学）

第三章　辩证法的基本规律

（一）对立统一律

14. 统一物的分裂

列宁说过：把一个统一物之分为两个部分以及对它的矛盾着的部分的认识，是辩证法的实质。[①] 为什么？因为我们所要认识的是一个统一物的发展过程即运动法则。只有认识了这种过程与法则之后，我们才能不只去解释世界而且去改造世界。但一个事物的能够运动与发展，其根源，就在于它本身包含着两个互相矛盾的对立部分。如果我们只去认识一个事物的统一的整个而不去观察它的对立部分，就不能了解到它的运动法则与发展过程。我

---

① 见《谈谈辩证法问题》。《列宁选集》第 2 卷，人民出版社 1972 年版，第 711 页。

们知道发展并不只是量的增减，而是一种有机的生长。例如生物的发展并不只是营养料的吸收而是还要有新陈代谢的机能，消化与排泄的机能。因此，运动也并不只是机械的、位置的变换，如原来在体外的营养料移到体内去，而更主要的还有内在的有机变化，如把营养料消化成自己的"肌肉"或"血液"。这，只有在把一个统一体分裂成两个对立的构成部分去观察后才能认识到。现在举几个实例来说明：

先讲机械的发展，即位置的运动或移动，例如我们走路，每一步踏下去，当然是为的要踏定在某一地点上，但同时又是为的要离开这一地点，否则就没有走的可能。所以，走路中的每一步都包含着"要踏住某一地同时又要离开这一地"这两个矛盾部分。因此，我们要使一个物体移动，必须要把这物体制造得最便于或最能够"粘着于基体（如地面、水、空气等）的某一点同时又离开这一点"，如轮或轮叶等。再如我们畜养菜牛或其他牲畜，一方面是要养到它壮硕同时就是要去吃了它或消耗了它。我们在赚钱，同时就在用钱；不赚钱没有得用，不用钱也就很不必赚；如果大家都变成一毛不拔的守财奴，那流通过程立刻就要停止了。

其次，我们看有机界的运动与发展，前面讲过的新陈代谢，一方面是在吸收食物消化成对于机体有用的各种机构的细胞，同时就在破坏这细胞，消耗这细胞使发生热力或其他能力来维持生命，来做出生活上必需的种种行动；所以每一细胞都包含着"在生长同时就在死灭"这两个矛盾部分；不生长固然根本就没有细胞，只生长而不死灭，这细胞也就失去了"活"的本质而成为没有用或者有害的东西。留种子，并不只是留存这种子，同时就要毁灭这种子，使抽芽成秆或茎；培养秆或茎，并不只是使它肥壮同时就在使它消耗在开花结果而终成枯槁；花与果也并不只在开与结，同时就在谢与腐，好使新生物由此产生。所以，生与死这两个矛盾的对立，是一切生命的根源，一切有机界发展的推动机，一切生物运动的发动力。

人类历史中的一切现象，即一切社会现象，也是充满着互相矛盾的对立物。工厂老板一方面在拼命生产，恨不得一天就货如山积，同时也在竭力推销，恨不得一天就销售一空；一方面要货物多出，好多赚钱，同时又嫌出品太多要使物价跌落而在大批大批烧毁，倒到海里去；一方面要多多剥削工人，来增加自己的利润，同时又要他们个个富裕好来购买自己的货物。统治者一方面嫌人民太愚蠢，不懂守法与爱国，同时又怕他们太聪明，要发生"轨外行动"，即一方面要叫他们受教育，同时又不愿意使他们受到教育，一方面要他们识字，好来读法令看布告，同时又不愿他们真的识了字，以致思想"左"倾。奴隶社会、封建社会、资本主义社会，一方面是对先行社会大大提高了生产力的社会制度，同时又是对后来进一步的社会非常顽固地障碍着生产力向前发展的经济机构。一切的一切，都是这样地充满着互相矛盾的两个对立部分的统一体。

这样，宇宙间的任何事物，没有不是其本身就是由两个对立部分所构成的统一体。这种互相矛盾的对立，正就是一切发展与进化的原动力、推进机。因此我们只有认清了这种对立，才能设法来加以促进以至于改造，而分裂统一物观察其对立的构成部分，就成为辩证法的基本任务。

15. 相互渗透与全程贯彻

如上所说，辩证法所讲的矛盾是一个统一物自身所包含的内在矛盾，不是它和其他统一物之间所存在着的外在矛盾。就是这种内在的矛盾，也不是说一个统一物包含着两个对立着的部分，它们中间存在着矛盾；在这样了解中的，仍旧是外在矛盾而不是内在矛盾，因为虽然是在一个统一物之内，却仍在那对立部分之外。内在矛盾是两个对立部分互相渗透的矛盾，不是走路时前一足与后足的矛盾，而是同一足踏下去同时又在提起来的矛盾，不是一只足前半只在踏下去时后半只已在提起来的矛盾，而是足上的每一点都是在着地同时就在离地的矛盾。这矛盾是存在于分到任何小的单元中。新陈代谢也不是有的细胞正在生成有的却正在死灭那样的矛盾，而是同细胞的生成过程同时就是它的死灭过程。一个人添了一岁年纪，我们说他又多活了一年了；但同时他就更走近于死期一年。社会组织的矛盾，也不是说的统治阶级与被统治阶级中间所存在着的那种矛盾，而是说统治者的统治方面要大权独揽，尽量剥夺被统治者的一切权利以谋统治的巩固，同时却就正在这一过程中把直接生产以及处理事务防卫敌人，猎获经验与知识等等生活的实际能力全部交给了他的治民，使他们逐日在强壮起来而自己则日趋于无能，这样的矛盾。奴隶社会的奴隶主是在极残忍地奴役奴隶，剥削他们的生存权，同时却就在这个当儿把谋生以及保全生命的一切实力都交给在奴隶手里，自己完全变成了寄生虫。以致奴隶不愿生产不愿打仗的时候，奴隶主竟就一点办法也没有，只好坐着等死（参看恩格斯《家庭，私有制和国家的起源》一书）。资本主义社会的资产阶级是在极苛刻的剥削与压迫无产阶级，同时也就在这里团结了无产阶级的力量，觉醒了他们阶级斗争的意识，安排了使他们能够获取自己政权的一切条件。帝国主义征服殖民地是开辟市场，同时却就因在吸尽殖民地的膏血而在缩小自己的市场；它要障碍殖民地的经济发展，同时却也就在不由自主地照着自己的模型把殖民地改造成资本主义经济的雏形。一切运动都是这样；不只是这一部这样，那一部又那样地矛盾着，或前半段是这样后半段又是那样地矛盾着，而且是同一部，同一段，以至同一任何小质点都是在这样同时又不是这样地矛盾着。只有这样，运动才有可能，也只有在这样的意义中我们才能了解"静是动的特殊状态"这几句话——踏住地是离开地的特殊状态。

所以，矛盾不但是互相渗透在一个统一物的每一分子每一质点之中，而且是贯彻于这统一物发展的自始至终全部过程之中。资产阶级与无产阶级的矛盾，并不是到了20世纪的帝国主义时才开始，而是在法国大革命时，在英国大宪章运动时，即早在资本主义社会开始时就已经开始了。十月革命后的苏联，并不是就没有了矛盾，而是直到现在都一路有着各种矛盾的；其中最主要的一个矛盾就是生产力够不上新生的生产关系这个矛盾。正因着有这个矛盾的存在，所以才能现出苏联在生产各部门非常活跃的状态，在"迎头赶上去"。不过像苏联现有的以及将来仍要有的各种矛盾，与英法等资本主义社会在开始时所具有的那种矛盾，即一个发展过程正向繁荣走去时所具有的矛盾，和资本主义后期即日趋衰老时所具有的矛盾，本质上是有着不同之点的，前者的矛盾是能够随时克服与解决，后者的矛盾则日益尖锐起来，无法克服与解决，只有出之于战斗一途以求这矛盾的根本解决。这一如人在壮年以前虽从呱呱坠地时就开始了新陈代谢的矛盾，因为生的一方面常能克服死的一方面而把这矛盾一路解决掉，一直向着滋长发育的方向走去；但一到壮年以后，生的机能逐渐减退，死的势力却逐渐积累，以致无法解除矛盾，只能由生育子女来重新开始一个以上的新生命，而自己则归于死亡那样。其他一切发展过程中所具的矛盾，其情形也是一样。

16. 主导的一面

发展过程中所具有互相矛盾的两个对立部分，并不是对等的，其中有一方面是站在主导的地位在克服、解决、扬弃其他的一方面。一切发展过程就全靠有这主导的一面，才得由它引着向前迈进；否则两个矛盾的对立部分就要混战一辈子，战来战去始终停留在那里，不得前进，像机械论者"均衡论"所说的那样了；或谁胜谁败毫无把握，完全只能听天由命，如怀疑论者、悲观主义者所说的那样了。人生结局时的胜利者不是个体的死亡而是子女的繁昌，奴隶社会或资本主义社会最终期的胜利者不是反动统治的复兴与巩固而是革命势力的抬头与新社会的出现。前面讲过思维与感觉始终是在矛盾关系之中，这里的主导者当然是思维而不是感觉，其运动情形与发展过程是思维拉着感觉前进，而不是思维被感觉所粘住。走路时主导面是足的离地而不是它的着地——是动的一面而不是静的一面。一切运动都是这样；所以说，静只是相对的，动才是绝对的。对立部分的主导面并不是固定的，而是随时变换的。奴隶社会和资本主义社会开始时，其主导者当然是奴隶主与资产阶级；因为那时具有提高生产诸力，推动社会前进的能力的是他们。到了社会发展走过了盛期，他们发展生产推动前进的能力一天天减少，而在这上面的障碍作用倒反一天天增加起来，于是人类为着要叫自己的历史继续冲向前去，就不得不把主导权从他们手里夺回，转交给新兴的革命阶级如无产阶级之类了。就是思维与感觉的矛盾，其主导面也有变换的；在思维能力还未成长以前，起主导作用的是感觉，因为那时必须要它先做个开路先锋来开辟思维活动的场地。所以人在幼年时以至于青年时，其思维活动主要是好奇心的活动，东看西听，这样那样都要去观察个明白。在 19 世纪以前，人们所知的还很少，当时所急需的是尽量获得新知；那时的思维活动主要是观察与审辨，建立各种科学的初基。而那时的归纳法也就成了一时的骄子，唯一的科学方法。但这样的思维并不能算是真正的思维，只能算是思维的准备阶段；那时只是感觉的阶段而不是思维的阶段。一到人的壮年，一到 19 世纪后半期，感觉的能力已达到了它的限度，如再不让思维来主导，那人的知识就要停留在对事物外表的观察而不能有深入底蕴的了解；只能见其然而不能知其所以然及其所以不然。

（二）质量互变律

17. 质与量的规定性

质量互变律，是对立统一律更具体的体现；前者是剖析一切事物运动与发展的根源，后者是阐明这运动与发展的具体历程。我们只掘出了发展的根源还是不够，同时必须要了解这发展过程的具体形态。质量互变律，同样也是辩证法的基本规律。

质，是在一切事物中客观地即独立于我们的主观之外地存在着的。质的规定性只是客观上各式各样事物的质的规定在主观上的反映。客观的物质是具有各种各样运动形态而呈现着，这些运动形态是在具有这形态的那个事物的内部机构上有着它的根据的。每一事物就因此而表现出自己所特有的属性与特征而和其他各种事物相区别。质的规定性和属性与特征，并不是绝对同一的，不能把它们混为一谈。质的规定性虽必须经由种种属性与特征表现出来，但后者始终只是前者呈现到外观上来的表象，而前者则是事物内部机构的特殊型机构与其运动的特殊性质——质是要从这些来阐明的。往往有不同的质表现出差不多同一的属性与特征，如目前市面上所发现二角辅币的假毛钱，就其光泽、色气、声响等属性或纹路等特征来讲，几乎和真的完全一样，很不容易鉴别得出，但其质却是完全不同的；又如目前最进步的人造丝，从其各种属性——光泽、色彩、柔韧性、耐久性、经洗、纤维长度等——与特征上讲，也几乎和真丝一样，但它们质的规定性却根本不同。而阉割过了的雌鸡，其冠、其羽毛、其姿态，都与雄鸡一样，但它仍旧只是一只雌鸡，并不能从此就变成雄鸡。

反之，同一的质，也不必具有同一的属性，例如各种煤、糖、茶、酒、烟草，等等。

量，也和质一样，是客观事物最基本的一种规定性。这一规定性，也同样是根据事物的内部机构。不同质的事物即具有不同质与不同数的量；如铁以重量、水以容量、布以度量、人以口量以及电、热、光、声等等都各有其质特异的量。而两个氧原子化合成一个氧分子，三个氧原子却化合成一个臭氧分子，"笑气——氧化氮和无水亚硝酸……是多么不同；前者是气体，后者在普通温度下是坚固的结晶体！然而两者构成的差异，只不过是后者所含的氧比前者多五倍罢了"。（恩格斯《自然辩证法》）——这一些都是不同数的量的实例；这种实例，在化学中是最为明显，但其实是各处都是的。

在自然界里，单纯的质与量都是不存在的；质的规定性与量的规定性是不可分离地统一在一个存在物之中。这个统一，就构成"质量"。但质和量的统一，并不是同一，是两个对立物的统一，它们是根本上不同的两个规定性。

机械论者就把这个统一当做同一，说质只是"还没有被认出来的量"。意思是说，事物的不同，都是由于构成分子在数量上有不同，如各种原子原都是由同一的电子所构成的，不过所含的电子数量各有不同罢了，因此所谓质，就只是当我们还没有详细知道一个物的确实构造，只能从表面上去辨别它的时候所设立的一种规定性。换句话说，质，只是一个主观的范畴，客观上没有存在的。这种说法显然是错误的。机械论者只看到各种事事物物在构成分子的数量上有不同，没有看到同时它们的内在机构，即构造方式上所产生的运动法则与运动形态上都也有不同，更从而生出不同的质的规定。客观上的各种事物，明明告诉我们都各有其特殊的作用与性质；不但量的不同会影响于质的不同，同时，质的不同也在影响到量的不同。这在下节我们就要来具体说明。

18. 从量到质与从质到量

世界上的各种事物，是能互相转变的；一个事物能够转变成在性质上完全不同的另一事物，而这一新的事物，在好些场所，仍能逆转到原来的事物上去。这种转变与逆转（或变回），是由量的变化（或增或减）所促成或导出的。最常举的例子就是水的温度增高则水变成气，减少则变成冰，反过来也可以。前面所举氧分子与臭氧分子，笑气与无水亚硝酸，也是很好的例子。这种由量的变化转变到质的变化，是普遍于一切事物的。如生产力不很发达时，氏族社会是最合式的生产关系机构，一到生产力发展到达于需要比较更大的分工时，原有组织就无法容受；不得不改变为奴隶社会；新社会机构一产生，生产力就突飞猛进，但等到它发展到达于需要比较精良生产工具时，奴隶社会又变成极不相宜的经济机构，不得不再改变成封建社会；封建社会是手工生产最高度的两个经济机构，但到生产力发展到需要机器生产时，又已不是它所能容受，不得不更变而为资本主义社会；但这一新的生产关系，对于后来生产力发展到需要集中，大规模的组织与统一的计划时又显得完全不够而且还是极大的障碍，于是社会主义社会就从革命中产生。这一人类历史上性质绝不同的各时代的变化，经济关系上质的变化，都是生产力上量的变化所促成的。

然而，这种变化，并不像机械者所说，客观上只有量的而没有质的。这历史上的变化都是经过很壮烈、很残酷的革命才产生出来的；所产生的每一个新社会，都不但在生产关系上已与前一社会完全不同，根本上有了改变，明明是质的变化，而且这一质的变化又反过来改变了从前的量的变化。如上面所说，氏族社会生产力的增高是表现在人的朴素的能力上，而奴隶社会生产力的增高则表现在分工上、生产规模上；封建社会与资本主义社会生产力的增高也各有其不同的形态，前者是表现在简单工具的精良上，后者表现在极复杂的运用各种动力，有极精密的科学做它基础的机器上。所以各时代生产力上量的变化，都因生产关系上质的变化而各自取着完全不同于前期社会的形态。即以生产量来说，后一期的增加单位也高出了前一期的数倍以至无数倍。至于社会主义社会生产力的提高，更因生产关系从私有变成共有，其质的规定，已与先行各期都有了根本上的差别，所以生产力上量的变化，也就取着与先行各期完全卓异的形态而表现出来；一方面产量的飞跃增加，因科学已得到了绝对自由的发展与民众积极性的激发，远非资本主义社会所能比较，同时，生产的计划化、生产力的集中与统一，更是资本主义社会无政府状态的生产所绝对不能有的。其他如工资货币等等数量上的东西，也完全和私有制各社会中所有的不同其性质。再讲到自然界，电的量是以"伏特"计，电变成热后，其量就要以"卡路里"计，变成力后又要以"马力"计。所有的一切，都一一打在机械论者的面颊上，粉碎了他们"质只是主观的范畴"的"学说"。

19. 渐变与突变

质的规定性是我们靠了去辨别一个事物分别于其他事物的；换句话说；是我们靠了去认清一个事物的。没有这个质的规定性，我们对于目前的世界就不能有所辨认，而世界自身也就要变成混沌不清，只显得是黑漆一团。质的规定性虽然不能有绝对的界限，彼此都有着各种程度上的繁复的错综、关涉与联系，但它始终是有一个核心，很明显地呈现出和其他有绝然不同的区别。一个事物不能和它四周的许多其他事物划然分开而没有任何影响、关涉，以至相耐之点；而从这一事物变到另一事物，也不是一刹那间的事情；是一开始就在逐渐变化。因此，它的质的规定性，就不能不于开始存在时就逐渐受到四周的影响，在时时起着隐微的或显著的变化。但这种影响与变化，在其还没有达到某一程度时，始终只能使那事物多少有点改观，而不能使它在根本上变成和以前完全不同的东西；换句话说，就是只能使它的质的规定性有程度上的进展，而不能有根本上的改变。这一规定性，在这一期间是始终存在着。在这时期所有的变化，一直只是量的变化，没有达到质的变化。只有等到那些外来的影响与那事物内部机构上所起的量的变化，已经到达于极限，使那事物完全失去了自己的本来面目，那时候，原有的质的规定性才再不能继续存在，要由另一个质的规定性代之而超。这才是从量变转成为质变。例如一个鸡蛋或一粒蚕豆，当它孵在母鸡身下或埋在松碎的湿土中时，它要因受着温度或温度与潮湿的影响，在内部机构上不断地起着变化；但在还没有变得已经现出小鸡头的模糊轮廓或抽出两瓣子叶以前，即使蛋已变了味，豆已抽了芽，那始终蛋还是蛋，豆还是豆，要等到蛋清与蛋黄已经失去了本来面目或豆壳已经脱落，那时蛋才变成胎鸡，豆才变成豆秧，旧的质的规定性才由新的取而代之。而以后从胎鸡变成鸡雏，子雏以至老鸡，或从豆秧变成豆棵，鸡或豆棵的质的规定性又继续存在着；其时所有的变化又是一种新的量的变化——这是从质到量的变化。这变化要一直到鸡生蛋或豆结子的时候才开始结束，再开始从量到质的变化。

从质到量的变化是一种渐变，从量到质的变化是一种突变。所谓突变，并不一定是说它是突然之间所起的变化，而是因为这里有一个飞跃，有一个"连续的中断"。以后所起量的变化，已不是以前所有量的变化那个系列的继续，而是重新开始了一个新的系列；所变化的已经不再是以前的量，而是完全不同的另一个新量。

　　这一个飞跃，连续的中断，是机械论所不能看到的，因为他们主张客观上只有量的变化，没有质的变化。对于质，因之对于连续性中断的否认，是一种庸俗的进化论的说法，要使他们在行动上走上违背进化的、反动的即障碍发展的道路去；那就是主张只要改良无需革命的改良主义。他们以为帝国主义经济机构会因由着生产的逐渐改进，如生产合理化、产业集中化、生产部门组织化等等，自然地走进社会主义社会去；以为苏联残存的富农会经由四周的影响而渐向社会主义转生。他们故意不去看帝国主义经济的合理化、集中化、组织化等等是并吞与垄断，富农的本质是剥削他人，都和社会主义水火不能相容。

　　然而，也有人夸大了突变，因而把渐变看得无关轻重。这也同样是错误的。他们以为突变是一下子就完成了的，可以把以前的东西完全抛开。仿佛可以从鸡蛋中一下子挖出一只小鸡，从豆粒一下子拔出二棵豆棵，无需乎慢慢地去孵育与培植。这当然除了打碎一个蛋或一粒豆以外不会有其他的成果。突变是要由渐变积渐而获。苏联的社会主义革命，并非能由十月革命一下子就完成，而是需要经过新经济政策那样的过渡期间来逐渐完成的。

（三）否定之否定律

20. 自己否定

　　否定之否定律，比前二律更为具体化；它把一切事物的发展从形式上定型化。

　　事物发展的全历程是取着否定之否定的一个定型；从蛋或豆发展到小鸡或豆秧，就把蛋或豆否定了。这是第一个否定。再从小鸡或豆秧发展到老母鸡或豆棵成熟以至下蛋或结豆实，此时鸡或豆棵终于归结到死亡，就把它又否定了。这是第二个否定，即否定之否定。此时发展暂告一段落，因其又走到更高一级的出发处——更多的蛋或豆。此后再开始发展的新阶段。在此我们可以看到，否定之否定，并不和从量到质与从质到量同一；在否定之否定这一整个发展阶段中所包含的质变与量变不止一次，而有两次或更多次。如从氏族社会共有制到社会主义社会，是社会发展的一个整阶段；从共有制到奴隶社会、封建社会、资本主义社会等私有制，是第一个否定（私有制否定了共有制），再到社会主义否定了私有制而回归到共有制，是第二个否定。而其中就包含着四次量变与质变。所以，否定之否定是辩证法的一个独立规律。

发展过程中的两次否定，都不是某一事物被另一事物所否定，而是这事物的自己否定自己。蚕或豆的变成鸡或稞，并不是后者把前者否定了，而是前者自己发展到那个时候，已把精力耗尽，再没有发展下去的余地，不得不让后者来继承下去，把前者的精华接受了而把其渣滓抛在一旁，另起炉灶地重新发展下去。过去以及目前的形式逻辑学家，总是要到一个事物之外去找这一事物所以如此的原因，说，水为什么结冰，原因是因为气温太低了，人为什么生疟疾，原因为蚊虫之类把疟菌输入了人身等等。这种说法，其实只是表面的。温度到了零度时，为什么水结冰，而酒精、煤油之类并未冰冻呢？他如动物油之类又为什么没有到零度时单就冻了起来呢？可知某物到气温某度冰冻，其真正原因还不是气温而是自己的内部构造及其特有的运动法式。因此，体质好、抵抗力强的人，虽经疟蚊侵袭仍不发疟疾，而体质弱、缺乏抵抗力的人；则未受疟蚊之类侵扰也会"打摆子"。如果蛋和豆之类也能懂得摄生，很可以在出了小鸡，长出豆稞以后仍旧继续存在，这只要看有的动物如雄蜂、蚕蛾以及某一鸟类一经交尾或孵出雏鸟，就立即死亡，而高等动物如脊椎动物的大多数以及哺乳动物全体，则在生育以后仍能继续生存到颇长的时间，就是明证。我们很有理由来说，要是人类早就能够反映到、意识到历史的发展法则，能够随着历史的进展而改变其运动方式，即生产方式与经济关系，那很可以和平地走过奴隶社会、封建社会、资本主义社会以至社会主义社会、共产主义社会等历史行程而无需一定要经过流血的革命。这也只要看目前的蒙古国自从接受了马克思主义，认识了历史法则，居然就能够从落后的封建社会的废墟上和平地、迅速地经由资本主义而直向社会主义社会奔去；而苏联也在马列主义的领导下和平地、迅速地经由复兴期、再建期、社会主义直奔共产主义各尽所能各取所需的社会去（这当然不是说这里就没有斗争，只是说已无需流血的革命）就可以证明。而且英国的大宪章运动、日本的明治维新，也是没有用到流血就完成了从封建到资本主义的革命。无奈到现在为止的人类（苏联等除外）还没有能从"自在"的存在变成"自为"的存在，还是利令智昏地被目前的货利迷住了心窍，不能反映到自然现象的发展法则，盲目地、执迷不悟地任受自然法则的支配，不能来运用自然法则，过着无政府状态的生活，不能及时从根本上解决所遇到的各种矛盾，以自取灭亡，不得不由有觉悟的革命者，把这些历史发展过程上的障碍物，历史的渣滓，用热血来扫除清楚，来肇造真正的人类历史。

总之，在自然的发展法则之下，即唯物辩证法之下，一切事物，都不是由外物来推它运动，使它发展，把它否定，而是根据着它自身内部的特殊机构而在自己运动，循着这一运动的法则在自己发展以至自己否定，一似草木的自生自灭。这到下面第24节讲到条件与根据时。还可有更具体的说明。

21. 不是取消

一个事物的被否定，并不是全部被取消了；所被否定了的，只是那种不合时宜的、破烂而不可救药的运动方式，至其所有好的、仍有用处的内容或成分，则仍吸收在新的事物之中而予以保存，且在新的方式之下继续发展下去。蛋所被否定了的只是那个僵硬的蛋壳，以蛋清蛋黄各自为政的运动方式，至其富于生活能力的内容或成分，都吸尽在鸡雏之中而在继续向各方面发展；资本主义社会所被否定了的；也只是那种横取强夺的私有制度，人剥削人的生产关系，至于其从科学产生出来的一切生产工具与生产方法以及其他一切的科学成果，则都被吸尽在社会主义社会之中而在更自由、更飞速的向各方面发展下去。这就叫做扬弃。把一个鸡蛋捣烂了，这不是否定；因为这不是发展过程上的东西，没有新发展的前途，没有再否定的可能。同样，像无政府主义者所主张的那样，把现有秩序不分玉石地全给否定了，痛快淋漓地全给毁灭了，这不是革命；因为他们所梦想的新社会，将无由产生。革命不是简单的破坏，而是为了新建设的破坏；它在着手破坏之前，那个新社会要怎样才能建设起来的图样，早就明确存在于意识之中；它要参照着预期中的新社会设计来计划破坏的应如何进行；它所要粉碎掉的，只是那些顽强地障碍着历史的向前发展的历史渣滓，如僵硬的社会制度，不合理的生产关系，以及粘着在这些上面而不肯自拔的一些落伍分子；至于许多新社会要靠了它们去筑造起来的文物与宝贵的一切科学，是要竭力爱护而给以发展的绝对自由。

22. 不是循环

前面我们说，一个发展阶段是以回归到更高一级的出发点为终结。这回归并不是循环，并不是仍旧回到那个原来的出发点，而是旋转到更高一级的开始时状态。这回归以后的新状态，在轮廓上、在本质上是和原来的旧状态有许多相同之点的，但其内容则比原先丰富得无数倍，高超得无数倍了。新收的麦子已不是原来那样的一粒而是质地更良美的无数粒，社会主义的共有制已不是原始共产时的共有制，而是全新的面目了。

所以，机械论者均衡论的否定之否定，完全不是辩证法的否定之否定。他们说，否定之否定是开始于两个互相矛盾的力的势均力敌所形成的均衡，否定是其中一个力增强或其他一个力削弱而发生的均衡之破坏，否定之否定则是两个力的重新达于势均力敌时所形成的均衡之回复。这里只有量的增长或减少而没有质的发展；这里只是循环而不是向上发展的回归；这里只有破坏而没有扬弃；这里只有回复而没有改造。这，完全是把富于多样性的花花世界通通还原到一色的机械的机械论，而不是内容丰富，包罗万象——一切自然现象、社会现象、精神现象的辩证法。

第四章　辩证诸方法

23. 本质与现象

根据上章的三个基本规律，就产生本章所述的辩证诸方法。它们都是那个基本规律——讲起来虽有三个，其实只是一个的三方面——所具体表示出来的各方面。

本质现象法，是叫我们要透过事物的现象去思维出它的本质来。一切事物都有本质与现象这两个方面，本质是其核心，现象只是其外表，不可以把它们混同起来。事物呈现到我们感官面前来的，都只是它的一些现象，我们必须依据着这些现象去根究出它的本质来。但它们虽是必须加以分清的事物的两个方面，它们却是不可分割的、互相渗透的对立统一体；现象虽只是表面，但它就是本质的具体表现，抛开现象就无从找寻本质。

呈现到感官面前来的大地，是山陵起伏，河海纵横，厚重不动的扁平面，至多只是略现穹形的扁平面；而太阳则是东升西落，日夜不息，环地而行的一个巡逻者。其实大地是一个圆球，绕着太阳兜圈子的一颗行星，而太阳则是"居其所而众星拱之"的一颗恒星，太阳的朝出夕没，不是太阳在环地而行，却是地球在日夜翻身。呈现到感官面前的自然现象是"四时行焉，百物生焉"，一往一复，终古如斯的不变世界；其实则是互争生存、适者繁昌、劣者灭亡、代有变化、时生新异的进化历程。呈现到感官面前来的资本主义社会是公平交易、民主法治的高等文明；其实则是少数剥削多数，强者欺压弱者的强盗世界。

　　然而，地球的圆形却就要到扁平面中去找寻，太阳的居中不动就要到东升西落中去找寻，自然的代异时新也要到一往一复中去发现，资本主义社会的横取暴夺也要到民主法治、公平交易中去揭开。这是因为现象并不是本质以外的东西，却就是它在时时变化的特殊条件之下，为这些条件所歪曲了，改装了而呈露出来的具体形态。所以抛开了现象，本质就无影无踪。我们要从一件事物的现象去认识它的本质，首先要去分析那现象是在哪些条件之下所发生，哪些条件对那现象在起着怎样的作用，然后去研究那现象的运动法则与发展路线，从这里就可以看到那事物的本质，隐藏在现象背后的本质。比如就工资来讲，从表面看去，你替我做工，我给你工资，而且做工的技术高，能力大，工资也就跟着大起来，这确是一种公平交易。但一经分析，就知道工资的大小，是以生产劳动力的费用来决定，而不以劳动的效能来决定；就是说是看一个劳力一天所需最低限度的生活费或一个技术工人一天所需的生活费及养成这种技术的费用来决定其工资，而不问这苦力或技术工人一天劳动所能生产的价值是多少。我们知道，现在一个人的劳动，其生产价值早就超出在维持他自己一天生活所需的费用以上。这里就有了很大的剩余价值，被雇主剥削了去。这样，资本家的强盗面目就须眉毕露。

　　再如目前抗日战争，从表面看来，日本器械精良、军备充足，远非中国所能及，中国贸然抗战，势难取胜。但一经分析，我们就看到日本是一个输出国，全靠国外市场来维持它的生命，战端一开，中国这一广大的市场首先就要失去；同时，我国为保卫东亚和平而战，它是强盗的武装侵略，世界同情必在我国方面，因而它在其他各国的市场也一定要日益穷蹙（沪战爆发不久，澳洲南部首邑的工商联合会已于9月26日议决抵制日货）；且在战时状态之下，它的商品生产一定要因赶造军用品而大受打击，这样，它在输出上就大成问题。另一方面，机械战所费浩繁，它向欧美所输入的战具、军火、军需等，其总价一定要比原先高出许多。从此它就要从原来的入超国一变而为巨量的出超国，使其在经济上万难持久。回看我国一个优点。因为一方面既无什么关系全国的经济中心的大城市，供作敌人"射人先射马"的对象，同时又使中国完全不需依赖国外市场来维持；而且一到战时，平常所用巨量舶来品势难进口，这一方面替我国杜塞了漏卮，免去一大笔出超，另一方面又替我们挡住了洋货的侵入内地，使民族工业获得自由发展的良好机会。因此，这使我们在经济上占了一个绝大优势，适于长期持久战。更主要的是，我为争取民族生存的光荣战争，士气奋发，全国一心；敌则驱使其劳苦民众来替少数军阀到中国来抢劫，对他们自己只有创痛，绝无利益，军无斗志，民尽诅咒。所有这些条件，都使枪械军备大大地改变了质地，使我们得到了"只要能够坚持到底，胜利一定属于我们的"绝对把握。

又如"九·一八"以后，日本对我国的政策，军部主张急进，财阀主张缓进，军部主张武力侵占，财阀主张"经济提携"，从表面看来，他们是对立的。但一经分析，我们就可以看到，军部的主张其目的在于独占我国市场，抢夺我国的资源，完全是为财阀服务；财阀主张的目的也只在此。只是战端一开，他们在我国的原有市场要暂时失去，同时还需支出浩大战费，这在财阀，未免有些肉痛，在军阀则满不在乎，因此，形成他们在表面上的对立，常起争执。其实，财阀是老板，军部是保镖，他们完全是一体的。

从这些实例看来，我们可以知道，现象与本质虽有时竟会完全相反，但到把现象所依据的条件逐一分析以后，就看到它们原来是一致的。所以它们是矛盾的统一物。

现象与本质，也不是能绝对分清的；因着条件的变化，现象也转变成为本质。如我国在抗战时只有军事上动员，不能积极从政治上动员全国民众，实行完全民主化，尽量开放民众运动，把军民打成一片，那对于最后胜利的把握就要大大减少。日本的财阀与军部，也会因着战费的不断增加，经济危机达于紧迫，战事前途又很少达到预期目的的把握，而真的对立起来。这也是我们抗战最后胜利的将来条件之一。

24. 根据与条件

这也是一个矛盾统一物。根据是一个事物发展的基础，条件则是事物凭以发展的东西。水的结冰温度与油、酒等结冰温度不样，是因为它的内部构造和它们不同，它的所以能结冰的根据不同。但它虽具有了这样一个根据，如果气温达不到零度的适当条件——其实还要加上一定度数的气压条件——也就枉然，那结冰仍不能实现。蛋或豆虽然因其为精与卵或花粉与雌蕊的结合而具有出小雏或豆稞的根据，但必须要得了适当的温度、水分、土壤等等条件，才有出雏或抽芽等发展的可能。

条件有根本条件与副次条件的分别。如资本主义生产，如果没有原始的资本积蓄与从乡村中游离出来的自由劳动者这两个条件，是根本不能发展的，有了上述条件，而没有广大的市场，便利的交通，其发展仍不能充分。但有了前者而没有后者，虽发展不能充分，多少总还能发展一点，如只有后者而没有前者，则根本不能发展。所以前者是根本条件，后者则为副次条件。

条件与根据是常能转变的。如殖民地原只是使资本主义生产更能迅速发展的一个条件，但到了帝国主义末后，竟变成了绝不可缺的东西；殖民地一旦独立，帝国主义就非倒塌不可。这时殖民地，已由条件变成了根据，因它已变成了帝国主义经济机构的构成分子了。金融体制原也只是使资本主义发展更加顺利的一个条件，到帝国主义时代，它已成为帝国主义经济机构的核心，变成它的根据了。又如鸦片，原只是刺激神经使精神更加焕发的一个条件，到一旦吸成烟瘾，那就没有烟吸根本一点精神也没有了，烟已成为瘾君子身体上的一个构成分子，成为他生命的根据了，这是多大的危险。到这里，我们可以指明：根据是一个事物内部机构中的东西，而条件则是它体外的便利物。

不但条件能变成根据，反过来，根据转成条件也是可能的。如代议制度，原是资本主义国家政治机构中的核心，是一个根据，但到现在财政资本，它的地位已由寡头金融家取而代之，自己变成了通过议案时所需的一个条件。再到法西斯手里，索性就把它一足踢开了。

这种互转关系，在根本条件与副次条件中当然也是存在的。

根据之所以为根据，是因为它能吸收条件而加以同化，条件却不能吸收它，更不能同化它。例如营养料、滋补品等固然是保持健康，增长健康的佳良条件，但如人的机构欠佳，无力消化，就勉强吃了下去，不但无益，反要有害。这是因为虽把它吃在肚里，却仍在机构之外；机构拒绝它不让加入，它是无法闯进去的！

到这里，我们可以看到，在事物的发展上，外在的矛盾（在这里就是根据与条件的矛盾）完全是必要的。但这外在的矛盾并不是发展的源泉，它必须通过了本身的内在矛盾，才能成为发展的动力。例如食物，就是吃在人肚里，如果因病不能经由消化系述内部机构把它吸收进去而发生一次内在的矛盾与斗争，即消化、新陈代谢等，它于人的发育上仍不能有什么补益。所以，事物的发展源泉、动力、发动机，是它本身所含的内在矛盾；外在矛盾只有通过了内在矛盾才能发生作用。然而外在矛盾并不因此就减少了它的重要性；没有了它，我们上面已说过，也是根本无由发展的。

这一点，有许多人是不能了解的，因而在中国的历史问题上，常常发生不应有的争论。关于中国社会的发展史，有的单从它的地理环境上（如拉狄克），有的单从外人的侵入与影响上（如叶青的外铄论）去找寻发展的根源，这当然是均衡论的错误"理论"，没有懂得条件与根据的差别，没有懂得外在矛盾必须通过内在矛盾始能发生作用。但另一方面，一般辩证唯物论者，又把这些外在条件摒弃不谈，专从内在的经济机构来论究中国的社会史，这也并不正确，看过了外在条件的重要性，没有懂得条件有根本的必要。中国的唯物史观，我们必须把它安排在根据与条件这个对立统一律上。

25. 必然性与偶然性

种子种在土里，必然会吐芽抽叶、开花结实；男女同居必然会生育小孩；社会到了某一时期必然要爆发革命，这一切，都是发展的必然性。但一棵植物到底会长出多少叶数，所有的叶子能不能都是同一形状，一条豆荚内到底会结几粒豆；生的小孩到底是男是女，生长成熟到底能有多高，长成怎样的一副脸面；革命到底要在什么时候爆发，爆发后能不能顺利成功，要由哪一个伟人来领导？这一切，又都是不能一定的；它们都是发展上的偶然性。

　　这一必然性与偶然性的问题，一向是在纠缠不清，迄未看来一个明快的解决。作者以为如果我们能从上述根据与条件的关系来研究这个问题，是可以简单明了得许多的。机械论者以为偶然只是没有知道的必然。如生出的是男是女，如果我们的胚胎学能够研究出了胎儿的成男成女到底是由什么一种要素所决定，那我们就可以预先知道而加以控制；那偶然就变成了必然。他们的意思是说；偶然只是主观上的范畴，客观上所有的都是必然，没有偶然；宇宙中没有没有法则的东西，也就没有偶然的东西。他们把偶然溶解于必然，以为科学方法中是不应当有必然与偶然这一个法则。这是完全错误的。偶然是客观上存在着的，并非只是由于主观的无知或科学的幼稚。他们没有看到达尔文进化论那种划时代的伟大科学，就是专以研究客观上的偶然性做它的课题；他们也没有想到布朗克所指出的分子运动和海森堡他们所指出的电子运动，始终只能有偶然性而不会有必然性；他们更没有方法能使荚中的粒数一定是四粒而不是三或五，夜里的臭虫一定在上午四点而不在三点五十分或四点十分在他的左肩上而不在右腿上咬他两口而不是三口。

　　又有人说偶然是两个以上必然系的交点。某人从家里跑上城去必然要于某时在某地一棵树下经过，某鸟在田间吃饱了肚子飞回巢去必然要于同一时刻经过那树而下粪，这两个必然交织于某树，于是鸟粪就偶然落到某人的帽上。这种说法，其实也不正确。第一，它虽然把偶然解释为必然的交点，似乎已使偶然有了客观的地位，但其实，仍是把偶然溶解于必然。这样的偶然，很可以用解析几何那样的方法来把它算出。第二，它把偶然完全看做外在的东西，由某一必然系外的另一个必然系从外干涉所造成，事前在这某必然系内部一点也没有影踪。这仍然是一种机械论，用两系地位上的移动的偶然巧合来解释偶然，没有到某事物的内部机构去找根据。

还有人说，偶然性是没有运动法则可以找出的一种客观存在。知识分子运动与电子运动，一棵树上没有两张叶子完全一样，上次欧战的要以塞尔维亚太子被杀为导火线，十月革命要由列宁来领导等等，都是没有法则可寻、没有理由可讲的。这是不可知论的偶然观，仿佛把整个世界划成两半，一半是必然的、可知的、科学的世界，一半是偶然的、不可知的、非科学的世界。这也显然不会是正确的。进化论，前已说过，完全是研究生物界的偶然性的，统计学更是日趋精密而专门研究一般偶然性的一种科学。偶然并不是不可知的东西，并不是不能做科学的对象；在科学面前全宇宙中是没有无法则的东西的。那么，偶然性到底是什么呢？我们可以说，偶然是发展过程中由条件作用所产生的多样性，而必然则是由根据活动所发挥出来的本色。根据是在事物本身内早已内定了的，相当于心理学上所说的本能、天禀，生物学上所说的遗传，因此，由它的活动所发挥出来的形态就比较确定，没有多大的变化，这就形成了必然。条件是事物临时在身外所际遇到的，相当于心理学上所说的习尚、教育、境遇等，生物学上所说的环境；它是不能常常固定的，在时间上、空间上都不能找到两个完全相同的境遇或环境；而且种类错杂纷繁，万难一一加以控制，其来源又异常广泛，绝无严密调节的可能。因此，它的作用，就使一个事物的发展纷向多方面奔去；每一面都要受到多少是它所特有的条件作用，就要现出多少为它所独有的形态。这就形成了每种事物的多样性，每一事物的偶然性。

偶然性与必然性，也是不能完全划分的；它们也是对立的统一体，而能互相转变的。俗话说，习惯成自然，到习惯成了自然时，也就不能轻易改变，而变成了一个人的质的规定性，变成了这个人内部机构的构成部分，变成了他再向前发展"必然"要走某一方向的根据之一了。所以，我们在测定某人行为的必然趋向时，总把积习也算在内。生物进化的契机就在这里。所以说：积了许多偶然，就要成为一个必然。因此，我们以为心理学的研究本能与生物学的研究遗传性，必须而且应当把它们看做是带有变更的东西，而不应当把它们固定在某某几个项目上而列成一个一览表。

26. 法则与因果性

形式逻辑学家（包括符号逻辑、数学逻辑以及伦序学在内）和现在尚未把握到唯物辩证法的一般自然科学家，都把法则与因果性绝对化了，数学化了，认为这是毫无遗漏、不容移易的东西。他们以为：法则是对于某一事象的发生，罗列了使它发生的所有条件来加以叙述与说明的东西，可以列为一个方程式（所谓条件论），因果性可以用函数关系来说明、来代替（我们叫它函数说）；因此也可列成方程式。这种对于法则与因果性完全无缺、确切不移的观念，其错误，已经在现代物理学中（尤其是量子力学、电子论中）完全暴露出来了。

其实，法则是我们在自己控制了的范围内的一定条件之下，研究某一事物所以发生而获得的成果。一切科学法则，都只有在一定界限之内方能正确；它是相对的而不是绝对的。例如波义耳的法则，是要在一定温度的界限内才能推测容积与压力之关系，或在一定压力的限度内才能推测温度与容积之关系。而且它还须把温度、容积、压力等以外的一切其他事项完全排除开去方能正确。这样，我们看到，法则是科学家从大自然里圈出一个片段，使它不再受圈外无限数原来和它有着联系的事物的影响，加以研究，加以试验而建立起来的东西。涵蕴在大自然里的每一个事物，每一个现象，都和各方面有着无限量的联系。原来是非常活泼生动，仪态万方的。现在把这些联系通通截断，使它呆滞化，去对它研究出一个关于它发展法则来，这必然只能"是现象的静止的反映"。所以，"一切法则都是狭隘的、不完全的、近似的"，"现象要比法则丰富了许多"，而现在的自然科学家却把它绝对化了、神明化了，他们的终于要碰壁是势所必然的。果不其然到他们碰到电子运动那样不容易控制，不容易从大自然里圈出使和圈外断绝一切联系的现象时，就立刻看到自己手里的法则失去了权威。于是始而慌乱，终则绝望，以至自己缴械，说，必然性没有了，有的只是偶然性、盖然性（或译殆然性）；说，法则原只是人类为了"便利"而创造出来的东西。他们始终不肯反省一下，这只是他们自己把法则看错了，夸大了的恶果。

因果性也是这样。一般人讲到因果关系时，都把两个具有显著联系的现象，前者名为因，后者名为果；如天下雨是因，地上湿是果。这里的因，只算到条件，没有算到根据。其实，因果关系是根据与条件合起来产生一个现象的关系。如水生圈纹的因，不只是有人投下石子这一条件，还有水的内部机构这一根据。一般人所讲的因果关系是倒不过来的；地湿只能是下雨的果，决不能转而为下雨的因。然这样的因果关系非常狭隘；事实上大多数的现象都是互为因果的，其因果关系是要倒转的。例如普及教育能促进一般人文化水平的提高，一般人文化水平的提高也能促进普及教育；因为抵抗力弱所以要格外讲究卫生，但也因为卫生讲究得格外好所以抵抗力更加脆弱起来；因为某人有勇气、有毅力，所以能做成事业，但也因为他能做成事业，所以他能更有勇气，更有毅力等等。

这是因为一切事物都在不断地发展与改进，不断地吸收身外无限量的东西来改变自己的内部机构，从而条件会转变为根据，偶然会转变为必然，结果也会转变为原因。大自然里的因果关系是在不断地辗进、不断地变换，而科学中所讲的，始终只能是截取发展过程中的一段的因果关系，所以也是现象的静止的反映，是狭隘的、不完全的、相对的。把它绝对化了、完整化了，就要在电子运动那样瞬息万变的自然现象与一切社会现象上讲不通。到那时还要像海森堡他们那样发出"因果律消逝了"的哀号，那只是暴露他们的昏乱与无能。

因果性与法则，都是就某一部分的具体现象所反映到的客观事物的规律性；它虽不能反映到全部的、生动的客观规律，而只能局部地、人为地、割裂地、多少僵化地（静止地）去反映客观规律，但它终究是客观事物规律性部分的，某一阶段的，近似的反映，而绝不是主观为了自己的"便利"所"创造"出来的东西，我们最好同时，也是必需把它和根据与条件、必然与偶然联系起来去研究。

27. 形式与内容

形式与内容，很容易和本质与现象相混淆，以为内容就是事物的本质，形式就是事物的现象。其实，它们并不是同一的东西，而是各异的范畴；本质有本质的形式与内容，现象有现象的形式与内容。例如苏联的合作社、计划经济、工资、货币等，和资本主义国家的这些东西，就现象看很像是一样。但这个"一样"，不是因为它们的形式一样，而是因为它们的内容一样。譬如说，就形式看，前者的合作社是注重在生产合作，而后者则注重在消费、信用、产销等合作；前者的计划经济是把全国各部门通盘筹算的，而后者的统制经济，则是各部门各自为政的；前者的工资在时时提高，后者则在日益低落；前者的货币私人不能向国外汇兑，而后者就可以。就内容看，合作社都是大家合资举办的互助事业，盈利都为共同所享受而不被一个老板所攫去；计划经济和统制经济都是不许彼此竞争的；工资都是工作的报酬；货币都是一种流通工具。再就本质来讲，则前者种种都以促进社会主义建设过程，以加速人剥削人的残余制度的日就消灭，而后者种种却都在挽救资本主义生产的危机，加紧人对人的剥削，两者显然是不同的。但它们都表现在各式各样的形式上：如合作社，在前者，有的只在生产工具上合作，有的还在生产活动上合作，更还有连生产计划与生产物的分配上全都合作的；在后者，则有人民自己合资的，有政府加以补助或津贴的，还有由银行放款的。计划经济，有时以生产工具生产为重心，有时以电力水力等动力为重心，有时以交通工业为中心，有时以生产日用品为中心，更有时容许私人企业而加以限制，有时对私人企业积极加以取缔；而统制经济，也有时是生产量上的统制，有时是市场价格上的统制。工资，在前者有时是同工同酬，不论技术高下，都一律平等，有时又就工作效能与技术精粗来分出许多等级；在后者则有包工制、论件制、论目以至论时制等等。货币，在前者有时只能用以购买物品，不能作为财产去储蓄，去承继，有时就二者都可以；在后者则有兑现不兑现之分，有通货膨胀，有减值贬价等等。至于它们的内容，自然就前者只有消灭人剥削人的制度这一个，后者也只有加紧人剥削人的作用这一个。

由此我们可以知道，形式是比现象更为特殊、具体，各式各样的东西，同一现象与本质，都各自有其许多不同的形式，而同一形式，又可以有不同的内容。形式和内容与本质和现象，是从不同的方面存在着两种性质各异的范畴。然它们并不是把一个事物分割成四个部分或成分，它们只是一个统一体从不同方面所做的两种分析。

和本质与现象的关系一样，形式和内容，也是一种矛盾的统一；形式是内容的具体表现，是由后者所决定，但除去了形式，也就无从去找内容。例如语言文字是思维的形式，要由思维来决定，但没有了语言文字就不但思维无从表现，且也根本无由存在，无从发展。无论什么东西，都要用一种形式来存在，破坏了这形式，同时就破坏了这东西的存在，破坏了它的内容。然而，这只是它们关系的一方面。另一方面，它们又并不是同一物，同一内容可以表现在不同的甚至相反的形式上，如自由竞争是资本主义经济的形式，垄断独霸也是资本主义经济的形式；代议制是资产阶级政治的形式，独裁制也是他们的政治形式；武力侵略是日本帝国主义侵略中国的形式，"经济提携"仍然是它的侵略形式。反过来，同一形式也可以作不同内容的表现，如民族文学可以有资本主义鼓吹白色人种高出有色人种的内容，也可以有法西斯"宣扬文化"与"王道乐土"的内容，更可以有社会主义民族自决自由发展的内容。

而且形式还能够与内容冲突，成为内容的障碍物；也能从内容游离开去，成为空无所有的硬壳。前者如帝国主义的生产关系对自己国内生产力障碍其发展；后者如洋八股的文章，绅士们的礼貌。其次，我们还要着重的提出：和现象也能转移本质一样，形式也要对内容起决定的作用；这不但如帝国主义生产关系对其生产力那样，起绝大障碍的消极作用，还可以如苏联社会主义生产关系对其生产力那样，发生猛烈推进的积极作用。

总之，形式与内容是两个对立物的统一体。

28. 可能性与现实性

真理，不只要能指出某一事物有发生的可能或发展到某一式样的可能，主要的还在其能指出某一事物在客观上要怎样才能发生与发展得更充分、更完备、更具体的现实情形；它不停留在客观事物可能性的反映上，还要进一步反映到使这可能性转成事实的现实性；它要争取可能性的现实化。所以现实性是辩证法认识过程进展到更客观、更具体、更实在的阶段上的一个范畴；它已经包含着构成客观事物内在的与外在的一切契机的全部，它是必须具备本章前面各节所讲本质与现象、形式与内容、根据与条件、必然性与偶然性等等的一切。

我们最好是从根据与条件上来讲。种子是有着生长成植物的可能性的，这可能性就存在于它内部机构中有着那样的根据。但单单有着这一根据，如没有抽芽、发叶、开花、结实等等生活过程所必需的各种条件，那可能性始终只是一个可能性，无法变成现实性。不但如此，即使那些条件也同时具备了，而没有耕耘、培植、灌溉、除莠、驱虫、施肥等人们积极的斗争的行动，那现实性还是无把握、不充分、不完备的。所以，现实性已经不只以观念、认识、理论等为内容，而还要包括行动、斗争等实践，因为所谓必需的条件，有些还是要到行动中才被发现，要用斗争来创造出来，不是自然所能提供得完全的。

例如我们目前对日本帝国主义强盗的抗战，如果只坐在家里对它做分析或旁观，就会看到敌人武器是如何凶猛，我们是如何的只能听其轰炸，不见我们把敌军一步一步打回去，只见敌军一步一步打进来等等，于是就长叹或者悲愤。你能说他是错的吗？不，他所看到的都是事实，这里是有失败的可能性在里面。然而他仍是完全错了。他所看到的是极其片面的一小部分事实，还有许多重要事实他却一点也没有看到，那就是从中国是被侵略者，已经被人放在刀俎上横割竖剐的牺牲，这样一种内部机构，这样一种根据所怒发出来的士气与民气。他更没有看到这种士气与民气含有粉碎帝国主义强盗凶器的极大可能性在里面。而原因就在于他从未参加过这种悲壮抗战的行动。我们那些在亲身作战的英勇将士们，对这种可能性就看得非常清楚，所以他们尽管不能打退敌人，尽管自己后退，尽管遭受大队敌机的轰炸，一点也不胆怯、气馁，反而更加坚忍、沉着、勇敢、顽强地在和敌军苦斗。

后一可能性比前一可能性是客观多了，实在多了，因为它更合于事实。那事实就是我们的前线和后方，都能用极少数的火力击毁敌人四五倍以至十几倍的凶器。这种事实，也是坐着悲叹的人们不能看到的。

然而，后一可能性离开它的现实性还是很远的，因为这里还缺少着达到抗战胜利所必需的许多条件。这些条件现在已在抗战开展以后逐渐发现出来，以后还要继续发现出来。所发现的是：第一，民众方面的政治动员非常不够，一方面不能在战事上尽积极的助力，同时还有消极怠工以至于被敌人利诱去充当间谍或向导，这必须从速开放民众运动，发动并且严密他们的组织与训练，以资补救；第二，领导机关中尤其是最高领导机关中有"钢炼化"的必要，其中有过去生着恐日病的分子，已经露出出卖军事秘密、甘为高等汉奸的奴性，其他这种分子目前虽还没有露出这样的狐狸尾巴，但留在里面，将要发生怎样重大的危险，已显而易见，非把他们清除出去不可，而代之以坚决主张抗战的分子；第三，生产机关必须移到安全地带，由政府加以保护、帮助、统制或接收，来加紧支持抗战使能持久所必需的一切生产事业；第四，出征士兵的家属，生活上必须要有优越的保障；第五，一般劳苦的直接生产者，必须要有生活上的改善；第六，一般民众，必须急切提高他们的政治水平；第七，逐步武装后方民众，首先是邻近战区的民众，加以游击战的训练，使能在战线移动后，障碍敌军顺利前进等等。所有这些条件，都是争取抗战的最后胜利万分必需的。我们已运用起了这胜利的可能性，全面展开了光荣的民族抗战，我们应当更进一步争取这胜利的现实性；我们已很勇敢地动员了全国军队，我们还要更勇敢地从政治上经济上动员起全国的民众，建立起以至创造出达到胜利所必需的一切条件，用斗争的行动来争取这一胜利可能性的现实化。

到目前为止，我们已由自己的光荣抗战，创造出了一个有力的胜利条件，那就是全世界各国全国上下对于我们的同情；各国政府都在向敌人提出反对肆行轰炸我国非战斗区域的抗议，各国民众都在激越地涌起抵制日货、拒绝装运战时必需品予敌人等等的运动。这还只是我们的壮烈战事在国际所创出的初步条件。如果我们在政治上有了动员，上述自己方面的许多条件一一出现，那一定还能够在国际方面造出更雄壮、更广泛、更具体的条件，保证我们胜利的现实性更为确切。

这样看来，可能性是含蕴在一件事物内部机构的根据内，现实性则包藏在这一根据和内在外在一个必需条件的结合中。这些条件并不都是已存着，大多数还需用行动来建立、来创造。因此，争取一个现实性，使可能性有转变而为现实性的保障，其方法就在于积极努力，为获得一切必要条件而奋斗。

可能性，还应当分为抽象的与具体的两种。麦子是有长出麦苗的可能性的，但把它藏在瓮里，或放在石板上就决没有出麦苗的可能。这样的可能性，就叫做抽象的可能性；它是没有具备任何必需的条件的可能性。把麦子种在地下，使它得到了必需的条件，出麦苗的可能性就变成具体的了。曾有一个朋友见我把一个颇为笨重的被卷挂在壁钉上，警告我说，这太危险了，有跌下的可能。但他没有看到壁钉是否坚牢，系被卷的绳子是否结实，有没有跌落的具体条件。当时我对他笑道：放心，你的可能性完全是抽象的。

第五章　思维历程

29. 概念、判断、推理

思维的全历程，我们可以把概念、判断与推理，当做它的三个阶段来看。概念就是某一事物在我们主观上的印象，是我们对于它各方面的认识的总和。例如"书桌"这一个概念，其中就包含着它的形状、色泽、材料以及功用等成分。判断是由两个概念形成的，例如靠"这书桌是紫檀木的"或"这书桌是我的"，其中含有"书桌"与"紫檀木"或"我的"两个概念。推理又是由两个已有的判断推出一个新的判断来的了。例如"天下雨，庙会就没有什么人来了；今天天下雨，所以今天庙会不会有什么人来。"只要前面两个判断确立了，第三个判断也就可以确立，虽则下这判断的人并没有自己去看过，到底今天庙会到了多少人。因此，判断可以看做比概念高一级；推理又比判断高一级，因为必须要先有了概念与判断，然后才能有判断与推理。这，都是形式逻辑早就讲过的。

现在我们要问：这些形式逻辑里的东西，到辩证逻辑里来，到底被辩证法改造过什么没有呢？是的，必须要有改造。第一，形式逻辑是把这三个东西看做一成不变的；它们的位次也是固定不移的。例如"书桌"就是书桌，不会也不准是其他的任何东西。但在事实上，书桌固然是用来读书的，但在必要时，也很可以用来做柴烧，蔽障碍物，做垫足的工具。因此"有柴就可以做饭，现有一张书桌，所以现在可以做饭"；或"有障碍物就可以躲避敌人的视线，这里有书桌，所以这里可以躲避敌人的视线"；这一类完全确实的论断，在形式逻辑上是决不能也决不许得到的。因为它不许把"现有书桌"这个判断看做"现有柴"或"这里有障碍物"再如上面所用关于庙会的推理中那个"没有什么人来"的结论，很可能是不确，因为今天虽然下雨，但可以因有赛会或演戏等特别原因，而来人仍多。至于"封建社会是要经过资本主义社会后才能进入社会主义社会；蒙古是封建社会，所以蒙古先要经过资本主义社会然后才能进入社会主义社会"，这一个推理中的结论，已由事实证明其完全不确。然照形式逻辑讲来，这两个结论都是绝对正确的。这就是因为它对已经确立过了的判断，如"封建社会……"与"天下雨……"等，是不准——因为看不到——再有变化的。

其次，这三个阶段的位次，事实上也并不固定。如"书桌"这一概念早就有了，但可以因为现在又有了"书桌最好是斜面"或"书桌的抽屉要多"等等新判断，把这概念大大地改变一下。而且第一次形成"表"的概念时，须先有了"表是用以计时的"，"瑞士出的表最好"，"表的好坏不在于壳子是金是钢"等等判断以后才行。所以在思维历程中，概念很可以是比判断高一级的阶段。推理对于判断，也有同样的情形，这里不必多说了。

第二，形式逻辑的研究这三个阶段，总喜欢离开了客观的事实，到自己的主观上把它们搬弄的。形式逻辑的科学家，一次从客观事物的观察上获得了许多事物彼此间的相互关系，在观念上形成种种概念、判断、推理以后，就回去坐在书斋里，把它们像我们玩纸牌、打麻雀似的，这张配到那张，那张配到这张，搭来搭去，搭出自己认为最适当的许多组与系，于是以为宇宙之秘尽在于此了。然而，闭门造车，常常不能出而合辙。到他们把自己"天才地"配出来的搭子去和客观事物印证时，就常常碰着大钉子，如上述关于蒙古的那个结论，天体力学中的光差、量子力学中所同时测定的电子运动速度及其位置，都不能与事实符合；又如在他们推论中所必须要有的真空这个概念，始终不能在实有中找到影踪；所必须要有的"动者常动"这个判断，也始终找不出在他们推论中同样必须要有的最后原因——就是说在开始时到底是怎样动起来的。于是就只好像中国，编旧戏的人那样，"编戏编到无法，请个神道来搭搭"（俗话，搭搭是搭救的意思），说自然是厌恶真空的，所以没有；电子是有意志的，所以不给你算准；开始的动是由于神的一击，等等。或者索性把自己配出来的搭子全都推翻了，说，这原是为了自己的便利所创造出来的。呜呼，苦矣！

第三，形式逻辑，只从表面形式上而不从事物内在的发展法则上去规定这三个阶段，以致不能形成"哺乳动物"的正确概念，而把鲸鱼、鸭嘴兽、刺猬等从外表看去不像会是，而其实则不折不扣的是哺乳动物的东西，都排除在这一概念之外。对于有些兽的"足偶蹄"与"头有角"，也不能从生理机构的必然性与联系性上去作正确的判断。对于资本主义经济恐慌后的好转，更要从表面的繁荣上作出完全与事实不符的推理，一点也推究不出那个向着更深刻、更尖锐的矛盾与危机发展去的规律性来。

这，都是形式逻辑的致命伤，不得不由辩证逻辑来把它否定了去，而把这三个阶段更改造成发展的、历史的东西。

然而，关于概念、判断、推理的形式逻辑虽被否定了，但把思维历程分成那样的三个阶段来加以研究，这种方法，以及关于表现这三个阶段的形式的名词、命题、三段论式等等许多具体法则，以及密勒所建立观察事物间相互关系时形式上所须经由的五条路径，所谓密勒五规律，即契合法等等，是仍旧不能没有而要把它们从形式逻辑那里解放出来，收编过来的。因为不管思维发展到什么地步，形式是始终要有的。所以辩证逻辑就把那些具体法则收编了来，充作自己手下的技师。

30. 归纳与演绎、分析与综合

归纳是观察种种事物，寻求它们中间的因果关系，以便发现自然法则的一种历程；演绎是把已得的自然法则运用到目前所遇的新事物去，看其是否受这法则的支配的历程；它们都是思维活动时经常要用到的方法。这两个方法，原是形式逻辑的支柱。然在那里，归纳是非常表面的局促的；演绎是脱离了事实的虚构的。归纳法创始人培根以及他的门徒，都把归纳法捧做唯一的科学方法，说演绎法完全没有用。这种见解的错误，已早就由后人改正，知道它们是同样有用的。杜威在他的实验逻辑中还更进一步说，思维是没有单纯地只有归纳或只有演绎的，任何反省思维都是把这两个方法交替着、错综着用的，这，单从形式上讲，倒确是更切当的说法。可惜他没有看到专从形式上讲逻辑，根本上不会正确。

形式逻辑中的归纳，完全只是感觉的集合，经验的汇合，而没有用思维这一官能的抽象作用（抽象，原也是形式逻辑中所有而且看得很重的，但那里的抽象，仍只是形式上的；只能从绿叶、绿水、绿玉等等抽象出一个"绿色"的概念来，不能从许多事物抽象出它们内在的发展法则来）。所以它只能从"牛偶蹄"，"头有角"，"羊偶蹄，头有角"，"鹿偶蹄，头有角"等许多经验中归纳出，凡有蹄，都有角，这样一个所谓"原则"来。它不能越出经验一步，去从这些偶蹄兽的生活状态与进化过程中去思维出偶蹄与有角的联系，它们在生活上的作用，以及它们中间所具有的必然规律性等等来。形式归纳者只能把鼻子粘着在经验上，从来不能从经验跳开一步，跑上思维这高峰去纵观全局的形势。所以恩格斯讥笑他们是经验的爬行虫。至于形式演绎法的脱离事实与虚构，上节已经说过。达也是因为它只从形式上从一般原则推演到特殊事例上去，不去研究那原则在实际上的意义，它在产生时是根据怎样的一种基础，然后从那原则所以在那种基础上产生的意义上来推演出当前这一特殊事例应当如何解决的缘故。如封建社会的所以必须经过资本主义社会后才能进到社会主义社会，并不是因为有什么法令规定了非如此不可，而是由于经济上、政治上以及人的意识上的发展阶段必须这样循序渐进。如果到了某一时间，客观上发生了前所未有的新条件，使这种程序有着紧缩的可能，那就无需乎并且也不应该再去走那旧路。这好像有了苏伊士运河以后再不必去绕那好望角一样。但是，形式演绎法却只能根据过去是怎样的一种形式来断定现在仍只能是这样的一个形式。它的脱离实际是势所必然的；它对目前的蒙古国，只能作出"只能变成资本主义社会"的论断。

辩证逻辑中的归纳与演绎是完全不同了的，这里的归纳是用前述辩证诸方法，从许多事实上归纳出它们的发展法则来。例如从资本主义经济的许多无政府状态上归纳出这一经济日趋灭亡的必然性来，它一点也不被感觉所局限，经验所泥住；它不被资本主义目前很繁荣或还颇繁荣这个经验障蔽了思维的抽象作用的光芒，以致看不出藏在它后面日趋灭亡的规律性。这里的演绎，是要从一般的规律性，按着目前事件的实际条件，推演出这一特殊事件的动向与前途来。它不把前提当作教条，来从文字上、形式上作依样葫芦的"推理"；它只把前提当作引导来推究面前特殊事件应有的结论。它决不从"资产阶级性民主革命是由资产阶级领导的"这个一般真理，和"1905年俄国革命是资产阶级性民主革命"这又一真理，来作出"所以那时的俄国革命应由资产阶级领导"的结论。它的结论却是"那时的革命应由无产阶级来领导"。因为那个一般真理的所以为真理，并不只是一句话，一句由字面构成的空话，而是由于在一般资产阶级性革命时，资产阶级都具有领导这革命的力量。在1905年的俄国资产阶级，却因当时具体条件而变了质，把这种力量失去了。充分具有这种力量的倒是那时的工农大众。所以辩证演绎不是抽象的而是具体的，不是搬弄字面而是根据事实。前面关于蒙古与书桌等等的推理也是同样。

关于分析与综合的情形，是和归纳与演绎差不多的。形式逻辑的分析，是从外形上把事物割裂成许多片段，如把一棵植物分析成根、秆、枝、叶、花等等部分来各别地逐一研究，而辩证逻辑的分析，则要从一件事物与其他许多事物的联系上去分析出这一事物的发展法则来，如从一棵植物与当地的土壤、气候等等的联系上以及当地各种动物对它的伤害，住民对它的培植或铲除等等关系上，来分析出它目前所以成为那个样子以及往后将有什么前途等等的发展法则来。形式逻辑的综合，是把许多表面上的属性，机械地堆积成一个综合体，如把可以自由买卖、价格时有涨落、各地有无相通，资本家与劳动者合力所产出等等属性堆集起来，作为对于商品的认识。辩证逻辑的综合，则是在分析研究时没有一刻不顾到对象的整个性，如对于商品，一方面是从它的使用价值与交换价值去作分析的研究，但同时却就是从它对于资本家和劳动者的意义上来规定它在整个资本主义生产过程中的作用，时时把它当作整个生产过程的核心来做综合的研究。

技术论（逻辑术）

引言

把逻辑分为方法与技术两部，而用逻辑学与逻辑术作为它们各自的标题，而且就用这种方法来解决辩证逻辑与形式逻辑的关系问题，这怕是一般人不能赞同的。说，第一，形式逻辑是已被辩证逻辑所扬弃，其有用部分（如演绎与归纳、分析与综合等）已被吸收到后者里面，它不能再有独立着而与后者并列起来的地位。第二，学与术是根本分不开的东西；讲学一定同时就要讲术，否则就不能具体，术也要在讲学的当中去讲，才能不至机械与呆板。其实，这种批评，对于我们这里的分部是一点也用不上去的。把一种学问分为方法论与技术论或理论逻辑学与应用科学，这是各种科学都在采取的方法。固然，学与术是分不开的一个整体。我们在前面也说过，任何科学都开始于要解决某一实际问题而终结于这一实际问题的解决。我们为了要免去对某一问题做表面的、瞎碰的、零乱的、像头痛医头脚痛医脚那样的解决，暂时就宁静一下，先把目前的问题加以周详的审察与解析，看它的结节在哪里，认清它的条理，理出它的系统与头绪；再提出试行的解决，去印证自己的审察到底是否正确，解决是否充分；如有不合，重行审察与解析。这样反复钻研，终于"豁然贯通"，对"物之表里精粗无不到"，因而"吾心之全体大用无不明"。于是"披郤导窾，目无全牛"，对目前问题就有一个彻底的、妥切的解决方法。这就是学，同时也就是术；因为审察、解析、认清、理出等等都要有术，并不只有披郤导窾是术。然而，这仍不妨碍各科学的分为学与术或理论与应用来各别研究。因为术虽并不对学独立，但它有它自己相当繁复的内容，有需乎另行抽出，加以分项逐条的研究。这并不是来肢解对象的整个，只是为了研究上的方便与必需。所以我们一方面固然把形式逻辑扬弃了，把它吸收在辩证逻辑的里面。但同时仍可以并且必需把所吸收的形式逻辑部分抽提出来，作为技术而另行研究。

这里有一个很好的榜样，就是算学与算术的关系，每一种算学，在它一路阐明自己的理论时，无时无处不在运用加减乘除、分数、小数等算术；而且这里的算术，只有比原有的算术更加精密更丰富。然不管怎样，算术始终可以，也必需单独成为一门。这并不是来把算术与算学并立或对立。算术自己就早已承认不能与算学分庭抗礼，它只是区区一术，一点也不妄想去僭占"学"的交椅，能托着研究者贪图便利的光，始终保持住一个门面，自己已经很满足了。

现在形式逻辑，自己也已有了很大的发展。符号逻辑、数学逻辑等已创造出很严密、很广大的推演方法，以至要把原有的形式逻辑解脱下来，称之为古典逻辑或传统逻辑而遗置一旁。这，我们一点也用不着去反对。只要我们有本领去运用，它那谨严的技术，对于我们是很有帮助的。我们很可以"舍其旧而新是谋"，改请它来充当我们的技师。至于杜威的实验逻辑，在了解演绎与归纳、综合与分析的相互渗透上，也是很有研究的必要。

第六章　观察法

思维不是凭空的虚构，而是要根据许多材料，许多实际情形。这些材料的跑入思维，必须通过感觉或经验，通过观察。但观察要有方法；没有方法，无论怎样观察也察不出什么道理来。王阳明坐在竹林面前格（即观察）竹子，格了一天没有格出什么，反把自己格病了，大骂朱子害人，从此不再格物。其实，并非朱子害了他，是吃了自己没有方法的亏，就是不懂我们所要讲的观察法。

这里的观察法，是从形式逻辑归纳法中密勒所建立的五个规则来的。那五规律，就是契合法、差异法、契差并用法、共变法、剩余法。这里的第三法就是第一第二两法的同时并用，所以实在只有四个方法。其实，在实际上能够只用一法的场所是很少的，四法都须和他法错综并用。反正在用的时候要靠用的人活用，这里就只须讲四个方法。

31. 契合法

我们要明白某一现象的发生到底是要什么来做它的必要条件时，可以搜集一些同具这一现象的事件，来看它们具有什么共同条件。例如要明白产生资本主义经济这一现象的必要条件，可以把已有这一现象的国家，譬如说英、法、德、美、日，都观察一下，看它们在开始产生这现象时有些什么共同的情形。结果，看到它们那时没别的情形相同，所同的只是大家都有原始资本的积蓄和自由劳动者的存在，于是就知道这就是产生前一现象的根本条件。如果用 X 代表资本主义经济，a 代表资本的原始积蓄，b 代表自由劳动者，再用其他字母代表其他情形，契合法就可以有一个公式：

英	a	b	e	d	X
法	a	b	f	g	h	X
德	a	b	i	j	k	X
美	a	b	l	m	n	X
日	a	b	o	p	q	X

32. 差异法

如果我们所要研究的那个现象，只为一个事件所具有，再也找不到具有同样现象的第二个事件，那我们要明白使它产生的必要条件，就用差异法。差异法就是把不具有这一现象的其他许多事件和具有这现象的一个事件比较观察一下，看前者对后者到底有哪一点是它们所共同的差异点。例如目前只有苏联一国；能够顺利实行计划经济，得到突飞猛进的结果，其他各国虽也曾赶着仿行计划经济，但终不能挽救日就衰落的经济危机。其原因到底在什么地方呢？我们一经比较，大家就很明白地看到这里唯一的差异点就是前者有着人不剥削人的生产关系，而后者都缺少这种生产关系；它们有的是人剥削人的生产关系。于是就知道人不剥削人这一生产关系就是计划经济能够成功的一种（不是唯一的）条件。如果仍用 X 代表计划经济的成功，用负 X 代表计划经济不能成功，用 a 代表人不剥削人即社会主义的生产关系，而用其他字母代表其他许多情形，那差异法的公式是：

苏	a	b	c	d	X
英	b	e	f	g	–X
美	c	f	d	h	–X

德　d　b　g　f　–X

33. 共变法

如果某一现象发生在某一事件中，在我们看出产生它的必要条件时，所能找到的其他许多事件，都不是完全有那现象，也不是完全没有那现象，而是或多或少地各有一些那种现象，那我们对这种情形的观察，就可以采用共变法。例如最近资本主义各国曾发生了空前的经济危机，这种现象，它们都是有的，但在程度上却很是不同，最厉害的是德国，其次是美国、法国、英国，最轻是日本；其情节也各不相同，英、法、德主要是在工业经济上，日本主要是在农村经济上，美国则两方面都很厉害。这时，我们要考查产生这现象的根本条件，就不能单纯地只去找寻一个它们所共有的其他事，还要看一看这一共有事故是否也对应着上述现象的程度和情节而各有程度上和情节上的不同，是否事故厉害一点或轻松一点，现象也跟着厉害或轻松，事故在工业经济或农村经济方面，现象也跟着就产生在工业或农村方面？只有得到了肯定的答复后，才能决定这事故就是那现象的原因。结果，我们看到各国在生产上的无政府状态，其程度和情节，是恰恰对应着自己经济危机的，如用 X 代表经济恐慌（即危机），用 a 代表生产的无政府状态，用 1 与 m 各代表工业经济与农村经济，我们就可以用下列公式来表述上述情形：

德 6a（l） a（m） bc6X（l） X（m）

美　5a（l） 4 a（m） bd5X（l） 4X（m）

英　2a（l） mcd2X（l）

法　2.5（l） 0.5 a（m） de2.5 X（l） 0.5X（m）

日　a（l） 5a（m） b eX（l） 5X（m）

于是生产上的无政府状态即横取暴夺，就是产生经济恐慌的根本条件了。

34. 剩余法

剩余法最是复杂，它有好几种类型。第一，如果有一束错综复杂的现象组发生于一件情节错综复杂的事件以后，我们对于这些情节，除了一个以外，都已知道每一个所能产生的后果；而那现象中所有的各种情形，除了这些后果外还有一种情形；那么，我们就知道除外的那个情节，就是产生所余的一种情形的条件。例如河北某一城市，由汉奸的引路，陷入敌军之手，遭受了烧、杀、淫、掳的惨祸。后来给我军在夜间出奇兵把这城市克复了，发现民房尽毁尸如山积、妇女惨死，狼藉地上，财物都失去，独某大绅士的房子仍完好，大厅上还有尚未吃完的酒席。我们就知道某大绅士就是引敌进城的汉奸，那酒席就是他对敌人的献媚。要用公式来表出这一类型时，如用大楷字母代表事件中的各个情节，小楷字母代表现象中的各种情形，而用 ☐ 代表已知因果关系的范围，那就是：

$$\begin{array}{ll} \boxed{\begin{array}{l} \text{A B C D} \\ \text{a b c d} \end{array}} & \begin{array}{l} \text{E} \\ \text{e} \end{array} \end{array}$$

这就是说，E 和 e 的因果关系，以前虽然不知道，现在可以毫无疑义了。第二，如果有一个现象，我们所能找到的事件都不足以解释它，那就使它发生的条件，必定另有所在，须尽力去找寻。例如"在以前看见天王星的运动中有某几摄动，任何已知天体的吸引力都不能为其说明；于是知道一定有什么尚未发现的天体为其原因。这种推理，就领着天文学家去发现了那个海王星"（潘梓年译《逻辑》第 104 页）。第三个类型是：如果有一现象，只有某某几种情节能使它产生，现在这现象发生了，但那几种情节，只有一种是存在的，其余都不存在。那就可以明白这次这一现象的发生一定是由于存在的那一种情节。例如一个人忽然肚子痛起来了；我们知道能够产生肚痛的，只有吃得太多、着了凉、吃了冷东西、吃了不洁的东西如蝇子等，这几样；但现在这个人并未多吃，也未着凉，也没有什么不洁的东西吃下去，就只在一点钟以前曾吃一次美女牌冰淇淋。那他就一定是吃冰吃坏了。要用公式来表述这第二、第三两个类型，我们可以用 X 代表现象，角 O 代表不能用以解释它的已有事件；用团代表须去努力找寻的未发现事件，那第二类型的公式就是：

$$X$$
$$\bigcirc\bigcirc\bigcirc?$$

再用 abcde 等字母代表所能产生这现象的事件，用 _ 表不存在，则第三类型的公式是：

$$X$$
$$\overline{a}\ \overline{b}\ \overline{c}\ \overline{d}\ e$$

这四个方法，都只是观察时的一种帮助，并非靠了它们就能得到真理。我们要记住：观察只是比较精细的感觉或经验，还没有到达思维；它所能"看"到的，只是呈现到感觉面前来的一些"已存"事物，而不是潜伏在底里的发展法则；它只能使我们"看"到一些局部的、表面的现象与形式，不能使我们"了解"到整个的、深藏的本质与内容，只能使我们知其"然"，不能使我们知其"所以然"。其次，这些方法，都只是主观为了自己的便利而"创造"出来的一种"法门"，并不是从客观方面"反映"过来的自然"法则"；它们只能用以"视察""现状"，不能用以"了彻""前途"。现在已有许多形式逻辑书上满纸都记载着为它们所骗的"发明"故事，如"以夜气为疟疾的原因"，"以太阳上的黑点为经济恐慌的原因"等等。所以我们只能使它们在辩证法的指挥之下做一员裨将，发挥一点技术能力，万不能叫它们去充当统率三军，运筹决策的大将。

第七章　统计法

35. 统计的功能与流弊

统计法，是归纳法尤其是契合法、共变法，更精密而向数计方面走去的一种发展，和目前符号逻辑、数学逻辑是演绎法更精密的一种发展一样。它是搜集材料，发现联系，研究从量变到质变，从偶然到必然的一种方法。

要研究一种繁复的现象，首先要搜集充分的材料，加以整理与分析；在这里就要用到统计。如地质学家要研究地层形成的法则，首先须对于各地层的情形广为调查，详为记载；达尔文要研究生物进化的法则，也先要搜集多种生物，考察它们繁殖、变化、灭亡等等的情形，详细记载；马克思要研究资本主义的经济法则，更须跑到英伦去详细查究各工厂的劳动状况，并纵观各资本主义国家的发展史，通通予以记述等等。这些，都是一种统计。

但"搜集些统计上的与件，只算是第一步。这时只有些什么都显不出的'生货'；它们的不足为研究的工具，有如一窑砖的不足为建筑的醒示物。还要把它们分排、归类、列表，和别的统计发生关系，它们才能成为某一研究的工具。正如一个器具，除非到了熟练工人的手里，终不过是一根木头或一片金类"。换句话说，研究不只需要有充分的材料，还需要把这些材料分排、归类、列表，和别的统计发生关系，去发现这些材料之间或这些材料和别的一些材料之间有些什么联系，才能着手研究。这，也是统计的事情。

　　联系有种种，有因果关系，有并存关系；因果关系又有"一果众因"、"同果异因"、有因无果的"相抵原因"、"主因"、"副因"、"众果一因"、"异果同因"等等的不同。这一些，都不是统计表或各统计表的对照校勘所能显示出来，而需加以研究的。

　　各种科学，主要是要去研究各种事物的发展与变化。变化有质变与量变。前述共变法，就是观察量变的一种方法，而其研究，则须从质的规定性与量的规定性的差异上，从根据与条件，内在矛盾与外在矛盾的相互转变上去辨认，去揣摩。统计的可用以观察量变，比共变法更为广远与精密。但在使用统计之前与之后，都需对于对象的质的规定性有个确定，否则就不但无所得，还许会得到完全错误的认识，换言之，在开始研究一种事物之前，首先要确定对这事物所要研究的到底是怎样的一种或一些问题，以及这种问题的研究应怎样入手与处理，然后才能借助统计来进行研究。而这一些，都是需要用到辩证法的。研究量变，并不只是像共变法那样，确定出一种因果关系，重要的还须看清楚这量变的程度，是否达到了质变的界限。换言之，研究量变，是更具体，更详细的来研究质变，研究怎样在从量变到达于质变、偶然到达于必然。这，都是非有辩证法不可；统计法，只是辩证法指挥之下的一个技师罢了。

　　一般人都认为所期望于统计的只能是一种盖然性（或译殆然性或或然性）。这是非常不正确的。盖然性就是可能性，或偶然性。统计固然是观察盖然性的一种方法，但用统计来进行研究的时候，并非只在必然性不能知道的处所；也不只以盖然性的获得为满足。锡格瓦说："以前计数每年有几次日蚀和月蚀是有意思的，因为它们是不能预测，不能解释的；自从找得了它们发生的规律以后，就能算出几百年前后的日月蚀，那种计数也就毫没意思了"。这话只能在力学范围内，机械的研究上，才有正确性。至于并非用算式可以算出的各种现象，如社会现象、生物现象、气象等等。就是在"知道它们发生的规律以后"，仍旧要用统计来观察某地是否已经有了这种现象——如1905年前后的俄国，19世纪30年代、40年代的中国，是否是已有资本主义的经济以及这现象生长到了什么程度，是否到达了质变——如革命危机是否成熟——等等。琼斯说："用统计法和平均数得来的结论，常是很缺乏科学定律所必不可少的那确实性"，这就是说，用统计法只能研究到盖然性，可能性、偶然性等等。这只能对于误把统计法当做了方法，想单靠统计来得出结论的一些学者才是正确的。这些学者所得的结论，不但缺乏确实性，而且还满身是危险性，如任曙在他的《中国经济问题》那本书里竟会把轮船、银行等来代表资本主义，帆船、钱庄等来代表封建势力；一般优生学家会把人的优劣归源于门第的高下；犯罪学家会把犯罪归罪于人的骨骼；马尔萨斯又会把经济恐慌归罪于人口过剩，等等。如果只把统计当做一种技术，用辩证法来指挥它，如乌梁诺夫的《俄国资本主义的发展》那本书那样的使用法，那所得结论的确实性就丝毫也没有问题了。

36. 统计法

懂得统计的局限性、技术性，我们就可以也才可以讲统计时的各种方法。

统计法到现在已从归纳法独立开去，成为一种专门的学科，里面有许多规则，详细研究，须看专门的统计学书，尤其要看上述《俄国资本主义的发展》以及掘江邑一（日本人）所译 M·N·斯密特著的《统计学与辩证法》等书。这里只能讲一点当做技术看的统计法。

　　调查——调查虽没有一定的方法可讲，为一般逻辑书所不谈；但这是统计不能缺的第一步，其进行也有应行注意之点不可不讲的：这里所说的调查，是包括搜集现成材料在内。调查的第一步是确定所要研究问题的性质，所需要的是怎样的一些材料。第二步是制定调查表格，要预先拟定所得材料要加以如何分排与归类，作出简明的、易于填写易于结算的表格，这就是说先要对研究对象有相当分析，找出研究时应当或需要着重之点，作出只要人面答"是"，"否"，或一个数目字的各种问答题，列成一表，如情形复杂，同时应有方面不同，所问不同的各种表格，切忌所问使人无从回答或意义宽泛，回答不能得到要领。第三步是整理或结算。这里首先要对自己的调查法作严密的自我批评，如果发现调查得不当，即应重新再调查，不宜一定要叫所得材料可用。结算时要注重于各事物相互联系的发现上以及量变是否达于质变的程度上，不宜只知数字，说"数字不能说谎"。要记住我们所要的不是数字本身，而是数字所能显出的相互联系，如果只凭数字，自己不能根据所要研究问题的结节点来把它们活用，那数字是很能骗人的，上述任曙等人就是上了数字的当。

　　平均数——以下所讲就是结算时的各种所谓统计方法。这里最普通的是找出平均数。平均数有算术的平均与几何的平均，先讲：——

　　算术平均数——平均数是代表两个或多个量的数。算术平均，是先把要平均的各种量加在一起，再以所有量的数目除。例如足球队队员 11 人，其体重备为 175、195、187、183、230、187、169、147、159、178、185。算术平均数就是 181 又 11 分之 4。平均数比全体的量或共总数要不累赘些，数目愈大或量的数目愈多，平均数愈觉重要。但它不是告诉我们关于各个体的事情，只能用以代表这组量的全体，或用以和他组比较。它也不表示"群"的同一性：180 是 179 和 181 的平均数，也是 359 和 1 的平均数。

有时一群之中还包含许多小群，则其总平均，要多一层手续才能比较准确。例如有一群人，中分 6 小群，各群人数各为 10、200、50、20、100、150，其平均重量各为 180、148、172、164、156、152 磅，则总平均数不能是：——

$$\frac{180 + 148 + 172 + 164 + 156 + 152}{6} = 162 \text{ 磅}$$

而应当是：——

$$\frac{180 \times 10 + 148 \times 200 + 172 \times 50 + 164 \times 20 + 156 \times 100 + 152 \times 150}{10 + 200 + 50 + 30 + 100 + 150}$$

$$= 154 \frac{6}{53}$$

这种平均数叫做均衡平均数，是算术平均的一个特殊式子。这种平均数最有用的地方，是在用各种商品的价格来测定物价的涨落时，给各价格的涨落以一个适当的量而为其指数，例如两年间某几种商品的价格（以金为单位）比例是：——

	麦	银	肉	糖	棉
第一年………	100	100	100	100	100
第二年………	77	60	90	40	85

我们如果用第二年这些物价的简单平均数 70.4 作为第二年一般物价对第一年一般物价的比例，说物价跌落了这许多或金价涨了这许多，是不很妥当的。因为所举几种商品对物价的跌落不会有同等的影响；麦比糖重要，肉比银重要，而且代表食物的商品有 3 种，而代表衣料的只 1 种。我们应当对这些商品各给一个适当的量作为它的重要性的比数。譬如我们说麦、棉、肉，糖各

比银重要 7、4、3、2 倍，则得表如下：

	第二年的 相对价格	给与的 分量	乘得数
麦	77	7	539
银	60	1	60
肉	90	3	270
糖	40	2	80
棉	$\dfrac{85}{352}$	$\dfrac{4}{17}$	$\dfrac{340}{1289}$

均衡平均是：$\dfrac{1289}{17} = 75.8$　简单平均是：$\dfrac{352}{5} = 70.4$

几何平均数——两个量的几何平均是这两个量乘得积数的平方根，3 个量的几何平均是它们积数的立方根；n 量的几何平均就是它们积数的 n 方根。所以几何平均的一般公式是：

$$\sqrt[n]{a1 \times a2 \times a3 \times \cdots\cdots \times an}$$

一般人都说，人口的增加是几何级数的增加。如去年比前年增加两倍，今年也要比去年增加两倍，因而就比前年增 4 倍，明年则为 8 倍。如把这 3 次所增加的总数用 3 除，而以商数作为每次增加的平均数显然是不合理的。这里就必须要用几何平均数，即 3 次增加数的积的立方根。然这是就人口系由生殖而增加的说的，如增加系由外来人口之流入，那就仍应用算术平均数；如二者都有关系，则须看双方关系的大小而采用两种平均的算术平均或均衡平均。

代表数——这就是一组数量中发现次数最多的一个数量。是我们心中常说"通常的人""通常的学生"等等的意思。如去年的米价有 1 个月是 7 元，1 个半月是 7.5 元，2 个月是 9.4 元，半个月是 10 元，1 个多月是 9.8 元，有几天还涨到 10.2 元；其余 5 个多月是 8.2 元至 8.6 元，那就应当用最后一个数目作为去年米价的代表数。代表数是许多地方要用到的。波列说："对于估衣铺最备用的，不是种种腰身的平均数而是其代数。设立一个邮局或一爿店铺时要预先知道的，是销售邮票或货物的代表数而不是什么平均数。"

中数——在一组东西其大部分挤在一块的时候，就应当用中数。中数，就是把所有的数量顺次排列，位次适居其中的那个数目。如数量的数目是偶的，中数就在两个居中数目之间。中数的好处，也和代表数一样，是不受极端事例的影响。"无论有多少家资巨万的人存在，影响不到那个'中等收入'。正如有同样的人数，其收入在中等以上，不能影响到它一样"，而且在关系各数量我们知道得不完全时；仍能找出一个亦颇正确的中数。例如工资调查录中，会有 10 万人的工资数，因其远在平均数以下，完全没有记下；在这种地方，要找平均数或代表数均不可能；但如果我们能够给他们的工资数以一个最高最低的限度，那就只要知道他们的人数，即可以找出相当正确的中数。

37. 盖然性

把上述用统计法从统计材料上所求得的各种数——平均数、代表数、中数等，和从其他统计表上所得来的这种数发生关联，对照、比较，就可得到以数字表述出来的盖然性或或然数。这种盖然性，因着研究时的对象不同、情形不同、方法不同，或表现量变与质变的关系，或表现偶然性与必然性的关系，或表现可能性与现实性的关系。如以历年物价涨落的百分比和历年工资增减的百分比对照，就可看到这两种百分比之间有无一种因果关系。这种因果关系之有无，当然不能是百分之百的，只能是盖然的。如果这种因果关系有时是有，有时又没有，那就这种因果关系只是偶然的；但如果到材料渐渐多起来，发现有这关系时候多，没有这关系的时候只是少数，那就不是偶然的而是必然的了。至于这种从偶然性到必然性的发展到底到了什么程度，那可以用有无数——有这关系的年数和没有这关系的年数——的比例大小来决定。

苏联从开始新经济政策以后，对于私有经济与社会主义经济各生产部门的产量、投资，逐年都有很详细的统计，从这些统计的比较中就可以看出整个社会机构中两种经济消长的盖然性，看出整个社会经济量变的情形。到了第一次五年计划完成时，就已到了量变到达于质变的阶段。又如列宁从各资本主义国家各种生产部门的统计上看出生产工具的生产和消费品生产有着显著的不同比重，从各种输出物的统计上看出货物输出与资本输出，在比重上也有着显然的变化，又从各种金融机关的投资统计上看出，它们对于各种企业的关系也有着与前大不相同的情形；因而看出各国经济到了 20 世纪初年或 19 世纪末年，已由量变到达于质变，而走入帝国主义的阶段。

从一国直接生产者的生活指数——即他们在一年中维持最低限度的生活所需费用的代表数或中数——的统计和他们收入统计的对比上，可以看出这一国革命危机的有无及其成熟的程度，换言之，就是可以看出这一国有无爆发革命的可能性及这可能性的大小。再从全国经济的各种统计上，直接生产者对剥削者的斗争统计上，他们加入各种组织的人数对于他们总数的比例统计上，他们总数对全国人口的比例统计上，以及他们参加自己政党的人数统计上，就可以看出这一可能性是否到达了现实性的界限。

盖然性有归纳的与演绎的两种。如上举三种事例中，前两种是属于归纳的，后一种是属演绎的。它们的不同，是前者根据过去的经验来研究出当前某一事物的机构，后者则从事物机构的分析、研究上推演出这事物的发展前途，即看出它有着什么样的可能性或现实性。我们不只在统计法上可以这样来区别归纳与演绎的不同，就是一般的归纳法与演绎法也可以给它们这样的区分。

但统计上所显现出的现实性，并不会是真正的质变，真正的现实性，只是一种比较更接近于现实，比较更为具体的可能性，一种已经极其迫近于质变的量变。所以统计研究并没有能够完成思维的任务；思维的主要任务，是要研究出促成量变的转成真正的质变，可能性转变为真正的现实性，到底需要一些什么必不可少的条件与方法，使自己明白应当怎样来努力于这些条件的创造与猎获，努力使这些方法的实施，以争取质变与现实性的现实化。辩证逻辑的统计法与形式逻辑的统计法的一个根本不同之点，就在这里。形式逻辑的统计法，绝对没有这种积极性与斗争性；它只是站在旁面对事物加以悠闲的说明而已，一点也没有想到自己要跳进去加以改造。因此，在那里的统计法，都只有对各种事物各别的统计，分析的统计，没有把这事物当做某一体系的构成部分，把它和这体系的整个联系起来作综合的研究，以至于会去专门玩一些像"由 52 张扑克牌中可以抽出 A 牌 4 张，所以每一 A 牌可能被抽出的盖然数是 $\frac{4}{52} = \frac{1}{13}$"，"掷一粒骰子，可能得着 5 的盖然数是 $\frac{1}{6}$"，等等把戏，把这些就当做盖然性的研究。

第八章　推演法

这里的推演法，就是从形式逻辑中的演绎法来的。但推演法与观察法，虽是从形式逻辑中的归纳法与演绎法吸收过来，它们已经不再是归纳法与演绎法。归纳与演绎是方法论的范畴，观察与推演只是一种技术，和统计只是技术一样。它们不构成思维的阶段或历程，更不是独立的思维方法，只是在辩证的思维过程中，此处彼处地供零星使用。我们的把它们分章论述，并不是说它们可以单独运用，只是为着论述上的便利。

我们的思维，首先是根据了辩证法确定自己的路线与材料，这相当于一个作家开始他的作品时先须根据了宇宙观与人生观确定这一作品的主题与题材。在着手进行思维的时候，时常要用到观察与推演；思维的用到观察，和作家着手写那作品时须时常用到实地观察以构成各种形象与典型一样，它的用到推演，和写作的必须讲究布局结构、遣词等等一样。这里的推演法，分为表象、论断、推论这三项来说明。

38. 表象法

词——思维是以概念做它最基本的构成单位，可以说概念是思维的细胞。思维活动要以概念做"据点"或"基点"，而且还首先要把概念定形化、轮廓化，用什么迹象把它表象出来。可以用为概念的表象的，有音符，图样、姿势、动作等等，而最科学、最方便的则为文字。表象概念的文字，叫做"词"。

表象概念的词，和文法上的名词完全不同。名词是和动词、形容词、副词等等对立的东西，而这里的词，则文法上所有的品词都可以用，而且还可以是它们的结合。词所表象的，是一种或一群东西，或性质、或关系、或动作、或观念、或它们的结合，一句话，是作为思维活动的据点的一个整个概念。所以它可以是一个字，或一群字（文法上叫做"联语"或"仂语"），以至于一个句子。如"人要吃饭是不可抗的一个自然法则"，或"思想要自由，是天所给与的一种神圣不可侵犯的人权"等论断中，"人要吃饭"与"思想要自由"都是一个句子，都是一个词，而"不可抗的自然法则"与"天所给与的一种神圣不可侵犯的人权”，则都是一个联语，也是一个词。

词与概念的矛盾与统一——概念，可说是一种“流体”或“流质”，一方面，每一个概念都不大容易给它划定一个明确的界限，同时，它又不断地在前进、在生长、在展开、在繁殖。但作为它的表象的词，却是非常僵硬的一种“固体”，一经形定，就永远只能那样子。因此，词与概念之间就有着一个裂痕，愈来愈大的裂痕。原来是对概念很切合很熨帖的一个词，但概念是不能安定的，它时时要舒散舒散筋骨，要闯到别处去，要生小孩，轧朋友；急得那词紧紧追赶，追得满头大汗，仍是裹它不住，追它不上，一方面替小孩朋友添置新衣，也大是应接不暇。于是只好用下述几个办法来补救一下：第一，把字的原有意义引申开去，使它的用途更概括一点，如“化”字原只是人死腐烂的意思，现在已有“变化”、“消化”、“教化”、“文化”，以至“募化”等等意义。其他如“曲线”、“源”、“根”、“苗”、“酸”、“盐”、“金属”等等都是这一类的字眼。

第二，是把通用的字眼专门化，使它的用场限制在某一特殊场所，如“县”字，原来凡是挂在空里的都叫做县，现在却专用作一省一县的县；“社”字，原来凡有许多人聚居都叫做社，现在却只用以称有组织的团体；“厂”字，原来是宽广的意思，到处可用，现在却专指制造货物的作场。其他如“会计”、“文牍”、“大夫”，“膝下”、“足下”等等词类，都是这种特殊化的例子。此外，一个词的通俗用法和术语里的用法，常常大不相同，如“现象”、“感觉”、“观念”、“价值”、“经济”、“资本”、“能”等词，在通俗用法上意义非常广泛，在术语里就不能随便乱用。

第三，把词意转到与原来表象相联或相象的东西上去，如道家、墨家的“家”字，主席、首席的“席”字，令堂的“堂”，拙荆的

"荆"，都是转到相联物体上去的几个例，而"笨重"、"纯洁"之"风凉"、"热烈"等，就是转到相象的东西上的例子。

此外，还有许多仓皇乱凑的补救办法，如碰运气叫碰"机会"，指明事情来说叫"具体的说"等等。

总之，词是常常要与概念脱节的，它们一个要变化，一个要常住，中间有着很大的矛盾。然这矛盾并未闹到分家，各自东西；一方面是词在拼命追赶，始终和概念保持着一种不即不离的状态，另一方面，概念也除掉透过词以表现自身外，并没有更好的办法，至多只能略略摆脱一点词的形骸，到"字里行间"去透出词所表达不尽的"余音"。它们俩始终是一个统一体。

这种统一，表现在，概念一天天发达起来，词汇也跟着丰富起来，概念逐渐明确，词汇也跟着精密。反过来说，用词的含混，实在就由于作者概念的糊涂，词汇的贫乏，就由于概念的单纯。

定义——词与概念虽是始终统一着，然前者终究是落在后者的后面，不能十分把概念表象得精确而显豁。用它去作为思维活动的据点时，先把它到底含有怎样的一种意义规定明白，常是必要的。亚当·斯密政治经济学中的矛盾百出与分析混乱，根源就在于他对于"国民收入"、"利润"、"剩余价值"等等的含义没有弄清楚；李嘉图虽然对于这些辨认得比较清楚多了，但他对于"劳动"与"劳动力"；"社会劳动"与"具体劳动"等等仍是纠缠不清，所以仍是解决不了。亚当·斯密所遗留下来的矛盾，民粹派所以算不清当时俄国社会机构的一篇账目，根源就在于对"市场"一词搞不清它的含义，而迄今一般死也不肯放弃旧窠臼而从善如流的形式逻辑学家，也由于他们对于什么叫"思维方法"这一点未能捉摸得定，把握得准。所以词的必要有定义，是非常迫切的。

　　有人可以说，上述种种，不是什么词之有无定义的问题，而是概念有没有弄正确的问题。对的，确是这样。然而，这一点也没有减少词需定义的重要性。第一，由于词的常常追赶不上概念之进展，往往概念已发展到一新的阶段，而表象时仍只能因陋就简地沿用旧有的词，这词的陈腐，不能不连累到概念的霉损。例如国民收入的"收入"一词的陈义，就障蔽了亚当·斯密的目光，使他看不到偿还固定资本这一笔费用，还须从收入中扣除；"市场"一词的陈义，就障蔽了民粹派的目光，只晓得市场就是一般人的购买力，再也看不到社会分工是市场的根源，更看不到生产工具的生产的不能不扩大是开拓市场的一柄利斧。第二，由于词的通俗用法与其术语用法常有很大的差异，如果在作科学研究时，即在作科学的思维活动时，如果对所用术语，不首先作一定义，就不能保障这词的通俗用法不时掺入。例如"价值"一词的通俗用法，就没有使用价值与交换价值的区分，"劳动"一词的通俗用法，就没有把它和"劳动力"严行划分；如果在研究商品时不首先把它们各自所表象的范围严密规定是不能使我们的概念在商品研究的过程中逐步清晰，渐入深处的。

　　类——在定义上，类是很有用处的。所谓类，就是把许多具有某种共同性质的事物归为一类，给以一个共同的名称，如动物、人、商品、国家、工厂、公司等等，都是许多个体的共同名称，就是类名。类有高级与下级的分别，如动物是高级的类，人是下级的类；对生产物这个类而言，商品就是下级类，对奢侈品这个类而言，就是高级类。有了类的规定后，在下定义时，就只需举出所欲定义的那个事物所属之类的类名，再加上这一事物特有的性质。如"人是自己创造自己历史的一种动物"、"苏联是没有了人剥削人的制度的一个国家"、"货币是特殊化了专门用做交换中介的一种商品"、"辩证唯物论是劳苦工农的哲学"等等，都就是这样的定义。

外延与内涵——但上述方法并不是定义的一定可靠的方法。例如我们要替耳扒、表、市场等等下一个定义时，就很难举出它们的类名。在定义上，还有一种方法，就是从一个词的外延或内涵上来说明某一事物是怎样一个东西。所谓外延，就是所有这个词所能表象的一切项目，如有人要我们替"文学作品"下一个定义，就觉得很难用一两句所能做到，我们可以说："像小说、诗歌、词曲、剧本等等都就是文学作品"。这样可以使问的人得到一个比较明白的概念。这种方法，就是列举文学作品的外延来做它的定义。这种方法的用处也是很有限的。因为词的外延往往会多到计数不清，这样的定义。不是不容易做到，就是挂一漏万。所谓内涵，就是一个事物所具有的一切性质。对于没有类名可举的事物要下定义，就只有把它的内涵通通说出，如对耳扒的定义，我们可以说它是：头上有个弯曲小勺可用以挖耳矢的小棍子（这里的小棍子，只是借来说明耳扒的形体，不是类名，因为耳扒不能说是一种小棍子）。就是像"新经济政策"这一类的事物，虽是属于经济政策的"类"，但对它要下定义时，仍得把它的内涵充分举出。因为它和资本主义国家的一切经济政策根本不同。举出类名的定义方法所以只需把要下定义的那个事物所特有的性质加上就成，是因为那类名已把这一类所共有的内涵代表掉了。现在新经济政策完全是一个新东西，原有"经济政策"这个类名，不能替它代表什么性质，所以它的定义，非把它的一切特性全都举出不可。

定义虽是帮助词来把一个概念表象得明确的一个方法，但仍有许多概念，尤其是社会科学和哲学方面的许多概念，不是用定义的助力就能表象得明确的。例如"商品"这一概念，虽然商品是"生产物"这个类的一员，并不能由"商品是可以自由买卖的一种生产物"这样的或其他方法的定义所能表象得明确；

非等到把经济学中关于商品一部分东西全部看完、看懂，我们对于商品是不能获得明确的概念的。例如"相对论"、"非欧几何学"、"能"、"市场"、"文学"等等更是要等到对它们有了充分的研究以后才能有个明确的概念。还有许多概念，因为发展得和以前完全不相同，以至用旧有的表象——词、定义等——简直不但无法表明，反而要有浓浊的障翳，如"心理学"这一词，就有许多心理学家不愿再用它做这一科学的表象，而另换"行为学"，"人理学"等等新的表象法了。这就是词始终追赶不上概念的一种悲哀了。

39. 论断法

命题及其种类——命题，是表述一个判断的语句。一个命题，不一定是一句，可以是两个以上句子所构成，如"思想能自由，是一个民族能够有其辉煌的文化的先决条件"，只是一个判断，也就只是一个命题，其中就含着两个句子。命题可以从它的量上分成两种，如"一切人都是要死的"，"有些人要落到时代后面去"。前者叫做统举命题，因为它把所有的人都说在里面了，后者叫做偏及命题，因为它只讲到人的一部分。再从它的质上分，又可以有两种，如"被剥削者是需要革命的"与"剥削者是不愿意革命的"。前者叫做正命题，因为它是表述一个肯定的判断，后者叫做负命题，因为它表述一个否定的判断。于是合起来，命题就一共有四种，（一）正的统举，（二）正的偏及，（三）负的统举，（四）负的偏及。如"一切人都要死"是（一），"有些人怕死"是（二），"凡是革命者都是不怕牺牲的"是（三），"有些革命者是不愿轻易牺牲的"是（四）。

主词与谓词及它们在命题中的尽与不尽——一个命题，可以说是由两个词所构成：一个叫主词，一个叫谓词。主词是表述判断的对象的词，谓词是表述对这对象所下断语的词。一个命题，在逻辑上讲来，是表述主词与谓词的关系的；表明这一关系的，叫做"系"。这个系，通常总是"是"与"不是"或"是不"两种，那就是由以区别命题正负的东西。这种关系，在逻辑上只有正负两种；正的关系，称为"括入"，负的关系，称为"排出"。括入，就是把主词括入谓词里面去，也就是说，主词所表象的是属于谓词所表象的那个类。排出，就是把主词排出于谓词之外，是说主词所表象的，不属于谓词所表象的那个类。在四种命题的主词与谓词中，有的是表述自己所表象的那一概念的全体，有的只表述这概念的一部分，因此，前者就是"尽"的，后者是"不尽"的。偏及命题的主词，上面总冠有"有些"之类的字样，总是不尽的，统举命题的主词上面总冠有"一切"、"凡"之类的字样，总是尽的；负命题的谓词总是尽的，正命题的谓词总是不尽的。这许多情形，只要细细看一看上面所举各种命题就可以明白，无需再多解说。

只是还有一点仍须有个说明，那就是偏及命题谓词的尽不尽。"有些人是怕死的"这一命题，似乎是说除了这些人以外就是不怕死的，因此，"怕死的"这一断语，就似乎已经尽于这"有些人"了，这个谓词应当是尽的。其实，这命题，只讲到有些人确乎怕死，至于其余的人怕死不怕死，它并没有所判断；换句话说，它只把这些人括入怕死者这一类，至于怕死者中是否还有其他的人，它是须等以后的命题（判断）来决定，把谓词留着一大部分等在那里，所以毫无问题是不尽的。"有些革命者不是随便就肯牺牲的"这一命题，也有同样的情形，一眼看来，似乎是在说，除了这些革命者以外就都是肯随便牺牲的了。其实，它也只是对这些革命者说了一些什么，对于此外的并没讲起什么。换句话说，这命题只把这些革命者完全排出谓词之外，至于是否有其他革命者可以括入进去，那是它所管不到的。关于这一点，欧拉有一个很好的表示方法，现在介绍于下：他对主谓二词各用一个圆圈来代表，S 表主词，P 表谓词，圆的实线表已断定，虚线表未定，于是——

正的统举命题为　主尽谓不尽

正的偏及命题为　主谓都不尽

负的统举命题为　主谓都尽

正的偏及命题为　谓尽主不尽

一般逻辑书还常用 A、E、I、O 四个字母代表四种命题；这在叙述上也颇为便利。列表如下：

$$
命题
\begin{cases}
质\begin{cases}正\\负\end{cases}\\[2ex]
量\begin{cases}统举\\偏及\end{cases}
\end{cases}
\quad
\begin{cases}
统举\begin{cases}正\cdots\cdots\text{A}\\负\cdots\cdots\text{E}\end{cases}\\[2ex]
偏及\begin{cases}正\cdots\cdots\text{I}\\负\cdots\cdots\text{O}\end{cases}
\end{cases}
$$

此外，有些命题，字面上好像是正的，其实都应当是负的，如"只有学生可以进去"这命题，并不是说"凡是学生都可以进去"，而是说"凡非学生都不能进去：所以它不是 A 或 I，而是 E"。还有如"除最好的之外都遭拒斥"这命题，从字面好像是负的，即"那最好的就不遭拒斥"，其实，这不是这命题的确切含义；它的真意是："凡不是最好的都要遭拒斥"，所以是 A。

40. 推论法

思维以概念为据点再向前推进时，由概念构成判断，再由此而逐步推论下去。在推论时，步伐每每能够紊乱而引起谬误，有建立轨范以作防卫的必要。这轨范，就是这里要讲的推论法。在研究推论法的时候，我们可以把推论制约成一个个的单元，规范这单元为三段论的形式。这并不是说，我们的推论，必须采取这种形式，而是为得要找出防止推论歧误的轨范，只有推论暂时制约成这样单元后方有办法。

三段论法式——三段论是以三个命题作为推论的单元；其中一个是推论中所要得到的判断，叫做"结论"，其余两个，一个是这结论所根据的一般知识（通常称之为原则），叫做"大前提"，一个是我们对这结论中的主词已经有了的某一判断，叫做"小前提"。结论的主词，在这里有一个名称，叫做"小词"，其谓词则叫"大词"；小词须在小前提中已经见过，大词则须在大前提中包含着。两个前提共有四个词，除了大小二词外还须各有一个共同的词，作为推出结论的中介，名叫"中词"。所以，一个三段论应当有三个命题，四个词，不多亦不少。举例如下，以 S 代表小词，P 代表大词，M 代表中词：

社会主义的社会（M）是必须要先有极发达的电气化生产作为基础的（P）……大前提，

苏联（S）是社会主义的社会（M）……小前提，

所以苏联（S）是必须要先有极发达的电气化生产作为基础的（P）……结论。

大小二词的位置，在结论中是一定了的，因为大词是结论的谓词多总在下面，小词是其主词，总在上面；但在大小前提中就不能一定。在形式逻辑中，是把三段论，照着大小词在大小前提中的位置不同，分别出四种"式"而推究出 19 条或 15 条规则

来。这不但是繁琐难懂，而且也由于它的专讲形式，实际上并无
必要。推论的主要条件就是结论要能站立得住；这就是说，根据
了已有的两个前提，确能得出这样的一个结论，或者说，那已经
确立的大小二前提，确足够支持所得的结论。要保证这样的一个
条件，只要我们能够使所得结论，其主谓二词的关系，从两个前
提按查起来，是没有移动的可能。这里，最简单明了而决不会错
误的方法，是图表法。我们根据前述欧拉的图表法，举例来说明
这里的图表法。

例如："凡是中国人（M）都应起来参加对日本帝国主义的
抗战（P），你（S）是中国人（M），所以你（S）应该起来参
加对日本帝国主义的抗战（P）"。这个推论，作起图来，就是：

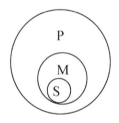

中词照大前提是全体括入大词里面，是尽的，小词照小前提
又全体括入中词里面，是尽的，那它（小词）就不得不全体括
入大词里面，而构成如结论的命题。因此结论是没有错。

再看："凡人（M）都是理性的（P），猿猴（S）不是人
（M）"，这两个前提的图表，应当是：

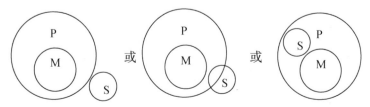

在这里，我们就没有把握用 S 和 P 作成任何命题的结论，因为从图看，虽是 M 是全体括入 P 里面，S 全体排出 M 之外，但 S 到底是全体括入 P 内，或全体排在 P 外，还是一部括入一部排出，根据前提是不能确定的。因此作出任何结论都是靠不住的。

再看："社会主义国家（P）是实行计划经济的（M），美国（S）实行计划经济（M）"，这两个前提，作起图来是：

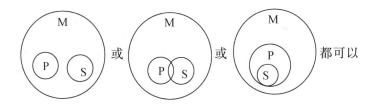

因为所知道的，只是 S 和 P 都全部括入 M 里面；至于 S 与 P 的关系是排出还是括入，还是互括，就无从确定。因此，这两个前提，就不能使我们得出结论。但如果两个前提是："社会主义国家（P）是没有人剥削人的制度的（M），美国（S）是有人剥削人的制度的（M）"，那图就是：

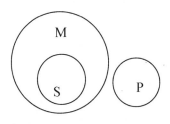

S 与 P 的关系，就可以有个确定。因此，它们能使我们得一

个结论，说："美国不是社会主义的国家。"

再看："凡是学有成就的（M）都能著书立说（P），凡是学有成就的（M）都是读书人（S）"。这两个前提，作起图来，可以有：

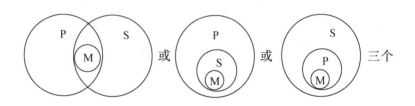

在这里，我们虽然不能确定 S 与 P 的关系到底互括，还是 P 括入 S，还是 S 括入 P，但至少它们有一部分是互括，却是可以断言。因此，这两个前提至少能使我们得一个偏及的正命题做一个结论，说："所以有些读书人是能著书立说的"。如两个前提是："凡布（M）都可以做衣服（P）；凡布（M）都不是丝织品（S）"，它们的图就是：

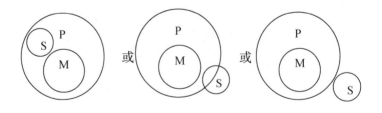

S 与 P 的关系就无从确定，因而就没有结论可以得出。

好了，不必再多举例子来讲了，总之一句，不问两个前提中中词的位置怎样，也不问它们的是正是负，是统举是偏及，我们只要按照它们中三个词的关系作出图来看看，看小词和大词的关系有没有个确定，是怎样的确定，就可以断定它们能不能使我们得到结论，能得怎样的结论——正还是负，统举还是偏及。

　　不过这里有一点应当注意，就是两个前提中一定要有三个词，同时又只能有三个词；就是说，除了大小二词之外必须还要有一个中词，而这中词一定要是真正表象同一的东西。如"铁是从地下掘出来的，钢是从铁里炼出来的"这两个前提，它们的中词好像是"铁"，把它当做中词而作起图来看时，应可以得出结论，但一看又觉得它们不能使我们作出"所以钢是从地下掘出来的"，这样的结论，这是因为"铁"与"从铁炼出来的"是两个词，不是一个词，这里实际上已有了四个词，不应当有结论可得。

　　我们说过，三段论，只是我们为了要找出推论的规范而把推论制约成的一个单元，实际上所有的推论，并不能，也不必一定按着三段论来进行。不过在我们要检举自己或人家的推论有无错误或能不能成立时，可以把它制约成一个或多个三段论来查究一下，看它合不合推论的规范。

　　假言推论与择言推论——三段论还有这两种变格，其规范仍是一样，不过形式有些不同罢了。现在试各举一例如下，以便能把三段论活用。假言推论的形式是："如果它是炭质，它就应当烧得着（大前提），现在它烧得着（或烧不着）（小前提），所以它是炭质（或它不是炭质）（结论）"。择言推论的形式是："（周公使管叔监殷，管叔以殷畔）。如周公而仁，则不当知而使之；如周公而智，则不当不知而使之（大前提）。但周公非知而使之，即不知而使之（小前提）。故周公非不仁，即不智（结论）。"其实，择言推论，就是根据可能性的推论，所以它的结论可以有两个。

现在我们把形式逻辑中有用的东西，通通改编在这里了。或者形式逻辑学家会来讥笑我们，说："讲来讲去，终究还是抛不开形式逻辑；可见你们反对形式逻辑是毫无理由的。"或者辩证逻辑学者也要说："形式逻辑已被我们否定了，干吗你们又要把它拉回来？真是倒车！"我们对于他们的得意或暴躁，应当平心静气地说："你们应当仔细弄清楚了再说。"如我们上面所述，很显然的，我们所拾回来的并不是形式逻辑，而只是把它推翻了以后所挑选出来的一些尚有用处的残砖断栋；更不是把它们当做逻辑的执行委员而收在这里，只是当做尚堪驱遣的技术人员而给以一官半职；它们在这里决不再能发号施令，只能奉命照办。这在形式逻辑学家决不是什么可以得意的事，在辩证逻辑学家也根本用不着着急。

其次，表象法、论断法、推论法，也和概念、判断、推理一样，是互相交流的。就是推论法要以论断法作基础，论断法又要以表象法作基础；同时，论断法也要以推论法作基础，表象法也要以论断法作基础。总之它们是互相渗透的一个东西，并不是互相独立的三种方法。观察法、统计法、推演法这三个部分的关系也是如此：作为推演法据点的词，必须先要有观察法予以确立，而观察法也要有推演法的帮助，才能知道到底要去观察些什么。至于统计法，则原是精密的一种观察法，它有赖于推演法是无需再讲了。

附

敬请批判

《逻辑与逻辑学》（1938 年第二次印行时曾改名，为《逻辑学与逻辑术》）是早已停止出版了的小册子，最近原出版机构——三联书店又来通知，说准备把它重新印行，供逻辑研究工作者参考，并征求我的意见。这一通知，我没有办法可以不同意，因为此书虽早已停止出版，但到底是早已出版过了的，现要重新印行，有什么理由可以不同意呢？如果说有什么意见，那么，只有一个意见，即：请把"供参考"改为"供批判"吧。

这本小册子是 1937 年我出狱后利用休养期间的个把月匆促写成的，而其准备、酝酿的过程则是在四年牢狱生活中的后半期。那时看了一点书刊，当然是极其有限，不要说马克思主义的经典著作看到的极少，就是关于逻辑的书也看得不多。这样写出的东西谈不上是什么研究的成果，至多只是敢想敢说的成果吧了。所以书出不久，就发觉里面幼稚可笑之处甚多，以停止出版为宜。当时原想多看一点经典著作，多搜集一点资料，把它大加修改后再出版。但由于一再转移——由南京到武汉、到重庆、到上海、到延安，不但新积集的一点资料都丢掉了，就连原来在牢里所积集的也丢光了，因而一直无法如愿。

现在又已积集了一些资料，可以着手修改了——说确切些已不是修改而是要重写了，但时间还是一个大问题，不知何日才能如愿。

修改也罢，重写也罢，看来，和把原版重新印行怕始终是两回事了。在原版的《弁言》中曾希望读者对它多多批评，以便据以进行修改，后因不久即予停版，一直没有得到什么批评。现把原版重新印行，不正好用以征集批评意见，在有时间重写时获得很多很好的匡正吗？

根据这样的想法，在重新印行时，除了一些太要不得之处予以删除，一些错字、乱句加以校正外，对于内容就不加任何修改。原盘托出，敬请同志们鞭策！

潘梓年

1961 年 4 月 10 日

〔生活书店 1937 年初版，1938 年再版（《逻辑学与逻辑术》），

1961 年第三版〕

逻辑研究同样要联系实际[*]

谈一谈形式逻辑管不管真实性的问题。

逻辑上一直有一些问题是在争论，不容易得到大家都能接受的答案，如形式逻辑和辩证逻辑的关系问题、形式逻辑管不管真实性的问题、辩证逻辑与唯物辩证法是一个还是两个的问题等等。这些问题原都是互相联系着的，但在这里，却主要想单就形式逻辑管不管真实性的问题来谈一谈个人的意见。

理论必须联系实际，是任何科学研究都不应忘记的一条原则。解决了这个问题以后，肯定了理论必须联系实际以后，科学事业就能获得飞跃的进步和巨大的成就。在哲学界，全民学习哲学，特别是工人、农民学习哲学，就因为边干边学、边学边用，紧紧地联系着实际斗争在学，所以才能很快就遍地开花，而且成效卓著。在哲学专业队伍方面，大家都下乡下厂联系实际、进行

---

　　* 作者一贯主张要用辩证逻辑（辩证法）来批判和改造形式逻辑，把形式逻辑在实践中的应用和作为形式逻辑的对象、范围等同起来。强调形式逻辑必须管内容真实和前提必须符合充足理由的原则，即是把认识真理的任务都划入逻辑学的要求之中。这种观点自30年代以来就一直有人在坚持着，是国内逻辑学界很有影响的一种见解。此文就是这种观点的代表作。

研究，这在逻辑研究方面就显得不够，应当追上去才行。

资产阶级学者一直是把逻辑（说的是形式逻辑）和数学（特别是几何），看做是理论性最纯的科学。所谓理论性最纯，其实就是最抽象、最和实际无关的意思。他们认为学习这种科学，不能要求有别的用处而看不到它的"最大用处"，所谓"最大用处"就在于它能"训练思维能力"。这种说法，可以说是经院学风的典范，我们必须坚决反对。最近中国科学院数学研究所线性规划组接受了粮食部所委托的一项任务，要总结在调运粮食方面的一个先进方法（大家称之为"土办法"）；给以科学上严格的证明。这个组的几个青年，经过苦干苦钻，终于克服了许多困难完成了任务，并且认为这个"土办法"是数学中的李始美，迈出了"中国化"地发展数学事业的第一步。原来，粮食部要求得一个调拨粮食最合理，即运费最省的调运方案。如果用洋办法来解决，就得列出未知数和成百上千的方程组来进行计算。这种办法，不但一般管理调运方面的干部很难做到，即使数学专家来做，也要花很大的力量，算很长的时间。"土办法"的要点是：把粮食调拨方向，由起点到终点沿着铁路用箭头画下来，根据一些简单的、连小学生都可以学会的法则，就可以判断怎样调运最合理、运费最省（参看中国科学院《风讯台》第 57 期第 2版）。这件事情，充分说明了对那种脱离了实际去作纯理论研究的资产阶级治学方法盲目崇拜的迷信观点对科学事业的发展是多大的阻碍。只有抛弃了这种迷信观点，紧紧地结合着实际来研究理论，科学事业才能有广阔的发展道路，研究数学如此，研究逻辑也应如此。

说形式逻辑只管推理在形式上是否正确，不管它在内容上是否真实，就是要使逻辑研究离开了实际去做"纯"形式的研究，不能不说它是一种迷信观点，是属于资产阶级的学术观点。任何形式都是一定内容的形式，离开了内容就没有什么形式可言，因而离开了真实，也就没有什么正确可言。如果形式逻辑真的管不到推理的是否真实，那我们还有什么必要再去研究它呢？

形式逻辑的局限性是无可争辩的。单靠形式逻辑，只能在一定的限度内保证知识的真实性。科学研究逐步扩大，逐步深入，要保证知识的真实性除用形式逻辑以外，还须要有辩证逻辑，这没有问题。但摆在研究者面前的问题是对形式逻辑这种局限性应采取什么态度。如果可以肯定，某种办法的局限性已无法克服，或者它的局限性虽还有被克服的余地，但我们已另有更好的办法可以代替它，不必再用这种具有局限性的工具，那我们就应不再留恋地把它抛弃掉。形式逻辑怎样呢？一方面，不但在日常生活中有必要用到它，而且在日常生活（或者像一般人说的"家事"范围）以外的广阔领域中也还有必要用到它，并不是有了辩证逻辑以后，形式逻辑就可以不要；同时，它的局限性也还没有达到已无法克服的绝境。今天的逻辑研究者的任务，是把形式逻辑置之于辩证观点的领导之下，尽可能地克服它的局限性。我们的态度要像毛泽东同志所指示的那样，"社会的财富是工人、农民和劳动知识分子自己创造的。只要这些人掌握了自己的命运，又有一条马克思列宁主义的路线，不是回避问题，而是用积极的态度去解决问题，任何人间的困难总是可以解决的"（转引自《人民日报》10月12日社论）。形式逻辑也是社会财富，它有局限性就是它还有问题。研究的人，不是回避问题而是用积极的态度去解决问题，才是走的马克思列宁主义路线。现在有些逻辑研究工作者对形式逻辑的局限性不但不用积极的态度去解决问题，而是采取回避问题的态度，而且为了要达到他自己存心要使它"可以为辩证法服务也可以为形而上学服务"，"可以为正确意见服务也可以为错误意见服务"的目的，连莱布尼茨已经找到了的可以防止它，至少可以限制它去为错误意见服务的办法——充足理由律也要摒弃，这到底算是走的什么路线呢？

据说，所以要认为充足理由律并非形式逻辑所真不可少，有这样一些理由：理由之一是，假如每次推论都要去寻出充足理由，则形式逻辑将与其他科学没有区别，或将其他各种不同的科学一一包办起来，因而它的任务与其他科学相同，"失去了形式逻辑的品质"。"失去了品质"？什么"意思"？用辩证逻辑来进行推理，总是每次推理都要有充足理由的吧？是否因此就要使辩证逻辑与其他各种不同的科学没有区别了呢？是否就要叫它将其他科学一一包办起来因而使它"失去了品质"了呢？我们从来没有听到过有人替辩证逻辑担过这份心，我看，我们也用不着要替它担这份心，因为这是不会有的事。万一有一天竟出乎意料而出现了这样的事，那又有什么不好呢？这样岂非大有利于我们的教学改革和科学研究吗？反过来，如果形式逻辑竟可以不一定要充足理由，竟可以不需要每一次推理都具有充足理由，那它怎么还能当得起科学研究的工具呢？我看，这一条理由很不"充足"。

大家知道，形式逻辑并不是什么人凭空独创出来的，而是积累了多少人多少时期各种不同的科学实践的经验，从这些经验中总结出来的。由于经验的逐步丰富和深入，形式逻辑自然地就有所发展，因而就由培根提出了归纳法，由莱布尼茨提出了充足理由律，由黑格尔提出了关于概念论和判断论的修正。但所有这些发展、改进，都没有从根本上解决问题。所以列宁就提出了形式逻辑必须改造的问题。列宁提出的这个改造问题，到现在还没有解决。今天的逻辑研究工作者，理应负起解决这个问题的任务。即使退一步说，我们现在还没有力量来解决这个问题，但总不应该走回头路，如有些人那样，有的把归纳法排除于形式逻辑之外，有的又把充足理由律丢掉。我们至少应该把逻辑研究和其他各种不同的科学实践结合着，至少和一种其他科学实践结合着来进行，为求得列宁所提改造问题的获得解决而努力。要结合着某一其他科学的科学实践来研究形式逻辑，就不能认为充足理由律并非真不可少。为了使充足理由律成为并非真不可少，乃至主张把形式逻辑和其他科学隔离开来研究——或者说学习吧，这正是硬要把形式逻辑从其他科学中孤立起来的办法，是孤立地看问题的办法，是硬要把它逼到形而上学那一边去的办法；换句话说，就是为形式逻辑送葬。

主张充足理由律并非形式逻辑所真不可少的理由之二是：形式逻辑中的每一个推论，虽有一个大前提作为推论的依据，但这样的依据并不一定是充足的理由，有时只是一种假定的理由，要检讨大前提成立的过程，要问它有无充足理由是实践的事，形式逻辑的推论却不一定注意实践工夫。这条理由就更费解了。试问哪一种科学研究可以把实践剔除在外？就是用马克思列宁主义分析研究所得出来的结论，也是非经实践证实不可。谁曾说过形式逻辑的推论可以不注意实践工夫呢？那么，有没有人不注意实践工夫而在"纯理论"地研究形式逻辑呢？有。那就是资产阶级的各式各样的逻辑实证主义者。如果我们不愿意跟着这些逻辑实证主义者跑，而要用马克思列宁主义作为指导思想来进行逻辑研究，要使形式逻辑还不失为科学方法之一，哪怕是低级的科学方法也好，那就必须结合着实际来研究，结合着某一其他科学的科学实践来研究。实践，认识，再实践，再认识……如此反复前进的认识过程，是人们要想获得任何知识（不管是高级的还是低级的）的必由之路。实践，不只是知识是否真实的试金石，而且还是知识的唯一源泉。离开了实践根本就谈不到什么思维，更谈不到什么思维方法。一个推论的前提，不管是大前提还是小前提，都必须是经得起实践的验证而具有充足理由的，作为推论的依据的理由，不管是肯定的还是假定的也都必须是充足的。须知逻辑里的假定不能是随心所欲的，而是要有一定的根据（就是说要有充足理由）的。否则你的推论，好一点就会陷入教条主义、形式主义的泥坑，坏一点还要陷到不知荒唐到什么程度的泥坑里面去。美帝国主义者对于新中国的推论，对于伊拉克革命的推论以及对于其他种种问题的推论，就是这种方式的推论。我们能承认那样的推论是合于逻辑的推论吗？有人也许会说，逻辑并不是什么人可以垄断得了的，他们要那样去运用逻辑，你有什么办法去禁止呢？是的，他们要那样的用法，我们禁止不了，而且也用不着去禁止。但这是他们的事啊，我们为什么也要跟他们一样呢？为什么不能驳斥他们，说他们那样的推论是不合逻辑的呢？我看，这第二条理由更是不"充足"。

有人说，三段式推论并不能使人得到什么知识，因为结论里的知识是在大前提中原来就已有了的。这种说法也对也不对。说对，是因为我们不能认为三段式推论的结论就是定论，其真实与否还有待于实践的检验。但有待于实践的检验，不只是三段论式的结论是如此，任何科学研究的结论也是如此，用辩证法推论出来的结论也是如此。撇开了实践来讲，任何科学研究都不能给予知识，岂止三段论式。从来没有人把实验室的工作从科学研究中剔除出来，我们为什么要把实践从三段论式的研究中剔除出去呢？再说，既然要用三段论式来推理，总是因为这样推论出来的结论还没有成立或至少还不够明确、不够肯定，否则就没有要来推论的必要。像"凡人都要死，张三是人，所以张三要死"的推论，所以被人认为毫无味道，就是这个道理。……任何人对于他所没有经历过的、不熟悉的事物都不会有什么知识，没有参加过农业劳动的人不会有农业知识，没有参加过冶金劳动的人不会有冶金知识。知识都只能是从原来没有意识到或原来迷迷糊糊意识到的东西变成意识到了的或清清楚楚意识到了的东西。经验总结，就是"实践，认识，再实践，再认识"这一过程中的认识阶段。总结里的东西都是经验中已经有了的东西，但这东西已由没有意识到的变成了意识到了的，由迷糊不清的变成了逻辑清楚的了，因而就成为非常重要的新知识。三段论式结论里的东西虽然在大前提中早就有了，但原来没有意识到而现在意识到了，或原来含糊不清的现在清楚了，这就是新知识。有许多学了哲学的工人、农民说得好：毛泽东著作中所讲的原来都是自己平时在做的，所以并不难学。但他们并不认为学无所得，而是认为学到了很多宝贵的知识，所以说三段论式不能使人得到什么知识的说法是完全不对的。有人所以要这样说，还是由于他脱离了实际来讲逻辑之故。

再谈一谈形式逻辑的那些法则是否是客观存在的反映这个问题。有人举同一律为例，说在自然界的事物中并无同一律可言，并引恩格斯"但是甚至在无机自然界中同一律本身在现实中也是不存在的"① 这句话为证。须知道，恩格斯的这句话是在阐明同一律的局限性，叫人不要把这条法则绝对化，并不是从根本上否定。这条法则是反映了客观存在的一个侧面。只要注意一下恩格斯对形式逻辑尽管彻底批判了它的局限性、片面性，但终于没有给予全盘的否定就可以懂得这一点。局限性不只同一律有，任何科学法则都是有的。任何科学法则，如列宁早就说过的那样，都是经过人脑加了工的产品，都只能近似于客观，而不能绝对等同于客观。这就是人们不应满足于自己已有的知识，说人的知识已经到了顶的道理。列宁也没有把同一律否定掉，直到现在也还

---

① 　恩格斯：《自然辩证法》。人民出版社 1955 年版，第 176—177 页。

是没有把它否定掉。为什么？因为如列宁所说，形式逻辑的法则是人类无数千万次生活实践所反映出来的东西。一个马克思列宁主义者不会不懂得任何事物都是一个经常不断地在变化着、发展着的过程。但一个马克思列宁主义者也不应不懂得变是从不变而来的。没有不变，变就无从谈起。什么叫变？从这个变到那个，从这样变成那样。没有这个和那个，没有这样和那样，又从何变起？变到哪里去？怎么个变法？现在我们已把辩证法的否定之否定律改称为肯定否定律，这是具有深刻意义的。没有肯定你就无从否定。辩证法是研究事物变化规律的科学，它所研究的规律中有从量变到质变这一条。量变没有一息之停，质变则需经一定的时间，即大家所说的事物有相对稳定性。人们的任何知识就都要以事物的这种相对稳定性为基础——没有这个基础，人就什么知识也得不到，就连变的知识也无法获得。现在物理学已发现了好些基本粒子，其中有的只能存在多少亿分之一秒的时间，尽管如此，它还有相对稳定性可抓，要是抓不住这种稳定性的话，就不会有什么关于它的知识可言。这个相对稳定性反映到人的思维里就形成了同一律。现在的农村人民公社大都是从农业合作社转变来的，也有个别是一开始就是乡社合一的人民公社，还有高级合作化没有多久就转成了人民公社的。只有一开始就是人民公社的地方，例如舟山群岛中的某一岛，没有存在过关于农业合作社的同一律，其他的地方就都存在过这样的同一律，哪怕农业合作社只存在过一天，关于它的同一律也就在那个地方存在过一天。正是由于这样的理由，形式逻辑才能到今天它还有存在的权利。看样子，它不只今天还要存在，恐怕还要在今后继续存在下去。

最后提一下形式逻辑和辩证逻辑的关系问题。形式逻辑当然只是初级的，辩证逻辑才是高级的。但高初级之分，不能说就是能不能使我们获得真实知识之分，只能说它们使我们所得的知识有高初级之分。形式逻辑是初级的，但也有着辩证法的因素或萌芽。如张三是人这一命题就是两个对立物的统一体。我们不能把初级和高级绝对地对立起来，而应把它们联结起来，如联结初级数学和高级数学那样。形式逻辑是长期在形而上学的统治之下生长和发震起来的，因而它的局限性很大。但有可能而且有必要把它从形而上学中解放出来，置之于辩证法的领导之下，加强辩证法对它的领导，以克服它的局限性。

让我们结束一下。说形式逻辑只管正确性不管真实性的说法是离开了内容讲形式，离开了特殊讲一般，离开了真实讲正确的说法，实际上是没有离开了内容的形式、没有离开了特殊的一般，没有离开了真实的正确的，所以是脱离了实际的说法。科学必须联系着实际来研究，任何科学研究只要一脱离实际，就要使这一科学变成不科学或伪科学。

（原载《哲学研究》1958 年第 7 期）

谈 学 逻 辑[*]

问：学逻辑有什么必要？

答：常言说，某人文理通顺；某人说话条理清楚；这里说的"文理"、"条理"就是逻辑，学了逻辑，可以帮助人写起文章来就文理通顺，讲起话来就条理清楚。

问：写文章文理通顺，讲话条理清楚的人难道都是学过逻辑的吗？

答：不一定，这里有一个有意识和无意识的问题。常有一些人在事情做得很不错时，但他却意识不到所以做得不错的道理在哪里，在事情做错时也意识不到所以做错的道理在哪里，这就叫无意识。无意识的人，即使做起事情来经常不错，却还不能保证一定不错，做错了也难于改正。如果把他的经验加以整理、分析，加以总结，摸清了所以错和所以不错的道理，归结为几条规律，就从无意识变成有意识。从无意识到有意识就是从没有认识

到认识。所谓学问，所谓科学，就是把原来只是无意识的某种成功的和失败的经验（实践）加以总结，使客观上存在着的规律，明明白白地反映在自己意识之中，成为科学知识。……逻辑是在使人文理通顺，条理清楚方面成功的和失败的经验的总结，是从人类几千年的经验中总结出来的一些科学。

问：这样讲来，逻辑只是一门写文章和讲话的科学了。

答：是，但又不是。逻辑是帮助人们合理地写文、合理地讲话的科学，同时也是帮助人们合理地进行思想的科学。古人说："言为心声"，语言文字是人的思想的表现形式，人怎样讲、怎样写，实际上就是这个人怎么想的表现；一个人的思想不清楚不通顺，他的讲话和写文也不会条理清楚、文理通顺。反过来说，要求说话条理清楚，写文文理通顺，必先要求思想的清楚、通顺。所以应当说，逻辑是一门帮助人们合理地进行思想，合理地思维的科学。

问：那么，逻辑到底有些什么内容呢？它讲的是些什么科学道理，什么规律呢？

答：逻辑的内容主要有三部分：一讲概念，二讲判断，三讲推理。概念是人的思维的出发点。思维的过程就是认识的过程。人对某一种或某一类事物有了认识就形成一个概念。例如有人看到一种花，不知道它叫什么花，问了人家，知道叫月季花，于是他对它细细观察，把它的枝干、叶子、花朵等等的大小、形状、色香等等都一一记在心里，并把它开花的季节也问清楚了，他对月季花有了认识了，也就是在他脑子里形成了"月季花"这个概念。以后他在别的地方又看到了花的时候，他就能作出"月季花"或"这不是月季花"或"这有点像月季花"的判断。所以判断是比概念已进了一步的思维过程，它把概念阶段的认识又向前推进了一步，扩大了认识的范围。在一个人作出判断时，必须要指出这个判断的根据，说出他的理由，拿出他的论证。他的思想活动，并不是怎么简单的；细细分析，就可看出其中包含着这样的过程：

月季花是怎样、怎样；

这株花是或不是怎样、怎样；

所以这株花是或不是有点像不像月季花。

这样一种思想活动就叫推理（认识的推广、扩大），这样三步的过程叫做"三段论式"，因为它是由三个判断（在这里，逻辑上叫做三个命题）组成的。前两个判断（命题）叫做前提；必须是已经确定无疑了的认识，后一个判断（命题）叫做结论，是从旧认识的基础之上或根据之上推演出来的新认识。所以推理又是比判断更前进一步的思维过程，它把判断阶段的认识又向前推进一步，扩大了认识的范围。一个人的思维（思想活动）可以很复杂，他的讲话、文章可以是长篇大论，但无论它有怎么长，多么大，逐步加以分析，总是可以归结到推理、判断，概念这样三种逻辑构成。条理清楚不清楚，文理通顺不通顺，都可在逻辑上加以检查，都可从其中所用的概念或判断或推理的合不合逻辑法则即思维规律找出它的根源。

问：概念、判断、推理各有些什么法则，可否讲一讲？

答：详细讲当然不可能，那是应当找一本逻辑书来读。但总的说来，概念要明确，自己用一概念，自己必须对形成这个概念的具体内容毫不含糊，就是说，你用这个概念，到底指的是什么，有些什么含义，必须明确，不能含糊。判断要恰如其分，不夸张，也不贬抑；判断是由两个概念结合而成的，这两个概念所含意义的多少、大小相当不相当，相当的程度多大，要由结合词（即"是"或"不是"或"不完全是"等等）表明，这结合词要用得恰当。"是"说成"不是"或"不是"说成"是"，固然不恰当，"不完全是"说成"不是"或"是"也都不恰当。推理要前后一贯，不能"前言不对后语"，就是说，三段式中三个命题所用的三个概念各见两次，其内容必须前后一致，即其含义前后相同，不能有所变更，三个命题中的结合词也须前后符合，不能前后不一样。概念要怎样才算明确，判断要怎样才算恰如其分，推理要怎样才算前后一贯，都各有一定的、必须遵照的客观规律。逻辑书就是阐述这些规律的科学读物，大家最好都能去读一读。概念，判断、推理这三个思维活动的步骤，都是有关思想能否正确的关键，但其中的中心一环是概念。往后两步会不会走错或走弯，往往是决定于概念的是否明确。比如自由、民主、和平，这样一些概念，在无产阶级方面和资产阶级方面，含义就根本不同。在两个人辩论时，如果彼此所用这些概念的含义各有一套，就怎样也讲不到一块来；在一个人的思想中，这些概念的含义如含糊不清或前后变更，这个人的思想就不会通顺，讲起话写起文章来也就不能条理清楚，文理通顺。

问：这样说，学了逻辑作用可大了，连思想问题也可以解决，是不是？

答：是的。但这话只能限制在一定限度之内。逻辑有两种，一种叫形式逻辑，上面所说的就是讲的这一种。这是初级逻辑，它只能解决日常生活中的，一般常识中的一些思想问题。牵涉到阶级立场、观点和思想方法等思想问题，牵涉到事物的变化发展方面的思想认识问题，形式逻辑就无能为力，要有高级逻辑——辩证逻辑来帮助才能获得解决。关于辩证逻辑，这里只好暂时不谈。

（原载《新观察》1958 年第 9 期）

第三部分　文学

文 学 概 论

再版弁言

　　个人前在保定育德中学，应学生的要求，讲了几次关于研究文学的演讲。学生来说，同学中要求把演讲稿印发的甚多，将前后所讲排印成册颇为便利。个人当时觉得为同学传观计，把演讲稿付印也无甚不可以。因此就答应了他们。

　　我是这样的自己知道不适于写"文学概论"这一类东西，以至于自从本书在北新出版以后竟没有勇气去翻阅一遍。我觉得拿这样的东西去出版，实在是一种耻辱，每当友朋提到这事时，就觉得惶惭无地。

　　这要谢谢北新主人李小峰先生，他屡次催促我把这印本校阅一过。这一校阅，可就使得我骇悔交作；骇是骇的这样不成东西的东西竟也销完了一板，这不知贻误了多少青年！悔是悔的当这书出版的时候不该不自己校阅一遍。那时的不肯自己翻看，着实有点像"掩耳盗铃"那样暗弱得可笑，只求自己感受不到不妥的刺激，却不想到因自己的不闻不见实际上就糟到不成样子。这时，到使我不得不把这幼稚不堪的东西改正再版以赎前愆；虽则改正了以后不见得会好得多少。

这书原是八个演讲一篇论文合成的；演讲中五个是稍有系统，算做正文，三个是单独的，和一篇论文算做附录。因为有好些东西，在正文里没讲到，颇可在附录里得到补充。现在除将各讲中自己觉得太不妥当的修改一过，不完全的及太简略的补充一点及以前没讲现在觉得有增入之必要的也想法添上外，又把"什么叫文学？"那篇论文修改了提在前面做一个代序，因为我觉得那五讲第一讲的开头颇有点突兀。此外，又把近作艺术论一篇附在后面，和其余三讲一并作为附录。

我又想到：像这样的一本书"问世"了这多久，竟没有人出来指摘，不知是社会的疏忽，还是因为一般人对于这一类书的轻视。在这次校阅时，曾发现一个极大的错误，即以董西厢做了宋词的代表。这不知是记录时记错的，还的确是我自己讲错的，现在也记不起来了。但竟没有人给指出，真是意外的事。我不希望人家注意到某书是某人的著作，我只希望爱讲某种性质的读物的人们不肯让不大成样的东西安然闯进自己游息的园地。

一六，一〇。一五，梓年于上海迎晖阁。

三版弁言

原想趁这三版出书的机会，把个人认为有许多应加增改的地方大大修正一下。因时间不够，止能把检出的错字校一校付印。要修改的，等有了时候再说吧。在此谨候着爱我的朋友们给指出书中太不妥当的地方！

一七，一一，一四，梓年于上海

弁　言

"新文学"的声浪传入我们的耳鼓中，已有数年了！但"文学是什么？""文学的对象是什么？"当在中学的我们，一点也不明白，所以组织一个会，请愿意指导我们的先生们来指导我们。现在这一册简单的文学概论，就是指导者的一点陈述。我们所以要把它付印，是因为除了前几年翻译过来的几本关于文学原理的讨论，或文学史的研究，和最近译成中文的几本讨论文学原理书籍之外，我国的文坛上，散见于各杂志或报章上的，只有短篇的文学论著，而成系统的讨究，我们觉得很少见。

我们因为是这层关系，于是就有了付印的动机。至于其中内容，用不着我们说，只愿读者来批评。现在我们把我们见到的一点，简略的说几句话：——

1. 翻译的书，其中所引用的例子，是著者本国的，往往我们看了不易解，这点障碍，本书是没有的。（著者按：这话是指原版说的，现在改订本，也就不免引了些外国作品了。）

2. 这个演讲的材料，简明精确，如看上一遍两遍之后，我们以为至少对于文学能得个正确的和历史的概念，这一点，我们也觉得值得介绍的！

这一小册文学概论的稿子，是潘梓年先生在本会最近的演讲，是我们随堂记录下来的，虽经了一次修改，但其中的谬误处，恐还不免，我们很希望阅者诸君指正！

附录四篇，也是潘先生前后关于文学问题的意见，我们觉得颇重要。今经潘先生的同意，附于后面。

保定育德中学文学研究会谨识。

三，二七，一九二五。

代序 什么叫文学?

"什么叫文学?"这一个问题,是常常要有人来问起的,尤其是那些想要研究而尚未研究文学的学生们。他们的意思是问:所谓文学到底是怎样的一种东西?要研究文学,应当取怎样一类的东西来做对象?研究起来,应取怎样的一种态度?因为要解答这些问题,就写出下面这篇文字。

其实"文学"只是个悬空的概念;要去找它的定义,往往只能找到一种不着边际的理论,如历来名人所下的文学定义那样。我们看了这种不着边际的理论,仍旧难免含糊,不清楚的苦恼。但我们如不用直接的说明,而从各方面去看它。或许反可以得着一个比较明了些的观念。

1. 我们先看文学在许多学科的位置 每一种学科,都是以人类的生活做中心,都和别种学科有脉脉相通的关系,都不能用一条鸿沟似的界线和别的学科判然划开。但为研究上的便利起见,不得不有各科的分类,所以各学科都各有他自己的相当位置。如果我们把所有的学科分为三大类别——自然学科,社会学科,人文学科,文学的位置自然就要到人文学科的一类里去找。人文学科中之与文学最为接近的有修辞学,史学,哲学等。他们很相近。但各有各的特殊位置。文学和修辞学很相近,因为都是讲究"文字的运用的";但后者是以运用时的法式为对象,前者是以运用时的艺术为对象,二者不容相混,文学和史学很相近,因为都是记述"人事的变迁"的;但后者是以整理关于人事系统为目的,前者是以表出人事中所含有的生命为目的,二者亦不容相混。文学和哲学很相近,因为都是探刺"人生的真际"的;但后者是从理智方面考求人生的究竟,前者是从情感方面呈露人生的真相，二者更不容相混。有时修辞学，史学，哲学等都会有很好的文学意味，但我们止能从此看出他们和互间的关系，而不能就此混乱了他们各自所应占的领域，请看下图。

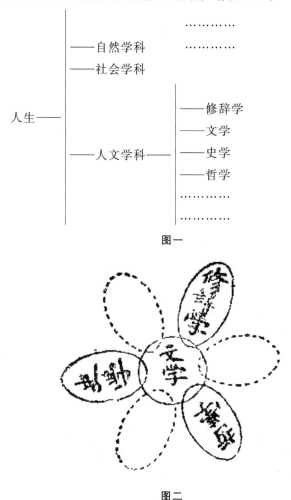

图一

图二

（图二止用以表文学和他学科的相互关系，不用以表他学科的相互的关系）

2. 我们再看一看文学的内容　　你们须记牢：文学是个抽象的东西，是从许多具体的文学作品抽出几个普遍的性质和一般的类别，使研究文学或爱好文学的人，对于文学作品有个接近的路径，领会的方法。所以文学自己是没有内容的。但为便于说明起见，不妨姑认文学作品的内容为文学的内容。简单些，我们可说文学的内容是"人生"，上面说过，一切学科都是以人生为中心的，所以现在这样说，总嫌笼统，不如说，文学的内容是"人生的情感方面"。人们除掉智识的生活外，还有情感的生活，事实上，后者实占去人生的一大部分，文字是智识的记号，也是情感的象征，但用以发表智识时，文字的功效很大。大凡真确的智识，都可以用真确的文字发表，无论他怎样进化，究竟容易把握，容易装进定形的文字里去，我们一看"三角形内角之和等于两直角"就能很清楚地了解这话的意义，因为它已将这智识完全表出。可是一遇着情感就不这样了，情感是不易捉摸的东西；他变动太复杂，遁匿得太迅速，不许生硬的，笨重的文字去追随，去摹拟。真能自在的，精密的表现情感的只有那音乐。其次是舞蹈，雕刻，绘画。最后是文字，所以最好的文学，一定是尽量的接近音乐的境界——内容和形式完全合一。换言之，文学的内容，要是纯粹的情感，要是刹那间生命所流露一片整个的，不可分析的经验之原形。因此，我们要鉴别一篇文字，是否是文学作品，我们止须问：它能令我们感觉着什么？它给我们一种什么印象，我们若觉得在那里面找着了"人"的经验，"人"的生活，"人"的自我之跳动，我们就可毫不迟疑地说它是真正的文学。我们若觉得它是要引起我们高洁的情思，或使我们享受甜美的陶醉，或教我们发生遐远的驰慕，我们就可以大胆称他为真正的文学。反之，我们如觉不到那东西，那便无论它镶着怎样惊人的秀词丽句，含着怎样高深的至理名言，毕竟不能不把它摈斥于文学之外。我们读"原来姹紫嫣红开遍，似这般，都付与断井残垣；良辰美景奈何天，赏心乐事谁家院？"及"乐莫乐兮新相知，悲莫悲兮生别离"的时候，不暇想到他的意思是什么，文字是什么，只觉得有个整片儿的，不容分析的情思在那里悠悠波动。这就是人们心胸中悲，喜，哀乐的经验的波动，就是人们的生命自己的波动。

3. 文学的形式　上面说过，表示情感的，不单是文学，还有音乐等等他种艺术，人们的生命是一个流，不断的向着一个永久流去。它有时聚成大海，波浪拍天，有时汇为小河，慢声低唱；有时受着太阳吐金光，有时常对明月发微笑；更有时蒙了云雾，现出凄惨的颜色。然而它终究是个流，永远不断的生命之流，这个流反映在声音上成为音乐，反映在色线上成为绘画，反映在形体上成为雕刻，反映在动作上成为舞蹈，而反映在文字上便成为文学，因此，别种艺术的形式是音，是色，是形体，是动作，而文学的形式是文字。

我们总结二，三，两节，可以说——

"文学是用文字做形式来表示生命之流的纯粹感情"

这话从反面讲，可分成两句，

"在形式是文字而内容不是纯粹的情感的不是文学：内容是纯粹的情感而形式不是文字的不是文学；内容是纯粹的情感而形式不是文字的不是文学。"

4. 文学的使命　文学是艺术之一，知道了艺术的功用，就可以知道文学的功用。杜威在他的《人性行和为》一本书里说（第二卷第六章）：艺术的功用，就在生命的调和。这调和的意义有二。从消极方面说来，人们道德的，理智的生活，是紧张的，约束的，所谓紧张，约束，就是人的"性"有一部分已经得着舒展而别一部分——常是情感的一部分——被压伏了好久，

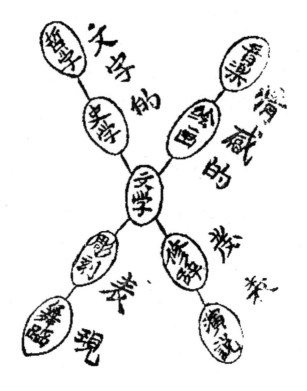

图三

因而精神上肉体上都感着一种不舒服。人性的各部分，在全人格
上是占一样重要位置的。人如一天到晚常度紧张的生活，只使人
性的一部分舒展而别部分没有活动的机会，这是个人和社会都要
受到损伤的，所以须得要有艺术来做生活的调剂，使人性常受压
伏的一部分亦得舒散一下，扬眉吐气一下，使人的人格不至成为
畸形的——如急躁，易动悲愁，执拗，怯懦等等，这是文学消极
的功用。然文学较大的功用，还在积极方面。原来"人"是
"人性的一束"（现在心理学家这样说），人的行为就是这个那个

的"人性"之活动。人性的活动，止有三条可能的路径：（一）是一触即发随起随落的盲目冲动，（二）是触起之后，不即发作，盘旋踌躇，酿成一种有持久性的，循轨的，有目的的动作，（三）不堪压伏，激成反动。这第三的反动，又有两种形式：一是变本加厉的反常动作，这常是激烈的危险的；一是在实际上找不到出路，就遁入空想的一途，这虽在实际上看不出什么危害，但着实有许多人们的心思才力，很有价值，很有用处的心思才力，因而坑葬在无何有之乡了。社会的习俗，个人的习惯，都有一种固定性，对于人富于冒险性，创造性的一束人性，常要加以限止，或竟很严酷的压伏着，不让其出头露面，因而社会及个人所受有形的或无形的损失，常是要有不知多少。现在有了艺术，就可补救日常生活中那种呆版的，紧张的缺陷，使那些不能在实际上找到出路的"人性"，跑到艺术中来得着一种高尚的，建设的活动，做有生产的工作，以为积极的练习，使人生不陷而为干枯的，狭窄的牢狱，而变成丰富的，广大的有生气的游戏场。所以从表面看来，艺术似乎在人生上没有什么功用，而实在比到道德，礼法等理智的产物，要有大得二十四倍的功用，杜威有句很警辟的话："把艺术当做涵养德性的东西用，那便冤枉了它了。因为使它做了人家能做的事，而它所能做而人家不能做的事，倒因此担误了。"

文学除负带上述一般艺术的使命外，还负着一个特殊的使命，就是预言的使命。文学是时代的先驱，这是谁都承认的，社会上有了不安，都迅速地在文学上反映了出来，社会的组织将有什么变动——起什么变革，也老早就可以在文学上见到朕兆；文学家的幻想到数十年或数百年之后果然实现了的例子，随处可以找着。所以说，文学是生命之流的试验纸，是社会生活的测候器和地震计，能够预告生命之流的气温升降，为生命的地壳的社会组织之变动，这是因为文学纯是人们情感的流露，人们的情感对于生活的苦乐和社会组织的调协与否，其觉察力比知觉要敏锐得多。我们很可以在一个时代的文学作品中照见当时人心的趋向，预测将来当起什么变化。这是文学在人们生活史上有唯一的价值的地方。

5 文学的定义 现在我们可以替文学下一个定义了。即"文学是用文字的形式，表现生命中的纯情感，使人生得着一种常常平衡的跳跃。"

我们还可补足一句，说

"文学的内容要充实，真确，自然；文学的形式要精密，熨帖，自在。"

总之，文学以愈接近于音乐的境界——即形式与内容愈能吻合和一，为极则。

文学概论五讲

第一讲　鸟瞰中的文学

预备要在这个题目下面讲到的，有"文学在各学科上的位置"，"文学的特点"，"文学的起源"等几个问题。这几个问题，不想在此逐个分别讨论，想在一个线索之下错综地总论一下。这里，我们可分做六层来说明。

一　艺术与科学为求真的两条大路

无论何人，在开始谈文学的时候，所要首先辨清的，是"文学到底是什么东西？"这一件事。在此，我们可以大胆地，毫不迟疑地说一句简单的答语，即，文学也和科学一样，是一种求真的努力。这话大概是要使得人家惊骇甚至呵斥的，以为艺术怎能和科学相提并论。一般人以为文学完全是主观方面的东西，它的目的只在于把主观的情感表得透澈，它的价值也只在于能把主观的情感表得透澈。至于那感情表了出来以后合时宜不合时宜，人家对之还是表同情还是冷嘲热骂，那是完全不管的，还讲什么真不真的话呢！再说文学作品中所表的感情，不但没有两个作者会一样，就是同一作者的两篇作品，前后也会两样。"真？"从那里讲起！

　　上面这个辩论自然也有道理，不过是知其一不知其二。作家把自己的情感表在他的作品里，虽不问其合不合时宜，但所表的总要是他自己的真情真感；他对别人不要负真不真的责任，对自己总是绝对要负这个责任。所以求真这句话，至少对于作家自己是的确的。况且一个作品，在作家固不问其有没有别人来表同情，但一个作品终于成为人间的一个作品，无论其为怎样的曲高和寡，终必有了多少的同情者而后可；否则除作者自己外再没有第二个人认识这作品，请问它到那里找着它的存在？因此，一个作品总多少有几个别人是它的真之知音者；那么，求真这句话对于文学的观照者也是的确的了。

　　不但如此，艺术所求的真，是不能用科学所求的真那个真字的意义来准绳的；科学所求的是真智，艺术所求的是真情。真智的条件是理确而用宏，真情的条件是意长而味永；真智的证据是放诸客观而无不妥适，真情的证据是诉诸主观而无不调洽。这两个真字性质不同，含义各异，我们的意识里原存着科学的真的意义，来听艺术求真这句话当然是不入耳的。但我们如果用人生做个中心，用"提高人生"来做真字的注解，那就对于"艺术与科学为求真的两条大路"这句话可以迎合无间了。可不是吗？

我们说科学所求的是真。不过是因为它所得的确能使我们辨认出环境中——自然的和社会的——事物的来龙去脉，因而知道安乐的人生应向那里走去；那么，艺术所得的也能使我们认清楚人世间情态的千变万化，因而知道幸福的人生要如何方能获得，为什么不能算是一种真呢？

讲到这里，又要有问题发生了。一定会有人来这样的驳斥：艺术是可以和人生拉在一起讲的吗？艺术是有无上的高贵的，无论是制作时或欣赏时，都应抱着"为艺术而艺术"的态度，不容你讲到她对于人生的功效来把她功利化，不容你把她拉出了象牙之塔来搀立在十字街头！对于这种驳斥，我也不敢多所辩答，我只反向了这样的一个愚问：艺术的活动不是人生活动之一吗？艺术的可贵不是因为她是人生中所最不能少掉的一件东西吗？即使说艺术只许用游戏的目光来看待，然人间游戏亦多矣，为什么我们对于嫖赌逍遥一类的游戏要嫉视如蛇蝎，对于艺术就尊敬如神仙呢？

由上述这些理由，我敢大胆地说：

> 人生是在求真的路上走去的。这求真的大路有二，就是科学和艺术，科学只求得真的一面，客观方面的真，须得艺术来把真的另一面，主观方面的真，求出，然后人生始得有整个有的真；科学是求渐近于"精""确"的知识，艺术是求渐近"精""确"的情感。

"近于真确的情感"的一句，似乎有些费解。其实这话的道理也很简单。我们止要把科学和艺术，比较着看一看就可以明白。科学是有"普遍性"的，愈近于真的科学，其普遍性愈大，就是愈能和一般人的经验符合，所以应用得上的场合愈多，愈可得人的承认和采用，这是因为他愈近于"确"的缘故。这个"普遍性"，艺术也是有的。凡一件好的艺术品，必能引起观照者心弦上的共鸣，艺术愈好愈是可以（不一定容易）得到人家的赞赏——同情；为它击节称赏的人也愈广（不一定是多），都说它所表现出来的，确是一种人间之至情，这也是因为它愈和一般人的经验符合，愈近于"确"的缘故。但在另一方面，科学和艺术都有它的"孤高性"；这孤高性是由于它到了"精"的地步。科学愈高深，所讲的知识愈"精"细，愈难得一般人的了解。艺术也是如此，愈是精的艺术品，能赏识的人也愈少，正因为艺术愈"精"，则它写的感情愈到细微深远处，所能引起人们心弦上的振动，愈是精微曲折，——那也就有些不易体认得到了。所以通常一般感觉迟钝的人，不会认识和领略高妙的艺术，不能在这种艺术品里面，觉得到，找得出什么东西来，正和知识低的人，不能懂得高深的科学一样。由此，渐近于精确的情感这句话，可知是并非没有意义的了。

这两个性质——"普遍"和"孤高"，"确"和"精"，说来似乎相反，其实愈是"精"的愈是能够"确"，所以都是一个"真"所必须具备的性质。这个道理，仅如上面那样的解释，恐怕还嫌空泛，再看后一条。

二　真实非实在（Reality not actuality）

在我们普通人定真，以为能合乎实在的就是真，不合乎实在的就不是真。其实不然，假如所有能感觉到是实在的就是"真实"，那就用不着科学和艺术去求了。实在不能都是真实的，真实也不必定是实在的，现在分开的说一说。

A 实在不都是真实　"实在"是混杂的，散乱的；"真"是纯粹的，清晰的。实在界里自然有真的分子，可是也混杂着一些糟粕——非真的分子。这个乱杂里的真，通常人不易（甚或不能）分别得出，须得有求真者在这混杂里，把相混的糟粕，去掉单选出"真"的来，把这"散乱的真"整理成"清晰的真"提来供给他们看时，他们才能认识。在科学上，现在大家都知道纯水之成分是 H_2O，但没有化学家用蒸馏法，把一切混杂着的非 H_2O 的成分撵了出去，谁能知道水是 H_2O 呢？我们也看见物体的下落，但是没有牛顿的潜心研究，谁又知道有什么吸力在后面作怪呢。在艺术上也是如此。自然的风景，人事的扰攘，是人类悲观苦乐的大源泉。但到底苦的是什么？乐的是什么？悲叹的又是什么？没有诗人，画家的指点，悲叹苦乐的对象，是不清晰的。夕阳时的乡野，是大家知道有趣的，但要说出有趣的是什么，恐怕就有"从何说起"的为难了。王摩诘却只说了十个字"渡头余落日，墟里上孤烟。"那有趣的风景，就活现在我们眼前了。江上的雪景，或也是大家认为美妙的；但其美妙究在什么地方，那就只有柳河东能用廿个字："千里鸟飞绝，万径人踪灭；孤舟蓑笠翁，独钓寒江雪，"把他指点出来。武人跋扈时，人民那种流离失所的苦况，真是千言万语也说不尽的，老杜却只写了三吏，三别就已够足。宝玉挨了打，黛玉肚里的冤屈罄竹难书的了，老曹却只写了她一双合桃大的眼睛就可使柔情毕露；老吴在写严监生的吝啬上，要用他临死时候的两个指头；写严贡生的恶劣上，要用他吃剩了的几片云片糕——这些都是从混杂里选出纯粹的，从散乱的整理成清晰的方法。所以在这一点讲，科学不是别的，只是把枝叶删去，独检出可以组织成真正的知识的材料；艺术也不是别的，也只是删去一切枝叶，独把真能表得出深刻的情绪的材料检出就是了。

还有一点应该注意的，如数学上 3 + 2 = 5 的公式，这些 3. 2. 5 的后面，当然是有些物件在。因为有重要关系的，只在数量，不在后面的物件，如 3 人 + 2 人是 = 5 人，3 牛 + 2 牛也是 = 5 牛，所以公式上就只把有重要关系的成分抽出，而把没甚重要关系的成分删去了。艺术上也有这样公式的；裸体美人，何以能引起人的快感？其公式是"曲线比直线美"。怎样声音才算美。其公式是"在一定时间内，为一定之振动的，就能使人得一种快感"。这样，实在不即是真实，在智的方面是如此，在情感方面也是如此；艺术家的职务和科学家的职务一样，是把真在界里那些不能引起真正情感的事物，节略了，淘汰了，只选出最能与引起情感有重要关系的，指点出来。并且这块自然的实在界也是不能平均，齐整的，也要等艺术来整理一番，人们的感情，才能由混浊而清晰起来。但这条说"真实非实在"，仍是不够，还有下一条。

B 真实不必定要有实在　"实在"是表面上的，破碎的，"真实"是深入的，完整的。我现在只是把实在里假的分子丢开，单挑出"纯粹的真"来，还不能得"完全的真"，必得要用理想在实在界不完全的地方，添补上什么，才能有完全的真。这在艺术如此，在科学上也未尝不是如此。通常人却以为科学是实际的，艺术是想像的；科学是要有证据的，艺术是莫须有的。这是太肤浅的说话。我们只要看几何这所讲的"点"，"线"，"面"，以及其所谓"方"，"圆"……在实际上到那里去找？再看物理学里的"以太"，化学里的原子，电子，又几曾有人见过来？所以在艺术里，固然有许多想像的东西，如杨惠之的塑像，吴道子的画像等不一而足；在科学里虽然是贵乎征实，但没有想像也是绝对组不成缜密的知识的。我说这些话，并不是来拆科学的台，说科学也不过像艺术那样，是一种"想当然"的假定，实在是要指出"所谓真实，不一定要实在"的一点。因此大观园的一群丫头小姐，梁山泊上的一般天罡地煞，我们明知是曹雪芹，施耐庵的捣鬼，却只得板起面孔来说，这才是真正的佳人，真正的好汉；正如我们明知"自中心至外边，无论何点，其距离皆相等"的一个圆，是欧几里得的杜撰，却偏要说"这才是一个圆，那实际的圆都是不准确的"一样。

由上两条，我们可以说，人生是向求真的路上走去的；人们是要求得一个真实的生活，而所谓生活，也不过是主观方面的自我，和客观方面的环境，起各种相互的作用而已。要得真实的生活，须在客观方面求得真实的知识，在主观方面求得真实的情感，使两方所起的相互作用，没有因一方的错误而至蹊跷，那人生就是安乐而幸福的了。我们须看清：人生为什么要有困顿而不安乐的时候？就是为的客观方面的知识有了错误；为什么人生要有罪恶而不幸福的时候？就是为的主观方面的情愫有了错误。人们求真实知识的努力，就是科学，求真实情感的努力，就是艺术。跑到环境那里替人们搜集许多材料，给指点出"某某条件备具时，就要有某某情形发生"，那就是科学家。站在自我的跟前替人们搜集许多材料，并给指示出某某情境来到时，就要起某某种的情感，这就是艺术家。（这不过是旁观者的说话，艺术家自己不见得有这样的意识的，切勿误会。）这些材料，有的是埋没在"实在"的尘土里，有的是隐藏在"理想"的宫殿中。所以要有科学家和艺术家来搜求。

三　求真情和求真知的异点

以上二层，是说艺术和科学共同的地方，以下要说艺术所独异的地方了。求真情和求真智不同；求真情是间接的！求真智是直接的。这个分别完全在"表出"上，譬如我们说："勾方加股方，其和等于弦方"，人家就能把我们所要传给他的智识完全领了去，而得一个很明确的观念。又譬如我们说："我今天很烦闷"。人家就不大明白你的所谓烦闷到底是什么一回事，我们只有把我们觉得使我们发生烦闷的那些事情，说了出来，人家才会了解。不但是要把引起烦闷的事情说出，并且还要说的透澈真切；你要是能这样的把那事情说了，即使你丝毫不提及烦闷二字，人家也自然就知道你是烦闷的了。这个道理是因为一个人的感情，是不能使人家知道的，只有设法使人家也起这样的一种情感，然后对他说："我现在是在这样的情形中"，人家才能明白；所以必得把引起自己感情的刺激，"一丝不走样"地描写出来，使人家很清晰的把这刺激受了去，鼓起了他的心弦，才算是把自己的情绪告诉了人家。所以"真"的情感的求得，虽然和真的智识的求得一样，及至要把他表出时，却就不像发表一个真智那样止要一句明白说话，把求得的结果说了出来就能了事，并把引起某种情感的刺激——当时情境流动的历程——照原形重新演述一次不可，这演述如稍稍和原形有些出入，或不精确不真挚，人家所感受到的情感，就不和你所要他感受到的一样。这样科学的职务只有一重，艺术的职务却有两重；科学家只要发现，至于发现后的发表是没有什么难没有什么问题的，艺术家固然也要发现，但其吃紧处还在会发表。说到发表这一层，我们又说回来了：发表之所以难，实在就在发现之不亲切。研究艺术的人都这样说，艺术是传达情绪的，情绪是不可捉摸的。这话自然不错。但情绪自身虽不可捉摸，引起情绪的刺激，却有处找寻的；我们找到了引起情绪的刺激，那情绪的自身也就有了下落，传达情绪就有了把握了。所以，如果我们对我们发生情感的真刺激看清楚了，那就止要照这样写一写没有什么难了。故要会发表，还只是一个"会发现"。我所以叫艺术也是求真，就是这一点道理。不过科学家所要看清的只是最后所得的结果，至于这结果所由得的历程，科学家就是忘了也不要紧；（实在讲来，真正可称为智识的，也不是结果，而是这结果所由得的历程，）当艺术家发现一个情感的时候，就必要立时把这情感由所引起的种种情景牢牢捉住，保存得好好的，那么表现时就不愁不精确了。把当时的情景牢牢捉住这一点，就是艺术家难能而可贵的地方了。

其次，艺术还有一个不同于科学的特点，就是艺术的"永久性"。科学的著作，我们读过把其中所载的知识明白了解了以后就可以把它抛开，不想再读。艺术的作品却不厌再读，三读，以至于百读，并且愈读愈觉得兴趣浓厚。还有，创始发表某种知识的作品，他人是可以重编的；几何创始于欧几里，现在学几何的人却不必读欧几里的著作，也能得到一样真确的几何知识。而艺术的作品却不能这样。从真正的艺术意味上讲，一件艺术作品出世以后，隔了一年或一世纪再来一件艺术品，在描拟同一的事物和情景，在表现同一的情感，无论描拟得怎样相似或者更加精细些，总不能使我们读了新的就觉得没有再读旧的必要。为什么？这里有两层道理。第一，艺术所载的情感和科学所载的知识，性质上是不同的。不同之点有二。知识是永定的，情感是瞬变的。因为永定，所以一次提着以后就不会失去，再温时也仍旧得着那样的概念，没有重读的必要。因为瞬变，所以捉定了以后随即就逝去，一定要再读时才得重兴涌起，而且常会是益加浓厚。再则知识是会衰老的；牛顿的定律到了爱因司坦就会改变，欧几里的几何之后会有近世几何，化学上的原子说会改到电子说。有了新的知识，旧的就可以扔弃。艺术所载的感情却决不会衰老，莎士比亚的文学作品，决不会因有莎氏乐府本出版了就没有一读的必要。所以艺术的永久性比科学的还要大。第二，艺术作品的本身也和科学作品的本身有不同的性质。这不同也有两层。首先，艺术的意味与其说是寄存于作品的内容，不如说是寄存于作品的本身；我们欣赏一件艺术品时所生的情趣，一部分固然是起于作品里所表的情节，但大部分确是起于那美妙的表现方式——作品的本身。其次，各人的作品都有她特有的风趣。因为各人的背景——外界的和内在的——不同，各人所具的胸襟也自是不同，所以两件艺术品无论其内容相同到若何程度，她所具的各别的色彩，情调始终是不容湮没的。因此，要迻译一件艺术品实在是不可能的事，而那艺术品的本身遂成为千古不朽之作。

这样一说，艺术品的"个性"是非常强烈的，不免要说她是没有"普遍性"的了。而抑知不然。各件艺术品的个性虽是很强。这不过是因为她所表现的是一个仪态万状的情感之一态，而那情感的本体仍是亘古不灭，中外一致为人类所通有的；那作品所表的情态虽如浪尖的一个浪花，瞬息起灭，而那情感的大洋却终古在那里泱泱乎流动。所以艺术除和科学同具有那个空间的普遍性，以外，还具有科学所没有的"时间普遍性"——"永久性"。原来，艺术内容的情感，其所以能够具有艺术的意味，就因为它的有"和谐之美"。所谓和谐，就是一方面具有个性，一方面还具有社会性；即作者个人的意识早已反映着人们全机体的社会意识。法国美学家居友说过：艺术是使个人的生命与普遍性更大的社会生命结合而扩大之。艺术的最高的目的，在使观照者发生具有社会性的审美感情。这样，艺术的具有"普遍性"是很明白的了。

四 文学为间接的艺术

上面是泛讲艺术，以下再专就文学讲一讲；但文学为艺术之一，关于一般艺术的话，对于艺术之一的文学当然也是适用的。不过文学和其他艺术，也自有其特殊之处；这就是：文学是间接的艺术。什么叫间接的艺术呢？这也是指"表现"说的。现在且把各种艺术比较得看一看——

类别	雕刻	绘画	音乐	文学	建筑	跳舞
媒介	体，面	色，线，形	声音	文字	位置	动作
性质	空间美	空间美	时间美	时间美	空间节奏美	空间节奏美

在这表里的各种艺术，除去文学外，旁的艺术所用的媒介，都是自身就能引起人们美感的感觉的，而文学用的媒介——文字，就不能有这样的直接作用。文学作品引起人们的情感的不是文字自身，而是文字所引起的观念。换句话讲，文学所用的媒介，实在是人家脑子里被引起的观念，而文字又是引起人家观念的媒介，再换句话说，文学是由文字引起人家一种观念，再由这观念引起人家一种感情。因为这道理，所以说文学是间接的艺术。

成为求真智的科学家是难，成为求真情的艺术家更难，这是我们在前面说过的。说是求真知只须求得一个结果，求真情则要捉住当时发见情感的情况和历程。讲到间接艺术的文学，可就尤其不易了；因为它所用的媒介，止有间接的作用。

但我们再看观念是什么样的东西呢？它的轮廓是怎样的，如何可用文字引起？观念是抽象的东西，是从各种事物的影像抽出的，宇宙间的事事物物变化无穷，人们脑里的影像也就变化无穷，而由影像抽出来的观念，其轮廓自是"仪态万方"的了。转过头来看看我们要用以引起观念的文字又是怎样呢？这一看可就糟了，文字的数目是有限的，它所能写出的轮廓是呆板的。例如这"红"字只能表示红色，"绿"字只能表示绿色，"黄"字只能表示黄色……再要有一种非红非绿非黄……而又亦红亦绿亦黄……的颜色，在图画家可以把各色搀合，另配出一种恰合的颜色来应用，文学家却不能把红绿黄等文字配合出另一个恰可表示这颜色的文字来。说"非红非绿非黄"固不能表出一种颜色，说"亦红亦绿亦黄"也不能使读者明白所说的是怎样的一种颜色。这实在是文字的大缺点，也就是文学家的大难关。

要补救这个缺点，打破这层难关，止有"具体写"的一法，什么叫做具体写呢？就是把观念所比附的事物的本身拖了来。例如我们不用说深红浅红，止要说胭脂红桃红，不用说浓绿淡绿，止要说碧绿湖绿……等等，这一层我们到讲"文学的外形"时还要详细讨论，这里且就此为止。总之，文字的本身是不能引起人们的情感的，它所以能引起某某一种情感，完全因为它在习惯上是引起某某的一个观念的符号；换言之，引起情感的，不是文字的本身，而是文字中所含的意义；而这符号又不能跟着观念的层出不穷而花样新翻，所以在要使文字适足以引起某某的一个观念时，最好的方法是描写织成这个观念的诸影像的诸事物。

还有一点：那表上把文学的性质说做时间美这件事，也是要加以注意的。这里，我们须注意到所谓时间是什么意义所谓时间美又是什么意义。普通对于时间美的解释，是说空间美是静的，时间美是动的。这原是不错。又说：空间美是艺术品的全部同时呈献于观照者的感官面前，让观照者的感官先笼罩了艺术的全体而后去细细欣赏的；时间美是艺术品的各部逐步展示到观照者感官，叫观照者依次收受她各部的美趣，而诱导他渐入佳境的。这话就要商榷了。要如这样的解释，那所谓时间美的艺术品，不就几乎被它平白割成了几段，各段好像都各自独立似的献身到观照者之前吗？还有什么艺术品的统一性呢？为什么每件文学作品都自成起讫不容他人割裂呢？这个解释的小小错误，真的，是建筑在向来对于所谓时间的错误解释的。向来对于时间的观念就是

"流光若驶"意思是说"往者不可谏"。这实在是错误的。时间并不像一条横在眼前的线在奔驰过去，实在是像一根竖的线在对着我们奔凑上来。我们与其说时间是奔逝的，不如说时间是积集的。这个错误的纠正，我们应归功于法国的哲学家柏格森。他说，时间有如下落的瀑布，"过去"并未消失而是被压在"现在"之下；"现在"并非是推去了"过去"而代替着占领了它的地位，而是加入在"过去"的里面而和它融成一片。这样，"过去"对于我们才不至没有意义。其实，在我们的意识中各人都有他的"过去"在等候着吞噬新来的"现在"，使各人的"现在"染上特异的色彩和意义而和其他任何人的不能同似。所以，任何人的现在意识都不能免掉过去经验的影响。（参看拙译柏格森的《时间和自由意志》）

照这样解释的时间意义，时间美就可得着正解。时间美艺术品的感动我们，正如肤痒时的受着一阵抓擦；我们的观照时间艺术，也像酒杯的在承受自上注入一滴一滴的葡萄酒，最初的一滴要到最后一滴注入时还仍未漏，那杯子才能满足。真正美妙的时间艺术品，当它尚未扣动我们的感官时，我们还无可无不可，等到一扣动我们的感官，我们就万不容许她中止，我们观照那种艺术品的时候，往往开始观照时的第一口气要到观照终了后才有功夫转过来，来抽那第二口气，正如肤痒时的一受抓擦就闭眼停息，锲而不舍到抓擦满足了时，张开眼来叹了一口气。所谓"欲罢不能"。所以，时间艺术的所以能够使我们感到美趣，所以能够使我们愈观照愈觉得意深味厚，就在于她的前节在衬托后节，就在于她前面各节都有力量遗留在当前的一节内，在增厚其感动力。所谓音节，声调，语气，就是前后各节力量的大小，配搭称势，使后节所得前节的助力，小没有小到不够，大没有大到喧宾夺主地压倒了本节的力量。因此，时间艺术的首要条件，就是：前后各节，务须一一紧接，不脱一丝榫缝。

到此，我们可以论一论所谓间接艺术的文学又有一个特点了。第一，文学对于视觉的适合性不如她对于听觉的适合性那么大。我们知道文学中诗是始终占着最高的位置的。这并非偶然，因为文学原是语言的艺术，其动人的力量是产生于深入听觉的音调的；文学中语气，声调等占很重要的位置，就是这个原故；诗中所含诉之听觉的音韵的分量，比任何其他文学所含的都多些，所以她最能使人感受到艺术的意趣。因此，诗也就是宜读宜听而不宜于看。说"我在看诗"的人们，不啻是在表示他的并未懂得诗。就是这个原故，才有人主张我们要研究诗，第一步最注重的是诗的音节，至于诗里的意思，可以放在第二步去讨论，或者不讨论也未始不可以。诚因为诗意虽不失为增加艺术意味的部分，其动人的力量实远不及音节之大，如要因顾全诗意之故而损坏了诗的音节，实在是得不偿失。这可就平常的事实来证明。我们在听戏、曲、歌、词的时候，会懂得词意固然是最好，但止要唱得好，那不懂词意的人也一样会给迷住了不肯离弃。至于那懂得音调而听不懂词意的人，总要比只懂词意不解曲调的人的多欣赏到一点艺术的意趣，那是更不用说了。就是音韵成分含得比较少些的文学如小说论文之类，我们也是在听人演述时比自己在看时要觉得有声有色趣味浓厚得多。这是因为就是那文学中所含的意义，也要靠了一种活动的调子——口的或手的——才能活跃，才能感人。这就是"时间美是动的"这句话的注脚。

第二，在文学中文字始终是一种障碍物。勃柴儿教授说过：印字术使我们的文艺知觉迟钝了许多。因为文字发明以后，一方面固然使文学作品得到了一个装盛的匣子，在流传上便利了许多，另一方面却也使得文艺的作者和欣赏者平白多增了一重装盛和卸装的麻烦，在装盛和卸装的时候，多少要使得装在里面的原物损伤了一点，或者还要使手术恶劣一点的竟会装不进去或卸不出来，以至于装不成或吃不到，就把那个匣子当做了美物而你授我受。至少，要因为那装盛和卸装的手续妨害了一点文学里为时间美唯一条件的前后紧接。所以，研究文学的人们，作者或读者，先要打平了文字这个阿堵物，使它在眼里消融到一些渣滓也不留，然后方能产出完美的文学和收到原物的美感。这里的方法，一方面固然是在操练我们控制文字的手术，一方面也应改进文字这个工具的本身，愈便于装卸愈好。这就是中国前几年文学革命价值之所在了。

五　文学的冲动

到了此地，我们不由得要谈一谈"文学是怎样起来的？"这个问题了。我们已说明了文学的位置，文学的性质，文学的特点诸问题，知道了文学是怎样的一种东西，自然要问一问"这样的一种艺术到底是怎样起来的？"

这文学的起源，可从两方面去找寻：一是心理的活动方面，一是实际的社会生活方面。从实际的生活方面讲，艺术决不是以自己的本身为目的而产生于游戏本能之类的审美观念，而是产生于生活上功利的动机。各种艺术，我们都可以从初民的遗产和现存的野蛮民族中找到其雏形而证明其和实用有关。如用具和武器上的雕刻，文身及各种饰画，野蛮人的舞蹈，编物的模样等，以前都以为是装饰品，是纯粹出于审美观念的艺术冲动，现在已由人类学，人种学，民族学，社会进化等等的研究而证明其或为宗教的象征，或为物主的符号，或为宗族的标记，或为狩猎的练习，都含着实用的意义了。讲到文学的起源，更和实际的生活有密切关系。诗是导源于谢神的颂歌或求爱的恋歌或英雄的歌诵，戏剧是导源于谢神时或庆祝胜利时的歌舞，小说是导源于故事的复述或奇闻逸事的传说。这种艺术的起源说，大概是很正确的；但我们这里可以不必多所讨论。因为这样的探源法，与其说是文学的，不如说他是社会学的。我们为文学而探究文学的根源，止要把心理活动上的根源找出就够。

各种文学，在人们的心理活动上都有他的种种根基。这种根基，我们概括言之可称之为"文学的冲动"。我们前面"文学是求真的"这句话，完全是旁观者就其性质说的，至于文学家自己却并无这种意识，他并不先立下求真的志愿然后再下笔为文。文学家也同旁的艺术家一样，只是受了内心的要求，冲动的压迫，使他不得不说，不得不写。一个人必要是受一种冲动的压迫的，才能生出真的文学作品来。就人们的心理活动看来，文学的冲动有四种：

A　自我表现的愿望——这就是说凡人都有愿把"自我"表示出来的冲动。在南庶熙艺术心理的一篇里讲这种冲动时，举了两个例：（第一）人有时自言自语。（第二）常常有人把自己认为极应当秘密的事，不能自制地告诉了亲近的朋友，事后又追悔起来，只得吩咐那朋友不要再向旁人说；可是那朋友起初是遵守他的嘱咐的，不久亦就不能自禁地又向别的亲友说出了……如此一传两，两传三，就把一件很秘密的事，闹得无人不知，无人不晓，所谓"公开的秘密"了。这就是因为在人们的心理活动上，于心内储存了什么的时候，有一种非表现不可的冲动，所以就是当那储存着的什么并无发表的必要或且有不发长的必要时，也不吐不快地要给表现出来。

B　对于人们及人们的行动的兴趣——假如人只有自我表现的冲动，那可表现的范围也就很狭小了。只因人是生就的社会动物，过不了孤独的生涯，热烈地要求群伴。能得情投意合的友朋固然是好，固然可以使生命之流漫吟低唱，就是前后左右，都在尔诈我虞，也可使心灵常常受到些刺激，常常在激荡奔突之中，也比闷在孤独的铁城里要畅快些；所以不但欢喜把自己心灵的火焰放射出去，预备有外来的火焰可以团集，并且还常在侦侯他人，看有什么火焰发出没有。因此，人们，如果是常态的人们，总是爱管闲事的，对于旁人和旁人的行动间颇有兴趣的。惟其对于旁人合旁人的行动，也有兴趣；有了兴趣，又非表现不可，所以才扩大了表现的范围。

C　对于"我们在里面生活"的实在界，合"我们希望它实现"的理想界的兴趣——实在界是我们生命所寄托，自然要使我们发生兴趣。那理想界也因我们常是心存向上，对于实在不免要生不足之感，希得一较好的生活，所以使我们对它更感兴趣。这又把前两个冲动——仅在实在界的——扩大了。有此冲动才能生理想的文学。

D　格式的喜爱——假如没有一个格式，就不能使所要表现的"真情"成形，就不能把这情感表出，这就是说，没有精致合式的器具，把自己的情感合经验，就原有的形状盛好，就没有法子把它拿出来。有许多人，有了很好的意思，很强的情感，而不能发表，就因为他胸中没有或缺少这个格式的概念。这格式一方面能帮助人表示出自己的情感，一方面又能增加一种情感外的美感。因此，人们就在"要把在内的情感表现出来"的冲动以外，另有这"追求美的格式"的冲动。离开了它所表现的内容，格式自己还有引起人的美感的一件事，大概是真的。

这四项冲动，就是文学在心理活动方面的起点；无论什么文学作品，如果是真的，必定有这些冲动之一个或数个在它的后面鼓荡着。

六 文学的种类

普通所谓文学的种类，是就体裁分的，就形式分的；如诗歌、小说之类。关于这种分类，人们的意见，很是分歧，我们现在暂时不讲。现在所讲的只就实质上分，就它背后是什么冲动而分的那种种类。有上列四种冲动，所以就有下列五种文学。

A 各个人自己的经验——这完全是个人经验的文学。

B 人人大家的经验——关于人人通常生活的文学。这未必就是社会的文学，因为这是就自己对于人人大家生活而起的兴趣表现的。

C 人与人的关系——全个的社会或世界与他自己的活动及问题的关系——这就是在各种社会景象之下的社会文学。

D 外部的自然界与我们同它的关系——自然能够引起人兴趣的地方有二：一是与自己有利害关系的地方；二是与自己无利害关系的地方。这种文学就是对于引起自己兴趣的事物，表现出它与自己的关系——讨论自然的文学。

E 人在各种文学及艺术下面，自己创造与表现的尽力——讨论文学与艺术的文学——批评的文学。批评也是人类一种冲动，也能帮助文学家，指导文学家，促进文学的实质，使接近于"真实"。

参看《小说月报》邓演存译的文学方法

总合上述六层，我们算把文学的体段——文学是怎样一个东西——说明白了。现在总结一句，就可以说：文学不过是把宇宙间所有能引起真的情感的事事物物——不管是实在的或理想的，形式的还是实质的——找了出来，描写出来，使读者可以得到真实的情感，以完成其真实的生活。

第二讲　内质与外形

文学的要素

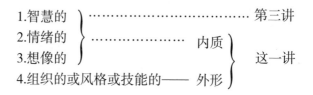

在前一讲，我们已把文学是怎样的一个东西说明了。然那还是远观的，从人们的许多活动中看出文学是怎样的一种活动；所谓鸟瞰中的文学。我们现在还要走近看一看，就文学的本身看它是怎样的一个东西，如要对着前一讲说，我们可以说这里是"显微镜下的文学"。就是这里再要讲一讲构成文学的要素。

文学的要素已如上表所示，可分内外二部，而内部则有要素三个。今分别说明如下：

一　内质

文学的内容，上面已经说过是情感，但情感又是什么东西呢？分析开讲，有智慧，情绪，想像三个成分。现在先讲情绪和想像。

A　情绪

1. 情绪的渊源：十九世纪法国有个文学批评家名叫泰奴的，替文学定出一个公式来，说文学是，甲，环境，乙，种族，丙，时代，这三个东西产生出来的（Taino fomula of the race, the medium and the moment）他的意思，不外是说文学上的情感与时代和历史有密切的关系。所谓种族，不是指以生在某一时期同文同种的许多人民所组成的一个民族而言，是指一群有共同特殊历史，特殊风俗习惯，特殊的政治经济，包含着遥远的过去和现在的一个民族而言。任何一个种族，不但其死者之数多于生者不知有多少，就是死者的力量也不知要比生者大多少。一般人所说的良心，道德观念等支配着生人活动的范围和方向的东西，都是死者积了无穷的岁月所造成的。所谓时代，就是时代潮流，造成时代潮流的有好几方面。或因交通上的新发展，使向未接触过的异民异族突然接触。这其间因互吸互拒的作用就会产生一种新潮流。或因社会上的制度，习惯等已不适于当时滋长得很快的人们活动之发展，于是穷则思变也会产生一种新潮流。或因科学上的新发明更变了人们的生活方法，智识上的进步改变了人们对于宇宙和人生的认识和意义，觉今是而昨非也就要产生一种新潮流。潮流既生，人们的整个生活，精神方面，物质方面，都要现出极其变乱的状态。所谓时代，就应指这种精神上物质上变乱状态的总体。这样，种族是说的某一民族积的方面全历史的整个组织；时代是说的某一时期积的方面各民族的共同趋势。然时代潮流虽有把各民族共同化的趋势，而各民族因为各有其不同的历史背景，对于潮流的反应也就各有各的色彩；于是这种民族和时代的两道源泉就组织出极复杂的情感。至于环境这个东西就更为细密；地方的风景，气候，物产，交通；个人的穷通丰啬，职业，教育，苦，乐，悲叹，等等，都是各人有各人的环境，都是在各人的情感中要印上一个痕迹的。各人因环境不同，对于种族时代所受的影响也取舍不同，反应各异，异种同时的各个人就不能不有色彩各别的情感。

　　文学与历史及时代有密切关系这句话，有几方面的意思。一方面是说赏鉴文学的人如先明白了某种族的历史和某时代的潮流和作者的环境，对于作品就可以亲切了解。一方面是说真正的文学作品必能映出某种族和某时代的特色而为研究文化史的好资料。一方面是说作者如果不是因为受着历史的重负，潮流的激荡，环境的压迫，情感上起了热烘烘的波动，决不能生出真正的作品。

文学和种族的关系，法人罗立爱在他那本《比较文学通史》里说得很详明，现在引几段在下面（根据章锡琛译新《文学概论》）——

　　法国的民族具有了解文辞之美的特色，他们在修辞及散文上实占第一流的位置。这当然因为他们依了理性，理论，与其明快的思考法，以及在普通的用语也用美的字句，不拘内容怎样都重词令的习惯等，都能使他们的散文达于有最高的光辉的位置。而且法国人具有非常丰富的社交才能，一方面扩大本国的文学，给影响于世界，一方面又能吸收外来的思想使之法国化而毫不吝啬。又法人往往依赖其历史上艺术的过去，自负从前擅有威权时左右欧洲的事情，即以此过去的事来推现代，容易抱有现代自己国民还是最有力者的意见。法人的思想，缺乏北方文学中所见创意的能力及绘画的美观。又法人的思想，屡屡不得不努力与德人的夸大倾向及英人的优美性质竞争而逞幻想，但空想的思考决不是法人的特色。"

我们看了上面的评论，就可以明白为什么法国的文学作品及至有些科学，哲学的作品都是以文字灵敏细致，形式匀整调和见长的道理了；就可以明白为什么法国的文学除波特莱儿惠尔连纳几个诗人外大都是散文为主，其戏剧除器俄等几个人的浪漫剧本外大抵是社会剧问题剧的道理了。

> 英国人大抵是只见现实的国民——即没有说明的帮助便不能思考事物，说明道理的国民。……英国人无论是怎样抒情的，对于自然的爱好无论怎样的深挚，到底不能离开所谓常识。又英人的思想缺乏概括的观念和理论上气品高超的见解，一切学问都是如此，特别是关于政治的学问，涉及纯理的即哲学的研究，法德两国都比英国更甚。然关于伦理和道德的，尤其是后者，英国就特别发达。英国的思想家，到底不能达到柏拉图，康德那样高深，但关于人间的正确知识，义务观念及自由意志的指道等，在英国的思想家里却可以看到完善的学说。就是完善的道德学者可以在英国求得。在这意味上，英人关于心理，道德及社会学的教义，主张等，保持着长期的势力。

从这里我们便可明白为什么代表十九世纪后半的英国著名小说家笛更司，撒扣来及诗人吞宜生等文学家的作品里，潜伏着那样的道德气味，伦理意识了。所以，就是那被英人称为怪物的王尔德，无论他是怎样的恶魔主义者，官能主义者，和法国的恶魔主义者波特莱儿，意大利的官能主义者达浓茶一比较，他作品里那种别人所没有的英国式道德观念的阴影，乃是不可藏匿的。

俄国文学和种族的关系，勃朗台斯在他的俄国印象记里有一段很有意思的说明：

> 俄罗斯人一面是世界上第一个压制主义者，一面又是最粗暴的自由主义者。又一面似乎是杀身以殉其宗派的信条的盲目正教徒，另一面却是企图杀人，投炸弹的虚无党党员。

他们无论是信心或不信心，爱或恶，服从或反抗，不论何
事，都是极端派。

的确的，我们看近代的俄国文学几乎全可以得了上说的帮助
就易于了解。如托尔斯泰，陀思妥以夫斯基，高尔基等人的作品
都可以证明此说。又如沃勃罗摩夫主义的俄国文学，像表现于贡
契洛夫的杰作《沃勃罗摩夫》中那样的优柔寡断，哈孟雷特式
的类型性格，及表现于屠格涅夫的《父与子》中伯札洛夫那样
的虚无主义等，都是一方面受着时代潮流的激荡，一方面又拖着
俄人种族性的幽灵所产生出来的情感。

说到文学与时代的关系，那就更显明了：十七八世纪，为什
么要"浪漫派"的文学？十九世纪为什么有"写实派"，我们看
看那个时代情形就不难知道了。如莎氏比亚是十六世纪那样流行
的一个戏剧家，如果生在现在，也许就不会拿他那样的戏风行于
世，杜威说，"倘使莎氏比亚生在十四世纪，他的才能会发展到
那样吗？"真的，莎氏比亚所以成为那样的一个莎氏比亚，全因
为他恰生在十六世纪英国那个以利沙白时代。希腊时荷马的诗，
乃是因为当时一方面战事相寻，一方面怀着泛神的思想而产出的
文学作品。十九世纪科学知识发达，渐重实际，哲学方面发生了
孔德（Comte）的实证哲学，科学上发生了达尔文（Darwin）的
进化论，文学上自然就产出自然派的文学。十八世纪的时候，君
主及教皇都非常专制，卢骚起而反抗，求解放求自由思想上有此
潮流，影响到文学上，自然就产出浪漫主义。又如近代的俄国文
学，更在明白显出时代的背景。屠格涅夫那本有名的《路定》，
就是一八四〇年的俄国，所谓四十年代的代表作品。那时是俄国
政治上最黑暗的时代，尼古拉斯第一的暴乱专制支配着一切，谁
敢表示些须的拂牾立刻可以亡身。那时的人，一方抱着反抗的思

想，一方又吓得一动也不敢动，于是就产出屠格涅夫所写那种"口的巨人，手的侏儒"的主人翁路定。再如他那本《父与子》中的主人公伯札洛夫的行动，如果不懂得那时的虚无主义的思潮就几乎无从了解。所以，有人说文学是时代精神的正确解释，也有人把文学看做研究文化的唯一材料。文学家的所以伟大，就在于他的意识地或无意识地摄收了时代思潮，再用他的笔做一管有力的射水器把那思潮直喷入一般人的血管里，激起勇猛的时代运动。易卜生的所以为易卜生就因为他能够在不会成为明显的时代思潮的时候，早已认识了那时的时代思潮，写出两性问题新旧思想问题，阶级斗争问题等问题剧以显示一般人。

文学与环境的关系，我们可到"文学是人格的表现"这句话里去求。我们在文学作品上所感到的兴趣，不是得之于里面的材料，而是得之于那些材料的处理法。换言之，不是因为作者在告诉我们一点什么，而是因为作者在怎样地告诉我们一点什么。这怎样告诉的一种态度，即是作者注入处理法的他之人格，即是所谓作风。同样的材料，可以因作者不同而显出恰恰相反的意味。最明显的例是代表日本元禄时期的两大文豪近松与西鹤的作品。西鹤《五人女》中哇夏清十郎的故事和近松《五十年忌歌念佛》中的故事，《五人女》中哇散茂石衙门的故事和近松《恋八卦柱历》中的故事都是同一的材料，但西鹤作品里的中心人物都含着无理想，无宗教，现世享乐的人生观，近松作品里的却含着全然相反的趣味，即理想的，宗教的，未来愿望的人生观。又如同一诸葛亮，在陈寿的《三国志》里的和在罗贯中的《三国志演义》里的却变成完全不同的两个人。所以，如果我们只看到作品里的人物，事实等等的报告而没看到这报告里的作者之人格，就完全没有领略到文学的意味。如果一篇作品，除报告一些事实外没有显示出自己人格的风趣，就算不得文学作品。

人格是怎样的一种东西，科学地说起来，实不过是时代潮流，种族遗禀，及本人的生活环境所镕铸而成的一个结晶体；而以风格态度等方面讲，还是以环境中风景气候遭际教育等等的影响为多。所以作品里的作者之人格，可以说是环境在作品里的反映。因此，作者的环境变易，其作风也就因之而改；一个作者前后作出不同风趣的作品来，不是文学史上没有的事。

照上面这样说来，我们可以知道，为文学主成分的情感，完全是从环境、种族、时代这三个背景酝酿出来的；我们要研究文学，无论是欣赏，批评，创作，都得根据这三个背景。后人对于泰奴那个公式多所非难，谓他把产生文学最重要的一个要素，作者的个性，忘掉了；谓同一时代同一种族同一环境的不同作者，其作品大都不能一样，因为各有各的个性。诚以情感是主观的，刊物有客观的背景没有主观的个性，就没有所谓情感的。所以那公式的三背景不能算研究文学的唯一条件，还得要加上作者的个性。

以我个人看来，这种非难不十分扼要，他们把个性看错了也未可知。一个人写出的是不是同他当时所觉得的一样，是一个问题，因时间不同，他所感觉得的亦随之而生些须的变化是有的事，在正写的时候会把自己并未想写出来的东西写了出来，也是有的事。说到主观的个性也还不过是种族等三个东西的产物；对于一物所生情感，好像是主观的作用，但可以要发生这样的一种感情，往往可以到那三个要素中找出根据。同一时代：甲生 A 感，乙生 B 感，都是因三要素有所不同而生出的不同。所谓"同一环境"这句话实际上是没有的；环境是非常复杂的东西，决没有两个人的环境会是同一的。一个人的情感就是对于他当时的生活所觉到的。一个人苟引起了情感上的悲乐，必有使他触起的东西在。——两个人同时所觉得的不一样，乃因他们环境不同所致。

2. 情感的有价值者：文学须要有情感做他的内容，但不是凡情感都可以做文学的内容。市井的纷叫，村妪的喋喋，在它们本身上讲都是浓郁的情感，但我们在这些上决不会找到文学的意味；所谓实在不都是真实的。在文学上，人的情感有的有价值，有的没有价值，其条件在《文学批评之原理》上说有五点：

甲，合理或适宜——合乎当时的需要

乙，生动或有势——有力量的。

丙，持续或恒久——不是因为一时的感动超出了一时的利害关系。

丁，错综或变文学，——不单调，如我们对于一人一方面爱他，一方面尊敬他，一方面和他握手，一方面怕他。

戊，品格和性——或高尚的或卑劣的。

我以为甲丙丁戊可以作标准。至于乙则无甚把握。如何才算生动，批评时很可以说；产生时，则不能预知——这个我们现在不预备去讲，丙与戊与甲重复；甲与戊实在就是丙。高尚的不一定合理，合理的不一定高尚。但凡是高尚的，合理的，一定总是超出一时的利害关系的。这样的分析得来讲，固然可以容易明瞭些，但我以为如果要扼要的说，那种情感有价值，最好还是用前项所说的三要素来断定。

的确能够表出种族环境的情形，时代的潮流的即为有价值，能够真真的备有这三要素的，决不会品格低下，绝不会单调，绝不会不合理。反言之，如打算修义情感作有价值的作品，无他，只有在自己的种族，环境，时代三个东西里去吸取营养料。

B　想像

有了适合的情感不就可以产生文学作品。人们在经验中所得的情感大都是散乱的；须把这散乱的、零星的情感整出一个系统来，方能写出一篇作品。又文学作品大都是生于"触景生情"

的一点灵机。这触景所生的情感，其胚胎不在当前的客观形景中而在主观方面先前的经验中。这种情感，写当前的形景是传达不出，写先前的经验也是博达不出，必得另外设计出一个对象来，把它客观化了，然后那情感才得附着那对象以流传于人间。这整理和设计，都要有待于想像。所以我们要接着情感说一说想像。

1. 想像的性质：想像是照了主观的意欲设想出一个对象来，把主观的情感寄托在上，使之有迹象可寻的一种心理作用。然这作用，也不是凭空而生的，一定是在经验中有其根源。这就是想像和幻想的区别。就性质讲，想像可说有再生的和产生的两种；

甲，再生的 Reproduction，同记忆差不多，把过去同类的经验通通想了起来；不过失掉原来的次序，这是不同于记忆的。这种想像所得的各种情节，都是本人经验中自己身历过的，所谓旧事重提而已。

乙，产生的 Production，有创造的性质，从表面看来好像是新的，如想像好的伴侣，朋友，学校等。但他不过是从以前经验里抽出各各部分而组成的一个新模样罢了！推其源渊仍是从经验来的。一个人所能想像出的伴侣，朋友等等，虽不限定是自己耳闻目见过的某种式样，但决不会超出由经验中东集一个容貌西集一个性格而成的一个人型。如塑像人塑一个奇怪的像必有一个奇怪的观念，然后才得到这结果，洛克说："苟牛马能塑像，必塑出牛马之像"，正所以说明无论是希望也罢，什么也罢；总不会出于经验。

想像之外，有所谓空想。空想就是瞎造，不根据经验。做梦时常有这种现象。又谓之幻想。如小儿指月为镜，即为好的想像；如想像自己在空中飞行，就算空想了。如以月里有嫦娥就是想像，因月柔媚如嫦娥，爱之如爱美人，用爱美人，代表爱月的情感甚相合，故为想像。

2. 想像的功用：想像在文学上的功用很大，情感不但须经想像洗刷后才得运用到文学上去，并且还要等想像来给以一团氛围，它才能有一种文学的意味，即情感的美感化是也。分别言之，想像的功用有三。

甲，挑选。过去的经验中，不一定都是对我有趣味的，使我们发生情感的，把趣味浓厚的挑了出来，无味的淘汰了去，是想像的功用。有时我们对于过去的一种情况特别留恋不舍，就因为得了想像的挑选。

乙，整理。如研究动物，不能把一切动物都拿来看，只能把看到的分成类别，整理一下，看它们相互间有何关系，结果可得一个一般的结论，如"凡有角者都反刍"等判断是。这个结论是突出观察的范围之外了；人们如卫生间没有想像，是不敢做这种"突出"的。我们再拿文学作品来说：如《红楼梦》里的贾宝玉并不是作者整个的化身；不过把他当年所经验的整理起来的一个结晶的人格罢了。又如阴险的女人以王熙凤为代表，也是从经验里抽出共同相类的性质而得的人物。这些整理都赖想像的作用。

丙，解释与补充。人们对于外界的事物往往欢喜给与一种解释；那事物也一定要得了这种解释后才会变成一个人自己生活中的一部分而生出活跃的意趣。这叫"事物的人格化"。凡自己经验以外的文学材料，都要是人格化了以后的事物，文学家笔底下的事物和科学家笔底下的完全不同，就是因为一是没有生命的那事物的各部分的照片，一是受了作者人格的辐射，而获得作者所给与的生命的一件活的东西。这些，就都是想像解释与补充的功用。

二　外形

A　定形与表现

上面说的都是关于文学内质方面的。一种内质，若无适当的外形，是无由表现出来的。所以文学既有了内质，还非得有个定形不可。所谓定形，就是恰能和内质适合的具体形式。假如不适合，就不能把内质恰如其分的表现了。故第一无定形，内质无由表出，第二定形不合适，内质就不得完善的表现。文学的外形就是语言文学；从表现的功能上讲，语言文字可分做三部——一，文字，即一个一个孤单的字或辞；二，组织，即章句；三，声调。现在分别说明如下：

一，文字：文学是文字的表现 Literature is the Expression of Words，说文学不过是研究语言文字的运用在表现上，应怎样才最有力量的一种哲学，也不算过火。茀罗培尔告诉他的大弟子莫泊桑说：我们要叙说一件什么时，这里有一个而止有一个字，要述说它的动作时，这里也有一个而止有一个字，要描述它的性质时，这里也有一个而止有一个字；我们要搜救这一个而止有一个的字或词，求得了为止；就是得到了近乎这一个而止有一个的字或词，也是不能算数的。这可以表出文字在文学上的重要了。可惜同时又有人在说：文字是给我们隐藏思想的 Words were given to us to conc al thonghts。这是因为文字的意义和其用场，早已有了前定的范围，而想像与情感则变化不居，毫无一定的性质和界限。用文字做表现的工具，一方面固然有现成和明确的便利，一方面是有不能适合的苦痛的。因此，恶魔派的文学家，就创文字的"暧昧说"，他们以为语言文字，根本就是一种暧昧的东西，用以表智识作用的观念还没多大的困难，至于那丰富变幻的情调，就决不能用文字来表现，只能用文字来暗示。故他们主张竭力利用文字的暗示力。这确使他们得了极大的成功。一般人对于他们的其他方面，不少恶毒的讥评，而于他们文字方面的成功，却不能不叹为是语言最后的努力，叹为进步到了语言这东西所能达到的最高地方。由此，我们可以知道，研究文学的人对于语言文字是要怎样的努力着。

二，组织：语言文字粗疏和笨拙这个短处，除前面说过的具体写法可以补救一部分外，最重要最有效的补助，是组织和声调。恶魔派的文体所以能为"虽是极琐屑的意味也毫不遗漏"的文体，能表现向来最暧昧最易消失的轮廓的文体，就是因为它能超越了向来的语言范围，利用语言的暗示力。所谓语言文字的暗示力，就是所谓"弦外之音"，所谓"字里行间"所透露出来的一种力量，这完全是把文字组织成章句后所生的一种力量。如谢采江先生近来有一首小诗说："欢喜在回家以前，苦恼在到家之后"。只这两句就把他那苦闷到万分的情绪，完全表现出来了。又如《西厢》上《琴心》中："人间玉容，深锁绣纬中，是怕人搬弄；想嫦娥西没东生谁与共？怨天公，裴航不作游仙梦；劳你罗帏几重，愁他心动，围住广寒宫""小桃红"一曲，把双文那种怨恨老娘的情绪也表得十足。

正和音乐图画一样，音乐家最重要的工作在调音，图画家最重要的工作在调色，文学家最重要的工作在调合文字。单一的音和色，表不出复杂的音色和色调，单一的文字又怎样表出浓郁的情调？如前文所说，文学家没图画家那种便利，可以把红黄绿等颜色字拼出非红非绿非黄而又亦红亦绿亦黄的一种新颜色的字。然也未始不可利用文字的组织，写成一段恰能表出这种颜色的章句来。本来，一个字的产出，在当时原是应着某一意义的表现的需要而造出来的。如果新字的产生，其迅速能追得上新意义——思想，情感——产生的迅速，就可以每一意义就有一个适合的字来表现。这当然是做不到的。那唯一的救济，就只有把已有而不甚适合的文字组织成恰能表出刚刚新生出来的那意义的一组，算作临时做起来以应刚刚新生的意义的一个新字。所以，在初民，心意的表现竟可依赖那几个单一的语言文字，到现在却不够得甚远了，完全要靠"临时做起来的新字"了。

三，声调读了"碧澄澄苍苔露冷，明皎皎花节月影"两句，那夜深人静的幽僻景象如在我们目前。固然是这两句的全体都有关系，但那声调给这两句的助力，我们在读"碧澄澄""明皎皎"六个字时是可以觉得到的。

我们前面已经说过，文学与其说是目的艺术，不如说是耳的艺术来得妥当；诗歌不必说了是给人唱的，不是给人看，就是小说以及散文，我想诸君总也有这样的经验罢；听人家讲一件故事要比自己看一件故事时趣味浓些印象深些。这是因为真能表出人之情绪的，是抑扬徐疾婉约奔放的声调。所以声调这个要素，在文学形式中很是重要。要表情表得恰合就要声调用得适当。

B 字，组织和声调的性质

这三种外形的共同点，就是都能表出作者的印象或观念。惟字是现成的形式我们在表现观念时，只能选择合适的字用。如果选不到适合的字，必得另找些字来，组成恰合的章句，以达自己表现的目的。这是字与组织略微不同之点。《老残游记》上写白妮说书一段，所以能这样惟妙惟肖，便是因为他是用的组织。如果要靠现成字或辞，就决不会写得这样神情毕露了。从此看来，组织的表现能力比字要大的多了。愈是能力大的文学家，他越不喜欢用字——单字来表现；越喜欢用特别组织来表现。如《最后的一课》只是写一种打败仗的悲惨，可是悲的性质是复杂的，于是他从悲的各方面去写，把组成悲的观念的许多方面都拿来作材料，故能把悲写得透澈。

从人们表现方法的进化上看来，起初喜用字发表，后来就用篇章发表了。原始人要表现什么情感时止能用一个两个断断续续的字，小儿及没有知识的人，都无组织的能力故表现能力很小。"字"的效用实在有限。故单在用字上做功夫，作品是不会好的。我们要想表现复杂细腻的情感，须得在章句篇段上注重研究。声调在表现上的性质，上段已说到过。文字原来只是语言的符号，而语言完全是声音上的一种表示。所以，文字的有无力量，就要看其是否是所要表出的那声音的适当符号。因此象音文字比象形文字要合用得多，而在表情时还很可利用声调来做帮助。如《牡丹亭惊梦》里有一段——

"原来姹紫嫣开遍，似这般都付与败井颓垣；良辰美景奈何天，赏心乐事谁家院……遍青山啼红了杜鹃，荼蘼外烟丝醉软……闲凝盼，生燕语，明如剪，沥沥莺歌溜的圆……"就是利用声调来表现闺女心目中的春色的。先有质然后才有形。但没有恰合的形，质就无从表现。外人亦无从知道自己的情感。

三　质与形的关系

关于"质"与"形"的关系我们可分四点来说：

1. 发生的：依理说，原应是先有质而后找形，但事实上是先有形而后有质的也是不少。宋以后的诗文大都如此。这种最无价值，内容非常空虚无聊！

2. 感应上：即文学作品对于读者怎样能引起他人的同情？感动人的地方在质还是在形？从这点讲，似乎外形的力量实在比内质大，往往有内质虽然很好而因外形不好，就引不起人的同情来。反过来讲，也有内质虽空虚而因外形俊美，亦能使得读者觉其有味的。六朝时代的作品，内质固非常脆薄，可是外形上很好，故易引起人的注意。即作者亦有"文生情"的话；往往提起笔来以后会引起原来没有感到的——更深一层的情感来。但这些都是潜浅的观察。内质脆薄的作品，即能引起读者的同情也只能是浅薄的味道，不能有深刻的感动。只有那内容充实的作品，才能入人心，有久违的感应力。

3. 欣赏与研究：我们欣赏文学作品时，自然要内质也好，艺术也好，才能觉得有引人入胜之妙；但是没有好的外形，往往引不到质上去，因此，形在欣赏上也很重要。我们研究文学，只能研究它的外形，不能管它的内质；因为要求内质的美好，是要在别的时候做工夫的。学也好；批评也好，总是应在形上多用些功夫。

4. 价值：说到一篇文学作品的价值如何，便是内容的事了。因为这个是以它及于社会上的影响讲的。——文学家在他振笔疾书的时候，固然不暇闲到影响不影响，但影响是终究免不了要有的，这影响的责任也不能不叫文学家负。不过这句话很容易引起误会，须得解说一下。这所谓负责，只是负真实与否的言责，不负整个儿的责任，如果所写的是试验管里，显微镜下的社会，那就无论引起社会上怎样的不安，那海淫海盗的责任只能完全由社会制度或社会管理者负担，文学家不能分任其责，并且还有"惩奸发伏"的功劳。反之，如果所写全不合现实社会的情形，只是一个人闭起眼睛，用他想入非非的脑经在那里捏造些空虚乌有的海市蜃楼，无论写的是怎样能够安慰人们的天堂，乐国，总免不了要有"引诱青年""摇惑军心"的罪名。

第三讲　文学中理智的要素

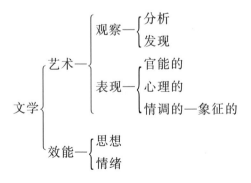

讲到文学和理智的关系，我们遇到了一个吃紧问题了，因为在这里，我们要问到：文学作品的创制，到底是"有所为"的还是"无所为"的？说是有所为，就像把文学贬成人生中次一着的活动，是把文学看做用以远到其他首着活动的一种方法，不免减低了文学的地位。说是无所为，又把文学变成了一种极其神秘的东西，好像文学是别有天地，不在人间，不是"人"的活动而是超人——所谓天才——的仙佛行为，不免要把她弄得不可捉摸。现在，我们不必凭空讨论，空论是无有是处，且得不到结果的，我们且来分析地探究一下。据个人看来，这里面实含着两个问题，一是文学和道德，一是文学和主义。把这两问题研究过，那有所为无所为的问题自由解决了。

我们先讲前一个问题。

文学和道德，原是两个面目完全不同的东西；文学的意义在创造，在开辟新境，道德的价值在保守，在尊重现实。它们各有宇宙——所谓范畴。如果要从道德的观点来看文学又从而批评之，那就非糟不可。过去的文坛上——现在大概还是如此，闹了许多官司，还闹出不少乱子，其中是为了这个原因的着实不少。但因此就说文学和道德决没有什么关涉，又未免只知其一不知其二了。因为一切艺术活动，诚如居友所说，都是社会性的一种发挥，都在观念地表现一个善的或恶的社会，使现实社会与之共鸣起来，得到一种进步的或退步的结果。这是从文学上讲的，我们到后面再说。这里我们只辨明文学虽不能和道德视为一物，但其中自有道德性的存在这一点。道德性也是和道德并非一物的东西。文学所以不能用道德的眼光来观照，只因道德是已经有了固定的标准，替人们的观念定了一个活动的范围，不准有所荡踰，而文学是既以创造为原则，就不能有什么固定范围可以叫她就。但所谓创造，就是生命力的新发展，就是不住的向上，而这向上就是一种道德性。

居友说得好："艺术是以社会的现象为主……艺术活动，能够有使实社会进步或退步的结果。对于社会学者，艺术的道德性就在这里成立。但道德性完全是自然地内在的东西，并不是从头打算的结果，倒是超越了一切的打算及目的的追究而自然产生的。……艺术与道德完全是各个的东西，但我们读到一种作品，不起苦痛及卑屈之感，反而经验优越之感及自己超越的心境；或者并不回心到自己本来的懊恼，反而好像感得对于自我的无邪，这种情形便是证明那作品是很好的艺术的证据。最后，最高等的艺术品，不但以刺激我们心中极强锐的感觉为目的，更是为了刺激最阔大最社会的感情而作的。弗鹿培尔说：'所谓美的东西，即不外乎最高的正义。'实际上，美的活动，便是创造生命的努力。"居友这话，虽是说的艺术，但文学自然也在内。真的，德道原是维持正义的，可惜正义已"兔脱而去"，道德却还守着空冕在维护，使得正义不得不另请艺术来呼出它行从之所在。明白说一句，道德是在用服从的方法维系已经大家公认的正义，艺术是在用反抗的方法喊出尚未有人承认的正义。

再讲一讲文学和主义。

这是很明白的，把文学作品和宣传主义的东西一样看待是最不妥当的一件事。自然，文学是要有时代的精神，在现在，我们要反对贵族式的，资产阶级的美学和一切艺术；我们还在期待着平民的、无产阶级的美学和一切艺术。但文学是属于文化的一种东西，是不得自由即归萎顿的东西，要让她在自己的基础中开发自己的进路，它才能滋长荣茂。我们无论怎样地期望某时期的文学应有某种精神，决不能以一种主义做前提来立一种文学论。评论文学，应完全用真的艺术的信念做基础。蒲罕廖说得好："……精神文化的问题和军事问题不同，应用机械的暴力是解决不了的。在艺术上，需要自由和多种多样的倾向，共产党只作根本的指导就可以了，其他可以放任的……任其自由才是使无产阶级文学长成的最良方法。作议决案不如好好的创作作品。"屈斯基也说："马克斯主义的方法论不是艺术的方法论。党（即共产党）是指导共产阶级的，不是指导历史的进行的。在一领域内，党是可以直接命令的指导。在另一领域内，只能与之协力；在这领域内，党只能为它决定方向。艺术就是不以发号施令的威权赋与党的一种领域。"

　　然这也和说文学与道德的关系一样，只是说文学不是主义的宣传品，不是说文学和主义毫无关涉。主义是笼罩着一时代的潮流的全体的，什么都要受其支配。用一种主义的理论来处理当时的文学，不是不可能的事。藤森成吉说得好："唯有适用这个学说（唯物史观），才能明确地了解文艺的本质，尤其是现在为最必要。若对于这一点没有充分的理解，实际上无产阶级派的文学者们，很苦楚地从事实际运动的人，也会感着迷惑。"真的，"文学是时代的先驱者"，"文学有预言的使命"，文学的敏感性是任何物所不及的。一种主义里所表白的那个社会法则，在一般人或学者们还是茫然无所感悟的时候，文学者早就感知到的了；他们的感知，虽不能作出一个明确的理论或观念，但那趋势的全姿态，却由他直觉地吸取而艺术地表出了。等学者们互和告语，提出讨论，蔚为主义时，它已成为重大的世界大势了。再说，文学的作用，根本就在引起读者共鸣；所谓共鸣，还不就是扇动、宣传等等工作所期望得到的结果吗？说文学不是宣传，实不啻根本取消了文学的意义。文学如果要别于宣传，至多只有从方法上说，说文学是具象地描写，宣传是观念地注入。至于作用，它们实在是一致的。所以，文学和主义的关涉至为密切的；若在某种主义已甚风行的时候，却还有落在主义之后的文学作品，那作品真不啻明日黄花了。

总之，文学与道德及主义，都是人们精神生活方面的一种趋势，都在表出人们生活在进展中的一个倾向，都是所谓文化的指数，其精神，不能不是一致的。它们所具的形式固各有不同；它们所表现的方式也不一样；文学的形式是艺术，道德的是规律，主义的是信条，文学所表现的是浑穆的感觉，主义所表现的是抽象的观念，道德所表现的是具体的行为。它们各有各的领域，各的面目，各的特性，我们万不能把它们同视，也不能用道德或主义的法则来准绳文学，然其相互间息息相关的交涉点，我们复不容忽视。所以，说"无所为"，文学可以说是无所为的；因为当文学家创制一篇作品时只应惟有纯粹艺术的信念，基于纯粹艺术的立场，为情感忠实的表现，不能有什么道德的或主义的观念参谋其间。另一面，说"有所为"，文学也可以说是有所为的；因为文学决不是无聊时的消闲品，它在人生上实有重大的意义，不容有违反潮流的制作。恐怕这两句说话有矛盾之嫌，我们还可以补一句：文学应当跑在道德和主义之前，不应落在它们之后。

这样，文学的所以不能用道德主义等来范围，完全是因为它们太旧了，不合式了的关系，并不是什么地位贬损不贬损的问题。地位不地位，和有所为无所为并无关系。这是第一讲中已说过了的。文学的所以为至高无上的艺术之一，是因为她是自由的，是时代的先驱，是预言。文学是先驱，是预言，那么，她的内容不止是情绪，想像，还有理智和意志，不已是显然的了吗？无论从艺术上讲，从效能上讲，都可以看出文学内有理智的要素。

一　艺术方面

文学的艺术，不外乎意境的构造和文字的使用这两层。造意不能凭空杜撰，须对于眼前的环境有亲切的，深刻的观察。故艺术方面，我们可分观察和表现两层讲。

1. 观察

所谓观察实含着分析和发现的两个意义；不分析，决不能观察到深处，决不能察出真实来。外界必须有一种情形，然后内部才能发生一种情感；然内部若没有一种感受力，也不会有什么情感的发生。而此感受力是发生于感动力的；人们对于外面的世界能够有怎样的感触，完全要看他分析的智慧是怎样。原始野蛮人对于自然界及社会上的现象，都是很粗陋地看了一看，触发不出什么意味来。现在知识程度高的人对于自然现象和社会现象，就有比较深切的、精致的发现了。文学是人们发现了什么的报告书，故有"文学是追求事实的根本意义"的话。追求的工具，舍智识莫由，知识浅薄的人，不能分析，只能看到事物的外面，绝见不到深邃的内部去。如："海阔从鱼跃，天空任鸟飞"的话，就非平常的人所能说出，所可了解的了；在智识高的人看来就觉到它是表现自然的调和及宇宙的广大，含有无限的深意了。所谓发现都是发现事物间的相互的关系。

发现都要从经验中得来。发现实是经验的结果。然经验和经历不同，经历只是盲目的阅历，有智识把经历分析过才是经验，故归根说来仍非有知识不可。知识高则见地自广而经验自富，感情的触发，亦自群尽而真确了。

2. 表现

表现就是把所发现的用文字来表之于外，在文学创造的程序上为最后一步；其方法有三：

A 官能的

B 心理的

C 情调的——象征的

　　发现一件事，要打算把它用文字表现出来，非有一种方法不可。官能的表现法，就是利用人有刺激性的官能，而在如何把文字使用得能激励读者的官能上下工夫。这种作品在于描写的精致逼真，不加入作者自己的感情，自然地龇开了读者官能的门，使他那兴奋的情感自油然而发作起来，做作者的共鸣者。写实派多用此表现法。心理的表现法，就是不写事情的本身，而把发现的事情的当事者的心理描写出来，以唤起读者的同情。要描写丘八欺侮人力车夫的横暴，要引起人们的注意，不说当时车夫挨打的情况如何悲惨如何可怜，而只写当时车夫怕兵的心理变化。这是作者主观所虚拟了兵与车夫的心理，用以引起人们的同情。这方法也是写实派常用的方法。情调的表现法，就是所写的不是事情的本身，也不是当事者的心理，而只写那当事者的情调，这更是进一层的推想了，极不易写。故不得不借一个类同的具体的事物来发挥这段情调，所谓象征派就是用的这种方法。这是比喻法中的暗喻法。如李白的《清平调》，又如"抽刀断水水更流，举杯消愁愁更愁"等诗句是。有人说文学是直觉的，所以情感不可分析。但是文学不只表现自己且表现人家；人家的情感，就非分析而表现之不可了，所以可见说文学是直觉的话，实在是片面的。官能的表现法，完全反于直觉的；心理的表现法，则略含有几分直觉的意义，而情调的表现法可就完全是直觉了。现在的文学界所以反对写实派的理由，就是嫌他们把当时自己所起的情感抛去，专去描写那段事情，未免太死板了，结果是干燥无味不易引起同情的，不如把当事者的情调捉住，然后把他写出来较好一点。官能法和心理法都须要深刻的观察，这种知识的要素是显然的。情调的表现法似乎与知识无关，但是大大不然。如未成年的小孩拉车本是极不人道的现象；人们却有的对他怜悯，有的加以欺侮。这就是知识不同的缘故了。所谓情实在并无这个东西，不过只是知识的波浪罢了。煞费心力善为培养的心爱的花一旦忽被虫蚀，在种花者一定有一种不快之感。这是因为他与花相处日久，关于花生长繁荣的经过知道得独详，今忽来此一厄，在他的经验上，好像千里奔流的一条河水忽然碰到阻挡，其知识既失其寄托而生波浪，此即所谓不快感。波浪的高低大小——情感的浓薄，由于经验的多少而定，故情感发生与知识很有关系。知识愈高，可以使他发生的情的方面愈广，内容也愈复杂。换一方面说，要打算找一个同自己情感相同的事物来象征，也是一定要靠着知识。反过来说，同样的事物，因观者知识的高低，它所象征的情调就不会一样。如薛宝钗见柳絮而生发扬的情调，他人则皆生轻浮或漂泊的情调。情不是凭空而生的，都是经验的结果。可见文学在艺术方面，与智识有很大的关系。

二　效能方面

很多的人不赞成在文学上讲效能。这一层，上面已经说过了。他们还反对在文学中讲思想。以为这样，是把文学看作宣传品了，而我们是应当把文学看成纯情的表现的。但是我们已知道情感是知识的结果，知识原于思想，没有思想的人万不会产生有价值的情感的。所以持这个论调不免有所偏。又有人以为文学是工具，是为的发表思想补救科学所不到的地方的。这也是片面之见。我们现在不要管这个争论，且看下文吧！

思想与文学的关系——在文学的范围里面是不应来研究思想的。文学之为物，是有了情感然后表现，究竟表现的思想是好是坏，不能插入文学的本身而加以评判；文学中所含思想的好坏，是另外一个问题。在文学里所应研究的是：情感的表现是不是真实？描写的手腕高不高？艺术好的东西，可不问其思想如何而认它是文学作品。艺术好的人，可不问他的人格而承认他的是文学。我们不一定赞成这个人，可以赞成他的文学作品；我们不可因人而发言。文学作品之所以成其为文学作品是因为作者表情表的好。若表现得好，思想又正确，自然是很好的了，单单表现得好也是不失为文学作品的。这些固然是的确的话，但没说到文学的全体。思想的好坏对于他文学作品的价值，的确有很大的关系。思想在文学里面终是很重要的。固然，文学的创制，纯乎是情绪的作用，文学的欣赏，也纯乎是情绪的作用。但实在说来思想与情绪有密切关系，思想不健全的人所表现的都只是片面的，和其余部分没真实关系，故其表现的情绪也常是变态的。譬如说吧，不了解唯物史观的人，或拜倒在黄金足下，颂扬资本主义的人，他对于贫穷者的生活能有真实的了解吗，能有真实的同情吗？他遇着资本家和无产阶级冲突的时候，将发生怎样的感想？他对于那冲突的事件又将作怎样的观察？由此看来，思想也是研究文学的人应当极力注意的。有人说："文学是历史的灵魂"。文学最大的价值，就是能够表现一个时代。历史的记载，只是外面的事实，而这些事实的含义的留传，就非藉文学的力量不可了。苟一国有历史而无文学，则不能表现其民族生活的根本义意于外界；因为历史是民族生活变迁的事实的记载，而生活的根本意义，只有文学能够表现出来。我国不易为外人所了解，就是因为缺少文学家的原故。文学实能表现时代的精神。可见思想在文学中，是不可忽略的了！这点很易引起一般人的误会。我们如记着"情感是思想开的花"这一句话，就什么都不难明了了。

第四讲　文学的变迁及派别

我们以前讲的那些话，可到文学的变迁上来找些证明。这可由两方面来说，中国方面和外国方面。比较起来，中国文学的变迁不如西洋文学的变迁的已有系统的记述，故在此，也比较难说一点。今先从西洋文学的变迁说起：

文艺复兴以前

西洋文学在文艺复兴以前，不如文艺复兴以后繁复；讲西洋文学之变迁，可以文艺复兴为中心，文艺复兴以前的文学简单说起来，可以用神话概括之；先是希腊文学，后来又有希伯来文学。希腊文学的思想，是肉体享乐的追求，全是人间的；希伯来文学的思想是上帝的追求，全是超现实的。希腊时，人民很是自由，对于现实生活有充分领略的可能。一到罗马，帝皇专制，人民受了压抑，四肢也不得舒展，肉体的享乐是得不到的了，于是希伯来思想乘机而入成为精神的享乐。他是要用理想中的天国来把人民从肉体的压迫里救出。这就是希伯来文学继希腊文学而起的道理。

文艺复兴以后

所谓文艺复兴，是把古文艺——希腊文学回复过来的意思。从前基督教——希伯来思想，原要把人的精神救到天国里去，使人们所受肉体上的压迫得到一种补偿。但结果教皇的专制和皇帝一样厉害，人民非特不得救济，反而又把精神也束缚住了。在这两种压迫之下，就成了文艺复兴的动机。要从形势上看来，文艺复兴是要把希腊思潮复活，从意义上讲，文艺复兴是"人"的发现，是解放的企求。从文艺复兴到现在，西洋文学已经过了四个变迁——"古典""浪漫""自然""新浪漫"。这四种变迁，从形势上看来，似乎后一个都是对前一个所起的反动，从精神上讲，他们实在是一致的。古典主义就是对于希腊文学的崇拜；他们以为这才是"人"的文学，在这里才能找到"人"的生活。

但到后来，这崇拜变成了偶像的崇拜了，以为凡是希腊文化，都是好的；不是希腊的文学全是坏的，一味的只知道在形式上模仿，在文字上雕琢。结果遂成因袭的空虚的呆板的古典派。到了此时，文学已成了死的东西，只知模仿古人，毫没充实的内容，规律严密，作者毫没有一点发展个性的余地，改革的必需已到缓无可缓的地步。但在文艺本身是起不了什么反动的，因为文艺只是生活的反映，要人们生活上先起了反动，文艺才能跟之而起。自法人卢梭振臂一呼叫"人返于自然"，把一切人为的因袭的桎梏，尽行打破；掀起了思想界的轩然大波。一时狂风卷地，大雨倾盆，全欧都受了震荡，种种革命随之而起。于是反映生活的文学，也就起来了，就生出所谓浪漫主义。说也奇怪，浪漫主义的端绪，虽开自法人，而文学上的浪漫运动，法国却较他国为晚。这是因为它是古典主义的发祥地生长地的原故。文学上的浪漫运动有意的鼓吹，为德国的司勒格尔；暗暗的孕育，则为英国司各脱。司各脱，我们可以说他是西洋小说的始祖。他是英国苏格兰人，在那里环境比较自然些，古典主义也没有什么势力，所以他可以自由做他的小说及诗。其后湖畔诗人湖茨华士、郭力其、苏瑞等，魔派拜伦、雪莱、开茨等相继而起；一方面受了欧洲大陆的思潮的鼓荡，一方面发挥他们英迈的民族性，文学的浪漫几乎到了极点。德国自从可勒格尔鼓吹以后，浪漫的文风虽不及英国之盛，而哥德，海涅等（他们不是完全的浪漫主义者）也极一时之盛。在法有许裁、大小仲马等，都是浪漫主义的健者。

　　古典派的文学大部是生长于宫庭之中，歌功颂德，题材平凡，形式只是一个空架子。浪漫派力矫此敝，题材是描写社会平民生活的，要写什么只是自己自由的发泄，迫于很强的冲动而写出来的，他们的内容，只是生活；他们的文学只是他们思想的反映，自由的情感的流露。因为他以新奇医平凡，原是对症发药的办法。但有意讲新奇，一味求新奇，就又渐渐的离了人生，离得太远了，所以到了后来，对它起来反动的自然派文学就应运而生了。自然派文学的兴起，也起于思想的改变，孔德和达尔文乃其先驱。十九世纪科学发达，其势力无处不到，科学的势力侵入了哲学界，而实证哲学出。达尔文的《种原论》出，科学的势力又侵入了生物界。科学得到这两个急先锋替他开辟了这样广漠的，从来没有人相信它们会收入科学的领域的两块殖民地，于是它的威名始为一般人所惊骇而折服了。这个思想上的革命影响到文学，就产生了自然主义。自然主义的原理是：各个东西都为它自身而存在，换言之，都有他的价值；全宇宙就是这个那个许多的东西的总和。我们要识得宇宙的全体，只有把这个那个东西细细观察的一法，其方法是：（1）只有"分别相"没有"类相"；（2）丑的和美的一样的重要；（3）写实。要做到这几层，实地观察就是必要。自然派的作风，为法人福禄只所创，经过左拉理论上的阐发，到了莫泊三就已登峰造极了；一时风靡全球，英有萧伯纳，梅勒底斯等。美有哈特，哲姆士等。德有苏特曼，霍士德曼等。俄有屠格涅夫，柴霍夫等，北欧有易卜生，斯屈灵培格等，都是注意个性，实地描写的作家。他们的题材，有社会问题，有劳动者的生活，有黑暗中的罪恶，有阶级社会的苦痛，有赤裸裸的肉欲；要之，都是人生的，平民的，个别的。

自然派文学最重要的是客观的态度；处理他们的题材要和科学家处理他们的"与件"时一样忠实，描写时不加入一毫主观的色彩，这样在发现真理上，即披露社会的真相上，分析人生的底蕴上，可以说是再好没有。不过"变化"是自然的法则，一成不变是天字第一号的罪恶，"自然"是无论如何不许的。所以到了近来人们对于自然派的文学，又渐渐不满意起来。他们以为：情感是文学的要素，作者的情感就是他产生文学的灵魂，自然派要叫作家在描写时抑制自己的情感，防它溜入作品里去，是无异于捏住了钟表的弹簧再叫它走，这实在是自杀之道。新浪漫主义，就是要补救这个而生的。新浪漫主义的发生，也和以前几种发生的一样，是有新思想做它背景的。柏格森的哲学就是其中之一。它和自然主义并无根本上的差异。实地的观察，分析的研究，也是一样需要的。所不同的就是它承认作者的情感是产生作品时一个重要角色 actor 不以客观的描写为满足。其间还有印象主义象征主义表现主义等派别，此地无暇细讲。大略言之，印象主义，只是自然主义的另一派，以公果尔兄弟为代表，他们主张要通过从自然所受的印象以表现自己的人格。而自然主义则以绝对的得到客观的现实为目的。表现主义，唱自德国画家何特劣尔等。大战以后德人受创深痛，沉思冥想，主观上的要求还胜于客观所许，于是表现主义蔓延及文艺，以反抗描写外物的印象主义，而以呼出灵魂的呻吟为文艺最高目的。最近，社会革命狂风骤起，在文坛上，无产阶级文学的呼声又甚嚣尘上了。

这就是西洋文学文艺复兴后变迁的大概。前面说过，这些变迁的精神是一致的；到底这一致的精神是什么呢？这在上面简单的叙述中也可以看出来，即掘出一个人来，追求一个完美的"人生"。

＊　　　＊　　　＊

讲到中国文学的变迁，可由两方面看去，即正统文学和平民文学。现在先讲：

（一）正统文学

在新文学运动以前，中国文学界中，闹什么今文学古文学，又有什么桐城派、文选派、周秦派；在那时除了这些以外，就没有所谓文学。向来的中国文学史，也就在说这些派别的源委和兴废，所以我就把这一方面的文学叫做"正统文学"；现在就是来看看这些派别的"来龙去脉"。原来中国当周秦之际是一个文学极盛的时候。那时学说纷纭，思潮奔放，大家都在那里发挥自己的心得，指摘社会的缺点，而并没想到要使自己成一个文学家，更说不到什么派不派；虽然后来有人把庄子，屈原等分为南派，孟子墨子等分为北派。可是他们的作品却都是"真正老牌"的文学。到了汉朝就不同了；司马相如，扬雄等固然只是想以文学得名，并没有非写出来不可的压迫；即司马迁也是想"成一家之言""藏之名山，传之其人"的。司马迁总算还能够"成一家之言"，这是因为他是做的"网罗天下放失旧闻……稽其成败兴坏之纪"的工作的原故。至于和如扬雄辈，简直只是做些猴子效人的玩意儿——如相如学屈宋，扬雄初学相如后又学孔子——没有什么意思。到了后汉经学大兴；郑康成，许叔重等，都做些考据训诂之工作，这是"汉皇"把秦始皇的"挟书令"废掉以后，散逸的书渐渐搜集得多，有加一番整理考订的必要的原故。这种工作，虽没有什么积极的创造，然而于文学上不是没有价值的。到了魏晋六朝打仗没得终了，人民没有生趣，大家没法，只好去寻"遗世独立"的遐想。这时的文学也就不去和当时的生活生什么关系；内容既已空泛，只好到形式上去弄点小聪明。所以这时的文学是专以修琢词句为能事的。唐朝有个韩愈他觉得这样的文学，除了堆砌文字外就空无一物，殊属不成事体，决意要起来替他刷洗一番，于是就有所谓"文起八代之衰"的"古文"出来了。韩愈的文章，虽然后人拿"古文"二字去敬他，其实并不怎样古。他只是撇尽当时流行的那种装腔作势的词彩，用平淡朴实的字眼，把自己要说的意思敷陈出来吧了。以趋势讲，与其说他是把文学回复到古代去；不如说他是把文学改成"今"用的东西；因为他那样的文章，比前人的要平易得多。只因他的作文方法是取之于周秦的，所以人们就称之为"古文"。他在当时得到的回响很少，助他摇旗呐喊的只有柳宗元和他自己的几个门人。这是因为这时人的兴趣都在诗上的原故。到了宋朝欧阳修以"知政事"的地位来替他鼓吹，他的势力就顿然大了起来。这时曾巩，王安石，苏氏父子都是古文的健将。

唐宋文胜于六朝文的地方，字句的质直固然是一点，而最重要的是在他的有内容。韩欧苏王都是热心问世而并且学有心得的人，所以发为文章，其光万丈。以后学他们的没有他们的热心和学力，只是从形式上去做工夫，终于也到空虚两个字上去了。南宋以后，除非是别开生面的，如程宋王陆等去研究什么理学外，文学中是出不了什么人才的。到了元朝的虞集，唐宋文真是一蹶不振，毫无生气了。明朝有个李梦阳还有个何景明，一个号空峒子，一个号大复，很想来医治这个萎靡不振的懒黄病。但他们没曾看准派理，也只在形式上乱治一下，他们以为文章应当古奥，于是有"非周秦之书不读"的努力。结果是除了剽窃古人字句外，就又没得着什么。可是当时的文风确被他们转移了。稍后有个归有光，他独自一个捧着唐宋文细心玩味，不声不响著了一部《归震川文集》。

以上伏了那些远因近因，到了有清一代都要发作起来；顾亭林，戴东原等要提倡所谓"汉学"，即考据学，又叫今文学；孙逢奇等要提倡所谓"宋学"即理学；方苞，姚鼐等要遥承归氏来提倡唐宋文，即所谓"桐城派"，因为他们两人都是桐城人；陈其年等要提倡魏晋六朝的骈体文，即所谓"文选派"，因为他们是奉文选一部书做津梁的；龚自珍等要提倡周秦文，即所谓"周秦派"；这三派都是研究古文的；故都叫做古文学。其后曾国藩以平"发逆"的威权来替桐城派捧场，桐城派自然就声势一振，足以压倒同辈。所以到新文学运动发生时为止，桐城派的势力几乎支配了全中国。

正统文学既讲完再来讲：——

（二）平民文学

从表面上看来，中国文学史上似乎只有正统文学，其实，暗底里还有一种平民文学在那里"潜滋暗长"。并且只有他的变迁，是向着真正文学走去的，不像正统文学的变迁那样，只是乱闯。中国的平民文学，如果用一条泉水来譬喻，秦汉以前是流在地面上的，如"诗三首"，"楚辞"等都是当时平民文学的汇海，到汉以后，就派入了地底。因为材料的关系，现在对于它的变迁只能说个大概。

汉以后平民文学的变迁，就大势说，可以说是按：歌→诗→词→曲→小说这个方向走去的。具体些说，可以说是汉歌，唐诗，宋词，元曲，明清小说。如汉时有《孤儿行》，《陌上桑》等不拍韵的诗歌；汉魏时有《折柳歌》，《子夜歌》，《木兰词》，《孔雀东南飞》等诗歌；唐诗前有四杰，中有李杜，后有白居易，都是一时的诗豪。杜甫和白居易等的诗很有些是写的社会现象，民间生活；宋朝的词，有苏东坡辛弃疾为其代表；元朝的曲有南北之分，如《西厢记》是北曲，《琵琶记》是南曲；小说自元人施耐庵的《水浒》出世以后，作者就一天一天多起来，如《七侠五义》，《红楼梦》，《西游记》，以至于《九尾龟》，《官场现行记》等等真是说也说不尽的了。这样把一种文学系在一个时代之下，自然不能说是确切不移的；如晋朝的陶潜和六朝的鲍，庾，也是中国的大诗人，他们可却在唐以前。而词也不是自宋始有，在汉唐早已有其萌芽了的。但已说过，这不过是说大概而已。这些我们且不去管，且来看看这个变迁走的是怎样的一个方向。

就内容说，平民文学所表现的，都是人间真实的情感；她们的题材，或是民间的疾苦，或是社会的生活状况，或是大自然的情趣，或是个人的身世，不像那"文以载道"的正统文学，只在代圣贤立言，替君王讲求些保持"子孙帝王万世之业"的所谓"道理"。因为那些"道理"是"天不变道亦不变"内容既古今无甚变易，它们的外形其实也仅可以无变，要变也变不出什么来，所以"六经以外无奇书"。但人们总叹喜立异的，内容上既无用武之地，就只好在文字上弄一点小巧。于是结果只产生了许多空疏无物所谓古文，不得不让寿序，墓志，诔辞一类的东西较为"典丽"了。平民文学的内容既是人间真实的情感，所以它的外形，要以能够充分表出为宗，至旧的形式不适用时，就不客气地，无顾忌地换一个新的。而且这新的总比旧的完备些，合于表现多几方面的情感些。如词比诗自由了些，曲又比词自由了些；到了小说已是毫无所拘束的了。其间从歌到诗，好像是变得不自由了些；但诗中添了声韵的讲究，在表情上，确多了一种帮助。何况初时的诗，及大胆一点的作家如李白的诗，表情忠实一点的作家如白居易的诗，原是不拘拘于字数的整齐的。那些只知死守着五言七言平平仄仄，只会叫内容去迁就外形，不敢叫外形来适应内容的诗人，原只是些学舌的鹦鹉，并不是以创造为精神的文学家。诚因为文学的形式原是用来表现什么的，我们研究形式，只应研究其如何而可适合当前所欲表现的东西，绝不应当关开了内容来空讲形式，更不应不顾内容而只讲形式。

纵观中外文学的变迁，可以看出：都先是环境上有了变播，使生活上有所变更，于是思想改变，情感变其方向，而文学遂不得不变其形式。于此，可以知道，文学的变迁，是必然的，是即所谓时代性，不是人们可以任意为之的。

第五讲　文学分类和其比较

关于文学的分类，意见异常分歧，这是一半由于所定文学的范围有广狭，一半由于各人分类时的观点有所不同。我们这里的分类不过为了解上研究上的一种便利——所以我想分得太细不如概括一点好。今分文学为三类：一，小说；二，诗歌；三，戏剧。自然论文，杂记，以及小品文等，也是可以包括在文学之内，不过我们现在不妨把范围缩小一点，只用此三类去概括就可以了。这三类固然是显有区别。但这区别也有含混的时候。如散文诗形似小说，纪事诗很有小说的气味，而童话式的短篇故事却又富有诗意；戏剧与小说更是出入相通。

现在想就大体把这三种文学两两比较一下。今先将戏剧与小说的不同说说。戏剧最大的一个特点，是以动作来做表现情感的媒介，它有时虽也用文字来表现，而其主要部分终在动作。如就文学而论，戏剧和小说的异点有六：——

（一）剧本要受时间的限制，而小说不然。小说所占时间上的区域毫无限制，要从何时说起，就从何时说起，要说到何时也就说到何时止，剧本却不能有这种自由，它须受时间的限制。因此，在选材上要有"加料"的审慎。

（二）编剧人自己不能说话———一切情感和情节，都只能用动作来表出，作者不能够用许多抽象话来表白一番，像演说似的就算完事。这一点是在编戏上最难的地方。剧本要编到和人的生活一样，全体都是些动作，作者不用插入一句说话，自然会支配看的人明了全部意思，才是一个好的剧本。

（三）小说是给人读的，戏剧是预备到剧场上演给大众看的，看者的情绪比读者要流动些，群众情绪又比个人松浮些。如戏剧表现的太晦，就不能引起观众的趣味，场中就不能安静；如果表现略为过火，又易引起观者浮躁的情感，且也容易露出不自然的痛迹。小说则不然，读者一次看不懂，还可以看第二次，第三次。所以剧本既要表情明显，而又不可露出来过火的不自然的情感，因为感情太重了，就不能容看客再去对于剧情加以裁判，由这一点看来剧本是很不容易编的。

（四）剧本的时间空间不比小说中那样易于操纵，小说的纪事可以忽前忽后，情节复杂时也可以分项叙述。剧本就没有这样的便利。剧本要前前后后打成一片，使人看了忘记自己是在剧场，好像是置身于这样的一个真的社会生活中一样，剧中的事须是一个时间的，前后不能脱掉，不能增多，所以剧中的时间，空间，前后不能脱节，致使看客觉出这是傀儡登场。

（五）小说的工作是个人的，编剧的工作是多方面合作的。本来剧本的工人有编者，有演者，有排者，有舞台主任有看客，如果有任何方面不对准，戏剧就有所失败。小说虽然也是让人看的，但它是可以强迫读者的。戏剧的看客都很松懈，当时的客不愿看，戏就演不成了，这和第三条有关。编的好演的不好，也是不成。排的人也是很有关系的，如果排的不好，就把编者的气力切断了。所以这几方面的是要合作的，编者应该和演者合力研究，再和排的人讨论看客的心理。

（六）在心理面方，编剧家必须比小说家多一种研究——小说家固然要研究人的心理，是因为他有时是描写人的心理，但编剧家不但要研究所要表现的心理，还得去研究看客的心理。

上面都是说的编剧家较难之点，编剧家也有比小说家容易的地方，如有布景的帮助，可以比小说家省了许多描写工夫，具体的动作也比纸上空谈容易表现得亲切。

以上谈戏剧和小说的不同，以后再说计人和小说的不同。诗歌和小说的不同在形式方面讲起来，全在于有无音节；要在内容上讲它们的差异亦有二点：——

（一）小说是偏在客观的，诗歌是偏在主观的。这话是怎么讲呢？小说是告诉读者一件事情，从这一件事里教读者接受一种情感，所以小说是偏在客观的。诗歌怎样是偏在主观的呢？Samual Johnson 说"诗的本质是发明，是出于意外的发明。"这句话就是说如果诗人忽然觉得这朵花，这棵树等等有些诗意，这时在他心目中的花树，绝不是一般人所看见的花树，也不是前一刹那，后一刹那，他自己眼睛看出的花树；实在讲来，他诗意中的花树，不是花树的本身，而是花树所引起的什么东西，关于人们，并且关于他自己的什么东西。于是诗人要写的就不是客观的具体的事物，而是这客观在主观上所逗起的一个波浪。因此诗人和小说家就完全不同了。

（二）小说是描写的，诗歌是吟咏的。这是跟着第一点来的。小说是要告诉出一件客观的事物，所以要去描写这件事物，使读者看了对于这件事物的前后情绪能够清楚明了；诗人要发表他所发明的，所以他只把住了这引起他情绪的事物，反复吟咏，到畅发了他的诗怀为止。有时诗人也要去描写，但他只截取了一点一节去描写，不像小说的描写那样至少也要前后自成起讫的一段落，并且他所描写的常是主观的感观，不是客观的事物，所以他只图他诗意的酣畅，而不管所写的和这事物前前后后能否一贯。这也是诗和小说完全不同的地方。

结论

上面讲了这五大篇，现在我们可以用两句话来结束：人们起先从生活里面发生思想，从思想里面发生了生活的新意义，意义就是情感，等到有了新意义，就又有了新思想，有了新思想，就又有了新生活；这就是生活生思想，思想又回过头来改变生活了。这是一句。文学是以情感为灵魂的，对于生活有了新意义，就又产生新文学；文学又能震荡人的思想，使人越发清醒，这就是说文学是表现人生，批评人生，指导人生的。这又是一句。但在这里我们可以看出为文学的动机的只是表现人生；至于指导人生，批评人生的话，只是文学的功效，不能是文学的动机。

我们如果记住了这一句话去看一看中国现在的文学界，似乎可以明白些。试把冰心女士的《悟》，《超人》等篇，和淦女士的《慈母》对比的看一下，我们不能不说冰心女士要对淦女士让步了。她们都是写的爱，母亲的爱，但看了慈母，母亲的爱不由得又在自己的记忆里很明显的，很强烈的，复活起来；看了《超人》，《悟》等篇却只能见母亲的爱远远地遮遮掩掩地站在阴影里。我们这一点感动上的区别，如果可以把原因归到作品上去，似乎是淦女士只在那里"表现"，冰心女士却预先存了个"批评""指导"的野心。这一种区别，在比较冰心女士一人的作品里也可以觉得出的，如她的《遗书》和《往事》就比她的《悟》，和《超人》有力量地多，感人地多了。这样一种批评文学作品的标准或者可以应用到现在以至于将来中国的一般的文学作品。

附录一　怎样研究文学

我本不配讲什么文学，因为我对于文学并未曾有系统的研究。不过我对于文学很有兴趣，很想研究它，不妨就把我自己觉得研究文学所应该走的路告诉大家，做一个参考。

今天所讲，原是一个文学方法论；讲方法，应当把内容很详细的分析出来。但因为我对于文学没有深刻的研究，所觉得的究竟靠住靠不住，自己尚不相信，不能一条一条的分着说，只好笼统概括地说一说。故不用方法论做题目而用"怎样研究文学？"做一个题目。

在未讲题目以前，先把文学的性质讲一讲。（一）文学的性质——简单说来，文学可能是：

1. 时代的产物——文学是一般人的代表。人生的思潮，永远是超轶在当时社会情形的前面的。从本质上讲，人类的生活是流动的，生长的，时时刻刻向前改进的；但实际上，人类是在各种习惯，礼法中生活着，一天没有这礼法习惯，就一天感觉到生活的不安定。这些礼法习惯，非常硬性，一经制定，就轻易改不过来。它们之于人生，恰如一个蝉壳之于蝉体，一方面可以保卫安宁，一方面却也因不能随着蝉体的生长而生长，多少要妨碍到蝉体的发达。因此，人类的生活也有如蝉蜕一般，到了某一时期，对于那些为生活的形式的礼法习惯，就有"舍其旧而新是谋"的需要。于是就涨起了所谓时代的思潮。做这时代思潮的出口的有种种式样的先知先觉者，文学家也是其中之一。所谓文学作品就是文学家口里喷出来的时代思潮的浪花。所以，一时代有一代的作品；虽然文学所表现的始终是人生的悲欢苦乐，而因为时代思潮是代有不同，文学作品也就一时代有一时代的新的色彩，决没有前后雷同的可虑。

2. 社会改良的先驱——人生的悲欢苦乐，自然是一般人没有一个不经验到的，但因为体法习惯的锲而不舍和强聒无已，一般人的神经都给缠昏了，肌肤都给弄疲了，对于生活中的一切都只是知其然而莫知其所以然；就是这个然也只是糊里糊涂的知道；甚至还有"习焉不察"的。其间，神经锐利肌肤灵敏，没有给礼法习惯闹昏疲的，就是文学家之流了。所以，人生有苦闷，一般人还没有觉着或觉着而还没有辨清楚的，文学家却已经觉察出来了；一般人不能说或想说而不敢说的，文学家却淋漓尽致地给表现出来了。不昏疲的原也不止文学家，哲学家，社会学家，他们的神经肌肤都能直逼人生的底蕴而深思远虑，且也能够而又敢于把思索到的宣之于口，笔之于书。但他们所走的路是抽象的或冷酷的，他们的作品是艰涩的或干燥的，不易得到一般人的了解或同情。只有文学家能深入浅出，具体地把人生的内蕴描写出来，宣泄无遗；在他的作品中具有一种温热和显露，一般人看了，既易了解，又有同情，所以在需要蝉蜕的时候，在社会中激起一般人要求改革的热情的，不是哲学家社会学家的作品而是文学家的作品。这是因为他们是纯由理智方面下功夫，他则由情感方面下功夫的缘故。

由此可以知道文学的性质，至少具有以下三个条件：

A　真——真正的文学作品，必能确切地照得出当时社会上的真相。

B　深——平常人观察事情，是只能看到表面，文学家能看到深处，把事情的底蕴，托出来给人看。这两点是文学与哲学相同之处。

C　美——作品里参杂美的成分，使人乐意看它，这是文学与哲学不同的一点。

（二）文学的研究

1. 看——研究文学是否是拿本书随便看看？不是的，那不过是消遣罢了；研究文学不能如此简单。要研究一种文学作品，一定要注意到它们的：——

A　背景——文学既是时代的产物，则研究一时代的文学，自然要先知道一时代的情形，即是先研究其背景。背景明白了，然后对于他的内容方能得正确的明白的了解。中国人研究文学比较着困难的地方，就是已有的文学作品很缺乏；中国现在所有的现代文学书还是很少，我们看的差不多都是从外国翻译来的。这种译本，代表的是外国的社会，和我们的社会情形，不一定适合，故研究起来就分外困难。现在就近几年前各国情形说一说。法兰西，爱尔兰，瑞典，挪威，俄罗斯等等都是近今文学很盛的地

方；兹为研究便利起见，分西欧与东俄两方面来说：西欧——西欧文学的背景，可分两层来说

　　a 个人与社会的冲突——这是专就道德上讲的。荀子说得好：专任自己的意思去做，没有一个人不是利己的，鲜有先利人而后利己者。但人是群居的动物，不能离去社会而独立生活；若人人只顾利己，社会就要破产，于是人们不得不各把利己心稍稍抑制，去营社会的生活，谋社会的福利。这就是道德的起原。早先社会简单，它对个人的要求还是很小，到后来社会组织复杂，社会对于个人的要求也逐渐增加：共同生活愈发达，个人的自由愈受约束。原先人可以随便吐痰，在马路上随便来往；而现在却不能了。吐痰，走路都有一定的地方。一方面，亦是个人的欲望现在比以前加大了。原先有衣服穿就可以啦，现在不但要穿衣服，还要穿好的衣服。什么坐汽车，吃大菜，看戏……都是欲望增大的结果。于是个人因为满足自己的欲望，要得自己的享受，往往不免要侵害他人的利益，而个人与社会的冲突就因此起来了。以前的道德到了现在也失了维系社会的能力了。在这种纷乱的现象中，就生出两派完全相反的人生观：（1）极端的个人主义——以为道德是保护弱者的，是牵制天才的猛进的，是应该废除的，社会阻碍个性的发展，泯灭天才，实在是不好。我们应当让个人有尽量发展的机会，天才才能出现。这就是尼采的超人主义。（2）社会主义——以为个人不能离社会而生活，没有了社会个人就无所寄托，故为了社会的福利，即个人牺牲一点也是应当的。这就是托尔斯泰的利他主义。这两派都是要解决社会与个人之冲突底问题的，都能引起人的注意的。而一般人处在这样矛盾的社会当中，受着这样绝对相反的两个学说的鼓荡，却不知如何是好了。意志薄弱的，便出于自杀之一途；狡猾的便作阳奉阴违的伪君子；如所谓道德可用以巩固自己的利益，便把它高高举

起；如和自己的利益有冲突，就"伪为不知"的胡缠过去；你以假来，我以假往，真是好看煞人。近来的文学，有许多就是把这虚伪的黑幕，用笔尖揭开，使一般人看看他们玩的是什么把戏。

b 科学与玄学及宗教的冲突——玄学与宗教均是要求一个"安身立命"之处，给人们找出一种确定的人生观，使人们免去许多怀疑，许多恐怖，许多痛苦。科学的精神与玄学，宗教极端相反；玄学尚神秘，科学要明确；宗教讲信仰，科学欢喜怀疑。近来把从前神秘的思想扫除了，把不可逼视的信仰推翻了；而一般人的人生观也因之而摇动了。科学发达，对于知识上是很好的，而在对人的生活上所生的影响，可就不尽是好的了；最大的弊病，就是把人生机械化，商业化了。现在有许多人在那里愤恨科学，诅咒科学就是因为这个原故。

有了这两种情形，所以西欧的文学，一方面是描写社会的虚伪，一方面是描写人生的烦恼和苦痛。

东俄——东俄的情形，大致与西欧相同。不同的只是西欧知道现在社会一时不易改过来，所有理想的生活，只是提倡着，满不预备立刻就要实现；而东俄人却不这样了，他们受了新思潮的鼓励，觉着了人生应当走的路，立刻就要把它实现出来。一方面却又看见现社会的恶毒，决不能让新生活的实现。于是他们就非常焦灼，非常痛恨；关于现社会肆力的攻击，恶狠狠的诅咒了。这就是东俄和西欧不同的地方。我们试把西欧莫泊三的《一生》，易卜生的《娜拉》和东俄爱罗先珂的《童话集》，契诃夫的《短篇集》比较一下便易明白了。

B 艺术——背景是文学"真"与"深"的来源，而"美"却在它的艺术方面。艺术也有两方面：

a 取材——文学家要替一般人诉苦的，代鸣不平的，把社会上丑的恶的现象，一样一样披露给一般人看的。然而社会现象是很复杂的，很繁琐的，正如一部《二十四史》将从那里说起？于是就要讲到"取材"了。把社会的现象照样记载，这是市侩的记账或新闻记者的登录新闻……文学家不但没有这么拙笨，并且也没有这么多的功夫。他要在这复杂的现象里，找那些能够代表那个时代的材料来描写。不但如此，天然的材料可以拿来描写的，往往是东零西散的，文学家把从各处收集的材料聚拢起来，构成一段有系统有结构的故事。所以文学的对象固然是社会，而作成的作品，就是经过文学家想像的润饰和理想的构造所产出的了。

b 方法——近代的文学，其表现的方法，有"写实"和"象征"两个：

甲，写实——把一件事情，和盘托出来；但也要经过脑筋的挑选和组织，使之适于表现他的理想。换句话说，就是假借真事实来说明他的新理想，如莫泊三的《一生》，就是用这个方法来写出来的。

乙，象征——完全由想像构出对象以代表他的理想。如爱罗先珂的《时光老人》和《为跌下而造的两个塔》，《爱字的疮》，就是用的这个象征法。他这几篇东西都是咀咒现在的情形的。所写的对象，都是从脑中构造出来的。因为不合于事实，故比较写实的作品难看。

文学的方法，无论写实或象征，都离不掉一个"美"字。能美始能引起读者的兴趣，始能耐人寻味。

2. 作——我们研究文学，断不是只"看"就算了。看不过是预备。我们重大的责任，要在中国现在沉寂的生活中创造出美的丰富的文学来，就是作出新的文学，去扣动一般人的心弦，点着一般人的心灵，使一般人渐渐地在梦寐中觉得不安起来，跳跃起来。所以现在要讲一讲"作"。作文学作品，有两件事是必不可少的。即：

A 经验——文学既是表示社会的一般现象，故作者对于社会必须先有深刻的观察；不但看它的表面，还要彻底的明白它的内容。具有很丰富的经验的人，作出来的作品，才能具"真"和"深"的特色。如《红楼梦》，《水浒》，《儒林外史》，《太史公》的史记，那一件不是由深刻的经验中出来的？

B 练习——文学作品要好，不练习是不成的。但是不是要等到有了丰富的经验后始可着手练习呢？这却不然，我们现在也可以练习，我们现在练习时，不要把好歹放在心上，只要很忠诚的，有什么经验，就说什么好啦。我可以举一个例：如《晨报附刊》上的《山野掇拾》，此文的作者是有文学的天才的；然而他现在不作文学的作品，不像别人描写什么爱情啦，恋爱问题啦，……他只是在日常的生活中实实在在的去寻求美的表现。现在他的作品，虽不能称为文学作品，但可以断言他将来一定可以成为一个文学家。所以文学的好不在乎研究大的问题，而在乎根据了真的经验，用极深刻的文学眼光来描写。简言之，我们现在的练习，要具以下两种能力：即"观察锐利"，"文笔美丽"。所以我希望大家去练习，大家注意了这两点去练习！

附录二　太戈尔来华

太戈尔要来华了，我趁这个机会就和诸位谈一谈太戈尔的来华。今天讲演，有两个困难：第一说话恐怕大家不能听得十分明了；第二鄙人对于太戈尔并没有什么研究，所以未讲演本题以前，先请大家把希望缩小一点。今天讲的太戈尔来华，不是鄙人有了研究的结果，来贡献给大家；是说一说我觉得我们对于他的来华，应抱怎样的态度。在未讲这题目以前，不得不先讲一点与本题相连带的话。

（一）人生之两大要素。人生之要素有主观的和客观的两方面，客观的，就是各种环境，自然环境和社会环境；主观的，就是人们自己的心的活动，在文学上这客观的要素有何关系，现在且不讲。先说主观的两要素：1 感情，2 理智。文学是感情的表现，但是也总不能把理智一方面抛开。感情与理智是一样东西的两方面，感情是人生的动力，理智是人生的指导。仔细分开来讲可以说：

1. 感情的功罪。大概一点讲，感情是一种动力，是人生不可少的，没有感情可以使得人没有生趣。人的能力可大可小，不像现在的智力测验者所相信的那样可以量定的，丰富的感情可以使能力提高。能力高大的人，不是他的能力特别大，是他的感情丰富。激烈的感情一起可以使人能作平常所不能做的事，如母亲看见有什么东西要来伤害她的婴孩时，会忽然表出从未看见她表过的勇敢和凶猛，房屋失火时，楼上的住者会因无路可逃而从离地及丈的窗口里跳下，虽则平时要叫他从三尺高的桌上跳下他也不敢。而救火的也往往因事迫情急而会举起平时万万举不起的重量。这等事便是好例。因为激烈的感情一起，可以把身体里边一切潜力通通赶出来，这种潜力在平常感情不激烈时是不能出来的。假使从前的人没有出过这潜力，现在一定不能有这样一个庄严灿烂的世界。这是感情非常大的功效。但是人的感情一动，往往会对于旁的事完全不管，往往暴躁妄动，所以常陷乎危险的地方。

2. 理智的功罪。动了感情，没有指导就得不到进行的方法。理智是给感情找方法的，并且是替他到四面观看情势使其力量不至妄发，使那因感情而生的冲动得以安安全全的达到目的。进一步讲，感情是有一种对象的，譬如小孩子与玩具要发生感情，我们大家见着美术品也要发生感情。这种感情的对象，亦是随人的程度高下而异的，譬如一个无知识的人，看图画一定要喜欢红的绿的，对于高尚的名画反倒不说好，故感情有高下既因其对象有高下，感情对象高的人，其生活也必因之而高，乡村人对于小小不平的事项会发生感情，对于大的事项如卖国贼……反倒不发生感情了。知识浅陋的人，其所喜所怒及一切情感作用的对象必是些猥琐鄙细的事物，其生活也就因之永远是粗野的。我们要提高社会上一般人的生活使造于文明，必得先行提高他们感情作用的对象；要能提高他们感情对象，又必得先行提高他们的理智。所以理智的还有一种功效就在它的能提高人的感情的对象。但是理智太发达，可以使人偏趋于冷酷，对于一切事物要详细考虑；心计工则同情薄，于博大的人生是不相宜的。

这样，感情理智各有功罪，我们能否只收其功而免其罪呢？这就是现在要解决的问题了。

（二）文学是什么？　有许多人说："文学是表现人生批评人生和指导人生。"但是我们可以另下一个解释说：文学是"人的自觉"。譬如小孩酣睡醒了，或饿了他就要哭。这哭实在可以说就是文学的起源，假如我们可以把文学的范围推得这样广的时候。一个女人，她的丈夫死了也要哭；但是她的哭与小孩子的哭不同了，进步的多了；小孩子哭只是哭，女人就"诉言诉语"的哭——所谓如泣如诉——把她哭的许多事全诉说出来。这可说已是具了形体的文学了。"华周，杞梁之妻善哭其夫，而变国俗"哭得感动力，大至能够变移国俗，这还当不起文学这个名称吗？我们再看："诗三百篇大抵圣贤发愤之所为作也"。那不也是把所觉的不平之处诉说出来吗？"大凡物不得其平则鸣"，自己有所感觉于中于是诉说出来这就是文学，换句话讲，文学就是一个人把他所觉到的环境表现了出来，这表现又能感动大家的。讲到环境，人的环境——就是人生的客观方面——是有两方面的，一是自然方面，一是社会方面。环境有两方面，所以自觉也有两方面，即自然环境的自觉和社会环境的自觉。所谓自然的自觉，就是知道了自然是什么一回事，觉着它和自己有什么关系，自己在自然里占一个何等样的位置。换言之即对于自然得了一种了解。有的人对于自然的自觉是欣赏，他觉的自己在自然界占主人翁的地位，觉得自然是我有的，是"我"的人格的扩大，把自然包在自己里面。所以他的喜爱自然，是他在主人的地位去欣赏它的美。又有一种人对于自然的自觉是惊叹，他把自然看得非常大，把自身看得很小，见了自然界的高山大河非常惊惶，觉着自己不过极小的一点东西，不足重轻，不知不觉的就把自己销镕在大自然里面。这种人的爱护自然是因为觉得自然伟大，远非渺小的人所能摩拟，所能妄参末议。以上这两种不同的自觉，也是各有其原因：有的人生长在山明水秀的地方，如希腊，自然所显现的气力刚刚足以逗起他内在的英武，于是他就对之欣赏起来；有的人生在高山峻岭的地方，如印度，自然的气概超过了他欣赏力的限度，于是见了这个，除了感到一种伟大外，就不知其他，所以只好对之惊叹。

对于社会的自觉亦有两种：有的人的自觉是诅咒，他一看便明白了社会的内容，他觉得他理想中的社会，比现在要高，他沉着他的能力，能使社会再好一点，他祈求这较好的社会的出现，所以他诅咒现在的社会。反之，假使他看到现社会，已经是出乎他自己能力之上了，他觉得这个社会，比起他自己的能力已经是好的了，假使他自己组织一个社会，不能及上这个，于是他对于社会的自觉就是颂扬了。像中国战国时代，及近代时的俄国，就是现有的社会不好，比当时人的理想来得低，所以他们的文学，多半是诅咒社会的。国家隆盛时代的文学，就多半是颂扬社会的，如司马相如，扬雄等人的文学，多是歌功颂德的了。普通所称为太平世界，常出现于所谓乱世之后，这是因为前人把他们的能力，通通移植到社会上去，把社会提高了一级，当时的人已经得了相当的满足。

所以凡是人的能力，比环境大的，可以批评自然，诅咒社会。他对于自然有把自己的人格开放出去，将自然吸收了进来的胸襟。他对于社会，有舍旧谋新的倾向。这种自觉是自动的，形似破坏，而实在是建设的。凡是人的能力比环境小的，对于社会只是颂扬，对于自然只能把小己溶化在大自然里边；这种自觉是被动的。被动的自觉，对于环境，只有消极的享受而无积极的活动，但无论如何，终不失为对于环境的自觉。把这自觉发表出来。使他一人所觉到的，再使别人也自觉起来，就是所谓文学。

（三）创造与仿造。前几天吴稚晖先生在《晨报副镌》上，发表一篇《铽洋八股》的论文，说现在的青年，又仿佛再学做八股文了。八股文我们为什么要反对呢？八股的不好处，是在自己没有可说的话，单单在那里做人家的应声虫，代圣贤立言。创造与仿造的根本不同，就是仿造的作者，对于环境没有自觉，他们只在人家作品的字里行间讨生活，不知道环境；他们不知道自己的社会环境是怎样，自己怕自然环境是怎样，只知道人家的文章是如何如何说的。他们的财源不是自己的环境——自然和社会——而是人家的作品和学说。所以他们的作品不过是顺着人家的口吻重说一番罢了，至多也不过在文字上翻几个新花样。创造者则不然，他有自觉，他对于社会的情形是观看清楚的，对于自然是了解的，他的创造品也是自己亲身经历过的一种觉察的表现。不是模模糊糊的作造出来的。这样看来，创造的作品是对于自己的环境有关的；是自己生活的表现，仿造的作品就只是人云亦云的八股文章。

（四）宇宙观与文学。如上说，文学是人们的自觉表现。但"人心不同如其面"。其自觉也是各不相同；你说自然是仁慈的，我说自然是凶暴的，我说社会幸福的，他说社会是罪恶的，他说世界前途是乐观的，你说世界前途是悲观的。这样不同的自觉，到底谁是谁非？换言之，即人们的自觉有没有真假的分别？要拿出一个标准来去判断谁是谁非，现在是办不到的；也许是永远不可能。但人们所以有各不相同的自觉，是因为各囿于一个各不相同的环境。如果大家都跳出了各人自己狭窄的环境的樊笼，去认一认那个广博的共有的宇宙，即对于宇宙有一个正确的观念，人们就可以各破拘墟之见，其自觉也容易一致了。宇宙虽是一个空泛的东西，只可以间接的去推测，不能直接的去观察。但要得一个正确的宇宙观。却非从科学的研究入手不可。几千年来的那些哲学家宗教家都在研求宇宙，而终于得不了一个正确的宇宙观。是因为他们只凭玄理，不求事实。各科学，如物理，天文，生物等等在知识上的进步，和哲学宗教等一转念就得了许多智识那样比较起来，虽然是很慢很慢，慢到如龟步之于神行，但其能帮助人们得到渐近正确的宇宙观却是谁也不能否认的。这样，要文学的不离真实，即其自觉确可以代民族或一社团的自觉，不可不先有一个较为正确的宇宙观，即不可不先有科学的修养。前面说，讲文学不可以把理智抛开；又说，理智能提高人感情的对象，就是这个意思，我们如果把理智用在宇宙之认识上，而感情即以认识的宇宙为对象，那么，第一段里所留下的那个问题，就有解决了。

（五）太戈尔的文学。他的自觉是被动的，他的文学我们可以用两个字揭出他的根本观念来；就是一个爱字和一个美字，美是他对于自然的自觉，爱是他对于社会的自觉。他有一个信仰，以为社会紊乱的原因，就是由于人们的不一致，假使大家要是一致了，社会自然就太平了。大家要一致，要大家对于社会抱爱的态度，对于自然有美的认识。但是如果要问现在人的脑里，怎样就可以有爱与美的影子，他是不答的，他说只要你把自己的爱和美拿出来，那社会不爱不美的分子，自然就会去掉了。他只管个 How to do 不管那个 What is；他的作品，差不多都是表示这种观念的。至于他的作品，在文学界究竟占如何位置，我们是不能下断语的。但我们可以说他所以受世界这样的欢迎，他所遭逢的那个机会，即欧战发生，至少也是一个原因。因为当这疮痍满目，人心厌倦的时候，他发出那种宏大爱与美的喊声，正是久旱的甘霖。他所以有这样的文学，是由于他环境的优越；生长于富贵之家，徜徉于希马拉雅山之上下，饱受了人间之爱，大地之美，所以在他眼里，社会是爱的，自然是美的了。

（六）中国的现在。中国人本来没有所谓自觉——至少没有自动的自觉。对于自然，对于社会，只会消极的享用，没有积极的活动，对于政治，只希望有一个圣明天子来替他们造出一个太平天下，不知自己出来改造；待人接物，只有宽恕忍耐一法，不知有社会心理的研究；对于自然，更是只有"顺天而畏之"，没有"制天而用之"的了。我们中国有如此长的历史，而在世界的文明史上不见我们的贡献，就是因为没有自觉过。文学既是自觉的表现，既有感动一般人使其也自觉起来的功用，所以中国现在，是很需要有文学家的产生；但需要真正的自觉，真能代表中国民族的自觉的文学家，能产生民族自觉的文学作品的文学家。换言之，在现在中国努力于文学的人们，其当务之急，是第一要有科学的修养，以求一个较近正确的宇宙观，第二是根据了这个宇宙观，回过头来看一看中国所有的自然到底是一个怎样的自然，所有的社会到底是怎样的一个社会，然后第三，把这样得来的自觉表现出来，在文学界里产出几篇中国的创造作品。至于人家的什么莫泊三，易卜生，萧伯纳，孟代，泰戈尔……等等，至多不过是一个"他山之石"不会即是我们研究的对象。

附录三　读诗与作诗

一

艺术的解释，论调不一，依我看来，艺术也和科学一样，是一种求"真"的努力。真有两种，一为事实的真——客观的，一为价值的真——主观的。二者虽说不同，于我们是有同一的效用的。能将事实的真相辨明，就能适应环境，这是理智的功能。而天地间的万事万物，利害参半，吾人须能舍其害而取其利，始能保其存在。做这种取舍，专靠理智是不够的，须有感情的作用，始能当机立断，趋利避害。所以感情在我们的生活上，也和理智一样，很是重要。但是这种趋避，不是用的判断，是用的直觉。人们的生活，大部分是要求立刻要有趋避的决定的。境遇当前，如也要用化学分析那种细工夫才能辨出利害，那么等辨出利害时，那生活的浪早就蜂拥而过，把他淹没了。幸亏人们有一种感情，其感觉比理智敏捷得许多；遇到一件事情，或一种境地，立刻觉到快和不快，而知所趋避。可是理智和感情的两种作用，通通不易真确，通通容易致误。观察的不清晰，就容易受理智的迷惑，经验的不丰富，就容易受情感的迷惑。例如乡人听了骗子情甜意蜜的好话，就乐得无可无不可，或少年听了父兄苦口婆心的训诫，就厌恶得疾首蹙额，那就是错误的了。人们平常感情上不一定能真确，也和这些情形一样；所以在情感上也和在理智上一样，要得其真是要努力追求的。这个真是怎样求法的呢？方法有二：一是检讨，一是推想。先拿科学来讲，瓦特见了水壶盖的上冲，而发现了蒸汽机，就是真谛的第一条途径；牛顿见了苹果的下坠，而发明万有引力，这是走的第二条途径，第一法所得的原是"实在"里所有的，不过要从杂乱的"实在"堆里检了出来的就是了；第二法所得的是"实在"界所没有的，要用理想去推究，方能得着。讲到艺术，亦是这样。郊外的风景，常人也觉得好玩，但不知好处究竟在那里，一经画家的提示，天然美趣，在一尺宽广的纸上完全呈露了；景阳岗的壮士，萧湘馆的淑女，都是"止应天上有"的仙人，一经文人的渲染，那敢作敢为的豪侠，多愁多病的少女，就在字里行间活现了。但是，那个从"实在"里检举出来的是真，是可以无疑的，那个用推想出来的，不过是想像罢了，怎样能算得真呢？这个道理也很简单的，它们唯一的理由，就是能被证实；或诉之一般人的理智，而经其承认，或诉之一般人的情感，而受其欢赏。由此说来，艺术的职能，是替人们的情感追求些精美真实的食料，这话是可以说的了。

艺术的求真，较之科学的求真，还要多一层难处。敏锐的观察，健全的推想，是他们大家都要备具的。此外，艺术家还要有一个活跃的表现。自己发现了一种智识，把它一丝不走样的传给人家，便是一个科学家；自己发见一种情绪，把它一丝不走样的传给人家，便是一个艺术家。智识是有显明的界线的，止要发现时的观察是周到的，推想是精密的，就可以一丝不走样的传出去；情绪是不可捉摸的，周到地，精密地把它发现了，还要有

"恰如其分"的表现，才能有传出之可能。这"恰如其分"的表现，就是艺术难于科学的一点，也就是艺术唯一的难能可贵的地方了。

二

表现既是艺术重要的部分，那藉以表现的媒质，自然是艺术的重要分子。按媒质讲，艺术可分成直接的和间接的两种。如音乐，图画，雕刻，跳舞——等等都是直接的艺术，因为它们的媒质，声音，色线，形体，动作，……等等，都是可以直接地表现作者的情绪，都是能够直接地引起人家的美趣或情感。止有文学是间接的艺术，因为能表现作者的情绪，能使人家发生同感的，不是它媒介物的本身——文字，是文字中所含的意义。所以它在表现上，比较着别的艺术，多一转折。

由上边看来，文学是什么一回事，我们可以大概知道了。现在再说什么是诗。诗就是文学之一。按原来说，文学的本体只是诗、戏剧、小说等等，不过是后起的，用以补助，敷畅诗的东西罢了，它们也要充满诗意，才能算得文学。但什么叫诗意呢？我们且来看看下边的两个例——

> 樵夫踏坏的山溪的朽木的桥上，有萤火飞着。——香川景树。
> 心里怀念着人，见了泽上的萤火，也疑是从自己身里出来的梦游的魂。——和泉式部（见《自己的园地》）

同是咏萤的，前者不能算是诗，后者即很有诗意。其分别在什么地方呢？前者只是无聊的写出一件事实，与自己没有什么关系的地方，后者就把所见的萤火，化做作者自己人格的一部分了；前者虽也许含有想像，但仍是无聊的，枯涩的事实的写照，后者的想像，非常显明，就是把作者情绪赋与了萤火，使它有了新的生命了，这才是诗人的想像。这就是诗的特点。因此，我们可以说诗人是借客观的事物，描写他主观的想像中的东西，而表现一种情绪；把所见的事物，看作自己生命中的一个浪，在另一方面，却又是他把自己的情绪移植于事物而为其生命。

又如：

　　耶稣啊！你是仁慈的牧人，你且听我一言，今天晚上，请你降福于你的小牛！（参看《诗之研究》六六页）

上边这一段话。本是一个小孩子晚上的祷文，他父亲听见了，就觉得是很有诗味，也就因为里边有了很生动的想像，把冷酷的事实完全改变了的缘故。说到这里，我们可以说什么是诗了：“凡诗之起，是由许多的想像，经过诗人的心绪滤清而起。”（见《诗之研究》七五页）

三

关于诗的起源，大概有三种说法。有人说诗是起于战争。因为战争是人类最初生活的方法。战争就要有胜负。战胜的人，一定有一种喜乐的情绪，要表现这种情绪时，就相与跳舞，跳舞不足，继之以呼喊，呼喊还不足，于是就战的情形简单的反复歌咏。所以说，最初的诗是简单的叙事诗。

有人说诗是起于生活的歌咏——一种是惶恐的，一种是快乐的。当生活品不充足时，常生恐惶，于是求神保佑；又有时食物充足，遂感快乐，便以为这是神的保佑，于是他们就作了诗歌来吟咏，表示他们对于神的敬爱和信仰。这样的诗大半是宗教的性质的。

又有人说诗是起于男女的爱悦——因为动物有求偶的本性，在求偶时，阳性常有种种美的表示，如动物的展示羽毛，或引吭高歌，以引诱阴性，而男子就会作些诗来吟咏，以博女子的爱悦。

以上数种说法多是想像的，没有确实的证据可得，不过此三者为人类生活之本，以之为诗歌的起源，也没什么不合。总之人有了感情，就有非把它表现出来不可的冲动。并且有表得一丝不走样，使蕴中的一种情绪能大白于天下的要求，因此，就应有相当的诗歌发现。不过在文字未发明时，只能传述而不能保存，所以每多散失。

四

艺术的成功，想像是重要的原素。因艺术所求的是真实；而真实不就是实在。实在之中，止有一半或者竟止有一半以下是真的；也只可求得一半的真——检讨而得的真，还有一半的真——推想而得的真，是要到实在以外去求的。这一层我们在上面已经说过。凡是真都有想像的理想在内，在不尽是真实的实在中，检出一个真来，或在实在以外，推出一个真来都是要有想像力的。在科学是如此，在艺术尤其是如此。艺术是要把自己所新发现真能引起人们的情感，引起真的情感的事或物一丝不走样的表现出来的。必先能想像得这样的一个事或物，才能表得出这样的一个事或物。我们随便两首诗来看看就都可以看出作者的想像来。如杜甫的《佳人》一诗：

　　绝代有佳人，幽居在空谷，自云"良家女，零落依草木；关中昔丧乱，兄弟遭杀戮，官高何足论，不得收骨肉。

世人恶衰歇，万事随转烛。夫婿轻薄儿，新人美如玉。合昏尚知时，鸳鸯不独宿；但见新人笑，那闻旧人哭！"在山泉水清，出山泉水浊。侍婢卖珠回，牵萝补茅屋。插花不插发，采柏动盈掬；天寒翠袖薄，日暮倚修竹。

我们看了这诗以后，是要被它感动的；要生出一种崇仰的悲叹的情感来的，但这是杜甫自己人格的写照；这佳人的音容举止是他的想像构出来的。这种想像，我们看咏物的诗词更可以看出。如——

粉坠百花洲，香残燕子楼，一团团逐队成球，漂泊亦如人命薄，空缱绻，说风流！

草木也知愁，韶华竟白头，叹今生谁散谁收，嫁与东风浑不管，凭尔去，忍淹留！

这是林黛玉的柳絮词，又：

白玉堂前春解舞，东风卷得均匀，蜂围蝶阵乱纷纷，几曾随逝水，岂必委芳尘？万缕千丝终不改，任他随聚随分，韶华休笑本无根，好风凭借力，送我上青云。

这是薛宝钗的柳絮词。同是一个柳絮，一经黛玉的吟咏就成一种动人怜惜的东西，一经宝钗的吟咏就成一种春风得意的东西；我们看了亦发生两种绝对不同的情感。这就是因柳絮原无可感，经过两个想像不同的"滤子"才得了两种不同的生命。

想像有创造的，联想的，解释的三个性质。如杜甫《佳人》诗里的想像，就是创造的。如无名氏《秋叶诗》：

　　君今见我是何时？依稀黄叶挂枯枝，西风淡荡摇空碧，无复佳禽唱好诗！

　　作此诗的人从黄叶联想到他的友人，又从他的友人联想到两人叙唔时佳禽的鸣唱。这想像是联想的。又加上边黛玉和宝钗《柳絮词》的想像就是解释的。

　　我们再看各种想像是怎样发生来的。人的脑子里边有了许多许多的影像，陡然来了一个刺戟，就牵起了他的影像，他根据他的影像去想，而想出来的就是想像，他便会把他的想像做成诗或旁的文学。有人说文学是表现自己的东西，也就是这个意思。

　　想像有两个来源：

　　1. 来自生活——许多大诗人的生活是非常苦的。生活愈苦"险苦艰难，备尝之矣"，愈增加了他的阅历，"人之情伪，尽知之矣"，愈逼得他味到人生的深处，而他的想像就此深刻而丰富了。"人到穷时诗自工"这句话实在说得很对。

　　2. 来自论证——我们读的书多了，也可做关于未曾经历过的事物的诗文。

　　这两种来源，自然，第二个是一个蓄水池，虽有时为春风吹绉，也会生出微弱的清涟，但变化终属有限。只有第一个是活水的源头：为幽涧，为江河，为巨海，随地而异；石隙幽咽，发冷涩的细语，水簾百尺，成惊人的壮观，浊浪排空，有吞天的气势。变化无穷，都成妙景。我们要想作诗，自然要常常和自然接触，和社会接触，使你的生活充实，以养活你想像的源头。但只是和自然和社会接触还是不够，必要有很强而且很灵敏的感受力，能感得着自然和社会的刺激而洞悉其底蕴，方有好诗做出来。这又要靠平素的学殖了。

五

前面说过，有了真实深刻的情绪，还要有妥洽的表现，方能成为诗人，所以研究诗上表现时所用的媒质——文字，也是一件很重要的事。我们研究诗人的文字可分"形式""格律"两方面来看。先看"形式"方面。在运用上诗人的媒质比别种艺术的媒质要难些。难处有二：第一，文字是生硬的，其意义用场，早由前人指定了界限，不像色线声音等可以依使用的人随意增减以凑合当时所要表的情绪。且字数一定，不像色线声音等可以由用的人临时造出各式各样的"色阶""调子"以应当时之用。文字又很粗疏，字和字中间所留的罅隙很大很大，细密的情绪在文字上是很容易漏网的。第二，文字的媒质是间接的；它是在它所引起的影像中引起人们的情感的，不像色线声音等即以色线声音引起人们的情感。而一个字在各人心上引起的影像又是各各不同。其原因：第一是在字的本身，一个字可有两个以上的含义；第二是读者经验各人不同。Matthews曾在一天晚上，用"林"字对于五六个著名的文人做一个试验，结果是各人对于这"林"字都有一个特别的影像。他于是惊异地说：我到今天晚上，"才晓得就是一个极简单的字中可以有许多奇怪的乔装。"（参看《诗之研究》一○二页）有这两层，所以要用文字去引起人家和自己脑子里同一的想像来，是很难很难的。那么怎么办呢？诗人要打通这两重难关，除选字精确而活用外，就不得不借重于组织了。利用组织可以把一个人的情绪一丝不走样的表现出来。这有两个方法：一是具体的写法。我们知道感情自身是不可以传达的，止能由影像而引起，如果我们能把当时引起自己情绪的"情景"一丝不走样的提供在读者之前，我们就能引起读者和我们一样的影像和感情了。要提这样的一个情景，只有"具体写"

的一法。如《佳人》诗里"摘花不插发，采柏动盈掬，天寒翠袖薄，日暮依修竹"四句；《柳絮词》里"纷坠百花洲，香残子楼，一团团逐队成球"及"白玉堂前春解舞，东风卷得均匀"数句，都是先很具体地把如何的情景交代清楚了，然后从而说明如此这般的一个情景是如何如何的一回事，或者竟不说明。这样，读者对于作者当时所遭遇的情景既完全清楚，自然就起同样的影像和感情了。还有一个方法，就是比喻的写法。譬如我们说衣裳的轻飘，可以用"云霓"来比喻，说人的面目鲜妍，往往用"蔷薇""苹果"等等来比喻。这个写法，实在也就是具体化的写法。如李白的"云想衣裳花想容""抽刀断水水更流，举怀消愁愁更愁"及"黄河之水天上来，奔流到海不复回；高堂明镜悲白发，朝为清丝暮成雪"，白乐天的"嘈嘈切切错杂弹，大珠小珠落玉盘"等，都是一种具体化的写法。我们说偏一点，就可以说诗是把许多的想像具体化了的东西。因为写得越具体，作者所要传出的想像，越容易使读者捉摸。以上是关于形式一方面的。再说格律方面。格律在诗学里的重要看了连绵字就可以知道。例如"飘渺""寂寞""丁东""淅沥""惨悽"萧萧下的"萧萧"，滚滚来的"滚滚"等字，我们一读就感觉出一种活跃的意像来，因为他们的声音是能告诉我们一种情景的。至于音韵的调和，也是很重要的，如音调配合得好，于情感的表现有极大的助力。再说诗既是吟咏的东西，更应当在他的格律上求其和谐。（关于这一层，还有专讲音韵的先生来讲，现在不多说了。）

现在再就小诗、散文诗和小说比较一番。有人说"诗"字就是短的意思，"长诗"二字是自己矛盾的一个名词。（参看《小说月报》十五卷一号《诗的原理》）有人说只有散文诗是诗，因为小诗所能表的情感非常薄弱，散文诗始可以引起人很深厚的情感。这二说照我看来，以前说较为合理。（这一层有专讲小诗的先生来讲，现在从略。）又散文诗虽说是长，与小说自有不同之点，散文诗是把事实之可歌可泣者写出，不是把事实的源源本本的叙说出来；短篇小说虽亦只择事实之一段描写，但终是叙述的性质。诗是歌咏的性质，不是要把一件事的首尾告诉人家的。这就是诗与小说不同的地方。再说诗不厌假，小说就是有时假造，也要造得逼真，使人看不出是假；诗却有以故意写得奇异而引起读者活跃的影像，强烈的情感的。

附录四　艺术论

艺术的定义和内容
艺术和宗教
艺术和哲学
艺术和科学
艺术的将来

一

要替艺术下一个"科学的"定义，在现在恐怕还是一件不容易的事。单从"术"字上讲，术有技巧的意义；所谓技巧，就是经济和熟练，就是能用最小的劳力收得最大的功效的意思。人生所有的愿欲；千头万绪，每一种都可以许多方法去达到，其中如一二方法最为轻便而有效，就可称之为技术。"艺"字含美的意义。艺术就是用以满足人生美的愿欲的一种技术。我知道把艺术看做人生的一种工具，就是"人生的艺术"，一定要有许多人反对；以为艺术并不用自身以外的什么来做目的，只是以自身为自身的目的。换言之，就是艺术自有其自身的价值，不要问她在人生上有什么功用然后来定她的价值；研究艺术的人也只是以研究艺术为目的，并不问到她在人生上到底有什么价值，这就是所谓"艺术的艺术"，"为艺术而艺术"的说素。但这个说素实在是错误的，并且也是不必的。是错误，因为在主观上，研究艺术的人必定是自身对于艺术先有一种倾嗜，必定有愿意在艺术中求生活的意向，在艺术上能够有所成就的人必定是人生中的其他一切都不足以邀他一盼而终身寝馈于艺术的人。换言之，研究艺术的人就是以艺术为生活的人，以艺术为他一生活动的唯一途径的人。再换句话说，研究艺术的人就是在人生许多愿欲中唯美的愿欲最强烈故研究艺术以满足此愿欲的人。如果一个人对于"美"并没什么愿欲，即有也不如对于其他愿欲的强烈，他还能走到研究艺术那条路上去吗？这样，艺术的渊源就蕴育在艺术者生命之中，艺术的繁荣就滋润于艺术者生活——一生的活动——之中；艺术和人生还能分开吗？在客观上，一件艺术品如果不能满足作者以外其他任何人的爱美欲就决不能成其为艺术品。固然，艺术愈高，识者愈少，孤高的艺术品往往旷世遇不着知音，要埋没了多少年代以后才被发现其价值，而作者当从事一件艺术品的工作时也只知道做他"艺术的"工作，完全不顾到他人的好恶。然而，一件艺术品，无论如何高妙。如终古遇不着一个知音，决不能在人间有其存在，更无从成其高妙。即在作者当时，虽不问他人的好恶是如何，自己必是苦思力索，求其如何始得达到他自己胸中的愿欲。所以艺术品的存在和价值，断乎要以她的能否满足人生的爱美欲来决定。这更可以明白要离开了人生来讲艺术，无有是处。是不必，因为把艺术当做了人生的一种工具，并不就降低了艺术的地位和价值。艺术的所以超出一切，不是因为她是脱越人世，是因为她所"许字"的愿欲——人的爱美欲是人生一切愿欲中最高的一个，她是使人生圆满最高尚的一个途术。须知宇宙间只有人生是绝对的，其他一切都只能是一种方法，一种工具；因为，宇宙只是一个"欲的鼓荡"，文化只是一个"各种欲的追求的鸿爪"，而人是各种欲的总体，人生是各种欲的追求的总和。各种学术都只能在人的各种欲求中择其清纯者许字之以定自己的身价，断不能跑出人生还可以找到地位；因为人生以外就没有存在，没有宇宙。说艺术和人生没有关系，就是说她和文化没有关系，和宇宙没有关系；这样，她还能是什么东西？更从何处定她的价值？反之，有一样东西能使人们纯美，把人生提高，文化精进，宇宙清明，它的价值将是如何的伟大？所以，人生的艺术说比艺术的艺术说，不但没有减低艺术之价值的丝毫，而且还真确了她价值之所在。

艺术何以有提高人生的功能？她技巧的地方又在那里？这就是她的内容问题了。艺术的内容，从量上说起来，庞杂异常一时无从说起，从质上说，那也未始不可简单地说一说。照我看来，艺术可用"创造"和"组织"二字括尽她质一方面的内容，我们仍用人生做出发点来说话。指挥人生的有两个力量，一是情，一是智。这两个力，情是盲目的，智是理性的；情是冲动的，智是判断的；情是豪迈的，智是精密的；情是热烈的，智是冷静的；情是奔放的，智是检束的：二者各有优劣，都能使得人有适应环境的生活，但有积极消极的不同。理智使得人们辨认环境的夷险安危，想出种种方策来利用或避免环境中的事物；并且时常要约束情感，使不躁进。情感使得人们领会生活中的苦乐顺逆，进出种种生命之火来焚毁环境中的障碍物，含混地而又直接地盖去了崎岖的世路而凭空筑起主观的安乐世界，终于逼着理智加速想出方法来铲平世路的崎岖，把主观上的安乐世界实现在客观上。所以，理智的人生是使主观的愿欲在客观环境所许可的范围中求得满足，是使主观去适合客观的，这是消极的适应，是冷静的，因袭的。情感的人生是只任主观的愿欲，不管客观条件的是否许可就直冲前去，是强客观来适合主观的，这是积极的适应，是热烈的，创造的。艺术完全是代表情感的人生，来替爱美、爱安乐的愿欲研求种种达到目的的技术，所以是创造的。

在艺术上——其实，在一切上都是一样——所谓技术，不过是组织上的一种研究和安排。所谓美，所谓安乐，不过是客观上种种事物的组织、安排，适合于主观上种种感觉的意思。图画，雕刻，跳舞，建筑等艺术品，不过是色彩，形体等事的组织、安排，在视觉上十分调和妥帖的东西；音乐，歌曲等艺术品，不过是调子，节奏等事的组织，安排，在听觉上十分调和妥帖的东西，小说，戏剧等文艺作品，不过是情节，语言，行动等事的组织，安排，在知觉上十分调和妥帖的东西。要不是这个说法，为什么同样的甜，酸，碱，辣，组织——这里普通说调制——得不适当就不堪入口，适当时就成美味？同样的几，案，椅，桌，组织——这里普通说布置——得适当就清雅宜人，否则就不免粗俗？不但如此，钗荆裙布，有时适增其媚姿，罗绮花钿，也未旧不要妆出许多丑态。只要有丘壑，就是竹篱茅舍，美不下于画阁雕梁；如果没结构，那怕粉壁朱栏，陋有甚于绳枢瓮牖。由此，我们可以知道美不美是在形式不在实质，所谓艺术也就不一定是材料上的讲究，却完全是组织上的讲究。有人说美不美，还有主观的心理的作用在里面，不能单以客观的组织为唯一的条件；不然，笑是美的，颦是丑的，为什么在西子就要使吴王颠倒，在东施就落得万古讥评；在晴雯就使宝玉昏迷，在李林甫就要叫人人害怕？又如曲线原是图画美的要素，然而，蜀道荣纡，恐就不见得会使征夫留恋；赋死物以生命，也是诗意美的原则，然而，椅几跳动，恐就要不免使居者不安。但在我看来，这些还仍是组织上的问题；所谓心理作用，确是有的，不过也是因组织而起的。两种颦笑，所以有不同的效果，不是因为颦和笑的本身有什么不

同的刺激力，只是因为它们在他或她的整付的脸儿上占了组织上
不一样的位置，即调和与否妥帖与否的组织位置，所以在对方的
心理上就引起了两种完全不同的作用。曲线和活动的所以有那样
不同的效力，也是同样的道理。

　　总括上面的许多说话，我们就可以结束一句：艺术非他，就
是在混穆的环境或材料中，创造出一个满足人生爱美欲的组织的
努力。

　　二

　　从情感上求人生的解决，或者说求得一个安身立命之所的，
除艺术外，还有宗教。不过它们的目的虽同，它们的途径却完全
不同；一是消极的，保守的，一是积极的，创造的，一是虚幻
的，玄想的，一是实现的，具体的，一是以不了了之，一是处处
要求得一个办法。试分析开来说一说。

　　人们所以要从感情上求人生的解决：一是因为人生本身就是
导源于情感的。什么叫情，情就是愿欲的波浪；当发生一个愿欲
时，后面就有一股热情在推动，当愿欲得到满足时，随即伴着一
种快乐的情，当愿欲受着阻挠或一时不得满足而须延宕时就生一
种郁闷愤发之情——无论一种什么情，都是一种愿欲的波浪。说
人生就是各种愿欲的跳跃，就是说人生就是各种情感的活动。人
生既是导源于情感，解决人生最直接的途径当然是要到情感上来
找。再则在情感上找解决法要比在理智上容易得多；理智要得客
观的许可，情感就任凭主观意造；理智要用细心分析的功夫，为
一般人所不能忍耐，情感是含混概括，直捷了当，不费周折，易
得一般人的采纳。所以，在一般人看来，科学总是枯燥乏味，艺
术，宗教，总是生趣盎然。然艺术和宗教虽同是情感的产物，它
们的途径却完全不同。

人生不如意事当八九；此其因之在客观方面者一，在主观方面者又一。在客观方面，当社会组织未能尽善尽美，自然环境未能完全被人征服以前，人生中的各种愿欲要在客观上碰到许多钉子。这是"客观的"原因。如果人的主观是无可无不可，这个原因也就不生什么作用，无奈主观是有目的的，达到这目的就是人生；有目的而不能达——即有愿欲而不能遂意，就失去人生的根本意义，这自然要使人生出许多烦恼。这是主观的原因。在这个当儿，如果没有什么来把这烦恼关头打过，人生就要中断，如堕落，消极，厌世等现象，这是非常危险的。"悲天悯人"的贤哲，不得不来替众生想个方法。于是宗教家如儒——严格说来，儒家原不能算得宗教，但它在东方民族的人生上势力很大，作用和宗教等——就和我们说，"不必烦恼，这是我们的责任；你不是做父母的吗？父母当然要有抚育子女教养成家的责任，你不是做妻子的吗？妻子当然要有服从夫，父，尽力侍奉的责任，你不是做……总之，我们只要尽己之责，求心之安，至于成功与否，不必去管它，这叫做'知其不可而为之'主义。"但是这样一来，把一个人的一生，都给家分割去了；父母割去了前段，夫，妻，子，女割去了中段，儿孙，祖宗割去了后段，朋友，亲戚，君臣则零星分割中后二段被割后所残余的各节。一个人活了一世，一点也没有自己的份儿，这那里是人"情"所认受得了的呢？结果狡黠的阳奉阴违，仍度其堕落生活，老实的看穿人世，仍不免于放浪厌世。耶教和我们说，"不必烦恼，我们的苦乐，上帝都知道；上帝最喜欢能受苦的人，受苦越大上帝越欢喜；上帝是一切的主宰，我们只要能得上帝的欢心，将来自有好处。你不是没有面包吃吗？不要紧，朋友，上帝已替你在天堂预备好了珍羞玉食，你不是没有衣穿没有屋住吗？不要紧，朋友，上帝已在天堂预备了锦衣华屋等候你去享受了。"但人生不是人死，要用死后不可知的快乐来换生前身受的苦痛，人们终有些不放心。所以结果弄得人间成为一片虚伪。释家和我们说，"不必烦恼，烦恼完全生于七情六欲，我们只要把情欲根本毁去'究竟涅槃'，自然就'皆大欢喜'，这叫做根本解决。"但这样一来，就把人生根本消灭。所以结果只有退入"不生"。艺术家则不然，他说："不要烦恼，我有法子想；你的眼睛不是苦于尘世恶浊吗？好，我有画图雕刻在此，可以把你的眼睛洗个爽快；你的耳朵不是苦于人物喧闹吗？好，我有音乐，歌曲在此，可以把你的耳朵洗个干净；你身疲力倦时，我来布置一间窗明几净的小斋给你休憩；你心烦意闷时，我来演情节奇离的故事，唱缠绵恻怛的诗歌，给你开怀畅肌……总之，你在哪里感觉着烦恼，我就在哪里设法使你快适，就是日常工作的本身，如果你要觉得烦厌他，我也有法子使他变得富有兴趣。"这样，人生随在有烦恼，就随在有快乐以资补偿，多吃一分苦，多一分快乐，多做一件工，多一事享受，一面把人生的烦恼——洗去，一面指出人生的意义，提高享乐的途术。

艺术和宗教的不同，我们现在可以打个譬喻来说。人生有如一群汗如雨下，精疲力倦的旅客，困顿在一条又崎岖又倾斜的大路上，儒教在后面催促着说，快走吧，我们的路就只有这一条；耶教在前面诱导着说，忍耐些吧，朋友！前面有极安乐的境地，到那里就可以尽我们游息了，佛教最老实，看看确无办法，叹了一口气说，没有意思，我们还是回去吧。艺术却不慌不忙，一步一步地把这路荡平，还在路旁栽起浓荫蔽日的大树，时间清脆悦耳的鸟歌，间以秀味可餐，香色媚人的花木，再安置些适体的椅子，解渴的琼浆，精美的细点，使旅客在一面赏玩风景一面恣意享乐之中历尽这条长途，不但不觉得苦恼，并且在走完这路时还要发一句，"怎么，完了？这路怎么短！"游兴未阑的憾语。

三

宇宙是一个大谜，他的意义是什么，他的究竟是怎样，都是不大容易明白。在这个大谜没有得到解决以前，人生是不会有确定的观念的，因为人生就要以宇宙的意义为意义，宇宙的究竟为究竟。好在人是有思想的，能够独自运思，凭理推测一切神奇奥窈的问题，对于这个宇宙之谜自然要研究出一个究竟；研究出它到底是怎样一个东西，为什么要这样。于是就产生所谓哲学。但宇宙始终是个怪物，一方面是整个的，统一的，一方面又是仪态万方；一方面是玄妙莫测，一方面又显豁明露。例如风霜云月的变幻，动植飞潜的消长，却是日常极明显的事实，然而又着实有点神奇莫测。所以研究了几千年还是个不得要领；时时觉得已找到了解决，却又时时发现所得解决的缺陷。于是宇宙在哲学上时时改变，人生也因之时时不同其意义，而艺术和哲学就发生了极密切的关系。因为照前节所说，艺术是人类满足愿欲的一种技术；愿欲当然是要跟着人生观而有所不同，人生观因既宇宙观而改变，艺术当然就要间接地跟着哲学为转移。本该，艺术是要和哲学一鼻孔出气的，一件作品如不含着哲学的意味就决不能成其艺术品。普通，总以为艺术是浅薄的哲学是高深的；但如果要问：妇孺口中的山歌村笛，僧道用以骗取谷麦的神符，俗子㑉的歪诗，劣匠造的土偶，能否算得艺术品？为什么不能算艺术品？却又除了说"不好"以外，就再也说不出什么道理来。不知艺术品和非艺术品的分别就在于含意的深浅和出发点的高下；换句话说，就在于有没有哲理。凡是一件艺术品，没有不是抉发宇宙秘密，吐露生命灵机的。所以，人们在哲学上进步到若何程度，艺术也就进步到若何程度，它们俩是息息相关的。

艺术和哲学的关系，可从两方面讲；一是相因的，一是相成的。所谓相因，就是哲学的思想要靠艺术才能表现得出，艺术的内容要有哲理才能充实。上面说过，艺术只是爱美欲的追求；但这美的观念，是有程度上的高下的。程度低的人，他所认为美的颜色只有大红大绿，美的声音只有大吹大擂；程度渐渐高上去，所赏识的音和色也就渐渐轻微起来；再高上去，对于艺术就不只从迹象上求美感，必定要求弦外余音，画中诗意，要于含义中求美趣。总之，程度愈高的人感受力愈强愈细愈深刻，止要有一些轻微的刺激就足以引起美妙的意趣，强烈的刺激反要嫌其粗浊。这种例子在"味儿"上最为显明。这是因为人们对于宇宙的认识愈深，愈不在雷电风云那种粗重上着意，而要于"四时行焉，百物生焉"那种无声无迹处求旨趣；鉴别力因之精细，悟会力因之深微，自能于细微处领略意味。一方面，又因所求既在精微，对于粗浊的东西自然就觉着俗不可耐。所以艺术家要有相当的哲学修养，才能有相当的作意。同时，哲学的探求，原是要求得宇宙的究竟以提高人生的意义；如探求所得不能表之于实际，那提高的目的就无从实现。但哲学家自己是没有把思想表之实际的企求和方法的，这个责任就不能不加之于艺术家身上。哲学家是一个先知者，艺术家是一个实行者；哲学家从理论上求改进的途径，艺术家从实际上求改进的方策。所以哲学家一定要有艺术家的合作，那提高人生的希望才有着落。因为哲学家只能把人的情感提高，纯化，而这提高纯化后的情感要在实际上得到满足就非有艺术家的努力不为功。

　　所谓相成，就是哲学完全是虚玄的探索，艺术完全是具体的表现。哲学是演释的，是从整个的全体中求各个的位置，艺术是归纳的，是从一粒粟照见大千世界；哲学先要求宇宙的究竟，然后再求这究竟的系统，从这系统上求万象的脉络，艺术却先从迹象察出个体的生意，从这各个的生意上体会得生命的枢机，因而洞见到宇宙的意义，回过来再把这宇宙的意义表现在各个的迹象中。所以，哲学是一下子从推论上指出人生抽象的意义，艺术却点点滴滴从事物上找得人生具体的归宿。它们俩所走的路由完全不同，但目标都在提高人生的这一点上。

四

艺术和科学，一般人大概总以为是绝不相谋，并且还有点背驰的。因为一从情感一从理智，根本上就不同源。其实不然，它们俩也是有相因相成的关系的；有科学，艺术的进步愈快，有艺术，科学的意义方明。自然，艺术家往往要仇视科学，科学家也往往要不欢喜艺术；各种东西，在艺术家眼里只有姿态，生意等等，都是整个的，活的，到科学家眼里就要分析；解剖，变成零件的，死的；在科学家，处处要讲试验、研究，艺术家则处处讲欣赏、享受。他们俩对于人生的观念和对于事物的态度是完全相反的。然这只就艺术和科学本身的性质讲，只就艺术家和科学家走的途径上分辨。如从意义上说，从对于人生的功用说，他们俩实有密切的关系和相同的目标。笼统地说，艺术是求美，科学是求真，真和美实是一样东西。分开说，艺术和科学实有相因相成的两种关系。

从一方面讲，艺术的本身就是一纯科学。我们对于艺术不是不能不讲研究吗，并且不是有了很多的结果吗？曲线比直线美，变换比单调美；光要怎样方能配合，声要怎样才能和谐；小说要结构，诗歌要音节；如何能表情透澈，如何能写景适当……等等。都是须加研究而现在已有相当的公式了的。再如什么派，什么主义，其间如没有某种条件和标准，将凭什么去分别？这些，公式和条件标准，如果不经过一番"科学"的研究，哪能得到？不但如此，艺术所要用到的各种科学也是很多。光学之于画术，声学之于乐谱，力学之于建筑，音韵学之于诗歌，方言学之于小说，心理学社会学民族学之于一切艺术，都有很显明的帮助。在现在要研究艺术，没有一些科学的智识，休想能够精进。常听见有人叫艺术家做"天才"，好像艺术这样东西完全是从"天分"中得来，用不着什么问学似的；有些艺术家（？）也每每欢喜以"天才"自傲，好像在说，"我们有天才的人，着实有点神秘，不高兴的时候，无论如何勉强，怎样也产生不出一件作品，要是高兴的话，却又毫不费力地，自然而然地涉'手'成趣，就连自己也竟莫明其妙。这里完全是一付'天机'在活动，人功不能有丝毫力量，所以艺术家无论如何荒唐坠落，终究是一个艺术家，凡夫俗子无论如何用功夫，终究是一个凡夫俗子，这生就的天上人间，无法可以相强。"这些见解，非常错误；艺术决不是如此神秘的东西。艺术固然是情感的流露，意兴的喷射，纯任自然，不容造作；但所谓自然或造作，是指情感和意兴讲的，至流露和喷射，却不能没有巧拙的分别，研究的地方。就是情感和意兴，也要因感受力，领悟力的不同而有厚薄深浅，与本人的学力和经验有直接关系。到现在，学固已大半都成了科学，即经验也不是多活几年多见几件事的意思，须有学识做了根蒂方有经验可言。所以，无论在内容上或形式上，古时人决不能作现代的作品，现代人也决不愿再作古人的模仿者，简直是一时代有一时代的艺术家，一个艺术家有一个艺术家的作品，决不能有雷同的。这些，都是使艺术本身生科学化的倾向的地方。至于材料上如画料，画具，乐器，印刷术，以及雕刻，建筑，跳舞，剧场等所需用的工具和材料，更都是因科学进步而益臻完善，使艺术日加精密的。从另一方面讲，艺术的进步也于科学很有助益。生活艺术化得愈深愈广，精神愈是灵动强健，在科学上的努力自然愈可以猛进；实验室和各种工场艺术化了之后，工作的效率上可有惊人的进步。这是现在已经证明的事实。

最重要的一层,还是:科学的功用要有了艺术才能显明,正确,科学家的努力,要得到了艺术家的帮助才能有个着落,不至枉费。科学原是改进人生的一种企图和工作,但科学家所发明的都只是一件件散乱的零件,一定要有艺术家来把这些零件组织起来,成为事件的东西,人们才有得享用。一切艺术品,考其质料,无一不是科学的发明,但要成为足使人生美妙的建筑,雕刻,文学,剧场……等等艺术品,就无一不须艺术家的努力。否则不但科学家的发明不能立即就可供人们受用,并且还要被人们误用,造成破坏人生的毒物。欧战发生以后,世界上所以要发诅咒科学的反响,在个人看来,完全是因为那时艺术家的工作,还没有追及科学家的速率。这是足以使人们猛省的一件事。

五

总之,艺术、哲学、科学,是人生上一种整个的努力;分开看,三事都得不到明白的意义,合拢看,却又很明显地表出人生极浅极平常的一个向上的企求。哲学求一个善,科学求一个真,艺术求一个美。善是人生的目标,真是人生的凭藉,美是人生的途术。再打个譬喻,人生是一条长途,这长途导向哪里去呢?曰善;这长途要用什么来建筑呢?曰 真;要怎样筑法呢?曰美。哲学替人生指出应向的方向,科学给人生造出需要的资料,美术给人生表出妥适的方法。没有方法时,方向老只是虚悬着,资料老只是白放着;一有方法,方向和资料就打成一片(这话张竞生在《美的人生观》上已说过)。相传苏曼殊因为有人拿了大而且劣的一张纸来求画;他生平不作大幅,何况纸又是劣的,当然不愿"应命"。后来被扰不过,就替他在东南角画一只小小的船,在西北角画一个小小的人,人家看了莫明其妙,他乃不慌不忙画一条索绳一连过去，竟成一幅绝妙画图。现在我们可以说，哲学就是那图上的一个人，科学就是那只船，艺术就是这条索绳。至此，艺术，哲学，科学在人生上的意义可以明白了，艺术和哲学科学的关系也可以确定了。并且还可以替艺术下一个新定义，即：用科学所发明的资料照看哲学所指出的标的创造出一个美的新组织来的，就叫艺术。现在还没有解决的，就只余"艺术究竟能否代替宗教？"的一个问题。

　　这一个问题，在前面一节中已可有相当的解决，现在不妨加说几句。只因人们重情轻智，事事要问个"为什么？"，寻根究蒂地过活下去，实在有点不耐烦，一方面又要求在生活时心意安坦，沿着向善的一条路过下去。"又要好，又要巧，又要马儿不吃草"，这一句俗话，恰恰可以把这一种心理表白到十足。这种要求，把上帝或菩萨一抬出来立刻就可以满足，于是乎宗教在以前的历史上就成了统治人心的一尊。自从艺术出世以来，这一尊的地位就不免起了动摇，因为艺术也能够使人不烦思虑而安心坦意地生活下去，只要循着美的途径过下去，总可以达到善的终点。到了现在，艺术和宗教差不多已成了分庭抗礼的形势。而且又因为宗教的根据，其脆弱难靠，已经科学逐渐戳穿，大不如艺术的足踏实地；在宗教统治之下，生活上不免总是拘拘束束遮遮掩掩，更不及艺术中的生活竟可以老老实实痛痛快快。所以艺术且有取宗教而代之的倾向。有人说，艺术止能使人做好，宗教且能使人不做歹，所以宗教终究不能在人间绝迹。这实在是错的。要知道做好做歹是两条绝对相反的路径，要做好就不能做歹，决没有做好同时又做歹的生活。至多只有这一事做好，那一事却做歹的情形。这一种情形，只证明艺术的势力尚没有弥漫人间，还留着许多罅隙，使人们无所遵循，只得趋于做歹的一个事实。如果艺术已能把人的途径都安排得美丽安乐，那时的人们，真是从善如水之就下，决不再有逆流做歹的事情，因为那时的人生，做歹的本身就是不安不快的一件事。在现在，艺术确还没有到这个地步，所以还只能让宗教占一个相当的地盘。但人们如能继续努力，将来一定可以有如此的一日。

在个人看来，将来的艺术一定要沿着两条路走去：一是平民化，一是普遍化。什么叫平民化？就是要使任何人都有享受美术的机会和可能。现在的美术，还只是富贵人家消愁解闷的娱乐品，对于一般人的生活是不大相干的。试问贫苦的人们知道美术是什么一回事吗？他们不但没有享受美术的能力，简直就没有机会。如果美术可以比做戏剧，人民就有如观众，有的固然已坐在花楼，包箱之中舒舒服服地在乐，有的却老远地站在他人之后，翘首企足，还看得不清不楚，真是"长人看戏，矮人吃屁"，有的简直就站在门外，不得一尝个中滋味。所以大部分人的生活都是很紧张很枯燥真有点像日处水深火热之中。而一切下作的龌龊罪恶，就在这里酝酿着，滋长着。这是因为人们找不到安乐生活的途径，只得瞎闹的原故。将来的艺术，应当完全免去商品的性质，变成社会的公物，免去百无聊赖的古玩的性质，成为现代人生的欣赏的需要品。这不是空话，是完全可以做到的。只要一方面从教育上引出一般人的欣赏能力，一方面用社会的力量，到处建设起剧场、音乐馆、美术馆、公园等，人人就可以有欣赏美术的能力和机会。能如此，包管可以把现在社会上所余下的罪恶扫去了一部分。

但最要紧的，还在使艺术普遍化。所谓普遍化，就是使人间的事事物物一切都用艺术去处理。这些事物，我们为说明的便利，可以分成三类：一是消遣的，一是个人生活方面的，一是社会生活方面的。到现在，消遣的事物大都已经艺术化了，个人生活方面的事物，如衣，食，住，也已经有了一部分艺术化，即一部分富贵人家的穿衣吃饭和住宅。至于社会生活方面的事，除行的一部分已经有些艺术化外，只可说完全尚没有入艺术的宫殿。将来应当使一切事物尽都艺术化。即如吃饭的一件事，就应当在亨饪上，食堂上，饭桌上竭力讲究美化，使它不再是塞饱肚皮为饥饿尽义务的一种苦工，而是一种享乐的游戏。他如住宅穿衣的可以美化是没有问题的。不过只是美化还不够。应当用科学的方法使达于至善。行路的艺术化也是没有问题。工作也已艺术化了一小部分，还应当把一切农场工厂都电气化了，艺术化了，使任何的生活工作都是极有美趣的游戏。这大概在最近的将来就可以实现的。但这些都是人生的枝节问题。人生的总解决，要求之于政治的艺术化和社会组织的艺术化，政治和社会组织的可以艺术化，也不是空话。社会哲学已经把政治和社会组织应走的方向指了出来，社会科学已经把政治和社会组织的真要素找了出来，把人和人的真关系及生产消费事业等的真意义指点了出来，现在只要找出一个线索和方略，就可以用社会科学所发明的做材料创造出一个合于社会哲学所指出的标的新政治系统和新社会组织；使政治不再是强凌弱众暴寡的凶器而是执行公众事业的机关，社会组织不再是阶级悬殊利害冲突的而是彼此平等休戚相关的，人和人之间只有友爱的关系没有仇视的必要和机会，各人的人生都整个儿溶在美的温泉里，彼此浑然相忘，优哉游哉，乐以卒生。这还不是最伟大的一种艺术吗？有人把社会主义称做艺术，就是这个道理。至此，人间的一切丑陋和罪恶始可以真的完全扫光，像法律，道德，舆论等一切不自然的约束完全可以用不到，人生才有真的享受可能。否则如现在的社会里，虽则有特殊阶级可以享受美的人生，但因为他们的快乐是建筑在别人的苦痛之上的；他们的美衣是贫民的皮。他们的美食是贫民的肉，他们的美酒是贫民的泪，他们的美屋是贫民的坟墓，他们的美乐是贫民的哭声，他们所玩的古董是贫民的枯骨和血衣——不但在社会看来是丑陋不堪，就是享乐那件事的本身，根本上就是一种罪恶。累得那些枝枝节节的零件艺术品一时也显不出美的意义来。这真是人生的一大憾事。

一六，七，一三。

（北新书局 1925 年第一版，1926 年第二版，1928 年第三版，1929 年第四版）

咏　雪

一片一片又一片，
飞上河山皆不见；
前消后继更凶猛，
终把河山全改变。

　　1937 年在狱，见朋辈中有困顿经年、健康为毁而颓丧怨伤、自叹不辰者，因赋雪诗以勖之。

（《新蜀报》1940 年 1 月 9 日）

第四部分　政论

投降主义及其各式各样的表现

一　投降主义的严重性

抗战现阶段中最为严重的一个现象，是投降主义的颇为活跃。过去，我们曾集中注意于各种汉奸的活动，用很大的力量做"除奸"工作，有了相当的成绩。各种汉奸活动，在目前还是一个严重的问题，还需要大家细心防范，尽力消除。唯目前更为严重，更需要大家警惕戒备，以至随时给以打击的，却更有投降主义的倾向与其各种各样的表现。汉奸活动，不管是隐藏的（如资敌、破坏、扰乱后方或金融，出卖机密文件或消息等等）还是显明的（如组织维持会、自治政府、公开投降敌人等等）问题只在于不易查察或发觉，而活动本身的是卖国行为，使人愤怒，为全国人民所不容，则是毫无问题与异议。在这一意义上，它的严重性也就有了限度。而且它是站在抗敌阵线之外，无论如何，不能使统一战线分裂或破坏；相反的，只有使战线更为团结。至于投降主义的倾向与其表现，就不是这样。它是在爱国忧时的外衣之下出现的，是从统一战线的内部发生出来的，因此，它能使一部分爱国同胞受了它的影响自己还不知道，它可以使我们统一了的战线发生分化与破裂。换句话说，汉奸活动只能使抗战受到局部的打击与损害，而且容易加以补救；投降主义，如果不及时加以克服，它会使整个抗战陷于无法收拾的绝境。

那么，所谓投降主义到底指些什么讲的呢？这里，我们必须首先说明的，并不是从某人或某些人的主观上来讲，说他要投降敌人。这，我们早就把他当做汉奸看了。我们这里是从客观上必然要得到的结局来讲。有些人的言论与主张，在他主观上，我们可以相信确是发于满腔的爱国热忱，但如果照他的主张做去，或照他的言论推演起来，必然要走到"整个投降，整个灭亡"的路上去。所以，对付汉奸的方法是制止，是刑罚，是敌意的；对付投降主义的方法是自我批判，是理论斗争，是友谊。

二　投降主义的各种表现

因为军事上的失败而对抗战悲观失望，企图中途妥协，这种倾向是投降主义；是显而易见的，无需再在这里多说。但这只是投降主义最老实、最露骨的表现，因而它的严重性也就比较平常。它还可以采取其他更隐蔽的形式来表现，找寻其他"根据"来"说服"别人，或用其他方法来使抗战走上投降的路途，使人看了或听了，一时觉察不出它的危险性甚至点头称是。这样，它的严重性就比较更重大了。

这种隐蔽的形式，有的是从国际形势的观察出发的：有些人说，中国的抗战，没有外力帮助是无法支持的，因为我们自己的力量，无论如何抵敌不过敌人。但我们可以希望它来帮助我们的国家，事实上都不能来；例如苏联，是一般人顶顶属望的一个国家，但它到现在自己内部的问题还没有弄清楚，还在继续清党，

这就使它的能力，势难外顾。再如英国，原来是和中国在利害上
关系最多最切的两个国家，也是最应当帮助中国的一个，但它的
军备，至今还没有充分到足以和日本开战的地步，因此，它的帮
助中国要等到五六年至七八年之后。照这样讲法，就是说中国在
国际上是得不到人家的实力援助的、孤立的，而自己的能力又无
论如何不足与敌人抗战，它的必然结论，只有向敌投降了。这种
"观察"是否合于事实呢？我们的答复是"不是"。第一，中国
自己并不是没有独立抗战的能力；第二，国际形势并不能那样单
纯地分析。实际上，那种"观察"，只是观察者自己投降主义的
一种表现罢了。

有些人说，在抗战期中我们要多交朋友，不能树敌；不论法
苏亦好，英美亦好，德意亦好，都要请他们帮助；不管帮我抗战
亦好，叫我们讲和亦好，都要接受。这是前一"观察"进一步
的表现，实际上是侧重于接受德国出面"调停"的。要多交朋
友，不能树敌，这话完全正确。但交朋友一定要交能够帮助我们
的朋友。更要能助我抗战的朋友，像意国那样公开承认"满洲
国"，我们总不能说它是我们的朋友，就是要叫我们牺牲屈服的
也难说是我友。其次，不树敌，并不能说我们不把某国当做朋友
就等于把它当敌人，正如一个人的朋友虽然有几个，但决不是朋
友以外就都是敌人一样。如意国，我们虽说它不够朋友，但是，
它并不是我们的主要敌人。最后，不树敌，也只是说我们不去挑
衅而且还要竭力使人不到敌人方面去，并不是说人家已走到敌人
方面去了，我们还硬要认他做朋友。如果恩怨不分，敌友同视，
那结果一定要使原来的朋友一个个走开而陷于孤立，至此，只得
认敌为友，走上投降的路上去了。

还有一种表现形式，是认为即使中国战胜亦于中国不利的。
他们认为目前正规军已经损失了不少，以后战事的胜利，不出于

下述两途；或借用外力，或依靠民众力量。借外力战胜，势必成为人家的属国；靠民众力量战胜，势必酿成赤祸。这种议论的奇怪，不必去说它，我们且来看看，照这样推论下去，要得到什么结论。既说战事的胜利只有借用外力或依靠民众，而用这两种方法所得的胜利又都于中国不利，那自然最好还是趁早不打下去，结束抗战以事"休养"，而要做到这一点，除了向敌人投降外，试问还有什么其他办法？

此外，还有更奇怪的一种表现。有些人说，目前要和是不可能的，只有坚持抗战下去；因为过去已牺牲了这么多，忽然又要和起来，何以服前线战士们的心，这岂不要闹出大乱子！所以目前只有打下去，等到将来事实上实在再没有打的可能的时候再来讲和，那时大家也就没有什么话说了。这就是说，坚持抗战并不是来争取最后的胜利，而是要使抗战抗到筋疲力尽，使大家看到只有言和一法的事实！这样的一种表现是万分险恶的；倒不是因为它能够使人相信，而是因为如果抱着这样一种见解来支持抗战，就决不会再去寻求如何能使今后的抗战胜利的一切办法，相反的，要去促使抗战早些走到尽头了。什么发动广大民众来参战寻求外力来帮助，在这里都是多事了。这岂不是一种最险恶的投降主义吗？

三 投降主义的根源及其克服方法

上述三种表现，决不是作者无中生有的捏造，都是从平常交谈中所听来的。作者不敢说那些意见到底可以代表多少人，但因为作那些表现的都是有相当地位的人，也就决不只是个人的意见，决难说它不至影响抗战全局。古人说得好，"履霜，坚冰至"；又说，"星星之火，可以燎原"。为"防微杜渐"计，我们对这种险恶万分的表现，应当一见端倪就立刻给它揭发与打击，不能等到见之于言论再来批评。因为到那时，要批评恐怕已经太晚了。

我们只是揭发不够，应当进一步来追究它的根源。这根源，第一个要指出来的是抗战到现在还没有对日绝交，因为这对一般不相信中国有战胜日本帝国主义可能的"朋友"们，给了一个妄想中途妥协的根据，他们以为我们抗战原来就是为的好讲和。第二个要指出来的，是他们一口咬定抗战只是军事动员，就是要动员群众，也只是动员他们来补充军队或出战费。除此以外，他们再也不相信群众还有其他的什么抗战能力了。因此，看到了过去军事抗战的失败就对抗战悲观，看到友邦还没有军事上的帮助就感觉到孤立，想到今后如要用民众的力量来战胜就觉得危险。

其次，我们还应当从他们的社会基础上来找寻根源。所有作出那些表示来的人们，都是已有了相当地位的，他们急于要加以顾虑的，首先是自己个人的利益；所谓国家利益或民族利益，在他们看来，似乎就是保全他们自己的利益，至于国家的整个主权和将来的生存，在他们似乎是不能想象的。由此出发，就更生出一种门户之见，看到别人提出针对着他们的意见而提出的救国方针，总觉得是别有企图，要来和他们个人争权位，并不是真正为的要救国。这到现在，实在还是统一战线的巩固与扩大上，一个很大的障碍，实在值得大家站在争取民族生存与独立的大目标之下，很坦白很诚恳地来加以克服的。

我们觉得要克服前述种种倾向与表现对日绝交是具有决定的意义的，有些人对对日绝交提出各种顾虑，这种顾虑已经早就失去了事实的根据，已经有很多人讲过，这里不必再讲了。这里只讲一讲对日绝交对克服前述倾向有决定的意义。这意义，就在于不让任何人对抗战再存什么中途妥协的幻想。其次，发动广大民众来参加抗战，让任何民众都在抗战范围内有绝对的自由，是克服前述倾向的根本办法。因为这可以做出事实来证明他们对民众认识的错误；证明政治抗战的力量比单纯的军事抗战是伟大得多；证明民众参加抗战对国家的统一与巩固不但没有危险而且是有利的，必要的。再次，把我们已经采取的和平阵线的外交路线，更加坚定与明确，也是一种必需而有力的办法。因为这是争取外力，得到好朋友的唯一路途。这并不如有些人所误会的那样，只要单纯的联俄，而是明白表示凡是帮助我们抗战建立东亚和平的都是好朋友，凡是阻碍或企图软化我们的抗战，助长日寇侵略势焰的，都是不够朋友。这样，真要建立集体安全与世界和平的国家，没有一个会离开我们；而且还能使徘徊于和平阵线的门限上的国家，更加坚决而勇敢地走入和平线里面来；就是侵略阵线中的少数国家也可不至因为看定我们举棋不定而公开帮助敌人。从而对国际形势的不正确分析，也就无从发生了。再次，把军政机构检讨一番，清理一番，使其中不再留存一个对抗战前途怀疑以至悲观的人，这是使失败主义投降主义失去根据地的办法。以后即使他们继续发生那些倾向，也不会影响到抗战的局面与前途了。

（原载《群众》第 1 卷第 2 期）

自力更生与争取外援

这次中国对日本的抗战，上自蒋委员长，下至全国人民，都明确地或直觉地知道，现在日本是要灭亡全中国，中国已到了生死存亡的最后关头，都坚决地抱着抗战到底的决心。但对抗战前途怀疑悲观，对中国争取最后胜利的力量缺乏自信心，对争取胜利前途的实质条件与途径不能把握得明确，这样的人到现在还并不是没有，并不是少数。这在使抗日的民族统一战线更加扩大更加巩固上，还是必须要加以克服的一种危机，一种比武备不精良，财力不充分还要重大的危机。

这种怀疑悲观，是由于一方面没有从历史所赋予现在这一代黄帝子孙的使命上，来了解目前的抗战；另一方面，没有从中国自身到底具备些什么能力这一点上，来了解这次抗战的胜利前途；同时也没有从国内外的形势上，来把握这次抗战争取胜利的条件与途径。今分别陈明一得，与国人共同商榷。

几千年的帝制专横，使中国没有能够走上正常发展的轨道，直到孙中山先生振臂一呼，群雄奋起，国民革命，打开了几千年中国历史的新纪元。但那时候，帝制的淫威虽被扑灭，而帝制所引来帝国主义在政治上与经济上的桎梏，不易一时摆脱。中国那时已深深陷入半殖民地的泥坑。北伐以来的数十年中，中国一直在多方苦斗着，对中国的苦斗精神与劳迹，东西各友邦都或多或少地给予同情与帮助，只有我们的东邻日本帝国主义老大地不高兴，用各种方法，从各方面来阻挠与破坏。勾结各地的封建余孽挑拨内战，来障碍中国的统一；收买各种汉奸，提倡"亲善"或"经济提携"的政策来毁灭中国自力更生在政治上与经济上的基础；用"共同防共"或"防共协定"的口号，来分裂从事于挽救中国——把中国从半殖民地的泥坑中拯救出来——的苦斗的两大主力中国国民党与共产党，来破坏中华民族统一战线的大团结，务要把我们中国横拖倒拉地从半殖民地拉回到十足的殖民地上去。这样，除非我们甘心做日本帝国主义的殖民地，使我们以后世世代代的子孙做永世不得翻身的亡国奴隶，那就只有不顾一切，来和我们的敌人日本强盗拼个你死我活。因为日本强盗的存心要并吞全中国已非一年两年；我们对它委曲求全已经是多少次，多少年下来了；结果是我们退一步，它逼进两步，从东三省逼到长城，从冀东逼到平津，逼到上海。试问除了团结一致，抵死抗战以外，还有什么生路？

坚持抗战，争取民族解放的胜利，从半殖民地走到十足殖民地的绝境上，冲到自由幸福的大道上来，救自己，救子孙，这是历史赋予我们这一代黄帝子孙的艰巨使命！

从希特勒执政以后，人类和平就受到了极大的威胁，全世界爱好和平的国家，都有一致团结起来保障人类和平的必要与义务，于是就有世界范围内的和平阵线之结合，中国是受侵略最厉害的国家之一，不问你愿不愿意，要成为和平阵线中最重要的一个岗位，它的任务之重大与艰辛，正如我们坚守上海的四行货栈上八百壮士所负的任务那样，亦许还要重大万分，艰巨万分。因此我们这次抗战，不只是对于我们的万世子孙负着斡天旋地免叫他们跌入十八层地狱的历史使命，而且同时还对于全世界爱好和平的人类负着障百川，挽狂澜，顶天立地，免叫人类遭受滔天大战祸的和平任务。这个岗位，不容许我们贪安畏难，应当像四行楼上坚守大上海的八百壮士那样，置一己的生死利钝于不顾，像荷兰死守水堤的义童，拼着一己的生命去保障全国人民免遭灭顶大灾难一样，为保障全世界人类的和平幸福而牺牲到底。

这种顾全大我忘却小我的英勇事业，也是中国在世界所处地位和其历史际运所课与我们的伟大而艰辛的神圣使命！

这样的一种使命；使我们不得不坚持抗战到底，牺牲到最后一个人，流到最后一滴血。

对抗战怀疑悲观的人们，亦许要说，他们并非不了解这种使命，只是自己没有担负这种使命的力量与办法，这也就叫做"心有余而力不足"这话骤然听来似乎很有道理，但稍一细案，就可知道是和刘汝明、李服膺说自己没有死守张家口和大同的力量而弃城逃走那样的全无道理。这种全无道理的话，第一是仍由于没有真正了解自己所负的使命，第二就由于没有看到我们"自力更生"的力量在那里，没有看到我们应当怎样"争取外援"。

我们真的没有负起自己应负使命的力量吗？不是的，决计不是的。我们有的是英勇的将士，昂扬的民气，卓越的领袖，神出鬼没的战术，广大的人口，富庶的物资，可以步步为营的农业经济基础，耐苦坚韧的生活习惯，为和平而牺牲，为正义而奋斗的历史传统，这一切，都是塞天地而冲牛斗的浩然之气，都是争取最后胜利的有力条件。

不但如此，再看一看敌人方面，我们更可以气壮胆大。他们不但因为战争是为着少数日本强盗的贪欲无厌，得不到日本广大劳苦大众的支持，就是那些强盗们也正在开始为着各人的利害不同而自己互相倾轧。现在他们国内反战的潮流，已在开始从工人农民而汹涌到正义的教授们，以至于资本家。他们的战线是脆弱的、外强中干的、只要我们能苦斗，能坚持，最后的胜利是属于我们的！

而且从整个的国际形势看来，争取外援的优势，也是在我们方面。苏法的正在全国上下积极援助我们可不用去说它，英美全国工农和正人君子们所发动的制裁日本强盗的抵货运动与抨击舆论，也在积极援助我们，虽然他们的政府尚未能和他们完全一致，但如果我们能充分运用国际宣传与国民外交，政府国民党与共产党，全国各党派，各救亡团体，各产业团体如工会、农会、商会、教育会等，都共同派遣得力代表往各国分头去活动，那不但可以和他们广大工农团结得更紧密，推动他们的政府起来为全人类的和平幸福而积极援助中国抗战，而且就侵略阵线中的德国如果处置得当，也还并否是不能对我们有利的国家。何况还有印度、南澳等弱小民族在那里帮助我们。

可惜的是我们过去的争取外援不是这样做法，而是片面地、单纯地一心想望着某一个国家（例如苏联）出兵来帮助我们打退敌人。

我们必须了解这个问题关系于整个世界的政局，并不是可以一时办到的，而且中国所需要的，并不是人和兵，而是物力，是军事技术人才，是新式武器。问题是在于我们所应争取的不能只是和平阵线中的某一国，而是和平阵线的整个，是和平阵线的更加巩固与坚强；这正如泥城桥畔四行货栈上八百壮士所要争取的援助，不是某一师某一旅的队伍，而是当地人民所艰难送去的食物与其他接济，以及后方整个战线的巩固与坚强，一个样子。

同胞们！历史所课与我们的使命是"责无旁贷"的，和平阵线所决定我们的岗位任务是"义不容辞"的；我们要镇静，要沉着，来善用我们的物资，开展我们的民众运动，巩固与扩大我们的民族统一战线，这样来自力更生，我们要加强与扩大我们的国际宣传，切实厉行国民外交，团结与巩固英美法苏等等国家的整个和平阵线，这样来争取外援！

（原载《群众》第 1 卷第 4 期）

抗战中青年的作用与任务

在历来革命中表现得最积极的是谁？是青年。在这次抗战中表现得最积极的是谁？是青年。不论什么地方，什么时候，青年永远是社会上最积极最勇敢的分子。他们的血液中还没有浸入对社会起着腐化作用、锈蚀作用的积习，他们不懂得什么世故，没有什么顾忌。他们的每一个毛孔中都充满着活泼、新鲜的气息，他们要动，要前进。他们最恨的是束缚，最反对的是压迫，他们要蹦蹦跳跳，要像鹰隼似的翱翔于太空，要像鱼类似的游泳于大海。他们是社会上新生的肌肉；社会的进步，未来的希望，都寄托在他们身上。

因此，中国几十年来民族解放的革命运动中最活跃的是青年，"九·一八"以来反抗暴日侵略，积极要求抗战中最活跃的也是青年、反对和平妥协中最愤激最猛烈的也是青年。他们在学校中、文坛上、军队中、工厂中、乡村中、城市中、妇女中以及一切社会集团中，对抗战都起了发动与推进的作用。

这种作用是否可以说发挥得充分了呢？我们不能说。正因为没有把这种作用发挥得充分，所以还有不少青年们在目前怀藏着颇大颇深的苦闷；满腔热血，挥洒无从，满身精力，贡献无门。

这是我们值得注意，应当解决的一个问题。

目前的抗战是需要全国的人力尤其是青年来支持，事实上各处也都正在需要大量的青年去服务，为什么会有许多青年在那里感受到"英雄无用武之地"的苦闷呢？在这里，我们觉得存在着客观上和主观上的两座障壁。前者是过去所遗留在社会机构中束缚青年的势力，后者是青年对社会所给与的条件与自己应采取的活动方法还欠缺耐心的学习精神，研究精神。为了保持一个社会一个国家的整个性、统一性，不能不有一种秩序，使各种社会力量都在一定范围内，向着一定的方向去活动，去前进。然而社会的进步是需要活泼的，力量的发挥是需要自由的。这里就有了一种矛盾，进取与保守的矛盾。这种矛盾，是社会发展过程中，尤其是猛烈的发展过程中必然要有的东西。问题不在于怎样来使这种矛盾没有，而在于怎样来使这种矛盾解决。这就有赖于负维持社会秩序专责的政府的贤明，与一般青年的学习精神与研究精神。

秩序是必要的，必须加以维持的，但同时不能太坚硬化，坚硬得有碍于发展。秩序的作用在于使一切活动有个轨道，这所谓轨道，并不是真的像铁道或有轨电车路一样，不能有丝毫的差错；它的目的只在于，要使各种力量的活动有个一定的或同一的方向——有轨电车的改进到无轨电车，有线电的改进到无线电，正是说明了这一点。如果把秩序解释得像铁轨那样坚硬呆板，那就要使它变成一个束缚自由活动、制止自由发展的障碍物。例如我们目前的抗战必须要有个秩序，必须要全国统一在一个抗战到底争取最后胜利的信念和一个最高统帅领导之下，然后全国的抗战力量才能集中起来打击日本强盗，才能团结巩固坚持抗战到底。但这只是"抗战高于一切，一切服从抗战"的意思。凡是对抗战有害，分散或减低抗战力量的言论与行动，如挑拨、如离间、如削弱抗战信心或灰颓抗战志气（失败主义、投降主义）、如袭击抗战队伍或嫉视抗战势力（汉奸）等等，都须加以取缔、制裁或打击。反过来，一切有利于抗战，能够使抗战力量发动起来，充实起来，使抗战认识清澈起来，深化起来的言论与行动，就应当加以鼓励，给以充分自由；只有这样，才能使一切抗战力量发挥出来，团结起来。在这个同一方向，统一领导之下各种各样的自由活动，虽不免要在相互之间发生多少摩擦与激荡，也是难免而且应当允许的。

因此，我们需要社会机构有一定的，统一的秩序，同时我们也要使社会机构不太坚硬。坚硬得像机械一样，我们要把社会机构中坚硬化了的部分不断的冲洗掉、扫除掉，使不障碍新生力量的自由发挥与发展。例如目前，在抗战范围内，我们要让人民尤其是青年在言论上与行动上获得充分自由的活动，对他们不但应当尽量减少不必要的限制与约束，而且还须进一步给以必要的鼓励与指导。

然而，青年一定要明白，所谓充分的自由，并不就是漫无约束。规律性是一切客观条件必然要有而且也必须要有的东西。在这里，任何人的任何活动，都不能不受到或多或少的困难与阻碍；遇着困难阻碍而焦急、愤慨或迟疑、退缩，就是没有明白这一点。我们要明白，客观条件——自然的或社会的，不如人意的常是十有八九，而且往往是不易改变或至少要慢慢改变的。对它们必须要有很大的耐心去研究，研究出它们的限制性与规律性。这就是最大的学问。只有懂得了客观条件的限制性与规律性，然后才能使自己的活动，得到更多更大的自由，然后才有方法去改变它。我们要明白，所谓自由，不是说自己要怎样做就怎样做，而是说自己要做什么就能做成功什么。这是目前青年们在解决自己的苦闷问题上最主要的一个关键。

目前我们要做的是什么？是坚持抗战到底，争取最后胜利。就作用上说，青年们在这里就要成为一个中心力量，中坚人物；应当是抗战中最坚强、最积极、最勇进的一个力量。有许多青年，一心只想往陕北跑，以为在原有地方做抗战工作不能痛快，很是气闷；等到因着某一原因而去不成，就感觉苦闷。还有许多青年，以为现在对民众运动还不十分开放，做事异常困难，因而觉得苦闷。更有一部分青年，一心只想外国尤其是苏联出兵来帮助中国抗战，看到出兵不可能，就对抗战前途感到苦闷。这一切，都是不十分正确的，都没有明白要怎样，要从什么地方，去找觅发挥自己能力的自由园地。现在先就民众运动来讲。要坚持抗战到底，就必须发动广泛的民众来参加抗战，训练壮丁，组织保卫国土的游击武装，输送大批战士到正规军里去。特别是自己投身到各种中央军事学校里去学习新的武装技术，这就是说，在目前，民众运动在客观上是有着极大的需要，同时就是说，在客观上是有着极大的可能。不错，现在做民众运动是有些困难与障碍，以至很大很顽强的困难与障碍的。这些困难与障碍的存在，不是说明民众运动的没有法子做，而是说明自己还没有找到适当的方法去做。因此，目前青年们的任务，是在于怎样才能使自己在坚持抗战到底取得最后胜利中成为一个中心力量。这就要来研究怎样才能完成这一任务，需要苦心、忍耐，去找寻适当的方法来避免，来克服这些困难与障碍。这些困难障碍，是客观上存在着的工作条件，我们对它不应愤慨、逃避，只应学习、研究；研究出它的规律性，来找出改变它、克服它的适当方法。我们的救亡工作，不是称心如意的工作，是一种艰巨的功课，需要我们去艰苦学习。怒触不周山而死的共工，远不及移山的愚公来得聪明；因为就是共工触死在不周山底下，不周山依旧还是一座不周山，丝毫没有改观，而移山虽是一件愚蠢的事，但是那座山却终于给他移去，共工要做的事终于没有做成功。愚公要做的事倒终于做成了。

再说争取外援，既然说争取，就不是果然所能等到；外援的来到，是要有一定的条件的。青年的任务，是在于要使自己成为争取外援中的一个中心力量。这就需要耐心地去研究这种条件到底是什么，怎样才能使这种条件具备起来。我们要来研究这种条件的规律性，依照这规律性用行动来争取，以至创造这种条件。坚持我们的抗战一直到胜利为止，加强与扩大我们的对外宣传，沟通我们全国青年与全世界青年的联系，是争取与创造这种条件最适当最必要的行动。只有使我国青年成为整个世界青年不可分离的一个部分，使我国青年成为全世界反侵略反法西斯战争的英勇先锋队，使我国抗战成为团结和巩固全世界和平阵线的核心与推动力，外援来到的条件才能具备起来，外援才能更进一步的取得。

青年们，我们是大时代的主人翁，是中国现在和未来命运的担当者，在大多数工商中心大城市沦陷敌手，大批生产机关为敌人摧残毁灭，许多堂校图书馆出版事业遭受敌人飞机大炮的破坏，大块田园被敌骑纵横，蹂躏得野无青草的今日，我们青年，不问是学生、工人或农民，男的女的，自身所应得的利益都遭受摧残。我们全国青年的利益都依托在抗战的能否坚持到底，能否取得最后胜利。争取抗战胜利，是全国人民的任务；使自己成为这争取胜利的中坚，是全国青年的任务。为要完成这一任务，不只需要热血、勇敢与积极，我们更需要耐心的学习与研究。

（原载《群众》第 1 卷第 11 期）

两个精神总动员

我们现在大家都在热烈参加精神总动员，这对于今后的抗战当然有很大的意义。但敌人也在精神总动员，而且早在1937年9月就在日比谷公会堂内开政府主办的演说大会，"发动国民精神总动员"了。毫无问题，我们的精神总动员，是和敌人完全不同的；我们是要在和敌人完全不同的方针之下，采取和敌人完全不同的方法，来发动我们的"国民精神总动员"。因此，把我们的精神总动员和敌人的精神总动员，对比地研究一下，辨明不同之所在，使我们更能把握到正确的方针，更能采用到正确的方法，使精神总动员真正成为动员全国人力物力财力智力的推动机，来支持抗战到彻底的胜利，这是很有意义的。

两种战争决定两个方针

我们的精神总动员，目的是在坚持抗战，敌人的精神总动员，也想用以支持它的侵略战争，"俾达所期之目的"。然而，我们的抗战，和敌人的侵略战争，在性质上，意义上，完全不同，由此所产生的一切设施，不管物质动员也好，精神动员也好，其方针也就完全不同。敌人的战争旨在侵略，它不是为的民族利益、人民利益，而是为的少数军阀财阀的私人利益。它不但要掠夺我国人民的财产，压榨我国人民的血汗，以满足少数军阀财阀的私欲，同样也要掠夺它自己国内广大人民的财产，压榨他们的血汗，来制造军火，支付战费，以支持侵略战争，满足少数军阀财阀的私欲。因此，日本法西斯强盗就不能把战争的目的真正向民众公开，明白告诉国民大众；相反的，他们要竭力掩蔽战争的性质，即其真实目的，而另用一套鬼话，如"大日本精神"、"神明的子孙"、"实现东亚和平"等等，来欺骗民众，麻醉民众，把他们驱上战场为了他们少数人的兽欲而送死。不但如此，敌人的侵略战争，因为是违反着自己的民族利益，违反着广大人民的利益，就必然要引起国内人民的厌恶与反对。因此，敌人不但要欺骗民众，同时还要压迫民众，不准人民对战争作真实的讨论，怕的是在讨论中要让人民看清，战争的真实目的；不准人民有他们自己的组织，怕的是人民要用组织的力量来反对战争。

我们的抗战，旨在争取民族生存，是全国人民争取独立、自由与幸福的战争，这是全国人民的利益，全国人民的要求，而为全国人民所拥护的。因此，我们在抗战期中，虽然不免要丧失一些土地，使许多人民的田园庐舍荒芜毁坏，使许多人民的生命财产损害牺牲，使许多人民不免受尽了颠沛流离，妻抛子散的悲痛，然而，在大家明白到了目前的痛苦是为了免除子子孙孙变成法西斯强盗的奴隶的万劫不回的苦痛，是为了争取民族独立，民主自由，民生幸福的光辉前途之下，大家也就都能懂得为要得到将来更大更远的利益，不得不牺牲目前较小较近的利益，为要避去将来更深更重的痛苦，不得不忍受目前较轻较细的痛苦，因而前仆后继，再接再厉，愈打愈坚决，愈打愈顽强。虽然我们在过去的抗战期间，人民的组织还未获得应有的发展，因而没有能够充分发挥出我们地大物博，人多力厚的巨大力量；然而，在积极的领导与帮助之下，广泛地开展各种人民的自己组织，在今后的抗战建国中，定然会表现出克服一切困难，进行各种准备，战胜敌人，完成新中国的建立的伟大力量。因此，我们要全国人民对自己的抗战性质、目的，看得愈清楚愈好，认识得愈亲切愈好；我们要全国人民都能有他们自己的组织，这种组织愈多愈好，愈发展愈好，因为这是民族力量的源泉。我们不但不需要禁止人民讨论抗战，成立自己的组织，而且要求大家对自己的抗战作充分的讨论，使自己的组织有高度的发展。如果有些人民不懂得怎样进行讨论，发展组织，那么，我们要引导他们，训练他们，使有讨论、组织的能力，如果有些人民知识水准不够，生活困难或生活腐化，不大容易看到抗战的远大目的，光明前途，不大容易开展自己的组织，那么，我们要用具体的事实与行动，改善他们的生活或纠正他们的生活，以教育他们，启迪他们，使他们看到抗战是他们最大的利益，看到抗战具有最光辉的前途：看到三民主义的新中国到底是怎样的一个国家，三民主义之下的中华民族到底是怎样的一个民族；我们要用与人民生活具有联系的运动，提出具体任务和切实工作，以领导他们，帮助他们，使他们从行动中认识组织的力量，发现自己的能力，养成集体的生活，开展自己的组织。

这样，敌人的侵略战争决定它的精神总动员必须要采取对民众欺骗、麻醉以至压迫的方针，我们争取民族生存的抗战决定我们的精神总动员必须要采取对民众启发、鼓励、创导、帮助的方针。敌人的方针是唯恐人民看清战争的真实目的，唯恐人民有自己的组织，我们的方针是唯恐人民看不清抗战的远大前途。唯恐人民没有自己的组织。敌人的战争是退步的，前途黑暗的，因此它要堵塞人民的耳目，不让看到这个前途；我们的战争是进步的，前途光明的，因此我们人民洗耳刮目，来认取这个前途。敌人的战争是反革命的，违反人民的利益的，因此它不敢让人民有他们自己的组织用其力量来反对战争；我们的抗战是革命的，符合于人民的利益的，因此我们热望人民各有自己的组织发挥力量来坚持持久战。

性质完全不同的两种战争，决定了精神总动员所要采取的两个完全不同的方针。

两个方针产生两套方法

不同的方针当然要用不同的方法来实现。这种不同，只就公布的条文来看是找不出来的。如敌人于 1937 年 9 月 13 日所颁布的《国民精神总动员实施纲领》，其条文，未尝不是什么"官民一体"咯，"举国一致"咯，"官民合作"咯，"发扬日本精神"咯，"固守尽忠报国之精神"咯，"坚忍不拔之精神"咯等等冠冕堂皇的文章（参看《时事类编》特刊第 13 期《日本精神总动员运动》一文）。但所有这一些都只是些白纸黑字，除了欺骗麻醉而外没有任何实际意义；真所谓"官样文章"罢了。事实上完全是另一回事。为什么？因为敌人的国是少数军阀财阀的国，它所进行的战争是要叫广大人民牺牲了自己的身家性命，去替少数军阀财阀掠夺我国人民的财物。在这里的所谓"尽忠报国"就是要人民把自己最后一滴血、一滴汗都报效给少数军阀财阀。这当然是要遭受到劳苦人民与有正义感的人士的强烈反抗与攻击的。这样而要"举国一致"，"官民合作"来"克服时艰"，"应付现下时局"，其实际方法，自然就只有强迫"实行对日本工人的军事劳役"，"掠夺农民的马匹，米麦刍秣，大批抽丁，强迫增税，滥发纸币，强行推销公债"等等；当这种"官民合作""引起了日本工人农民劳动者、自由职业者的强烈反抗"，"引起了中小资产阶级及部分的自由资产阶级的反抗"时，就继之以"大批日本大学教授、学生、自由职业者、文化界的被捕，实行对日本反战团体和反战分子大加屠杀和镇压，大批的搜查、烧毁社会科学的书籍以及一切含有反对战争意义的书籍，封闭一切同情中国及不满战争的言论机关"——这样来求得"举国一致"，这样来"应付现下时局"。所以在实际上，敌人的精神总动员的方法是：皮鞭、刺刀、屠杀、监牢、封闭。

我们就完全不会是这样。我们的国家是要实现三民主义的国家，是要成为民有、民治、民享的国家，目下虽然还未成功，但"抗战就是为建国，两件大责任，要并作一起来完成"（4月17日蒋委员长广播演讲国民精神总动员），我们的抗战，不但只是赶走敌人，求得领土与国家主权的绝对完整，实现真正的民族独立的民族主义，而且就要在抗战之中，唤醒全国人民"一致奋起，改正醉生梦死自暴自弃的生活，养成奋发蓬勃积极进取的朝气"（同上），来奠下实现民主、自由、民生、幸福的民权主义与民生主义的基础。在这里，精神总动员，就是全国上下，地无分南北，人无分老幼，一致自觉地，自动奋发蓬勃积极进取，来打胜敌人强盗，建立三民主义的新中华民国。这里的方法是什么呢？历史上有很好的实例可供我们参考。法国在1789年大革命之后，曾处在内外夹攻的危机之下，当时法兰西共和国革命政府很适当地来了一个"国民精神总动员"（当然，当时是还没有用到这个名词），使全国民众都能自动地忠勇奋发，把自己的一切力量都贡献给战争，而建立了辉煌史乘的法兰西民主共和国。照左莱在其所著《新军论》中告诉我们，那时所用的方法是："自由、平等、共和"六个大字。他在该书中说："当此风雨飘摇，中央权力（指当时巴黎的革命政府）不能普及，将以何术以统一军队精神，将以何术而一举号召 30 万大军，此无他，只有依赖于自由、平等、共和为号召，只有使国民明了，他们被征召来保护的法国，已不是以前贵族的、富豪的法国，而是平民的、贫民的法国了。因为自由、平等、共和，这是唤醒睡眠数世纪的人民的警钟，所以能雷震全国；抛万难而施行混成军法；正因为以自由、平等、共和为号召，所以于召集那自 18 岁到 25 岁的青年为第一级兵的时候，于召集国境地带的全体国民的时候，政府毅然抽富豪累进税，毅然分田地给农民；所以于召集工人制造枪炮的时候，毅然召集工人与国民之公断人以议定工资；这并不是用以收买贫民、平民，而是用以实行自由平等、共和之实，以唤起保卫自由、平等、共和的热忱"（参看《国民公论》重庆版第 1 卷第 4 号第 12 页）。

我们国防最高委员会所颁布的《国民精神总动员纲领》第 5 节"精神之改造"中说："生活者，精神之根本，无合理之生活，即无健全之精神"，这就说明了我们的精神总动员要从改正生活上着手。我国人民中"无合理之生活"的，可说有两种，一种是"沉溺于声色货利"的富裕人民的生活，一种是"出尽人力后却不免啼饥号寒"的劳苦人民的生活。因此，我们精神动员的具体的切实有效的方法，就是革除这两种生活，使大家都有"合理之生活"，以发动出"健全之精神"。具体说来，就是忠实执行抗战开始后就提出的那个"有钱出钱，有力出力"，合理负担之原则，用节约献金等方法把声色货利化为抗战建国公债，不再让它去"沉溺"一部分人民，用加紧生产减除不合理负担等方法来相当地改善劳苦人民的生活。这样，按之法国往史先例，征诸自己抗战经验，必然就能"养成奋发蓬勃积极进取的朝气，打破自私自利投降屈服"的歧误思想。

　　这还不是方法的全部，我们还需要有保障这种不合理生活的改正不致成为"阳奉阴违"，"虚应故事"，而是能"表里贯彻"的切实方法。在这里，法国大革命时代的那个例子仍提供了我们宝贵的教训，而我们的国民精神总动员实施办法中也已发其端。那就是在民族主义的原则之下，就着固有的或新创的"同甲"、"同业"、"同校"、"同机关"、"同厂肆"以及"家祠及其他宗族组织"等各种人民的自己组织，来初步实行民主政治，使贪污腐化得到大众的纠弹，使合理负担能由人民大众的力量而获得切实的成效。这也是按之法国往史先例，征诸自己抗战某一部分经验，可以必其能够因合理生活的获得而使全国人民都自动地忠勇奋发，"对民族尽大忠，对国家尽大孝"，把一切力量都奉献给抗战建国这一个伟大事业。

　　因此，我们可以说，我们精神总动员的方法，就是逐步实施三民主义。三民主义的理论，在这里将发挥出光辉的精神力量，它一点也不像名为"为国民党谋健全"，而实质是对三民主义加以莫大的侮辱的那种人所说的那样，"理论是与人以希望使之力谋实现的。人的生活，现状就不好，只要有希望拿给他追求便可忘却现状"，只是让人"追求"的"希望"，而是要实事求是，逐步实现，来唤起人民积极参加抗战建国大业的热忱的救国主义。

　　所以，精神总动员的方法，在我们是和敌人完全不会相同的，敌人的方法暴皮鞭、刺刀、屠杀、监牢、逮捕、封闭，我们的方法是解放民族，改善民生，扶助民权。

两套办法得出两种前途

　　用皮鞭、刺刀、牢狱等等方法去动员他们国民的精神的效果，现在已经见到了。那就是遍于敌国四境的鬼哭神号，盛行于敌人前线后方的厌战自杀，敌国内外一样都有的军火库、飞机库的炸毁焚烧，蔓延于敌人队伍中的哗变、逃亡、枪杀官长、抗拒调遣，渗透于敌人社会各阶层而日益高涨，日益行动化的反战斗争。循此发展下去，其前途，恐怕将与上次世界大战中的德国前后"媲美"吧。在爆发于1914年的帝国主义反革命战争中，据说，德国要算是国民总动员做得最有成绩的国家，它那时所用的方法，怕就是目前我们敌人所采用方法的蓝本。且听以"坦能堡"大战著名的德国名将鲁登道夫的报告："于是生种种法令如报纸之严格检查，如军事秘密泄漏之严刑，如对于中立国边境交通之禁止，如集会之禁止，如不平分子领袖之逮捕，如铁路电报局之监视"，这些方法也不能说是不周了，然而结果呢？"战争过于延长，怨言难免四起，政府虽欲防止而不可得，不平分子之活动日盛，内部分裂现象以起……乃知政府当局对于人心必有无法维持之一日。以余（即鲁登道夫——引者）所见，当时政府即令以峻法干涉，亦无保持国内治安。诚以国民心理上缺乏精神团结之基础有以致之"。这缺乏的基础是什么呢？鲁登道夫在另一段中说："一国中战前或战后之经济情形，往往为引起不平之源，且即为一致团结之障碍……奸商利用市况以肥一己，其所享受远在常人之上，而赤贫者竟以无所得而饿而死，因此不平分子之散布流言，更易为力"（前引《国民公论》第11页）。于是人民大众怠工、反抗，士兵厌战消沉、逃亡、叛变，终于爆发了国内战争，结束了那一次的世界大战。这不正是为目前的敌人写照吗？是的，这就是敌人精神总动员的前途。

　　我们可不能这样，我们现在的精神总动员，正就要来改正沉溺于声色货利的醉生梦死之生活，帮助改善食不饱衣不暖的劳苦大众的生活，用消灭这两种不合理生活来消灭经济上引起不平、障碍团结的根源；正要来打击"利用市况以肥一己"的那种利用抗战形势以达成国家民族利益以外之任何企图"；正要来培植民权来制止不忠实执行中央的各种抗战法令的，那种"破坏军政军令及行政系统之统一"的不良现象。我们的前途是抗战胜利建国成功，恰巧已有法兰西大革命的例子替我们写照了。

结　语

以侵略来"宣扬皇道"的日本法西斯强盗，不特要压迫、屠杀我国的人民，同样也要压迫、屠杀它自己国内的人民；领导抗战争取民族解放的我国革命政府，不但不会去压迫别国人民，同样也不能压迫自己国内的人民。因此，在精神总动员上，必然要在两个完全不同的方针之下采取两种完全不同的方法，以获得两种完全不同的前途，这难道还不"昭如日星"吗？

（原载《群众》第 2 卷第 22 期）

发挥"五四"运动所提倡的科学精神

——使科学为抗战建国服务

提倡科学，是"五四"运动所要完成的两大任务之一。在抗战建国需要科学很亟的今日来纪念"五四"，接受这个还未完成的任务来奋力前进，不只是科学家的责任，而是全国各方人士的责任。"五四"以后，尤其是最近几年来，中国的科学，不管是自然科学也好，社会科学也好，都有着显著的进步。社会科学方面的进步，是无需多说的，如社会科学书籍压倒一切的受读者欢迎，各处青年对它的努力，几次论战的热烈，各种社会科学问题论争的无时或息等等，都是周知的事情。自然科学方面的进步，举其荦荦大者来说，如中国科学社、中央研究院地质学调查所、生物学研究所，以及中央大学、北京大学、清华大学等等最高学府中自然科学的研究，都是做了很多事情，有了相当成绩，这也是周知的事情。但在自然科学方面，有着一个很大的缺点，那就是如卢于道先生所说：自然科学家"一心地在研究工作上用功夫，其所研究的问题，范围很小往往钻到牛角尖里面去"。因此，不但一般人看不到这些研究的工作到底和现社会的迫切诸问题有些什么关系，就连"作研究的科学家本人也从没想到这些关系",（见《读书月刊》第 1 卷第 2 期第 66 页）。这样，当然就很难完成中华民族所要求于它自己的自然科学家的任务。

抗战的炮声，震惊了一向蛰居于实验室的科学家们，爱国情热的学生青年，"含恨忍痛跑出了心爱的实验室、图书馆……而投身于救亡浪潮"；有些自然科学教授们、学者们，有的"去担任红十字会的救护工作"，有的去"研究与建国有关的各种农林植物"，有的在赶紧研究蓖麻的种类与种植来补救飞机火车等等所需滑机油的缺乏，有的在赶紧研究植物油的改造来弥补柴油汽油的不足，有能则在招朋约友热衷地讨论着自己应否去参加抗战工作。

中国的自然科学家，对抗战建国已开始有了贡献或正在努力于贡献。如科学社森林研究员对新筑铁路所需枕木问题的解决，对军委会所需胡桃木问题的解决；如中央工业试验所在无水酒精的制造上，在改良手工造纸上，在改进制革业上，在改制盐井吸水用具上，在制造化学药品上，都已有了"可以自慰的成绩"，如某一无线电专家，已训练出许多无线电人员分派在各处服务，如陈渠珍先生发明了单人纺纱机，某君在沪县试验用坚硬的木料与石料代替钢铁自制造纸机器而已有相当成绩，某地自制滑翔机的成功；如北药物试验所已自造出足用的药棉、绷布以及各种目前所急需的西药代用品与血清，西南科学院正在炼制柴胡、鸦蛋子来代替"昆宁"、"药特灵"，工业合作社药棉制造所用苘麻制棉的成功；如 1938 年夏天组织出发的西康科学调查团丰富而翔实的报告；1939 年春天出发的建国调查团正在跋涉征途；如云南改进植棉的卓著成效，金陵大学历年对中国麦种的研究现已在川豫二省收得优良成果；如清华无线电研究所所制灯泡已被采充军用；以及"西北西南的矿产、水利、公路、铁道等等的建设，都由国内自己技术人员去服务"，等等，已是举不胜举。

然而，毫无问题，在抗战建国的伟业上，自然科学家的还是非常不够，而抗战建国所需自然科学家来努力的事业也正多得不胜枚举。如各种国防工业的当有待于建立，使用各种新式武器技术人员的当有待于养成等迫不及待的问题可不必再讲，即各种民用工业中如棉织，毛织、蚕丝、造纸、制革等等；农业中如改良种子、耕具、施肥、水利等等；矿业中如调查、开采、提炼等等；医药中如各种中药化验制炼，防空防毒以及防疫各种必需品的创制等等，哪一样不急待着科学家来努力。说是我们缺乏科学人材吗？实在不是，据科学家告诉我们，全国医农工技术专家和理科科学家一共有二万左右。这个数目虽然不能算多，但其没有半数动员是可以断言的。

是不是科学家自己不肯动员呢？绝对不是。他们有的是在希望"凡与抗战有关而为自然科学家所能尽力的问题，都能提交自然科学家"去研究、解答，有的是"愿意在一年半的时间内为国家训练好300个无线电的技术人员，但是他们缺乏的是机会和设备"我就知道有个朋友对于由煤炼油很有把握，但苦于自己无力开厂，还有个朋友能够由低价原料制出爆炸力很高的炸药，但苦于无人愿意让他试制。

因此，目前的问题，我以为是下述几个：

第一，要由政府来积极号召与领导。我们知道，行政院已草有"非常时期专门人员服务条例"，并拟定办法：（一）所有理工医农商法及其他技术人员各向行政院所指定之机关登记；（二）由各个有组织之团体协助办理登记，而后由行政院或军事机关命令派用。这是不够的。"非常时期"要有非常办法。首先要筹措相当充裕的现款；其次要责成经济部，中央研究院各自然科学研究所，由国科学社等等共同负责召集专家（科学专家、企业专家）会议，来就目前需要，各地自然条件与现有科学人才，订定切实计划与实施步骤。

第二，国内资力比较雄厚的各公司、银行以及个人，要放大眼光出资帮助国家或科学团体来做与抗战建国的各种科学事业。如川省杨刘二将军曾捐资建立科学馆，这确是值得钦佩而大大加以发扬的。欧美各先进国家科学昌明，其由有力人士的出资帮助与奖励的，很是不少。我国不乏明达之士，在此大家都热心于献金救国之际，出资帮助科学事业，在中国历史上开一个光荣的新纪元，决不是不可能的了。

第三，科学家自身还须更加积极，自动组织起来，找寻机会为抗战建国的迫切科学事业而努力。等待人家来把与抗战有关的科学问题提交给自己，固然不够积极，就是自己先组织起来以备"国家的驱使"也还不够积极。比较有点基础的科学团体或机关如中国科学社、西南科学院、中央研究院，各自然科学研究所，以及经济部资源委员会等等，固然可以急起直追，立刻动员自有的专家开始各种抗战建国所急需的大小科学事业，即科学家个人，也决不会没有人帮助就无法为国家社会效劳。如简单的防毒面具，只要有很少的钱及一些废物就可以大批造出。如川省气候一般人都以为太温不宜于植棉，因此认为在川棉织业的原料简直无法解决，但有人知道确有许多地带是可以植棉；证之过去川省土布曾有相当历史的事实，可知此人所知并非全属无据。这也是科学家个人就可肆力的地方。又如简单机器的改制与发明，中药的化验等等，均不一定要有怎样大的资金。这都是个人或少数人的合力就可以做起来的。

第四，要采用最进步的科学方法，使自然科学在抗战建国中向着新的方面发展，获得新的内容。在自然科学家中，愿意采用辩证法去做研究工作的，在目前还不很多；愿意到急需的实用事业方面去找新的研究对象的也同样是不多，以为这是应用科学，只能在技术方面有些新的发展，而与纯科学的研究无关。这实在并不尽然的。纯科学的研究，不能否认是重要的。但用辩证法的眼光来看科学的发展史，就知实用问题的研究，也正是科学新发展的推动机。例如每年费去数万经费，用卵石竹包去修筑一次的都江堰，中外专家都认为无法改变的一个工程。但我们知道平绥路上的青龙桥，也曾是中外专家一致认为无法开筑的一段工程，而我们的天才科学家詹天佑却终于把这难题解决了。都江堰不只是水利工程家应该研究解决的一个课题，同样也是水力学专家应研究解决的新课题。这种问题的研究，一定可以使水力学放出异彩。

总之，一目前抗战建国需要科学很亟，自然科学家，应当尽力于迫切问题的解决。这只会有助于中国科学的发展，而不会"纯粹科学"在中国中断了发展。

抗战建国，也同样提出了一些迫切的问题，急待着社会科学家来予以研究、解决。

中国需要科学，抗战建国需要科学更是迫切与明显。"五四"运动所提出的科学任务，要求我们在今天的抗战建国中来把它完成。

（原载《群众》第 2 卷第 24、25 期合刊）

现代社会主义的创立者

"马克思与恩格斯的名字，并立为近代社会主义的创立者"（列宁）。他——恩格斯自己，虽然很谦逊但也很公平地说："当马克思在世的时候，我奏着第二把提琴"，但是很明显的，讲起科学的社会主义——马克思主义学说来，他和马克思两个人的名字是分不开的。

还在资本主义社会正是繁荣的时候，一些人道主义者就已看到这个社会中悲惨的一面，提出种种方案来想消灭这种悲惨的现象。如圣西门、傅立叶、欧文等，就是其中具有巨大智慧的代表人物。在这个时候，产生了两个伟大的哲人，做出了人类历史上没有前例的发现，看出人类社会也和宇宙间一切存在一样，是在不断地变化着，因此，资本主义社会也是不能永存的，必然要消灭的；资本主义社会中的悲惨现象——广大工人群众的贫穷困苦是与资本主义社会同始终的，工人们要解脱这种贫穷困苦的，悲惨命运，只有依靠他们自己的力量而不能仰望别的，因此，近代工人就负有一个极大的历史使命，即认识自己，并把自己的力量组织起来创造自己的历史。这两个伟大的发现者就是马克思与恩格斯。

为了充实这个发现，使这个发现蔚为有系统的科学，并使这一科学成为一般尤其工人群众的常识，用这常识把自己武装起来，恩格斯和马克思就把他们毕生的精力贡献给科学的社会主义之创立，并在实际行动中去教育工人大众，训练工人大众。科学的社会主义，是整个的宇宙观与方法论，是用人类知识的一切部门来做基础的；它的创立，需要从人类知识的一切部门的改造做起。这样一种极其庞大与繁重的工作，就由马克思和恩格斯两个人负担起来了！

　　他们两人合力创造这个伟大事业的劳作，如《共产党宣言》，如《神圣的家族》，是无庸多说的。1844 年，24 岁的恩格斯写给马克思一封信，开始了他们在这个事业上的通信；1800 年他们都住在伦敦，开始了他们"努力工作的智慧的共同生活，一直延续到 1883 年马克思逝世为止"。这种智慧的共同生活之成果，在马克思方面是《资本论》，在恩格斯方面是许多大大小小"写得很简易而又常是与人争论的著作，是阐发比较一般的科学问题，是本着唯物史观与马克思经济学说之精神讨论过去与现在的各种不同现象，如《反杜林论》、《家庭、私有制和国家的起源》等等。这是无庸多说的。现在我们为纪念恩格斯所讲的是恩格斯在帮助马克思建立起马克思主义学说上的业迹。

　　《资本论》是"我们时代的关于政治经济学最伟大的著作"，是马克思主义学说的经典。在《神圣的家族》出版（1844 年）以前，恩格斯已在马克思与庐格所合编的《德法年鉴》中发表一篇论文，题名《政治经济学批判》，这篇论文以及嗣后"与恩格斯的往来，无疑地是马克思决定研究政治经济学的一种因素"（列宁）。1883 年马克思逝世时，他的巨著《资本论》，草稿虽已写好，可是还只出版第 1 卷。第 2 第 3 两卷的整理与出版这一繁重的工作，就落在他的战友恩格斯身上了（恩格斯的死使他不能整理第 4 卷）。"整理这两卷《资本论》，是一件很费力的工作。奥国社会民主党人阿德勒说得很对：恩格斯出版了《资本论》第 2 卷和第 3 卷，就是替他的天才的朋友建立了一座庄严宏伟的纪念碑；在这座纪念碑上，他无意中也把自己的名字不可磨灭地刻上去了。的确，这两卷《资本论》是马克思和恩格斯两人的著作。"（列宁）

1867 年，《资本论》第 1 卷出版了。为了找寻一家愿意出版这本天才的著作，恩格斯曾遭遇着极大的困难。出版以后，危险又发生了，当时的所谓"有教养的社会"千方百计想用他们曾经用以对付马克思在 1859 年出版《政治经济学批判》的办法——沉默，"来闷死这本天才的著作"。为了突破这个沉默，为了使这本著作能更广泛的入于读者之手，曾需要恩格斯用很大的力量，组织一个艰苦的运动，他一连写了 9 篇有名的介绍《资本论》第 1 卷的书评；这些书评，有的是完全登不出来，有的则被编辑先生们任意涂改过。

1867 年在为一家广泛流通的报纸（《民主周刊》，李卜克内西主编，在德国莱比锡出版）写的一篇书评里，恩格斯是用极简单明白的文字，把"马克思的经济学的基石"（列宁语）剩余价值的学说，详细地判明了。他提醒了当时正在流行的庸俗流派经济见解的读者，说明了马克思如何解决了当时资产阶级政治经济学所不能解决的矛盾。

为了使美国的所谓"有教养的"人们认识《资本论》的价值，恩格斯曾为英文杂志《两周评论》写了一篇《〈资本论〉书评》，可惜因为没有能够登出，这篇评论没有写完。这篇未完的书评，是从剩余价值和马克思对于资本的解说开始，以绝对剩余价值的分析告终。恩格斯选择《资本论》中最生动的几节，尽量地援引原文，藉使读者们对于原著能有一个明白的概念。这一书评，对于开始研究《资本论》的读者是一个光辉的序言，同

样，对于读过《资本论》的人，又是一个有价值的注解和帮助
（恩格斯《论〈资本论〉》第8—9页）。

《资本论》第1卷出版后所遇到的危险，不只有"有教养的社
会"所布置的沉默，还有它的走狗们机会主义者的阴谋，他们
散布一些澜言，说"研究《资本论》对于初学者是一种不可逾
越的困难"，说"《资本论》是一本枯燥无味，沉闷到要使读者
昏昏欲睡的书。"他们的目的，无非是在阻碍工人们去了解马克
思原来的基础著作，迫使他们满足于那些所谓"普及作家"如
考茨基、博洽德之流所预备的、浅薄的折衷的垃圾。为了反击这
些阴谋家，恩格斯又替《资本论》第1卷做了一个提纲，介绍
它的内容。这提纲做得非常精确，大半是用马克思自己的原文，
把这卷最重要的要点显示出来。简单地明白地把马克思所解释的
一些重大的学理上的问题加以摘要。

这个提纲，对于系统地研究《资本论》第1卷，是一种绝
对不可缺少的入门书，是唯物论者接近《资本论》的解释的一
个真实的模范。它处处强调着经济范畴的历史的决定作用，显示
出它们的依存于一定的历史环境，及它们的传统性质。恩格斯继
承着马克思，在他的提纲中指示出从一个经济范畴到另一个经济
范畴的转变形态，并不是观念上的一种随意的游戏，而是实际上
历史发展过程有系统的反映。

沉默被打破了，澜言被戳穿了，"有教养的社会"及其走狗
们需要另找一个新的斗争方法。

在恩格斯比他的挚友马克思多活的12年中，完成了《资本
论》第2卷和第3卷的出版，并且帮助着把《资本论》翻译成
许多国家的文字。第3卷一出版，马上就引起一个活跃的争论，
无论对马克思作抨击的人们，写下了如山的稿纸，证明《资本
论》第1卷和第3卷间有不可逾越的矛盾，他们有的是马克思主
义有名的敌人，有的是穿着马克思主义的友人的外衣，而实际上

是从观念论的观点去曲解马克思主义的价值学说，说价值只是"一个逻辑的事"，或者说，价值是"一种理论上必需的想象"。这值得恩格斯必须十分细心地追跟着一切批评者对于《资本论》第3卷的批评。"虽则疾病给予他的很大的苦痛，而且不久使他离开了人世，可是恩格斯却始终没有放下他创造的理论的工作"，他替《资本论》第3卷写了一篇极有价值的补充论文《价值与利润律的法则》，光辉地回答了那些马克思主义敌人的抨击，驳击了那些"友人"的曲解。

1895年5月25日他写信给考茨基，说"我预备着你第一篇文章在《新时代》杂志上发表……关于《资本论》第3卷的补充与附录，第一部分是价值与利润的法则，这是回答桑巴特和施密特的驳难的。接着第二部分是关于证券交易所的作用之相当转变，这是自1865年马克思论及它以后开展的"。可惜恩格斯只写成了第一部分，至于第二部分，他只留下一个简单的大纲。

恩格斯在这篇论文中，从马克思的论题出发，阐明价值不仅是理论上的而且亦是历史上先行于生产价格的东西，从历史的见地指示出价值随着交换起源与发展而出现；并且跟着单纯商品生产进展到资本主义，价值又转变成为生产价格。"这一篇论文，对于马克思主义的价值学说提供了一种实实在在的唯物主义的解释，留下了一件不可战胜的武器，去打击一切以观念论去曲解马克思主义的敌人。"

恩格斯的这篇论文——《价值及利润律的法则》，如上引那封信上所说的，大部分是在致力驳斥桑巴特和施密特（他们后来都卑鄙地倒向法西斯主义的怀抱）。他们和一切机会主义者一样，欢喜对马克思主义加以种种的"修正"，乃是以观念论的精神偷偷摸摸地去曲解马克思主义。这是用观念论来代替马克思的戏法之一。他们企图割去政治经济学范畴实际的历史内容，把它们变成无用的、观念的、空洞无物的东西。它完全舍弃去实际上历史的发展过程中从较简单的范畴到较高的范畴的变化，否定简单商品经济的独立意义，否定简单商品经济的历史存在乃是资本主义的前提。恩格斯一看就觉察出最危险的威胁是来自这一方面，他在这篇论文中把简单商品经济到资本主义的变迁，光辉地作了一个浅显明白的叙述，证明桑巴特和施密特那种保持着形式而挖空了内容的戏法是完全破产的。

这篇论文的第二部分，虽然只留下一个简单的大纲形态，这是一种片断的随笔，但它具备着巨大的价值。在这个大纲里，恩格斯描写了19世纪最后的30年间，资产阶级经济学基本特点中的一些变动的更动。这数十年间，是由自由竞争时代的旧资本主义，转变到帝国主义——独占资本主义的过渡期，是资本主义制度中矛盾正在长足增长着的时期。

因此，这个大纲指示出，恩格斯和列宁，在资本主义的发展中，是完全一致地达到新现象之分析。它指示出：《帝国主义论》是列宁继续马恩二氏《资本论》的工作，把马克思所提出而由恩格斯所继续发挥的《资本论》的基本命题和资本主义生产发展法则作为基础，规划出帝国主义是资本主义新的和最后的阶段的学说。它指示出：列宁主义真正是帝国主义和无产阶级革命时代的马克思主义。

恩格斯所遗留下来成为他最后的经济著作的这个大纲，是直接引导到列宁的帝国主义学说的一个宝贵文献！

恩格斯这些辉煌的劳作，活生生地证明一个事实：列宁主义乃是马克思主义的直接继续；在斯大林著作中所继续并发展了的列宁主义的帝国主义学说，乃是马克思、恩格斯所作的资本主义分析底唯一的正确的继承者。

（原载《群众》第5卷第13、14期）

不是教条，而是行动的指南

——论"今年打垮希特勒"

"今年打垮希特勒"这一口号，有些人又把它当做教条来看了。

马列主义者在任何时候，对任何事件，所作的结论，所指出的原理原则，以及所提的标语、口号，永远不会是教条，而是行动的指南。由于马列主义者其思想方法和工作作风是实事求是的，其任务不只是要认清现实，而且要改变现实，所以他对某一事件所做的结论，对某一现象所指出的真理，其重心，总是摆在这样一个问题上。接下去我们应做些什么了呢？

科学工作者的信念，在任何时候，任何地方，都只有一个，就是："前进！"因为要前进，所以必须要看看清楚，前面是怎样的情形，以便懂得应怎么个进法。在他面前，任何结论，任何原理原则，都只是告诉他前面有些什么实际情形的"觉窖"，都只是提供他对"今后应怎样做"的答案以一个理论基础。

不从这样的意义上去了解一个科学的结论，不用这样的态度去对待一个新提出的口号，其结果必然要落入教条主义的泥坑，把正确的结论、口号，当做神符、咒语来使用，在任何形势面前都挂起这样一道杏黄旗："姜太公在此，百无禁忌"，再也不去对当前的形势作更深入、更切实的分析研究，以求自己的行动能够更切当、更紧凑。这种作风自然是最有害的。

"今年打垮希特勒"这句话，是对一年来的苏德战争所作的科学结论，同时也就是对今后的苏德战争所提出的动员口号，但决不是有如算命先生所批的命书似的，对苏德战争所作的宿命论，说苏联在战场上，今年已交鸿运，已可一帆风顺，再无灾难。

说这句话是科学的结论，是因为这是有许多事实作为根据的：如今年"五一"斯大林文告中所说，敌我形势已经有了变化，民主国家的团结合作已日见紧密，敌我军事力量的对比已经有了变化；如纪念"七七"五周年中共中央两个文告中所说，在人口的对比上，在土地的对比上，在飞机和坦克生产量的对比上，都已是敌劣我优。同时，红军对敌人的态度也已有了改变，如果过去还表现得有些温和与轻率，那么，现在已经变得更严峻，更无情了，大家都已从心坎里从灵魂深处憎恨敌人了。游击队的力量也不同了，"去年，游击队是用个别的方法杀死德国兵的，而今年他们是成批地把他们消灭掉了。"所有这些事实，所有这些力量，要能继续地发展起来，充分地发挥出来，今年打垮希特勒是完全可能的。所以"今年打垮希特勒"这句话，是根据了足够的事实而得出来的结论，是科学的结论。

既已有了这样一些事实，这样一些力量，在说明着有这样一种可能，那就应当用一句明确有力的话把这可能标明出来，使大家明白地看到这个可能，集中精力来争取这个可能，叫它变为现实。于是"今年打垮希特勒"一语就响亮地提出，作为今后对苏德战争的动员口号，要大家都对着这样一个目标"悉力以赴"。就是说，这个口号的提出，不是说已经有了这样的现实存在，而是说要动员一切力量去争取这样的现实来到，也就是说，我们不能满足于一些表明有这样可能的事实已经存在，说明有这样可能的力量已经表出，而要急起直追地日进无疆地去发展这些事实，发挥这些力量。比如民主国家的团结合作，我们就不能满足于民主国家在观念上、认识上以至条约上彼此关系的日趋密切，而更要求他们在作战计划上、军事行动上的真正统一与及时的配合；人口之众，我们就不能满足于后备力量的雄厚，兵源的旺盛，而更要求得有足够的武器来装备他们，并且让他们立即开赴前线；飞机坦克的生产量激增，我们就不能满足于只是军事工厂的生产提高，而更要求前线作战部队的火力加猛。

但把这句话看成了教条的人，就把这句话的中心意义，如上面所述那样的动员意义，看漏了。在他们的心目中，这句话的提出，不是标明这样一种可能，而就是出现了这样一个现实——在他们面前，这句话就等于现实，不是叫我们去争取这样一个现实，而是给予了我们这样一个现实。比如，从这句话提出了以后，他们就认为希特勒已再不能作战略性的进攻了，希特勒在任何地带的任何进展都已没有什么决定意义了；不管苏联南路的战事如何紧迫，如何危急，都好像无足轻重似的，他们总是认为，反正今年打垮希特勒已成定局，即使战场上有那样的发展也是改变不了这个定局的。所以也就不必去重视那些发展，更不必为那些发展而焦虑。这样的看法，真是把行动的指南当做了教条的看法，真是把科学的结论当做"姜太公在此，百无禁忌"的神符咒语看待的最好范例。

这样的看法，不但和提出这句话来的原有精神完全不相符合，而且是非常有害的；讲起来似乎很漂亮，信心很坚定，观念很左，其实是最糊涂，脚跟最没有踏稳，最容易被打击到陷入悲观失望的泥坑里去的看法。因为提出这句话的原来意义（一切科学结论的精神都是如此）是要号召大家，动员各方的力量来争取一个可以争取到的前途，而这样的看法，左也没有关系，右也不要紧，就是松懈甚至，障碍各方面的动员，结果可以把一个原来可以争取得到的前途推远了甚至葬送了。

这样的看法，完全违反了马列主义的精神，同时也就是忽略了辩证法的规律。这样看法的人，他们忘记了量变的继续可以引起质变的开端这样一个法则，忘记了偶然的积集可以产生一个新的必然这样一个法则。他们把战役的进攻和战略的进攻机械的区分开去而不能看到两者之间的辩证关系，硬说今年夏季希特勒所发动的攻势，只有战役的意义而没有战略的意义。同时，他们也把"决定作用"一语抽象化了，而不辩证地即实际地去把握这一语的具体内容，硬说苏联南路的胜负没有决定作用。他们没有根据时间、空间的具体条件来观察形势，没有把握住今年的苏德战争不同于去年的苏德战争的某些特点，而只在一般的空讲。

今年的苏德战争，比到去年，有些什么特点呢？去年的希特勒是要求速战速决，要求打下莫斯科以结束这个战争，今年的希特勒是已饱尝了去年的教训，知道了这个战争决非短期所能解决，因此，他要求打下一个基础，使他能够持久作战，要求占领高加索以掠夺支持长期作战的物资，如果"打垮苏联"是去年的希特勒战略要求，那么，今年的希特勒，其战略要求，已不是打垮苏联而是掠夺足够的物资了。这一要求能否达到，在希特勒是有决定意义的：不能达成，他就得垮下去，能够达成，他就可继续挣扎，那么，怎能说希特勒的进攻高加索不是战略的，他在高加索的逐步进展没有决定作用呢？

当然，在高加索得到一点胜利，决计挽救不了希特勒最终的垮台的命运，高加索这一战场上的胜负也不会对整个反法西斯战局有什么决定作用，但是，"今年打垮希特勒"，是民主国家在今年应当完成而且能够完成的战略任务，让希特勒在高加索继续胜利，不能不妨碍到民主国家今年的战略任务的完成，而且还不能不影响到此后的战局，使达到反法西斯胜利之路，更为艰辛。

（原载《群众》第 7 卷第 17 期）

谈民主须能认识人民的力量

大考揭晓了，到底谁坚持了政协，终于拒绝参加"国大"，谁背叛了政协，终于半推半就地参加"国大"去了。历史真是残酷，一个考验就使每一个考生的面目、心肺、骨气里里外外，从头到脚，不由自主地完全暴露了原形。而今而后，通得过这次考验的，自然提高了他们在人民中的信誉，未能通过的，也自然难受到人民的信赖。

像青年党之类原来就不是来投考只是想来鬼混一阵的，那种考生，人民原来就没有对他们存什么希望，就连他们自己怕也并不想人民对他们有什么希望，今后可不再谈了。其他诚心投考不幸落第的考生，只要肯用功上进，只要肯痛下功夫把自己这次与考的经验好好地研究一下，找出失败的关键何在而努力加以改正，那么，人民也和历史一样正直无私，决不绝人之路，这次落第了，以后还会有投考的机会，还会有录取的希望。

这次落第的，显然是把考题的要义看漏了。那要义至少有如下几点：

第一是政治信义。一个普通人还要讲信义，所谓"人而无信不可以作巫医"，何况一个政治家，更何况是一个政党，哪有不讲信义而能取信于人民的。须知政协决议及其程度是自己在多次争论后终于同意了的结论，抛弃了政协，就是抛弃了自己的信义。其实，政协经你这一抛倒分外显出了它的光辉，只是你的信义倒真被你自己抛掷到茅厕里去了。

第二是民主和独裁的分水岭。能互让互尊、商谈、协议，才是民主之路。只有我没有你，只能你来就我，不能我去就你，就是独裁之路。政协就是这两条路的分水岭，或者说刚刚只是前一条路的起点，自己好容易踏上了这起点，却不肯向前走，倒又被人拉回去了，还说"要为民主宪政而奋斗到底"，不是自己在骗自己吗？

第三是和平之门。只有走民主之路才能走进和平之门，否则决无和平可言。世界人民不能从法西斯手里获得和平是这个道理，中国人民不能从"九·一八"的炮声中求得和平是这个道理，日前"停战令"已下了几次三番而内战还是停不下来也是这个道理，政协是民主之路的起点，舍政协而言和平，不是骗人就是受骗。须知片面召开国大令是在打下张家口几小时以后下的，在这以前打到底的决心尚未十分坚定，和平之门尚未完全关闭，这以后就自觉"胜利在握"，决心要打到底了，所以就立下召开国大令，把和平之门完全关上了。一面帮着去做关门工作，一面却说是为不使和平之门全闭，不是骗人就是受骗。

第四是非常严的：要救国还是去卖国？坚决不肯走向民主，坚决要依赖外力来撑持自己的独裁统治，就必然要卖国。为什么？既然与民为敌，就非向外力卖身投靠不可，乐于跑来支持独裁统治的外力，自然是要来奴役中国人民的。政协一被破坏，中国的主权就开始被拿去换外援了。不至一年，就已发展到签订一个把国家主权全盘卖出去的中美商约。在这样严重的形势下，不站在人民一道来保卫政协，却跑到与民为敌的那方面去了，请问你是在救国还是在卖国？

这次考验就是考的这一些大问题，所以成为一个人或一个政党的政治生命的绝续关头，无怪乎大考揭晓以后的舆论，对及格的备致颂扬，对落第的不胜惋惜了。

落第的所以会把考题看漏，是因为他们各人都有某种心病在作祟；一念之差，竟遗终身之恨！其中最大最凶的一种病，是有意要对中共立异。其实，中共和非中共的必有异，乃是天经地义；中共也并没有要求过中共以外的人士要和自己一样。但无论如何异法，总还有而且应当有其相同之处；大家都是中国人，而且大家都是要求民主的中国人，这一点总应该是相同的吧？中共力谋与党外人士合作，就是要舍其异而求其同。政协，就是这种舍异求同的做法，政协决议，就是这种舍异求同的结果；还有什么在这里可立异呢？没有什么可异之处却还一定要异他一异，那无非只有"不与中共同中国"了。可不是！中共要民主，为立异起见就只好去帮独裁者制装；中共要停战，为立异起见就只好去替好战者擂战鼓；中共要救国，为立异起见就只好跟卖国者去唱双簧了。居心立异会找出什么其他的出路来？

一人做事，最要紧是要有自己的是非；不问是非而随声附和，固然是丧失了自己，不问是非而居心立异，不也一样是丧失了自己吗？

这应该是一个大经验、大教训。

因此，把今天中国的政治只做国共之争的问题来看待，是一个大错误。不改变这一看法，是不可能不走错路的。问题是要问清楚今天中共的做法是否于国有利，于民有福。否，尽可公开反对，是，就只能和它一同走。中共是一个为人民服务的党，以人民的利益为它自己的利益，除人民的利益外不再有任何别的私利。它和国民党有所争，决不是和它争权位争利禄，而是为国家争主权，为人民争福利。今天的问题是人民和反人民之争，而不是共产党和国民党之争。这是必须首先要辨清楚的一个问题。不去问什么是对人民有利什么是对人民有害，却去问什么是中共的主张什么是国民党的要求，就根本弄错了纽，棋差一着，全盘皆输，这次考验中落第者的经验，应当是对政治有兴趣（可不是夤缘取巧，升官发财的那种政治兴趣）的人士的大教训。

问题还不能到此为止，还需要再深进一层去寻根究底。把今天中国的政治只看做是国共之争的先生们，其实就是心目中只有政党而没有人民的先生们。在先生们看来，今天只是某党和某党在争政权，而不是人民和反人民在争死生。在先生们看来，人民至多也只是应当向他们烧烧香，许许愿的活菩萨，或者是应当把他们好好安抚安抚，把他们抚得伏伏贴贴，切不要逼得他们要起来造反的麻烦糊涂虫，决不会是一切国家大事都要依靠他们才能做好的真正主人。在先生们看来，人民，权是应当有的，能可决不会有；教育是那么差，知识是那么低，哪里敌得上受过高深教育，经过多年修养的人这样有真本领，具大才干呢。所以，在先生们看来，今天真正在作反对统治的斗争的只是中国共产党而没有中国人民；不是中共在领导人民作斗争，只是中共在掮着人民作斗争。先生们常常在衡量中共和统治者的力量孰大孰小，却不去衡量人民和反人民的力量孰强孰弱；先生们也要争取民主，也承认中共的力量是争取民主运动中的主力，但却不认识中共的力量是人民力量的体现，更不认识人民的力量究在何处。因此，只听到他们问中共方面的兵力如何，不听到他们问中共方面的人力如何，至多，他们也只问到中共能不能得民心，而不问到中共能不能组织和运用民力。于是在中共还没有从几个大城市撤退以前，先生们还觉得中国的民主是颇有希望的，等到中共暂时退出了几个大城市以后就顿感失望，觉得还是去投降或"应付一下"

政府较为妥当些了。

看不到人民，认识不到人民的力量，是由对历史尚少正确的了解，对人民的苦痛和要求尚少深刻的了解。历史的发展，实际就是人民力量的发展，上层统治者一天天在腐烂，下层受压迫的人民一天天在生长出新的力量，一旦时机成熟，社会就起变革，历史就前进一步。中国历史，目前正处在新旧交替的变革时期，旧的封建统治，因其和外来独占资本统治相结合，更加速了它腐烂的程度，荒淫贪污，达于极点，凶残横暴，也到了极点。目前大小城市和各地农村经济情况都在闯入总崩溃的黑门，就是这种腐烂的具体表现。这一统治的主要基础，却建筑在对农民无限度的剥削上面；觉醒的农民，力量已组织起来的农民，就成为这一统治的掘墓人。改革土地，使耕者真能有其田，农民就立刻都觉醒起来，其力量就立刻都发动起来，组织起来。

中国人民目前最大最主要的痛苦，就是自己的历史已到了必须改革的时机，却被那个和外力结合在一起的；腐烂统治所阻塞住了。阻塞得几乎要把大家全都闷死；他们的要求，就是迫切要求把这个塞子拔掉。塞子是用封建剥削的方法塞在农民的身上，所以中国人民今天最大最迫切的要求，就是革除这种剥削。

了解了历史的这一关键，了解人民的这一苦痛和要求，你就会了解也才会了解，实行了土地改革以后的解放区人民是何等地欢天喜地，生气蓬勃，不但农民在高兴，其他的人民也在高兴；你才会了解，当那个旧统治还要去进攻他们的时候？仍爱去堵塞住历史的前进，仍想把那种苦痛那种剥削加到人民身上去的时候，它所遇到的反抗力量将是何等的坚强和巨大；你才会了解，为什么那里的人民能坚持在敌后八年以上之久，不但能存在而且还大大的壮大了，为什么他们在如此庞大而又全身美式配备的进犯军队猛狼痛"剿"之下，竟能虽退而不败，而且还成千成万的把进犯军队打垮了，活捉了；你也才会了解为什么他们退出了几个大城市并没有成为他们的失败，倒反使他们从守势转入了攻势，从被动转入了主动，倒反便利了他们的自卫作战，便利于他们更大规模的消灭进犯军。

对今天谈民主的人士，努力于民主运动的人士，这一了解是十分必要的。如果只是想来吃一口民主饭，投投机；像这次背叛政协的那些先生们那样，自然不必再多谈。真的要谈民主的话，真的愿意要在民主运动中有所努力的话，就非有这一了解不可。首先须得老实承认，我们自己和农村隔离得太久了，太远了；而周围的人，都是一些"四体不勤，五谷不分"的伙伴，尽管有的是农村出身的，有的是经常在注意和研究农村情况的演变的，大家都觉得自己对农民颇为了解，其实所谓了解，还只是一些模糊的观念、抽象的观念，而没有具体的内容，对于如何解放了农民就是解放了历史的动力，如何解放了的农民身上会涌出怒潮一样的巨力，解放了农民如何能对于其他的人民也一样有好处，甚至对工商业乃至地主都有好处，等等问题，其实是都没有了解到，至少没有了解得真切，了解得透彻。试问所谈的民主，到底是"人民为主"的民主呢，还是"权属民能属官"的民主？怕大多数还是后者吧？你是否认为实行民主要在普及教育以后？你是否相反把政权交给了目前的农民他们，办起公事来会比你办的好？你看到了或听到了"清算"、"斗争"等等情形以后，不觉得方法欠妥或行之过早吗？你不觉得今天实行普选还不见得行得通吗？这一连串的问题，都可以考试出自己是否真的认识了人民，认识了人民的力量。我们必须老实承认，自己对于上面那些问题的解答，实在还缺乏实际的知识。

在这样的自己认识之下，我们才能热切地去研究解放区人民这几年来的斗争经验，才能向他们学习到一些东西，才能懂得他们确是目前中国革命的主力军，才能相信他们确是具有不尽不竭的力量的，这种力量是不可战胜的。要这样，我们才算看到了人民，认识到了人民的力量；要这样，我们才能对今日的民主运动具有坚强而不可动摇的信心，才能找出推动这一运动的各种具体方法，才能不至于在今天疯狂透了顶的内战面前心寒胆怯，才能不至于只顾急急乎乎去求得一部写上民主二字的宪法，认为只要能够有了这部宪法民主大业就可算告成。

道理本该很简单，既然在谈民主，既然要求实现一个以民为主的新中国，还会目中无人民？还会竟连人民的力量还没有认识到？但这次考验的结果，事实已使我们无法否认，在民主运动的阵营中，这种口谈民主目无人民的，竟还大有人在。经此一考验，他们已经落第了，已经自己跑出了民主阵营了。但及格了的呢？怕也难于说其中再没有这种人了，或者说在大家的身上再没有这种成分了，目前还正在艰苦万分的阶段，要来的考验还有的是，为要求得场场考验都能及格，不得不在认识人民的力量这一门功课上不厌不倦地努力下去，力求精深地努力下去。

（原载《群众》第 13 卷第 7 期）

第五部分　其他

学习什么？怎样学习？

抗战把中国推进了一个大时代。这个大时代是中华民族生死存亡的关头，是中华民族沦为奴隶，趋于灭亡，还是争得独立解放，建立自由幸福新中国的关头；是被旧社会拉住，被日益堕落腐朽，跑步走入坟墓，已到了垂死阶段的、以掠夺战争为其唯一的续命汤的旧世界拉住，与之同归于尽，还是向新社会奔去，向日臻繁荣强盛，人人都过着快乐幸福的日子，前途光明无量的，为人类和平而奋斗着的新世界奔去，与之同登衽席的关头。生当这个大时代的中国人民，尤其是为新生一代的中国青年朋友们，应当以适逢其时为莫大的光荣，因为中国将由我们而再生，使中国脱离苦难步上康庄大道的光荣担子要由我们的铁肩来捐起；中国历史将由我们而划出条显明的界限，在这界限的一面是"山穷水尽疑无路"，在这界限的另一面是"柳暗花明又一村"。

然而，抗战不是阳光大道，也不是微波荡漾的溪流，它是一只洪炉，它是浊浪滔天的大海，它是荆棘丛生的莽原。要经得起烈火的锻炼才能成为钢铁，要吃得住惊涛险浪的冲击才能乘风破浪到达彼岸，否则就要变为灰烬，否则就要中途覆没。横阻在抗战胜利的路途上，需要我们去搏斗的，不只是日寇的残暴军队，还有日寇的恶毒阴谋，还有甘作日寇奴仆的汉奸群丑；成为我们敌人的，不只有外来的日本帝国主义强盗，还有自己内部的历史渣滓；抗战胜利，不只需要战胜敌人，还需要战胜抗战过程中所发生的一切障碍与困难。中国的人民，尤其是青年朋友们，生当这个大时代固然是莫大光荣，然而，这大时代给我们搁在肩上的担子却是异常沉重的，所要我们完成的任务却是异常繁复，异常艰苦的。

现在抗战已快到三年，距离胜利当然已较前为近，但敌人的阴谋诡计是更为花样繁多，更为阴险毒辣了。历史渣滓，泛起得更多，动荡得更甚了。一些官僚政客，贪污土劣，买办奸商，都成了敌人"以华制华"，"以战养战"这种阴谋毒计的执行人，而为抗战过程中一切困难障碍的根源，而妥协投降，分裂倒退的危险，就由此加深。坚持到今天的抗战，为胜利奠下了初基，我们须要在这基础上来完成胜利的伟业且使之彻底，使中华民族获得真正的独立解放，建立真正自由幸福三民主义的新中国。这一方面就得坚持团结反对分裂，坚持抗战反对投降，同时还得坚持进步反对倒退。所谓抗战必须同时建国，其意义就在于此。

这样一种抗战建国的任务，在今天，比在抗战初期更为繁重而艰苦。为要完成这一任务，除了必须抱着坚强的决心与信心外，还须千百倍地提高自己的警觉性，千百倍地增强自己的能力，发挥自己的积极性。从这个观点上来提出中国人民尤其是青年朋友们的学习问题，我们可以说，是我们目前非常必要的一个问题。

为了认清国际形势风云变幻的本质需要学习，为了洞察敌伪汉奸的阴谋毒计需要学习，为了克敌制胜需要学习，为了清除自己内部的历史渣滓，排除抗战过程中的一切困难障碍更需要学习。学习对于今天的全国人民都是非常重要，尤其对于青年更为

重要；青年是中国新生一代的主人，不特今天抗战建国的事业要
他们来参加；而抗战胜利后，长期建国的任重道远；更是落在他
们的肩上。他们要懂得在战期中学要怎样来坚持团结，坚持进
步，他们更要懂得在抗战胜利后要怎样去仍然坚持着团结，坚持
着进步。

　　那么，青年朋友们应当学习什么呢？要怎样去学习呢？这是
更重要，更中心的问题。

一

　　很自然地，在我们脑中想起的第一个问题，是学习革命理论
的问题。

　　如果学习革命理论，仅在于牢记，引证革命书籍与小册子里
的一些原理原则及其个别结论，那问题当然就很简单。但这样谈
学习是非常危险的。譬如孙先生的三民主义是一种革命的理论，
而汪精卫却也在大谈其"三民主义"，而且还说他谈的是"正统
的三民主义"，在敌人卵翼之下去大挂其"国民党正统"的羊
头，大卖其"亲日反共"的狗肉。这不是荒天下之大唐吗？譬
如马克思主义更是全世界唯一的革命理论，却有一些托派无耻之
徒，挂起"马克思主义"的羊头，实卖其破坏团结分裂抗日战
线的狗肉。这更是荒谬绝伦。因此，学习革命理论，不特要能学
会革命理论的活用，同时要学会鉴别革命理论的伪造。学习革命
理论，不只要研究革命理论的经典，同时要研究讨论革命理论的
各种论文而识别其真伪。

　　革命理论，就是科学的理论，所谓科学就是找寻真理。但真
理并不是每一个人所能找寻，也不是博学多闻的知识分子所能找
寻的。一个人的社会地位及其切身利益，常常会拖住了他，使他

完全丧失了找寻真理的能力，完全丧失了对于真理的感受性。当德法战争时，有个维也纳的工厂家梅耶先生（Meyer）就曾力畜过当时德意志的所谓知识阶级，已完全丧失了那种一向被称为德意志的世袭财产的所谓"大的理论感受性"，但这种感受性却在当时的德意志劳动阶级中复活起来了。这是因为真理是现实的客观世界在主观上的完整反映，而现实的客观世界是在不断地发展着、变化着。在社会上占着优势地位的人们，其利益不利于现存社会的变化与发展，而利于现存社会的停滞与永存，因此，他们对于真理就不会爱好而要嫉视，他们对于真理的找寻能力以至对真理的感受性，就自然而然地逐渐丧失殆尽。而劳动阶级的利益却正在要求。现存社会的发展与变化，所以在他们中间却复活起了"大的理论感受性"。

　　远在 1873 年，马克思就把这种情形明白指点了出来。他说，"经济学，在为资产阶级经济学的限度内，换言之，即不把资本主义秩序，视为历史上过渡的发展阶段，却把它视为社会生产之绝对的最后的形态的限度内，它只有在阶级斗争仍在潜伏状态中，或仍为间或发生的现象时，可仍为科学。"例如英国的古典经济学，是属于阶级斗争尚未发展时期的，因而它的一位最后的伟大代表，李加图，尚能素朴地承认阶级利害关系的对立（即工资与利润的对立，利润与地租的对立），是社会的自然法则，他还有意识地以这种对立为研究的出发点。到了 1830 年，英国资产阶级的政权地位已达到了顶点，它在政治方面已完全战胜了各政府与各封建诸侯；在经济方面已完全战胜了贵族土地所有者。从此以往，无论在实际方面或理论方面，××斗争都已日益采取公开的威吓的形态。于是，"科学的资产阶级经济学的丧钟，敲起来了。从此以往，成为问题的，不是真理非真理的问题，祇是于资本有利或存害，便利或不便利，违背禁章或不违背禁章的问题。超利害的研究没有了，代替的东西是领津贴的论难攻击；真正的科学考察没有了，代替的东西是辩护论者歪曲的良心与邪恶的意图"。即使还有一些学者，受着当时法国大革命的影响，不愿单为支配阶级辩护，不愿单向支配阶级献媚，仍相当要求科学意义，他也只能尝试着"以资本的经济学，和已不能忽视的无产者的要求相调和，"而产生一种浅薄的折衷派的经济学，如约翰·穆勒那样的经济学。

所以，马克思说"科学盼资产阶级经济学，在德国只能是一种外来的东西，而不能有自己的国货，因为德国经济学者的时运不佳"，"当他们能够公平研究经济学时，近代的经济关系在德国还缺少现实性。而这种关系生出之后，在资产者视野之内，已不许学者公平的研究了。"

这样，真理永远是前进的东西，而科学就永远只能是向前猛进的集团所能有的东西。我们为了学习革命理论而去阅读各式各样书籍、小册子与形形色色的论文时，只要看它是在替社会上哪种人说话，在替哪种人的利益辩护，就可以判明它所争论的是真理非真理的问题还是"领津贴的论难与攻击"；是科学的研究还是"辩护论者歪曲的良心与邪恶的意图"。中国有句古话说"狗嘴里长不出象牙"，这就是说，狗所认为真理的东西只是饲养它的主人的利益，此外一无所知。

其次，在学习革命理论的书籍时，必须在形式上把叙述的方法和研究的方法分别开来。"研究必须搜集丰富的材料，分析材料的种种发展形态，并探究这种种形态的内部关系。不先完成这种工作，即对于现实的运动，必不能有适当的叙述。但叙述一经成功，材料的生命一经观念地反映出来，那就好象是一个先验的结构了"（马克思）。就是说，在我们阅读革命理论的经典时，我们应当觉醒于其中一些已经成功地叙述出来的结论和原理，并不是"一个先天的结构",而是首先经过了丰富材料的搜集,对这材料作种种发展形态的分析,探究了这种种形态的内部关系以后,才把某一个现实的运动适当地叙述出来。如果只是诚心地读熟一些叙述形式中的原理与结论,而不进一步去追究这个叙述所由成功是经过了怎样丰富材料的分析研究,那你会把它当做教条而希望它"将能适宜于任何环境,将能适宜于一切实际情形",那你就会成为"咬文嚼字者和一死读书者"。这是一件危险的事情。例如斯大林在1912年底写了本《马克思主义与民族问题》,其中有这样一句话:"民族的斗争就是资产阶级相互间的斗争"这样一个结论,在斯大林写成那本书时是完全正确的,因为那时第一次帝国主义战争还未发生,那时候,民族问题在马克思主义者看来还不是一个全世界的问题,那时候马克思主义者所提出来的民族自决的基本要求,还没有当作无产阶级革命的部分,而完全地把它们当成了资产阶级民权革命的一部分,这个结论是根据了那时候关于民族问题许多方面的丰富材料,对这些材料加以分析探究以后,而把民族斗争这个现实的运动适当地叙述出来的结论。但是,到了1916年10月,"国际形势已起了根本的变动,欧战和俄国十月革命已把民族问题从资产阶级民权革命的一部分变成了无产阶级社会主义革命一部分",所以列宁在他写的《民族自决问题讨论之总结》一书中就说:"民族问题的基本点——民族自决问题,现在已不是民主运动的一部分,它已变成整个无产阶级社会主义革命的一部分了"。而舍米契在1925年3月讨论南斯拉夫民族问题时,却还引证斯大林那句"民族的斗争就是资产阶级相互间的斗争"的话,作为"不愿意把民族问题在实质上看作是农民问题"的根据。这就是舍米契没有弄清楚叙述方法与研究方法的区别,只看到一句叙述形式的结论而没有去看这个叙述所由成功的对于丰富材料的分析研究,以致他的引证完全离开了空间与时间，离开了活的历史环境，"破坏了辩证法的基本要求"。这个基本要求是："一切都以条件、时间以及地方为转移。"

二

第二个问题是学习一般知识的问题。学习革命理论是武装自己的头脑，提高自己的能力使自己对自己肩上的担子能够胜任愉快。所以对于革命理论的学习是要精通而不能只是涉猎。于是我们就遇到了第二个问题，精通革命理论是不是就是去吸收一切科学的革命理论教本、小册子以及巨著里面所包含的知识之总和呢？列宁回答我们说：这样一个研究革命理论的定义是太粗浅太不要当了。在1920年10月他对全苏联的青年讲学习问题时说，"马克思主义，就是共产主义怎样从人类知识总和中产生出来的一个实例"，他说，"如果你要问，为什么马克思的学说能够掌握最革命阶级的千百万人的心灵，那你们只能得到一个回答：这是因为马克思依靠了人类在资本主义制度下所获得的知识那些的坚固知识基础"。他说，马克思所以能发现人类社会发展的法则，认清楚资本主义的发展不可避免地要走到共产主义，"主要的是，他根据了对于这个资本主义社会做了最精确，最详细而且最深入的研究，才证明了这一点，而他所以能够如此，又因为他对于一切从前科学所教授的东西都完全融会贯通了"。因此，他对于斥责与非难旧学校的人说："据说旧的学校是喂鸭式的，强迫学习的，而在学习上又是生吞活剥的。"这是实在的；可是，我们必须区别旧的学校什么是坏，什么又是于我们有用的，我们从其中选择共产主义所需要的东西，"我们必须从旧的学校中采取好的东西"。他说，如果说一个人可以不须获取人类知识所积累的东西；就变成一个共产主义者，那便犯了很大的错误。如果以为学些共产主义的口号，共产主义科学的结论，就够了，不须获取共产主义所由产生的知识底总和，那是错误的。

列宁这个指示，对于我们目前的许多青年朋友们是非常合时的。我们常常听到、看到，许多青年学生，斥责自己的学校没有抗战教育，深致不满，因而消沉、萎靡，以至成批地从学校逃跑。对的这是事实：现在有许多学校"是一种喂鸭式的学校"，它强迫学生去吸收一大堆无用的、冗繁的，不能给社会公益处的知识，这些知识，困累人的脑筋，把青年人都变成了放在模型里铸造出来的办事员。现在一般的学校教育太不合于抗战的需要，致使"青年的心在战争中也渐渐染上麻痹、消沉、萎靡……的毛病"（《大公报》"五四"社论）。我们要向教育当局要求改善教育与训练青年的方法，要求实施抗战教育，要求对于青年"少干涉，多培养"（同上），给青年以读书阅报的自由，结社研究、开会讨论的自由，把握住青年的心，不使他们麻痹、消沉、萎靡……让他们更活泼更激烈起来（同上）但如果由此便想得出一个这样的结论：说除了抗战知识以外，其他的一切就可以不要，那就是错误的。如果以为这种学校无书可读，无知识可求而消沉、萎靡，以为这种学校没有呆下去的必要而逃跑出去，那就更是错误。"我们不需要喂鸭，但我们真正需要用主要事实的知识来开发青年人的心智，使臻完善。如果一个共产主义者所获得的一切知识不在他心里融会过，那他不过只会成为一个吹法螺的人，而共产主义也就成了空谈，成了仅仅一块招牌而已。你不仅要融会这些知识，而且需要批判地融化它，以便不使无用的材料堵塞你的心智。而使一个现代有教养的人所不可少的实际学问去丰富你的心智。"（列宁）总结起来，就是说：为了精通革命理论，必须获取人类知识所积累的东西，必须要具有一般的知识，目前学校虽然不能使我们满意，要求它有根本的改善，但我们必须区别什么是旧的，什么是予我们有用的，我们必须从其中采取我们所需要的东西。

三

其次是学习工作，从工作中学习的问题。列宁说："如果一个共产主义者没有经过很多认真艰苦的工作，也不了解那些必须批判地观察的事实，只学得了一些现成的共产主义结论，便把他底共产主义拿来夸耀，那末，他就是可哀的共产主义者。这样的浅薄是绝对可悲的"。这就是说一个革命工作者，不只需要学习革命理论，同时还需要"经过很多认真艰苦的工作，去"了解那些必须批判地观察的事实"。只有这样，才能使革命的理论变成"物质的力量"。也只有这样，才能真正理解革命的理论。否则就是一个"浅薄可悲的"革命者，是一个"革命的空大炮"。斯大林讲到列宁主义者的工作体裁时；说这体裁有两个特点，第一，就是俄国的革命规模；第二，就是美国的求实精神。俄国的革命规模是这样一种消毒药，它"可以消除一切消极态度，守旧思想，保守主义，思想停滞和盲从祖先传统态度"；是这样一种活力，它"唤醒人的思想，推动前进，破坏旧物，开展前进"。美国的求实精神是这样一种消毒剂，它"可以消除革命的痴想主义及幻想的杜撰主义"；是这样一种强大的力量，它"不知道而且也不承认什么障碍"，它"以自己的求实的坚忍精神去扫除所有的各种各样的障碍"，它"只要已经开始做某种事情，就一定要把它做到底，哪怕这件事情并不怎样大。"这两种特点一定要结合在一起。"如果不把美国的求实精神和俄国的革命规模结合起来，那末，它就很有可能腐化为狭隘的和无原则的实际主义"，"近视的实践主义"，"无头脑的实际主义"。这种"无头脑的实际主义"的毛病，就是"充满着意志，和实际行动的坚决性，'干得'很'起劲'，可是没有前途，不知道'究竟为什么'，因而迷失了革命工作的道路"。如果不把俄国的革命规模和美国的求实精神结合起来，那末，它就很有可能在实际中腐化为一种空洞的"'革命的'痴想主义"，"'革命的'杜撰主义和'革命的'设计主义"。这种"革命的"设计主义的毛病，就如爱伦堡所描写的"尽善尽美的共产主义人物"那样，"立意拟好了一个尽善尽美的人物底标准表格，……而在这个'工作'中'淹死了'"。

列宁对于这种"革命的"设计主义者，曾经痛下针砭，说："少说些漂亮话，多做些平常的日常的工作……少发些政治的噪声，多注意些极平常的，可是实际的……共产主义建设事实。"

青年朋友们，我们参加抗战建国工作，不只要思想不停滞，不盲从祖先传统，破坏旧物，开展前进，同时就还要用自己求实的坚忍精神去扫除一切障碍，要把已经开始做的某种事情，定做到底；我们要少说漂亮话，多做日常工作，少发政治噪声，多注意极平常的、实际的、抗战建国的事实。

我们经常是听到一些"政治噪声"，诉说着工作条件的困难，政治环境的恶劣，说必须要"转移阵地"，以便得到适当的训练，使自己能把自己的力量发挥出，贡献于真正的抗战建国，等等。对的，这是事实：有些地方的工作条件确是困难，有些地方的政治环境确是恶劣，为着抗战建国的必胜必成，我们要向政府呼吁给人民以抗战的自由，工作的自由，言论、结社、集会等等的民主自由。但如果由此得出一个结论，说必须要转移工作地点，要在顺利的政治环境下才能把自己的力量贡献于抗战建国，那是不正确的。抗战建国正就是需要全国朝气勃勃的青年去

"经过很多认真艰苦的工作"，去"了解那些必须批判地观察的事实"，去"用自己求实的坚忍精神扫除所有的各种各样的障碍"。没有这一些，抗战建国的必成必胜是不会从天而降的。

我们再来看看列宁当年是叫全苏联的青年去做些什么日常工作吧。他叫他们去教劳动青年大众识字，去自己学会了"从经济上，复兴全国"所需要的现代科学技术再用以教给劳动青年大众；他教他们去帮助农民"发展菜园"，使"菜园的数目增加起来，面积扩大起来，收获也进步起来"，他叫他们"组织青年队去帮助保持清洁或分配食物，去有系统地挨户考察，去有组织地为全社会的利益而工作，适当地分配力量并且要表现出：劳动一定要是有组织的劳动"，他说，"这也是共产主义青年团的一个任务"。因为当时"每个人都单独为他自己工作，没有人去注意是否有衰老或疾病的，是否一切的家庭工作都压在妇女肩上，这些妇女因为家务关系是生活在被压迫被奴役的境地里的"。列宁说，"反对这些现象，乃是青年团的职责"，"我们要改变这一切"！那么，目前我们的抗战建国，不止有千百万的文盲需要有人去教他们识字吗？不正有许多抗属妇女，衰老、疾病，需要有人去帮助他们料理家务，发展菜园吗？不正有许多生产事业、农业、小手工业，需要现代的科学技术去帮助改进吗？如果"充满着意志和实际行动的坚决性"的青年都从这些工作地离开，那末，这些工作让谁来做呢？难道都叫它们变成了"荒凉满目的年份"吗？

是的，青年是首先需要得到适当的培养与训练，才能有方法有力量去从事于工作。但是，培养与训练，不只是在学校里、训练班里可以得到，"经过许多认真艰苦的工作"去"了解那些必须批判地观察的事实"，也可以使自己得到相当的培养与训练。不要把工作条件的困难看做无法克服，把政治环境的恶劣当作不可战胜。鲁迅说："路是踏出来的。"我们不是在柏油马路上开汽车的司机，而是披荆斩棘凿山开道的石工。我们四周的现实就是我们的课本，历史课与我们的任务就是去认识这个现实，了解这个现实，改变这个现实。"我们要改变这一切"使青年们向往的那地区，那里的政治环境与进步气氛，讲起来确是要使人羡慕的。但是，请回想一下当年当地的政治环境与工作条件吧。其困难与恶劣恐怕也不减于今日的其他各地。那里今日的进步、顺利，虽然是由政治上的特殊条件而飞跃地出现了，但这里我们是不能忘记当年许多革命青年艰苦奋斗的劳迹的。今天的光明，正就是从昨天的黑夜里冲出来的。

请坚信着吧，朋友们！在历史的大时代中，抗战一定要进步不进步就无法坚持下去，无法幸获胜利。我们坚韧地多多经过一些认真艰苦的工作，去多多了解那些必须批判地加以观察必须坚决地予以改变的现实吧！

从工作中学习，不只要学习一些工作方法，主要的还是要研究工作对象，研究工作上所遇到的那些障碍与困难。

四

最后是学习团结的问题。团结，是坚持抗战的基本条件。尤其是抗战胜利建国成功的基本条件。我们用以断定抗战必能胜利建国必能成功的，是我们人多、地大、物博，敌人人少、地小、物贫。这是要以团结为前提的；只有团结，才能把人多物博，变成雄伟的力量，否则人多恰所以供敌人"以华制华"，地大物博恰所以供敌人"以战养战"。我们说抗战一定能够胜利，建国一定能够成功，是因为我们的抗战是进步的战争，是可以得到国际方面的援助，而敌人则反是。这也就是指我们能够团结而说的；

如果不能团结，就是表明我们不愿进步，不能进步，那国际方面愿意援助的友邦就要因此缩手，而一些坐收渔翁之利的国际阴谋家倒要摩拳擦掌起来了。

直到今天，我们内部的团结，还没有能够说"已无问题"，相反的，上面笼罩着的一层阴霾是在浓浊起来。这，我们首先自然要要求各抗日党派的领袖，尤其是国共两党的领导人，日夕惕厉。然而，中国的主人翁，终究是中国的人民，人民有要求各抗日党派团结的权利，也具有促使它们团结的力量。全国人民不能坐视各党派之团结与否，认为它们能够团结自是国家之福，否则就只有自叹灰气；相反的，中国的命运是操在中国人民自己的手里，人民自己如能团结起来，如能团结得巩固，就不怕有什么党派不愿团结，破坏团结。汪精卫是一个例子，他不愿团结抗战，要投降，要反共，要破坏团结，人民就有充分的力量把这国贼赶出去，同赶走日本强盗一样。因此，我们要求抗日党派团结，不是坐着等候，而是要用人民的团结来促成它们的团结。

除非先进的人民尤其是先进的青年，把全国人民尤其是青年工农大众团结在坚持抗战的旗帜之下，中国是不会有巩固的团结的。

在这里，我们首先讨论一下抗战建国的伦理问题。

有没有抗战建国伦理这样东西呢？有没有抗战建国道德这样东西呢？当然是有的。抗战建国的伦理与道德，不是什么人什么派对于什么人什么派守不守信义的问题，而是什么人什么党服从不服从抗战建国的利益的问题。汪精卫对于日寇军阀非常守信义，非常服从我们。能不能说他有道德呢？不能的。以前曾经做过汪精卫的好朋友的先生们，我们能不能要求他们对汪逆遵守信义呢？不能的。我们的伦理与道德是完全服从于抗战建国的利益的。我们的伦理与道德完全是从坚持抗战认真建国的斗争中产生出来的。谁能坚持抗战，谁能认真建国——从敌人手里把国土夺回来，从落后状态中把社会事业人民生活改进起来，我们就赞助他，拥护他；谁要走向分裂，谁要阻挠进步，我们就反对他，打倒他。这就是我们的伦理，这就是我们道德的最高原则。

进步的青年们要去团结全国的青年工农大众，就是要用这种抗战建国的伦理去浸润他们。学习团结，就要学习这种伦理，研究这种的原则。

妨碍着人民大众巩固团结的有贪污土劣。他们妨碍着政治进步，妨碍着人民生活的改善，因而就妨碍着人力物力的动员，更妨碍着人力物力的爱护与培植使抗战力量从基础上增强起来，发展起来。

妨碍着人民大众巩固团结的还有各式各样的大小汉奸。他们散布失败主义，制造和平空气，削弱人民对抗战胜利的信心，侵蚀着人民的民族自尊心。他们充当敌伪爪牙，吸取我们的物资与财力，诬蔑我们的进步力量，陷害我们的积极青年。

学习团结，就是要去研究这些团结的障碍物，看清楚为他们所依存的是些什么东西，要用什么方法才可以从根本上使他们无法存在，无法施展其鬼蜮伎俩。团结人民大众，就是要去教育他们，训练他们，帮助他们团聚集结自己的队伍，发挥自己的力量；坚决地反对贪污土劣，严密地举发、打击、驱除各式各样的大小汉奸，坚决地保卫自己的团结，巩固自己的团结，为抗战建国而奋斗。

赶走日本帝国主义军队，并不能算是难事，因为它是"外患"。赶走一个汪精卫，也不是什么难事，因为他自己早就自绝于国人了。可是，反对贪污土劣，驱除大小汉奸，就要困难得多了，因为这是"心腹之患"，繁殖在社会的每一角落里，隐藏在形形色色漂亮的外衣之下，方法稍有不当，就或者自己为它所反噬，或者团结无从建立起来。然而，贪污土劣如果不消灭，大小汉奸如果不驱除，那团结就无法巩固起来，抗战就无法胜利；建国就无法成功。

"道德的目的是帮助人类社会升到最高的水平"（列宁），消除一切阻挠进步的障碍。抗战建国的道德，其基础就是为巩固过去的战果和完成抗战建国的事业而奋斗。这也就是教育和训练人民大众的基础。这也就是怎样学习团结这一个问题的答案。

作为一个进步的青年，就必须去组织和团结广大的工农青年，并且在这样的奋斗中立下一个道德的模范。

"只要我们学会巩固团结，我们就会在将来的斗争中获胜。而且，——在有了力量之后——要变成真正无敌"。（列宁）

（原载《群众》第4卷第14期）

整顿学风首在尊重学术

　　近来学风问题曾引起各方注意，全国报章几曾均有论列，教育界人士对于学风之所以成为问题加以痛论详析的文字且曾不断披露。这是说明学风问题确已到了极须解决的程度。

　　学风，和其他现象一样，当它已成为一种风气时，固由已不单纯、已非个别，实已表明其病涉整个，须从各方面加以根本的调整，方能使它有所改变，决非医头医脚所能奏效。我们认为学风之不纯，实由于学术之不尊，整顿学风，须从尊重学术做起。学校号称学府，应为学术会萃之地，任教的都是学有专长的专家，求学的都是矢志潜修的志士，济济一堂，质疑问难，授道解惑，切磋琢磨品德俱进。所谓学风优良，非如是耶？

　　这种雍和肃穆的学风，不只是国家所要求，社会所期待，而且也正是目前一般教员学生所企望。然而，"师道陵夷，士习嚣张"的讥评，竟成为一般学校所得的按语；引以为痛心的，又岂止教育当局，社会舆论，早就在"举疾首蹙额而相告"的恐怕还是那些执鞭（教鞭）之士，负笈之徒！

　　还在1940年3月，《大公报》上就曾有过这样"疾首蹙额而相告"的两篇"读者投书"，一是16日吴伯威先生的"师资人格与善导思想"，一是 27 日荻花先生的"可怕的是麻木"。他们诉说那"陵夷""嚣张"的情形时，几乎是"涕泣而道"。荻花先生告诉我们："有一位女校长训话：'你们谁要反对我，我就认为你是汉奸，把你牺牲了'。又有一位师长说：'爱看报的学生都靠不住！''报告时事的先生有背景，学校要不辞退，我就报告中央！'先生拿着手枪放枪示威，学生拿着小刀、棍子，只要是异己的就赶出去，至通声气的虽然不认识一个字都可以弄进来，像我这样'二国不收'，真心想教点书的分子，只得如吴伯威所说：'走了'改行"！吴伯威先生告诉我们："人格卑劣，学识浅陋，对人施用诱骗、收买、陷害等手段者，在社会上已经不容立足，反要到学校里去纯洁的青年面前行使，如何能行得通呢？"他说："时至今日，我们任教育的人必须使个个青年服从抗战，服从政府，服从三民主义。关于此点，蒋委员长在最近的通电里已有极透彻的说明，应该为我们确实遵循的。不过我们要善导而不是'硬导'或'恶导，'——也就是说'警察的方式'或'开除的方式'都不是好办法。"接着他列举一些他所"亲历的不折不扣的事实"说明学校里一位"带着手枪上课，用金钱和酒肉诱迫学生与他合作的"先生，和"收罗在他门下"的"一些最下流，无所不为的学生"，在如何"迫害那些纯洁努力的学生，使其不安于级，迫害一些正直的先生"，使他们一个个都被迫走了。

　　像这样痛恶"师道陵夷，士习嚣张"的诉说，是可以从许多角落里听到的；西自广西，东至浙江，那里的报章杂志，都可以提供你很多这一类的文章。最近重大（即重庆大学——编者）因校长风潮而解散，更是多数教师与学生所心痛。

　　这种"不详"的学风，使中国大学师生，对国事固然"冷淡乃至麻木"，对学术也"不乐学"，确是"教育上严重的病害"，成为国家的隐忧；整顿学风岂止必要，简直是迫切的当务之急了。然而，下药必须对症，这种学风，到底其来何自？论者有溯源于"五四"运动者，说学生误解自由，不尊师，不重道；教师流于放任，驯至"容悦求安"，"蓄谋利用"。此种现象，真是使人心痛；如这次重大拒绝校长风潮，我们无论如何是不以为然的。但用以概论目前一般的学风，实非持平之论，以此归咎于"五四"，更属有违于史实。"五四"发祥地的北大，无论在当时，在嗣后，凡是在那里生活过的，不管是教师，是学生，至现在还都缅怀想望于母校学术空气的浓厚，它对中国学术贡献的巨大。就是一般社会人士对蔡子民先生当时提倡学术、爱护师生的作风，也至今称道不衰。对这个问题的回答，我们认为9月10日《大公报》社论中所说："至于学校党务，也应该改善；尤其不可特务化，以制造纠纷，阻碍学校行政"，这几句话，确是一语道破的。我们只要披阅一下所流行的各地方报章杂志上有关教育问题的一些报告和论文，就可以相信《大公报》这种立论，确是"有蓄而发"之谈。

我们应当认为学生中有不重道、不尊师的现象，教师有容悦求安，蓄谋利用的现象是教育上严重的病害。但必须认清，这种病害，对学校、对一般教师与学生，都不是由内发出而是外铄的。带进这种病菌到学校中去的，一不是学有专长的专家，二不是矢志潜修的志士，而是靠着或为着"互通声气"而"弄进来"的人。正因为有了这些"弄进来"的人，才闹得"纯洁努力的学生不安于其级，正直的先生、真心想教点书的分子，不安于其职"，下焉者且止能苟悦取容。试问迫逼处此，道何从重，师何从尊，日夜孜孜，弦歌之声不绝的优良学风又从何而至？

不良学风的形成，一般教师与学生是不是应当负责？在整顿学风之际，他们又应不应当作一翻振奋，不自甘于依然之故我？关于这一层，我们一点也不能对他们宽恕，替他们辩护。疾病虽由外铄，但卫生、治疗、调摄等责，始终要由病者自负。《大公报》1941年4月6、7两日所载杨人鞭先生《论气节之培养与教育》及9月22、24两日所载曹孚先生《抢救大学教育》这两篇文章，是值得一般教师与学生引以自励的。不过纲举始能目张，要讲到"根治"，则我们还不能不把"保健"的要求主要提向政府方面去。盖学风良窳，主要关键到底是要归到办学方针和学校行政里去找寻。如果办学方针，学校行政不坚贞，不纯一，就往往要使原很优良的教师与学生感受到有道不能重，有师不能尊，以致"出走"了事的苦痛。目前正在这种苦痛之中的教师与学生，实在并不在少数。

要求学风纯正，必须把学校完全看做学术机关，用人行政，一则此为指归（所谓学术，自然不限于技术知识的讲授研究，主要还是那做人处世的大道理，例如党义一课，就应当做一种学术来研究，与一般宣传工作迥乎不同也）。其中校长的人选，自居头等重要的地位。人选决定，就应给完整的用人行政之权，而绝对加以尊重。用人应当首先讲专长，重气节。行政应当尽量求民主，谨秩序。对学界应当于授道德论学以外，他们能有充分的时间，去从事娱乐、保健等等活动，以满足青年特殊的要求。至于尽可能的改善师生的物质生活，保持他们的营养在必要的水平线上，那是无需多说的了。

总之一句话，我们要把学校造成这样一个天地，使莘莘学子，不管教师或学生，在这里有为"鸢飞唳天，鱼跃于渊"之概。如此，一师生均优游于德、智、体、群的四育之中，浴沂风舞，相处深如家人父子，其学风，还怕它不惟日臻臻于优良纯正的境界的吗？

（原载《新华日报》1941年10月5日）

研 究 鲁 迅

　　要纪念鲁迅，应得好好地来研究鲁迅。

　　在武汉举行鲁迅逝世二周年纪念的时候，曾用推广发行《鲁迅全集》来纪念他，这是很好的一种纪念方法；要纪念他就得深刻地了解他，认识他。在1940年，已曾发起过要对鲁迅作系统地研究，并在有些地方，如延安，已经成立了研究鲁迅的组织，这是纪念应有的办法；要了解他，认识他，须得好好地研究他。

　　"鲁迅是中国文化革命的伟人，""鲁迅是中国新文化运动的旗帜，""鲁迅是青年的导师，""鲁迅的文章写得好，""鲁迅不只是伟大的文学家，同时也是伟大的思想家。"大家在纪念鲁迅时都这样的歌颂着。但鲁迅的伟大在什么地方，他的思想怎样，对中国文化有着怎样的劳绩，文章是如何的好，为什么对青年有这样大的影响，等等，不经过研究是不会清楚的，不会真正认识的，也就不会认真来继承他的事业，加以发扬，也就使我们对他的纪念得不到真正的内容。

　　要纪念鲁迅，应得好好地来研究鲁迅。

　　必须对他的思想作整个的研究，系统地研究，研究他的思想的发展道路。到今天，我们还只笼统的知道，鲁迅的思想是从一般的进化论发展到科学的社会主义，从人道主义发展到革命主义。我们不能以此为满足，必须求得对他思想上的这个发展有详细的，亲切的了解，认清他踏过的足迹，认清他所奔赴的方向，认清他所抹过的角，转过的弯。

必须研究清楚他的艺术论到底是什么。他为什么要翻译卢勇那察尔斯基的艺术论，普列汉诺夫的艺术论，坂坦鹰惠的进化美术思想论？他为什么要注意汉碑的图案，搜求北平笺谱，提倡木刻，这不能从我们自己的揣测来寻找解答，必须从他的立身行事，言论著作去求得了解。

对他的写作方法是必须有深刻一点的研究的。他的文字，其风格为什么那样的辛辣，其技巧为什么"他人所苦思力索而不易得当的，他就很自然的写出来?"（蔡子民先生语）他的工作态度是更值得学习，更值得研究的。他无论做什么事情，对什么问题，决不肯模糊、潦草。他的翻译，人家批评他太直译，太外国化，而不知道真是他的不肯自作聪明，以意为之，而要忠实于原著；语气的曲直，用字的重轻，措词着笔的起落，都要一一保存庐山面目。经过他的手送到排字房去的原稿，不管是他自己写得也好，是一个无名小卒请他斧正的也好，他必须自己一笔一笔的腾清，一字一字地校对，人家站在旁边看看也觉得太麻烦、太琐细；而他则认为必须郑重其事，乐而不倦。人家都说他感情很重，其实他的对人对事都是根据客观，都是采取科学的态度。他不怀成见，在他没有弄清楚以前不肯轻易发言；在人家群起争论辩证唯物主义的时候，他觉得"在匾还没有挂起以前在争论匾上的语句"是可笑的，他乃埋头于马克思主义经典著作的钻研。所有这些工作作风，切实，不怕琐细，科学态度，是我们必须加以研究与学习的。

最值得我们研究的是他的战术。他的战术敌友分明，这在他的反对托洛茨基分子的斗争中可以看到；是火力集中，他的笔锋永远针对敌人的要害之处进攻的；是彻底，所谓除恶务尽，所谓打落水狗；是韧，所谓倔强，百折不挠，至死不屈。

要研究他的这些特点，这些优良传统，必须将他的一生生活去研究，研究他在家乡服务时的生活，"五四"以前的生活，"五四"以后的生活，从厦门到广州到上海那一个时期的生活，领导左翼作家时期的生活，是经过怎样的变迁；必须要搜集他这些时期中生活的任何细小片段来加以研究。

从他的事业去研究。语丝是如何印行的，北新书局、未名辛土等他曾如何扶植过，木刻、新文字等运动他又如何领导，他在其他的政治斗争中的表现如何，作用如何？

从他的待人接物去研究。他有哪些朋友，哪些敌人，他和内山完造是怎样一种关系，他和他的老弟周作人有些什么故事，有怎么些青年曾怎样的在他直接帮助之下，有些什么人是他所先友后敌，又有些什么人是他所先敌后友，其中经过如何？等等。

从他的著作去研究。不只他后来写的文学史、小说、诗、散文、短评等等，必须加以研究。就是他初期所校编的古书，如会稽故书，嵇康书，论承后汉书，汉碑帖，六朝墓志目零，六朝造像目录等等，也同样必须加以细心的研究。

就是他的翻译，也同样必须加以细心的研究。蔡孑民先生是知道他清楚他的一个人，他论到他的翻译时说："先生阅世既深，有种种不忍见不忍闻的事实，而自己又有一种理想的世界，蕴积既久，非一吐不快。……对于世界文学家之作品，有所略目睹，尽量遍译"，这是说明鲁迅的翻译不是无原则的。

要纪念鲁迅，应得从各方面去研究鲁迅。从研究他去了解他，从研究他去学习他。

（原载《新华日报》1941 年 10 月 21 日）

最重要的重工业（论教育事业）

要建设起一个现代国家，独立，自由幸福的国家，必须要有自己的重工业。自己有了重工业，才能对工业现代化、农业现代化提供必要的生产工具，才能不依赖人家的帮助而使自己的工业和农业现代化起来。自己的工业和农业都现代化了，才能在物质上不依赖人家，摆脱人家的束缚而独立，才能在经济上达到家给户足，避免饥寒疾苦而知礼义，尚廉耻，大家自由自在，才能在生活上使人人获得一个现代人的生活所必需的一切供应，过着幸福的生活。

重工业，自己的重工业，是一个独立、自由幸福的现代国家的基石。

然而，一个现代化的社会，现代化的国家，不只需要现代化的物力，更需要现代化的人力。"民为邦本"，没有现代化的人力，不只现代化的重工业无从谈起，就是有了重工业以后也不能合理地去处理那些富有的资财，合理地处理自己的生活，合理地处理人与人之间的彼此关系，甚至还会闹出各种各式"以所以养人者害人"的乱子来。因此，在建国的伟业中，固不仅要孜孜于把地上的物产与地下的富藏尽力开发，加工制造，一一使之现代化，尤其重要的还是孜孜于把"社会原料"本身——人民，加工制造，把人力尽量开发，尤其要把下一代的人民加工制造，尽量开发。而制造各种现代化生产工具的生产机关既是重工业；那么，培养各种现代人材的教育机关，更是一种重工业，可以说是一种最为重要的重工业。

我们应当重视重工业，我们尤其应当重视最重要的重工业——教育事业。

重视教育事业，似乎人人皆知，无待赘言的了。可惜的是事实上还未能使我们有这样的确信。试问哪种事业里的人员待遇最菲薄？是教育事业。试问哪种事业最是"门前冷落"？是教育事业。试问干哪种事业的人最不为人重视？是干教育的人。试问哪种事业的人最不整齐？是教育事业。这正如空气对人最为重要，一般人也知道其最重要，而事实上却最为一般人所漠视一样。大概唯其一因为太重要了，所以才被漠视了吧！声音不是因为太高了，反而没有一人听见了吗？

然而，人家不重视，我们自己却不可不重视。中国，也曾经不被人重视过的；我们中国人却决不肯自轻、自弃，定要挺起腰杆来做人而坚决抗战，时经五年，卒使中国在人家的心目中改观了让人家不重视教育吧，我们献身于教育的教师们，且来把教育事业做到使人家非常重视它不可。

自然，教育事业是社会的事业，要受到各方面的影响和牵制。它是不可能关起门来做得好的，但凡事要以"要求其在我"为基础，我们且先谈谈我们自己方面的事吧。

"教育实在没有什么干头！"这是到处可以听到的呼声。在某些方面讲，这呼声不是偶然的，是对的。但我们最好还是不发出这样的呼声，正如中国曾经不好过，现在也并没有怎样好。我们决不发"中国人没有什么做头！"的呼声一样。我们要看出自己方面的不好，但我们的事情，不只是来呼喊一下不好。而是来把不好的做好。不能一下子做好的，就预备一个长时期来把它做好，不能什么都做好，就且把能做好的先做好。

今天的教师们，在他们应做的事业上经常会遇到各种各样障碍，遇到如果不是身经其事的就不能相信，不能想象到的障碍，是最使人头疼的事。然头虽痛，经常的要痛，我们却还是有可做与应做的事要去做的。

教育这一重工业，所需要它提供的产品——现代化的人，是要有强壮的体格，足够的常识，专精的技能，耳聪目明的智慧，急公好义、正直不阿的品质。这样十全十美的成绩，在今天自然还谈不上，但一点也不能做到吗？绝对不会。例如学生的营养虽无法讲求，但规律的生活，合时的游艺，简而易行的健身术，起码的卫生条件，等等，是无论什么地方都可以做到的。在这些方面，我们都尽了最大的力量了没有？

再如常识，虽然有从许多方面来的限制，但大自然是内容最丰富的读本，大社会、大时代更是内容丰富的读本，任何强有力的英雄也无法把这种读本的各方面、各部分一概掩藏起来，只要肯去寻找、只要能处理得当，教材是不会缺的，都可在前人已经写下的教本中得到帮助的。只要是科学的遗产，都是一个现代化人所必需的常识。在这方面，我们已经尽了最大的努力了吗？

技能，我们不只需要生产的技能，工作的技能，同时也需要办事的技能，管理人事、杂务的技能，这些技能是日常生活合理化所必需，却又被一般人所忽视的。同时，这些技能也是在使一个人社会化、集体化上有其重要的意义，却又处处可以训练得到的。在这里一样可以有专门人才，需要有专门人才。在教育事业里，应紧紧注意可以训练出某种专精技能的时、地、人，而加以通用与努力。在这些地方，我们是已经尽了最大的努力了吗？

至于智慧的育成，品德的培养，和整个社会的明暗更是关系密切，更要受到来自各方面的影响，更难单独责之于一个学校或其他一教育机关。然而一个学校或其他教育机关也仍然可以单独做不少的工作。这主要是要靠教师们的以身作则，用日常的生活，平素的行动去给学生以熏陶冶铸之力。同时还可以从历史世界中挑选一些有气节、有胸襟的模范人物，讲述他们的立身行事，以收淬砺琢磨之功。在这些地方，我们又有没有尽了最大的努力呢？

所有这一切，都还有许多可以"求其在我"之处，我们都应时时反躬自问。

如果我们能"反求诸己"，把教育事业做到尽可能的好，使人家"看到，教师原不是随便什么阿狗阿猫都可以厕身其间，使地方人士"看到学校对他们的贡献，那是会使教师的地位逐渐增高起来，教师的壁垒逐渐森严起来的。那会使一些不应有的障碍远离开去的。

在新中国的建设中，我们是从事于一种最重要的重工业，我们是负着最光荣最伟大的使命，我们必须怀于民族对自己托命之重大，坚守岗位，沉着应战，教师，是民族社会植基固本的技师，也是人类安身立命之大匠。

（原载《新华日报》1942 年 6 月 11 日）

学术思想的自由问题

关于学术思想的自由问题，近来各方人士颇多论列。一般地讲，大家是认为学术思想应当自由，大都认为这种自由是民主国家重要特征之一。间或也有提出不同的论调的，但已甚少从正面来，加以反对，他们只能从侧面来反对，说这种自由不能是绝对的，总或多或少地应当加以某些限制。这也可以说是时代潮流所趋，没有人能够过分违逆它。

我们觉得，讨论这个问题时首先须弄清楚一点，就是这个问题要从政治上来提出，来讨论；要把它当做具体问题来处理，不能把它当做抽象的东西看。就是说，主张学术思想应有自由，是说学术思想不应受到政治力量的干涉，应当让它循着自身的规律去展开去发展，不是说学术思想应像野马行云那样，漫无规律地乱闯乱撞。例如有些反对思想自由的人说，若思想绝无规矩准绳的限制，就是思想的自杀，说，某一种限制也可以促进思想的发展。他问：思想若不受逻辑的限制，则不合逻辑的思想是我们所需要的吗？若不受道德的限制，则不道德的思想是我们所需要的吗？若不受国家民族利益的限制，则危害国家民族利益的思想是我们所需要的吗？等等。这种反对论就是有意把问题弄混乱了，好来混水摸鱼，就是先把别人所提的具体问题拖到玄虚之中去，再对它鞭打一阵的办法。目前主张思想自由的人，谁也不会认为不合逻辑的思想也是好的，危害国家民族利益的思想也是好的，不道德的思想也是好的。他们只是认为，某一思想的合不合逻辑，是不是不道德，是否危害到国家民族的利益，学术思想自有它自己的规律，应让学术思想自己来解决，不应由外力来干涉，由政治力量从外面来加以干涉。就拿逻辑来讲吧，没有了逻辑或不合逻辑的思想；它自身就站立不住，如果有人硬要提出这种思想来，也不能为思想界容忍而要受到唾弃，更不要说这种思想能否算是一种学术了。危害国家民族利益的思想，更要引起思想界的愤怒，一经发现，大家就要起来加以猛烈的攻击。试问目前有人敢把汪精卫之流妥协投降的思想，破坏团结的思想，主张中国人打中国人的思想推荐到大后方来吗？果然有人这样来推荐的话，思想界有不立刻把他打得头破血流的吗？道德不道德的问题更是如此。在抗战建国时期，妥协投降的思想就是最不道德的思想，破坏团结的思想也是最不道德的思想，一心想着发点国难财的思想也是最不道德的思想。这些思想，尽管会在有些人的脑子内萦回奔腾，却没有人敢明目张胆地提到论坛上来；尽管会有些人不声不响地，遮遮掩掩地在那样做，却没有人敢于公然提出那样的主张来。为什么？就是因为思想界断然，不会容许这种思想出头露面的缘故。所以我们说，思想自有它自己的规律。主张思想自由的人，是认为思想的是非曲直，应让它在自由发展中自己来解决，不要用政治力量从外面来加以干涉，而不是抽象地来主张思想自由，把思想当做漫无规律的东西。这一点，是谈思想自由问题时，首先就要弄清楚的。

进一步来讨论，所以要主张思想自由，正是为的要来加强思想自身的规律，要让这个规律在思想的自由开展，自由发展之中壮健起来，坚强起来。思想愈能自由，它的是非曲直，愈能明晰而周密。譬如，上述那种危害国家民族利益的思想，不道德的思想，敢于公然提到论坛上来的固然不会有，但很可能穿着伪装来出现，或弯弯曲曲来偷运，或强词夺理地来武断，或甚至凭借某种优越的势位来欺凌。遇有这样的情形时，在思想自由的社会里就自然会有人出来加以剖析、揭露、勾微、发隐，使它须眉毕现，无所形遁，或群起而攻，使它恃强难逞。否则赵高指鹿为马，也无人敢加指斥，那就连是非曲直也不会有，还讲什么道德，讲什么国家民族的利益呢？至于逻辑，更要明显，真理因愈辩而愈明，逻辑也就是思想愈自由而愈臻完密。思想的规律是蕴藏于思想自身，正如身体的康强蕴藏于身体自身一样。要求得身体的康强，必须首先解除有碍于身体的自由生长的一切束缚如束胸、裹足等等。要求得思想规律的壮健与坚强，必须首先解脱障碍思想自由发展的一切束缚如政治力量的干涉等等。

　　从这一点上来看，目前民主国家的反法西斯战争，这个空前惨烈的世界大战，可以说就是要来把人类的思想自由从法西斯的瘟疫中拯救出来，民主国家所以不惜抛掷这样巨大的生命财产来扑灭法西斯恶魔，因为它是人类思想自由最凶狠的死敌，也是重要原因之一。关于这一层，蒙巴顿将军就曾指点得异常明确，他说："我们的敌人法西斯，当它走上政治舞台时，首先所做的第一件事，就是剥夺人民的言论自由，思想自由。"所以照他说来，我们再也不能做这样的蠢事，一方面在用战争来反对法西斯，另一方面却以为不能让人民有思想上的自由。他这样说话的确是非常明智的，却也是非常平凡的。我们所以对法西斯誓不两立，所以对于反法西斯侵略战争生死以之，对这战争看做是我们生死存亡的关头，固然是因为法西斯侵略者要侵占我领土，掠夺我财产，奴役我人民，荼毒我生灵，而且也是因为它还要剥夺我自由，窒息我思想，破灭我文化，毁坏我文明。那么，一方面在用战争来反对法西斯，另一方面却又以为不能让人民有思想上的自由，那不是再愚蠢也没有的事吗？

也有人这样说，思想自由是要有的，但在战时又当别论，因为战争须要力量集中，从而须要意志集中，从而须要思想集中，从而思想就不能讲自由。这种说法，有所谓失之毫厘，差以千里。在这一问题上，美国副总统华莱士曾提供我们一个很贤明的意见。他在2月22日中美文化协会成立五周年时向中国广播，其中有一段说："中国和美国在战时必须努力保存每一公民尽力贡献于时代学术和解决社会问题的权利。实现法律下的个人自由、思想自由和学术自由的诸大原则。中美人民以独裁者的行为为殷鉴，都知道我们如果在战斗过程中失去个人自由，那么，决没有战胜法西斯主义可言；如果寓于创造才能的人士，没有提供其批评的思想，以及谋我共同福利的良法，那么，也没有建设新世界的可能。"华莱士这话还说得不明白吗？如果没有思想自由、学术自由，不但没有战后建设新世界的可能，而且就连目前的反法西斯战争也没有胜利可言。

华莱士这一段话，在有些人听来，也许要以为不过是那么说说而已，事实上并不见得是如此，那么就请看看事实吧。试问我们到底凭什么来和法西斯强盗作战呢？我们凭什么能够确信自己的反法西斯战争一定能够胜利呢？靠武器精良，兵力雄厚，军事工业发达吗？是的，这一些自然在必要条件之中。但是，在我们的抗日战争爆发之初，这些条件远比敌人差，为什么我们竟敢接受敌人的挑战，而且坚信最后胜利一定属于我们呢？就是到了现在，我们在这些条件上仍然还是劣势，为什么我们的胜利信心仍然还是屹立不摇？苏联在这些条件上，至少在对德抗战之初并不见得比德国为优，为什么苏联人民以及全世界人士一致相信苏联必胜，而且现在苏联确已大捷频传，快把敌人完全逐出国境了呢？没有别的，这里有一个关键，就是民主，苏联的人民向来保有思想自由、学术自由等等的民主权利。民主国家所以要用战争来反对法西斯统治的理由在此。法西斯国家必败，民主国家必胜的根据也就在此。

国家的战斗力是要从人民身上获得的。只有广大的人民都能发挥出自己的力量时，国家才算是真正有了力量。否则就算你侥幸取得了大量的机械化部队，高度现代化的军事工业，也终于是枉然。前者的典型例子则是苏联。后者的典型例子是希特勒德国。苏联就因为他每一个公民都已有了尽力贡献于时代学术和解决政治社会问题的权利，都已有了提供其批评的思想以谋共同福利的自由，所以富于创造才能的人士能够泉涌而出，所以能在短短 20 余年之中，把贫穷愚昧的帝俄一变而为文化甲天下，富庶近英美的苏联，所以能在抗德战争之中生产突飞猛扬，战术精进，兵源泉涌，战士的英勇和牺牲精神，人民的爱国热诚，使全世界都为之惊叹不置。因此，我们可以明了，华莱士那种说法，确乎完全是从事实中探究出来的真理，丝毫也不是随便说说的。

华莱士所指出的这个真理，对于我们中国，特别值得珍视。我们所需要解决的政治社会问题正多，需要人民尽力贡献于时代学术，需要人民提供其批评的思想正殷，需要富于创造才能的人士正切。不但为了要建立三民主义新中国，亟需要有学术自由、思想自由，就是为了要能战胜法西斯日寇，为了要能和同盟诸民主国家并驾齐驱，也同样亟需要有学术自由、思想自由，就是为了要在武装、战术、军事工业等等条件上，使我们的对敌劣势有所改进，更是亟需要有学术自由、思想自由。学术思想的自由，决不是和作战不相容，恰恰相反，是大有助于作战能力的提高的。

还有一层，学术思想的自由，不能只是指自然科学来讲，是要包括自然科学、社会科学以至哲学等一切学术思想来说的。目前一般人士，对自然科学可说已开始重视。不过实际上的重视的还是偏在自然科学的技术方面，对于自然科学理论、科学思想、科学态度等等，还未免重视得很不够，还是让少数自然科学家在四向呼吁。至于社会科学，那就更是有人把它看做不急之需。这实在是莫大的缺陷。这两种科学实是同样的重要，不宜有所偏倚。如果一定要说对目前中国不能不有个轻重缓急的话，那么，社会科学暂时有比自然科学更值得被人重视的理由。因为要求得自然科学的发展，尤其是为要求得自然科学的发展不致误入歧途，必须首先在各种社会问题上能够找到解决的途径——正确的解决途径，作为基础才行。同样的自然科学，在有些先进国家就发展得迟慢以至于停滞，在苏联等民主国家就发展得非常之快；同样的自然科学，在苏联等民主国家发展起来就真正成为国利民福，在法西斯国家发展起来就适足以祸国殃民；这里的差别，正就在于一方面的各种社会问题都能正确地解决了，另一方面的各种社会问题则还没有能够解决，或没有能够正确地解决。社会问题的解决有需乎社会科学做武器。所以，如政治、经济、历史等社会科学，对于目前的中国是迫切需要的。学术思想的自由对社会科学也比对自然科学更为重要。在目前，尤其在中国，在社会科学方面可能引起的争论，要比在自然科学方面可能引起的繁复得多。争论愈多、愈复杂，它所需要的自由发展也就愈大、愈迫切。因为是非是愈争愈分明，真理是愈辩愈深透，这个道理是谁都知道的。

学术思想需要自由，一般地讲，是指一切学术来说的，特殊一点来讲，尤其要指社会科学来说。

　　学术自由、思想自由，是把民主国家和法西斯国家区别开来的重要特征，也是战胜法西斯日寇建立新中国的必要条件。我们迫切需要有学术思想的自由。

　　（原载《新华日报》1944 年 3 月 26 日）

提高自己，改造自己

——纪念"五四"25周年

"五四"，这一个雄伟的节日；抚今追昔，今日的青年，怕是要不胜仰慕之情吧。但是，纪念我们自己的光荣节日，不是要来缅怀往昔，而是要来策励来兹。

有人认为"五四"时代已经过去了，这是不对的。"五四"是中国青年力求国家民族独立解放和民主自由的一个伟大运动。到今天，中华民族独立解放和民主自由的运动仍未终结，仍须要全国人民用全力来争取民族战争的最后胜利，仍须要全国青年对国家贡献出他们最英勇最坚贞的忠诚，仍须要青年学生知识分子善用他们的智力，帮助广大的劳苦同胞动员起来，组织起来。说"五四"时代已经过去显然是不对的。因此，我们每年今日要来纪念"五四"，这主要不是来追念当年而是来检阅今天。然而，今天毕竟已不是当年，25年的岁月并未空过；今与昔比，任务虽然依旧，而达成这个任务的途术却已全非了。在当年，曾用大声疾呼，在今天，就要埋头苦干；在当年，曾是烈烈轰轰；在今天，就要切切实实；当年是蓬勃雄壮，今天就需沉着坚毅。

"五四"并未过去，我们还要来热烈地纪念它；今天已不似当年，我们纪念"五四"并不只是怀想当年，主要是要用当年来策励今天。

当年轰轰烈烈的"五四"运动，划破了多少年来人民不干朝政的历史传统，开辟了人民决心用自己的力量来掌握国家命运的新纪元。25年来，革命虽然尚未成功，国情却已大有变化。一方面，劳动人民的觉醒已大大提高而且已深刻得多了，已有很大的一部分懂得了自己的命运要由自己来决定，而且懂得了怎样来决定自己的命运。他们的斗争经验累积得很丰富了，懂得了斗争要有战略和策略，也懂得了战略和策略不能单凭自己的愿望来决定，而主要要根据客观形势的发展来决定。他们的队伍正规化了，整饬了自己的组织，按照实际情形给它各式各样的形式；建立了自己的纪律，用整风，用学习加强了它的自觉性；取得了大量的同盟军，首先，由自己积极地帮助人家，博得人家由衷地来帮助自己，互助共进，一把各方面的同胞都团结在自己的周围。他们的力量壮大了，他们的能力提高了，他们替自己培养了许多领导人物和坚强干部，他们已在各方面表现出了自己的创造性，他们已从各方面获得了很大的战果。

另一方面，成为民族独立民主自由这一运动的阻挠者的历史渣滓，也比从前变得更狡猾、更阴险、更毒辣。他们制就了各式各样的乔装，涂抹着应有尽有的保护色，套上一层又一层的假面具。他们善变也善于隐蔽。在大家起来高喊捉贼的时候，他们会跑到人家前面去，把捉贼的呼声喊得比任何人都高。当汉贼不并存，忠奸不两立的道理如日月经天那样明亮，再也无法假借的时候，他们会向大家哭诉，他原来是一个"身在魏营心在汉"的苦心人。当反法西斯的洪流已经冲洗到每一个角落里去，再也无法蒙混的时候，他们又会向你证明；他原来一向就是民主政治的主张者和力行者，而且还会引经据典地证明，中国原来老早就是实行的民主政治。他们的口角上挂满了许多漂亮的言词，在你面前表现出一副义愤填胸，热心革命的样子，而在你的背后，在你把眼睛从他们移开的时候，就在计谋着和偷置着怎样陷害你的天罗地网。他们有明枪，也有暗箭，不只要夺去你的躯体，而且还要夺去你的灵魂；他们有威武，也有富贵，如果不能屈服你，就另有方法来淫惑你、腐蚀你。他们不一定从正面来对你作阵地战，也可以从侧面来迂回你，从远远的地方来包围你。

同时，社会的发展情况也是愈来愈复杂，愈错综。有僵化了的部分，也有正在生长的部分，而或多或少仍在可前可后可上可下，带着可塑性的部分也是不小，其程度与情形更是参差不一。在陈腐的当中可以剥留出晶莹的硕果，在新生的当中也可以拖带着霉烂的残骸。这些发展情况，在空间上既不平衡，在时间上更非直线；道高魔高，时有变化，主流暗流，在在交错。

从"五四"发展到今天，时代所要求我们的已不只是一副灼热的情肠，更需要有一泓明净的理智。历史要我们不懈地去改造社会，同时也要我们不断地来改造自己；现在正是要把自己好好改造一翻的时候了。历史已从"五四"发展到了今天，我们也就需要把自己从"五四"提高到今天来。不改造自己就无法提高自己，就不能追赶得上跑在革命最前线在艰苦奋战的先进队伍，就没有力量来负担起时代所课于我们的使命，也就无以纪念我们自己的光荣节日。

改造自己，提高自己，是纪念"五四"的切实方法。首先，我们要从自己的宇宙观、人生观上来加以改造。这不是说，到今天我们还没有建立起一种新的、进步的宇宙观和人生观。不。这种新的、进步的观念，我们是已经有得相当久了。但我们所有的却还只是浮泛的、粗糙的、空疏的观念，还没有能够把它切实地、细致地、坚牢地和自己的实际生活，和自己的实践功夫结合起来。在讨论一般问题如世界大势、革命前途、人生意义等等的时候，亦许很能够搬运出一些新的理论和进步的意见，但一遇到正需自己来解决的具体的问题时，一遇到正需要自己来克服的实际困难时，就会慌乱起来，迷惑起来，以至悲观失望，颓丧消沉。对不合理的现象能够愤怒，但不能找出消灭这种现象的有效方法；对不合理的人物知道仇恨，但不知道用什么方法帮助他向好的方向改进或者减少他向坏的方向发展下去的可能。这样，自己的认识尽管已经是新的，自己的理论尽管已经很进步，归到根来仍旧是空的。这对自己不但不能有什么帮助，亦许倒要因此而招来一些烦恼与苦痛；对社会不但不能有什么贡献，亦许还会因此而引起了一些麻烦和损失。我的人生观，不能只是认识上的东西，更重要的是要使它成为行动的指南。新的人生观，要求我们对人对事必须从历史条件上和现有境遇上来究明其为什么如此，怎样在发展的原因和规律，究明其在生长与发展的道路上所含有的、带来的和他自己对立着、抗衡着的东西是有些什么，可能还有些什么；他们的力量对比是如何，变化又如何；这样来找出解决问题克服困难的可行方法。

　　新的人生观要求我们从事于革命的事业，但它更要求我们能够艰苦踏实地做革命工作。革命，不是单纯的事，也不是短短的时间就能完成的事，更不会是一往直前、无阻碍、无折射的。它需要有充分的准备，更需要从各方面来配合。新的人生观不能只是确定一下自己应当走去的方向，确定一下自己应当争取的目标，更要我们看清目前身处的实际情形，看清这些情形和所要到达的目的地之间到底是隔着怎样一段距离，在这一段路程上要经常注意着有些什么已经有或可能有的事变，随时辨认其性质及其对整个行程的影响，更要我们根据事变各方面的形势提出排难解纷或推动促进的方法。新的人生观要求我们不只注视到明天，更须注视着今天，不只瞭望到远方，更须密察近身的每一角落；察知自己所处的岗位在整个革命事业中到底占着什么地位，具有什么意义，察知当时所遭的际遇在整个革命行程中是怎样的一个阶段，把它推向前进的中心环节在哪里。它要求我们认清客观环境的每一方面，尤其要求我们懂得在这样的环境中如何培植新生的力量，组织这些力量，巩固这些力量；把零星散漫的凝结成整个的，互相关切的，使脆弱松散的变成壮健刚强的。

新的人生观更要我们在立身处世上既健进，又踏实。我们要有高尚的志向，更要有达成这个志向的方法，尤其要懂得现在的阶段上和自己的处境中应当有而可以有的达成这个志向的方法。朋友们有的会闪出自己目前的意见和自己的怀抱相差得太远而感慨，而愤激怨恨，如坐针毡，不可终日，这就把自己的人生观和自己的立身处世切开了。我们为人办事要求无愧于心，更要求其有益于世，尤其要把自己看做主人翁，革命力量的体现者，改造社会的负责者，从自己行为所生的影响和所得的后果上来检讨自己行动的是否得当，缺点何在。朋友们有的会强调自己是理直气壮，强调自己嫉恶如仇是优良的品质，有的更强调着自己气质的刚直，就无暇顾到或竟不愿顾到自己这样任情使气的行动到底要产生些或已产生些什么恶果，甚至在发现了自己的行为不合于当前的条件时，不去考虑怎样改变自己的行动使其能够收得改造这些条件的效果，反而斥责这些条件不能适合自己的品行，甚至要求离开原有的岗位，换一个适合自己口胃的新岗位。这也就是把自己的人生观和自己的立身处世切开来了。朋友们还有的会诉说着自己是如何的善良，人家对他偶有错误的指责和批评是如何的不够谅解他，是如何的苛求责备他。这也是把自己的人生观和自己的立身处世切开了。

我们不只是要在认识上、理论上建立起新的进步的人生观，尤其是要在行动上、日常生活上建立起新的人生观。前者是一种光辉的改造工程，后者更是一种苦痛的然而伟大的改造工程。

其次，我们要从自己的工作态度上、工作作风上和工作方法上来加以改造。如果自己的人生观能够有了真正的、彻底的改造，那工作上的改造就容易进行了。而且，工作就是人生观的表现，只有你在工作上有了新的表现，然后才能证明你的人生观确是真的改造了。我们对自己的工作岗位，要把它当做整个革命事业的一个构成部分来看，不能把它孤立起来看，要看它是否为整个事业所必须来估计它的意义和价值，不能看它地位的高下大小来估计其价值。我们是集体主义者，要从集体的整个发展中才能找到自己的发展，因而对自己的工作岗位，就要从它在促进整个社会、整个事业的发展上来估计其意义和价值，不能从它合不合自己的兴趣或才能来加以估计。朋友们有的会觉得自己的工作岗位渺不足道，自己在这里不能有什么发展，或者觉得它不合于自己的兴趣，深怕它埋没了自己的才能；有的更会感觉得自己的岗位是“孤悬敌后”，力薄难支而惴惴不安。这一些都是要不得的；都是把工作只看做是一种职业而没有把它当做是自己的事业；都是只看到了自己的孑然一身，而没有看到集体，没有看到自己是集体中的一员，而且只能在这个集体中才能成为有生命的一员。

工作作风要力求其足踏实地，力戒其好高骛远，我们自然不能为现有环境所限住所困住，但我们却要根据现有的条件来力求前进，决不能置客观条件于不顾，单凭自己的愿望来莽抓，来蛮干；我们固然要大踏步前进，但却不能只望着前面而看不见足跟前是高还是低；我们不能以稍有收获就自满自足，但也不能轻视一点一滴的成就，认为值不得去做。积小胜可以成大胜，在艰难困苦的处境之下，大的收获既不可能，小的成就不屑去争，那就只好让日子一天一天的滑过，好的处境也终于不会自己来到。革命的工作，不是为的扬扬一己的名声，也不是为的显显自己的身手，而是为的累积新生的力量，一点一滴地争取对比上的好转。一声不响的犁地者、播种者，他对社会的功绩，要比高声叫卖甜橘柑、甜西瓜的负贩者大得多。只要能去切切实实的研究，切切实实的下功夫，无论身处如何困苦的境地，总能找出辟径开荒的办法来。这在做事是如此，在读书交友也是如此。我们固然要寻求最进步、最能帮助自己前进的书来读，但为境况所限时，能使自己得到有用的知识的书能够从侧面或反面告诉自己一点实际情形的书，也是开卷有益的。我们固然要交能够带领自己向前迈进的朋友，要多多在各方面都很进步的朋友，要交志同道合的朋友，但不得已而思其次，能够由自己来帮助其前进的朋友，只有某一方面还算进步的朋友，志不同道偶合的朋友，也不是不可以交得的。既然什么都是会变化的，都是在发展的过程之中的；既然我们的立身行事不只是单求自己的发展，而是企求整个社会的发展，那么，我们的交朋友，就不能因为他在今天不能尽满人意，而断定他没有成为自己朋友的可能和意义。

我们是革命的工作者，是为革命而工作着，是要通过工作来求得自己对于整个革命事业有所贡献，那么，不能令人满意的地方正就是需要我们去努力的地方。今天，正处在长期而艰苦的革命过程之中，需要细致而不倦地去辟径开荒的工作岗位，如果发现自己在某一岗位上不能开展其工作，那不是说明这一岗位上没有工作可做，只是说明自己还有再加改造，提高能力的必要。

时代已从"五四"发展到今天，我们也要把自己从"五四"提高到今天。

（原载《群众》第 9 卷第 8、9 期）

陶先生死不了

　　大家都说：陶行知先生死了，中国人民遭受了一次无可补偿的损失！

　　他，的确已经倒下，眼是闭了，气是息了，长眠了，但这就能说他已经死了吗？不，他没有死，他是死不了的，如果他从此就从人间消逝，人们再也无从感觉到他的存在，那他就真的死了。然而他消逝了吗？人间不再感觉到他的存在了吗？没有！我们到处可以看到他的存在：你到山之巅，他就存在在山之巅，倘你到水之涯，看他就存在在水之涯，你逢到老农，老农就会滔滔不绝地向你述说陶先生的声音笑貌，你逢到老妪，老妪又会絮絮不休地向你称道陶先生的和易近人，工人、学生、伤兵、教师、科学家、艺术家、革命家，没有一种人的心目中不嵌藏着一个呼之即出的陶先生。你还能说陶先生是已经死了吗？

　　陶先生是死不了的啊！

　　他的死不了，是由于无数有为的青年心里都保存着他深刻的印象，更由于他的生命已化成了许许多多不朽的事业，晓庄师范育才学校、小先生制、社会大学，等等，都是他的化身，这些事业、方法、制度死不了，陶先生也就死不了，而这些事业、方法、制度，都是广大人民所爱护，所决不能让其死去的，你说陶先生还能死得了吗？

有人时时刻刻在担心自己不免死亡，死抱住他所窃据的权位不放，为要巩固他那权位，还不惜使千人万人陷于死亡，指万夫所诅，他，早就已经死了！陶先生从没有顾虑到自己的生死荣辱，只知替老百姓做点事，做得他身心交瘁，血汗尽枯；他这汗，他这血，却一滴滴都已变成了时雨甘霖，润及众生，永留天地。

你要追悼他，纪念他吗？请别把你的精力白费到虚文上面去，快用以接办他所留下的各种事业，发展他所创造出的各种方法和制度吧！

（原载《群众》第 13 卷第 1 期）

《新华日报》的回忆片段

在整个抗战时期，我的工作岗位始终是在《新华日报》。在这个时期内，差不多一直是在周恩来同志领导下进行工作的。现在回想起来，恩来同志的领导，至今还在自己身上发生作用。在那时候，同志们也就经常这样说：在工作中"有恩来同志在"这样一个强有力的感觉。

《新华日报》和第二次国共合作共始终

国民党反动派允许《新华日报》在它的统治地区出版发行，也和它的抗战一样，和它的和共产党合作一样，是完全出于被迫。从报纸的筹备出版起，就一直遭受到反动派的重重阻难。

报纸是于1937年10月在南京筹备的。当时反动派估计我们两手空空，而一切又都在它的严格控制之下，要出版一种日报是不可能的，因而口头允许，实际阻挠。不料不到一个月，我们就已机器、纸张，一应俱全；试版送审，使它大吃一惊。只好露出狰狞面目，横蛮地不准出版。

眼看南京就要失守，11月下旬就向武汉撤退。到汉后，日报仍不获准出版，我们就在12月11日暂先出版《群众》周刊。而日报则挨到1938年1月11日，才在我们的重大压力下，被迫允许出版。出版不到一年，11月下旬又向重庆撤退。报纸于25日在汉停刊，即于同日在渝出版。恩来同志对我们的直接领导是从在汉期间的后期开始，一直到1947年3月初向延安撤退为止。

在恩来同志领导下

恩来同志的领导，主要是抓政治、抓思想。在这段时期内，恩来同志的工作，方面很多，内容很复杂。我这里讲的，只能是就他对报馆工作的领导方面回忆一下自己的体会。他对报馆的工作可以说是什么事都管的，但对于我们的政治思想教育却是抓得特别紧。在我们初到重庆的时候，一方面由于抗战局面的大变化——从武汉撤退到重庆，全局的工作都需要有新的部署和安排，因此，他就需要有一个时期到各地去跑跑；另一方面由于我们初到重庆，许多摊子都有待于统筹安排，当时的工作一时就显得非常繁杂。恩来同志回到重庆以后，立刻就在磁器口高峰寺召集我们作了一次关于整个时局的报告，对各方面都系统地进行了分析，描绘了全局的面貌，指出了发展的趋势，当前关键问题之所在。这样，一下子就使我们思想认识中的混乱状态得到了澄清，不但使我们认清了时局的全貌，及其发展的总趋势，而且对自己今后应该如何进行工作，也看出了头绪，找到了中心。这种领导方法，在我还是第一次碰到。远的不讲，就以报馆工作来说，1937年在南京，1938年在汉口的大部分时间，是在别的同志领导之下进行工作的，就没有听到过这样的报告，只是经常在电话中受到琐细的指责，弄得工作同志们不知如何是好，整天苦恼不堪。

在中央有什么指示和决定的时候，恩来同志不管工作如何繁忙，时间如何紧张，总是立刻就向我们传达、讲解。有的时候，约定了我们晚上去听报告，常常会等到深夜一两点钟他还没有回来，等他回来以后，却还看不到他有一点疲倦的样子，仍然是很详细很具体，常常是一两个钟头时间的讲话，这样就使我们感觉到自己是经常在中央的直接领导下工作；不但是能够及时地纠正报馆工作的偏差错误，而且在思想方法、工作方法上也就能不断地得到提高。其中有一次谈话直到现在还是记忆犹新的，那就是指出在报纸的版面上（包括报道和言论）对蒋介石反动统治的看法有右倾的表现。

恩来同志对于干部的领导，我觉得可用两句话来概括：放得开，抓得紧。放得开，是说他在把对时局的分析，和中央的政策精神清楚地讲解和指点以后，我们的工作要怎样具体的去进行，就鼓励我们自己去考虑、想办法。他经常出题目要我们写社论、代论、专论这一类的文章。文稿他是要看的，但需要修改之处，他总是指出要点，让我们自己去进行修改，对写文章是如此，对其他工作也是如此。说抓得紧，当他发现你有什么问题的时候，一定马上就找你去弄清楚。有一次，听到说我在国民党组织的某一次宴会上，当时国民党的宣传部长潘公展讲了诽谤我们的话我没有反击，他就立刻找我去谈话，问我是否有这么一回事。等到我把情况讲明以后，他认为他所听到的和我所陈述的有相当大的出入，于是一方面鼓励我，同时仍旧指出我的缺点，说我原则性、战斗性不够坚强，要我今后在这方面充分注意。还有一次，我写封信给他，要求他帮助解决一个问题，说这个问题未得解决已有几天睡不着觉。他接到这封信以后，就立刻打电话给我，问是什么问题，等把问题说清以后，他一方面肯定问题能够解决，同时指出我的信是怎样地写得不恰当，使他吃了一次虚惊，以为我遇到了什么不知有怎样严重的问题了。这件事情的本身虽是一件小事，但这样一次经过，从有助于政治思想的提高来讲，对我却是很大的一次教育，这种抓法，对其他同志也常常是有的。

皖南事变，叶挺被捕。《新华日报》准备了一篇系统的报道，国民党新闻检查机关不让登载，反复交涉、反复修改，总不让登。报上就留下了一块半版之大的空白，那时叫做开"天窗"，恩来同志悲愤交集，就亲笔题了"为江南死国难者志哀！""千古奇冤，江南一叶；同室操戈，相煎何急!?"25个大字交报馆制版补上。到出版时，国民党竟不准报纸往外发行，派了大批人员分头拦截。恩来同志听到后，立刻跑来自己拿着报纸沿街叫卖，报馆的许多同志也同样跟着这样做，就这样，把报纸终于发行出去了。这件事，不只是大大地教育了我们这些工作同志，而且也大大地教育了反动统治区域的广大人民。

《新华日报》的发行工作，是有点特别的。一般报纸的发行，本地的交当时的所谓报贩送到读者手里，外地的就付邮寄出。但反动统治为了对付《新华日报》的发行，严格地控制着报贩与邮局，如果照一般报纸的发行方法，《新华日报》就根本发行不出去。《新华日报》只好自己请了一批人员（当时叫做报童，因为他们都是比较年轻的）来做发行工作，他们有的时候靠两条腿跑十几二十里的路，把报纸直接送到订户手里，较远的还要抱着一大捆乘公共汽车往外送，至于外地就要报馆在那里设的分销处用纸版复印发行。这批报童为数100多，没有一天不要同国民党的特务搏斗，常常还要被打被押。他们虽然也有一定的工薪，但主要是靠政治觉悟的提高才能对工作保持着饱满的热情和坚强的斗志。在长期的战斗中，他们还创造了不少机智的斗争方法，常常能够用很巧妙的伪装方法逃避了敌人的耳目。在当时，《新华日报》的报童是远近驰名，博得广大读者和市民的赞赏。现在想来，这些报童是确实值得令人敬爱的。他们既坚强勇敢，又顽皮聪明，是在当时党的领导和经常教育下培养起来的一批可爱可敬的工作人员！

抗战胜利，由于美帝国主义和蒋介石集团的反共政策，国共合作的危机到了顶点，为了挽救这种危急的局面，毛泽东同志亲自到了重庆，和蒋介石集团进行恳切的谈判。这件事引起了全体人民既兴奋又担心的关怀和注意。事后，为了满足一部分朋友们的要求，恩来同志就到一个地方去做报告，但到了预先选定的地点时，要求听讲的大大超过了预先估计的人数，以致重庆没有这样大的一个厅堂可以容纳下这样许多人。恩来同志就不顾反动统治的干涉和阻挠，坚决地换到一个广场上去作了报告。

在抗战时期，恩来同志所经常接触的人们是极其广泛的，要同反动统治阶层打交道，要同民主人士谈问题，还要同进步的文艺界、学术界研究工作，所以他经常每天很早就出门，到深夜才能回家，回家以后，还常常同我们开会，甚至有的时候还要亲自写文章，他那种坚苦卓绝的战斗生活和亲切诚挚的工作风度，为党博得了崇高的威信，同时也教育了在他领导之下的许多干部。

反动阴谋——破产

《新华日报》在国民党的首都出版，在它完全是被迫同意的。从1938年1月11日报纸第一天出版起到1947年2月28日最后停刊止的9年多一点时间当中，反动统治没有一天不在想方设法把这个报纸扼死。报纸创刊不多几天，反动统治就雇用了一批流氓闯进了报馆的印刷厂，把我们的机器打坏了，我们向他们抗议，他们坚决否认这是他们的计谋。好，那么到底这是谁干的？在我们一逼再逼之下，他们也就只好承认这是一批流氓所作的非法行为。既然如此，我们就要求他们一定要保证今后不再发生这样的事情。他们呢，也就无法拒绝这种要求了。这是在汉口的事情。

从汉口撤退到重庆没有多久，日本帝国主义就对重庆来了一次"五三、五四"大轰炸，因为这次轰炸是从5月3日开始的，以后继续了一年左右。在轰炸开始不久，就把《新华日报》报馆和其他几个报馆的房子都炸坏了，反动统治竟把这种情况当作停止《新华日报》出版的大好机会，就由国民党宣传部出面，以机器、房屋、纸张等出版条件的困难为借口，要重庆的各个报馆都临时停刊。组织一个重庆各报联合版，由各报派人组织了一个临时编辑部，实际上当然只能是在它的机关报《中央日报》主持之下编辑发行，这样一种乘人之危的阴谋，可说是卑鄙已极。当时国民党宣传部部长叶楚伧为了此事召集各报开了一次会议。恩来同志对我当面指示必须在会上要叶楚伧负责声明联合版只是一时的办法，必须确定它结束的日期。此外，恩来同志又向国民党最高当局作了同样内容的正式声明，在会议开始以前，我就单独找叶楚伧说明了我们的态度，并且声明如果不确定联合版的期间，我们就不能参加联合版。我们的意见，叶楚伧当时是满口同意了，会议时经过一番争论以后，确定为期一个月。当时的重庆，日日夜夜在敌机轰炸威胁之下，确是无法工作的。同时又由于反动统治的暗中捣鬼，使我们一时无法在近郊找到可以迁居的地方。我们只好一方面住到离城几十里的磁器口高峰寺去，同时就在西郊化龙桥的一个山坳里搭起草房子使报纸能早日复刊。到了联合版应当结束的时候，反动统治竟又嗾使它的御用报馆——《时事新报》出来百般拖延，不让各报复刊。我们一方面团结也在想早日复刊的几家报纸，如《新蜀报》、《大公报》、《新民报》、《国民公报》等坚决要求早日复刊外，同时就组织了报馆内的几个同志出一种油印的墙报，由姚廷宾同志负责，从三日刊到双日刊再到每日刊，贴到城内城外许多要道的墙壁上。这样，反动统治企图扼杀《新华日报》的阴谋终于又被我们粉碎了，被迫同意《新华日报》在8月13日复刊。

在《新华日报》的几个营业分处中，成都分处是比较重要的一个。反动统治就天天想法来封闭这个分处。有一次它竟无耻地自己在成都制造了一个抢米风潮，把它硬栽在我们成都分处的身上。成都分处的负责人罗世文同志竟因此被捕。为了使抢米风潮的真面目能在社会上暴露出来，同时要让罗世文同志早日出狱，领导上要我到成都去，一方面向国民党当局进行交涉，一方面向成都的几个知名之士如张表方老先生等进行活动。但是，从重庆到成都这条交通线，反动统治是严密地封锁着的，要公开地去简直不可能，于是就由董老写了交给张表方先生等几个知名之士的介绍信，叫我带在身上秘密地前去了。当我把董老的亲笔信分别交给那几位知名之士，并要求他们对抢米风潮出来讲几句公道话以后，去找蒋介石成都行辕主任贺国光请他查明抢米风潮的真相时，他只能说，这次风潮确乎是有计划的行动；但问他到底是谁的有计划的行动，他就无法回答，他既无法公开肯定抢米风潮和《新华日报》成都营业分处的关系，就只能同意分处的发行工作应当恢复，但是对罗世文同志却仍蛮不讲理的不肯释放。这次抢米风潮不但使国民党的阴谋又一次破产，而且还使它那种卑鄙恶劣的作法增加了社会上对它的厌恶。

反动统治扼杀《新华日报》的阴谋一方面是在发行上打主意，另一方面还在稿件上多方为难，订出一套蛮横透顶的新闻检查制度，其蛮横程度愈来愈恶劣。起初是这不准登，那不准说；闹得我们只好在被删得上下文接不上气的地方注上"被删"字样，过不多久，这样做法也不准了，我们只好改变方法用"……"来代替"被删"字样；又不多久，这种做法仍不能获准，我们又只好把删后的稿件补上几个字，使上下文接气；后来这样作法还是不能允许，竟把送检的稿件整篇整篇扣不发还，使我们的报纸简直无法编下去。事到如此，总可以算是蛮横已经到了顶了吧。岂知不然。到最后，他们竟想把检查办公地点设到报馆的大门口来。当时又是那个以杀人不眨眼著称的贺国光，他那时已由成都调到重庆来做什么官了，找我到他的衙门里去，要我同意他们那种作法。当时我对他说："新闻检查已经是很不光彩的一种措施，如果还要把检查机构摆在报馆的门口去，那就要在新闻史上留下最肮脏的一页。这是你我都负不起的罪责；你愿不愿负，我不敢赞一词；我是只好敬谢不敏了。"说罢，立起就走。反动统治的这个阴谋又宣告破产了。

抗战胜利，国民党破坏国共合作的决心已下，只是由于他们的军事部署还没有完成，因而还不敢过早暴发；但是要破坏合作，就必须首先去掉坚持团结，反对分裂的号角——《新华日报》。1946 年 2 月 22 日（苏联红军建军节前一天），紧接在重庆较场口事件之后，反动统治就出动了大批流氓特务，大打出手，闯入《新华日报》在城内民生路的营业部，除了把楼上楼下的全部家具器材打得稀烂以外，还把我们的负责工作人员杨黎原（现任云南大学副校长）、徐君曼（现任《中国青年报》经理）等打得遍体鳞伤。他们想用这种无耻的手段使《新华日报》的工作无法继续下去。但是实际的结果，只有进一步在人民面前暴露出他们的丑恶的面目已经到了怎样的程度。至于《新华日报》的工作，则在党的领导和广大人民的支持之下，却并没有因此受到多大的影响，恰恰相反，报纸的声誉却反而因此增高了，《新华日报》连同它各地的分处始终屹立不动，直到 1947 年 2 月 28日停刊，向延安撤退为止。

（重庆人民出版社 1959 年版）

给霍金的回信[*]

Feb. 22**nd**, 1957

To Professor William Ernest Hocking

Dear Sir:

Permit us to thank you on behalf of Mr. Lu Ding-Yi. Yours of 21st, Nov. 1956 is a letter that helps towards furthering the friendly relations between the Chinese and American peoples, especially those between our respective philosophers. Mr. Lu Ding-Yi and we ourselves are convinced that close contact between philosophers through mutual correspondence will have desirable effects in advancing the cultural flow between the two countries and in furthering the interest of universal peace.

In your letter, you hope to know how we define idealism in contrast with materialism. We are glad to say that in the representative works on Marxist philosophy, the problem is clearly and distinctly solved. The Chinese Marxists have no special view of their own.

True, we have already had or are going to have in Peking Univer-

---

* 感谢哈佛大学档案馆。题目是编者所加。——编者

sity and elsewhere courses introducing idealism. These are meant for the advanced student in the philosophy department. We regard these courses necessary for the student, if they were to enlarge their field of learning and to cultivate their ability in combatting against wrong world-outlooks.

You refer to Types of Philosophy. Yes, it was translated into Chinese in 1931. Some of us are going to study it closely as well as the new version to be issued by Scribner's after we get hold of it.

We have always held the view that in universal peace and social advancement, philosophers have a lofty and serene responsibility. We are happy to know that now as well as for years in the past you have contributed your valuable efforts in both these fields. We repeat that the Chinese philosophers are perfectly willing to establish contact with you and American philosophers through correspondence or other ways in order to facilitate the cultural exchange and to advance the understanding and confidence between the American and Chinese peoples.

Very Sincerely yours,

Pan Tze-Len 潘梓年

Director of Institute of Philosophy, Academia Sinica.

Chin Yueh-Ling 金岳霖

Vice-Director of Institute of Philosophy, Academia Sinica.

Professor of Philosophy in Peking University

作者著述目录(1923—1965)

著述目录分为三部分：一、专著；二、文章；三、译著。每一部分按年代先后排列，其中第二部分"文章"又按年代先后顺序做了大致分类。本目录没有收录未发表的论著。

一、专著

潘梓年：《文学概论》，北新书局，1925年第一版，1926年第二版，1928年第三版，1929年第四版

潘梓年：《逻辑与逻辑学》，生活书店，1937年初版，1938年再版（《逻辑学与逻辑术》），1961年第三版

宰木：《论抗战时期的文化运动》，生活书店，1937年

潘梓年：《争取抗战胜利》，抗战知识社，1938年

潘梓年：《学习与实践》，正光社，1941年

郭沫若、潘梓年/等：《怎样自我学习》，青年生活社，1945年初版，1948年第三版

潘梓年/等：《胡适的反动思想是些什么》，中国青年出版社，1955年

潘梓年：《大家来学点儿哲学》，上海人民出版社，1958年

潘梓年：《党的社会主义建设总路线是最生动的马克思主义哲学》，河南人民出版社，1958年

潘梓年/等：《〈新华日报〉的回忆》，重庆人民出版社，1959年

潘梓年：《辩证法是哲学的核

心》，河南人民出版社，1959 年

潘梓年/等：《读〈关于如何打乒乓球〉》，人民体育出版社，1965 年

二、文章

1927 年—1933 年

艺术论 《北新》杂志第 41 期、42 期

贞操问题新论 《北新》杂志第 49 期、50 期

革命是渐进的（杂评）《北新》杂志第 49 期

莫测高深（杂评） 《北新》杂志第 2 卷第 1 号

广大的同情 《北新》杂志第 2 卷第 1 号

青年的烦闷 《北新》杂志第 2 卷第 1、2 号

吃蟹——心灵照相片 《北新》杂志第 2 卷第 2 号

文艺新论 《北新》杂志第 2 卷第 2 号

欢迎胡博士回国 《北新》杂志第 2 卷第 2 号

请免续募库券 《北新》杂志第 2 卷第 2 号

老年和少年（短评） 《北新》杂志第 2 卷第 3 号

工具（短评） 《北新》杂志第 2 卷第 3 号

农民的利益 《北新》杂志第 2 卷第 3 号

火车——心灵照相片 《北新》杂志第 2 卷 3 号

车上 《北新》杂志第 2 卷第 3 号

公园的孤独者 《北新》杂志第 2 卷第 3 号

减租 《北新》杂志第 2 卷第 3 号

和平（短评） 《北新》杂志第 2 卷 4 号

青年应当烦闷吗 《北新》杂志第 2 卷 4 号

请狮子入山 《北新》杂志第 2 卷第 4 号

教育协会和教育会 《北新》杂志第 2 卷第 4 号

国旗的幸运 《北新》杂志第 2 卷第 4 号

杀头（短评） 《北新》杂志第 2 卷 5 号

民心 《北新》杂志第 2 卷 5 号

牙须——心灵照相片之十二 《北新》杂志第 2 卷 5 号

刊物 《北新》杂志第 2 卷第

5 号

长足与长手　《北新》杂志第 2 卷第 5 号

投机事业　《北新》杂志第 2 卷第 5 号

《太阳月刊》出版　《北新》杂志第 2 卷第 6 号

总理遗嘱（短评）　《北新》杂志第 2 卷 7 号

大人与小人　《北新》杂志第 2 卷第 8 号

啜若　《北新》杂志第 2 卷第 8 号

请财神　《北新》杂志第 2 卷第 8 号

再和陈百年先生论判断二成分说　《北新》杂志第 2 卷 9 号

1937 年

抗战的现阶段　《群众》第 1 卷第 1 期

投降主义及其各式各样的表现　《群众》第 1 卷第 2 期

光明的前途　《群众》第 1 卷第 3 期

1938 年

自力更生与争取外援　《群众》第 1 卷第 4 期

互相帮助共同发展争取抗战胜利　《群众》第 1 卷第 3 期

保卫武汉文化界应做些什么　《群众》第 1 卷第 7 期

抗战中青年的作用与任务　《群众》第 1 卷第 11 期

文艺作家与青年记者共同努力　《群众》第 1 卷第 16 期

抗战一年来的文化运动　《群众》第 2 卷第 5 期

战时图书杂志原稿审查问题　《群众》第 2 卷第 10 期；

民众运动问题商榷　《群众》第 2 卷第 11 期

最近国际形势　《群众》第 2 卷 12 期

1939 年

敌人在侵略战争中得到了什么　《群众》第 2 卷第 13 期

《新华日报》创刊一周年（附图片）　《新华日报》1939 年 1 月 11 日

美国"不参加日本侵略行动委员会"　《新华日报》1939 年 1 月 22 日

坚持中国抗战，争取更大的国际同情与援助（附闸北的我英雄将士图片）　《新华日报》1939 年 1 月 28 日

论敌人后方文化工作　《群众》第 2 卷第 14 期

斯大林领导人类争取和平
《新华日报》1939 年 12 月 22 日

1940 年

咏雪　《新蜀报》1940 年 1
月 9

列宁怎样发展了马克思主义
《群众》第 4 卷第 2、3 期

怎样学哲学　《新华日报》
1940 年 2 月 21 日

东方的"三一八"　《新华
日报》1940 年 3 月 18 日

纪念革命的圣人列宁的诞辰
《新华日报》1940 年 4 月 22 日

中国工人在抗战现阶段中的任
务　《群众》第 4 卷第 12 期

继承"五四"的革命传统
开展新民主主义的文化　《新华日
报》1940 年 5 月 4 日

学习什么? 怎样学习?　《群
众》第 4 卷第 14 期

为抗战建国服务的新文化运动
《群众》第 4 卷第 18 期

民族形式与大众化　《新华日
报》1940 年 7 月 22 日

"中国文化革命的伟人"
《新华日报》1940 年 8 月 3 日

新中国的新闻记者　《新华日
报》1940 年 9 月 1 日

民权女权的提倡者蔡子民先生

《理论与现实》1940 年 9 月刊

战争与革命的时代　《群众》
第 5 卷第 4、5 期

东北同胞在苦斗中　《新华日
报》1940 年 9 月 18 日

反轰炸是反侵略的具体化与尖
锐化　《新华日报》1940 年 10 月
15 日

悼"新升隆"死难烈士　《新
华日报》1940 年 10 月 23 日

怎样加强团结　《群众》第 5
卷第 12 期

现代社会主义的创立者　《群
众》第 5 卷第 13、14 期

答复青年朋友们的一封公开信
《新华日报》1940 年 12 月 23 日

1941 年

中国文化的新衣　《新华日
报》1941 年 1 月 2 日

关于认识论与辩证法的同一问
题　《新华日报》1941 年 4 月 11 日

苏联工人的力量在增长着
《新华日报》1941 年 5 月 1 日

从多方面来完成五四运动的事
业　《新华日报》1941 年 5 月 4 日

关于"由量变到质变"辩证律
《新华日报》1941 年 6 月 8 日

苏德战争与中国抗战　《新华
日报》1941 年 7 月 7 日

把法西斯侵略者鹰犬打出去
《新华日报》1941 年 7 月 20 日

整顿学风首在尊重学术　《新华日报》1941 年 10 月 5 日

共产主义与马列主义　《新华日报》1941 年 10 月 7 日

为民主共和国而斗争　《新华日报》1941 年 10 月 10 日

研究鲁迅　《新华日报》1941 年 10 月 21 日

能团结就能胜利　《新华日报》1941 年 11 月 2 日

为"人类的大希望"而斗争（纪念孙中山诞辰）　《新华日报》1941 年 11 月 2 日

诗才、史学、书征气度（为纪念郭沫若先生创作活动 25 周年而作）《新华日报》1941 年 11 月 16 日

法西斯战祸给人类的教训《群众》第 6 卷第 11、12 期

1942 年

提高战斗性——为纪念本报出版四周年（代论）　《新华日报》1942 年 1 月 11 日

纪念潘梓年同志 50 寿辰文章、诗歌 18 篇　《新华日报》1942 年 1 月 18 日

加强民族团结——纪念列宁，研究列宁关于民族问题的理论

《群众》第 7 卷第 1 期

怎样读报　《新华日报》1942 年 2 月 15 日

追念蔡孑民先生　《新华日报》1942 年 3 月 5 日

中印并肩作战（社论）《群众》第 7 卷第 6 期

真理只有一个——兼答陶百川先生　《群众》第 7 卷第 7 期

提高党性锻炼反对宗派主义《新华日报》1942 年 4 月 18 日

诗歌"屈原"唱和　《新华日报》1942 年 5 月 5 日

悼董维键同志　《新华日报》1942 年 5 月 14 日

最重要的重工业（论教育事业）《新华日报》1942 年 6 月 11 日

没有泪的哀悼（悼何云同志）《新华日报》1942 年 7 月 13 日

社论《"七七"五周年》《群众》第 7 卷 13 期

怎样做研究工作　《新华日报》1942 年 8 月 23 日

"不是教条，而是行动的指南"——论"今年打垮希特勒"《群众》第 7 卷第 17 期

论党内民主　《新华日报》1942 年 9 月 26 日

王实味所给我们的教训　《新

华日报》1942年10月21日

"钢"是怎样炼成的——纪念十月革命25周年 《群众》第7卷第20期

关于动机与立场 《新华日报》1942年12月5日

1943 年

物质与精神的关系 《群众》第8卷第4期

从老年到青年 《新华日报》1943年3月7日

团结还须扩大——文艺界抗敌协会五周年纪念 《新华日报》1943年3月27日

何云同志殉难一周年 《新华日报》1943年6月2日

学习要有计划 《新华日报》1943年11月14日

脆弱的明证 《新华日报》1943年11月16日

武训的人生观 《新华日报》1943年12月4日

1944 年

妇女解放的意识问题 《新华日报》1944年1月2日

《新华日报》的回忆（创刊六周年）——纪念在武汉的时候《新华日报》1944年1月11日

学术思想的自由问题（专论）

《新华日报》1944年3月26日

自己怎样学习哲学 《新华日报》1944年4月2日

路是踏出来的——纪念全国政协六周年 《新华日报》1944年4月16日

胜利之路（专论） 《新华日报》1944年9月24日

民主宪政的基础（专论）《新华日报》1944年5月21日

提高自己，改造自己——纪念"五四"25周年 《群众》第9卷第8、9期

科学精神，科学态度 《群众》第9卷12期

思想与感情不可分割 《群众》第9卷15期

"双十"33周年 《新华日报》1944年10月10日

1945 年

人民的立场 严肃的态度——纪念矛盾 《新华日报》1945年6月25日

"团结""胜利"——祝"七一"24周年 《新华日报》1945年7月2日

1946 年

悼词（悼王若飞、秦邦宪等）《新华日报》1946年4月19日

中国共产党 《群众》第11卷第9期

胜利后的"七七" 《群众》第11卷第10期

上海国民党当局横蛮无理,非法迫令《群众》周刊停刊——该刊负责人潘梓年当予以严正拒绝,南京中共代表团并向内政部抗议 《新华日报》1946年9月17日

革命尚未成功,同志仍需努力 《群众》第12卷第12期

陶（行知）先生死不了 《群众》第13卷第1期

坚持政协! 《群众》第13卷第4期

坚持政协!（专论） 《新华日报》1946年11月13日

民主运动与土地改革 《群众》第13卷第6期

谈民主须能认识人民的力量 《群众》第13卷第7期

土地改革与民主运动（专论） 《新华日报》1946年12月11日

纪念本刊九周年 《群众》第13卷第9期

1947年

九周年怀念渝社诸同志 《新华日报》1947年1月11日

定一同志关于国际问题的报告

《群众》第14卷第4、5期

1949年

中原学联成立会士的专题报告 《人民日报》1949年2月8日

纪念杨贤江同志 《人民日报》1949年8月9日

1950年—1960年

帝国主义在走进坟墓 《人民日报》1950年10月9日

新哲学研究方向 《新建设》1951年第3卷第6期

彻底批判胡适派资产阶级唯心主义思想是贯彻祖国过渡时期总任务的一个重要问题 《科学通讯》1955年4月号

有计划地大力开展哲学研究工作 《人民日报》1956年4月号

对我国过渡时期的经济基础与上层建筑怎么进行研究 《哲学研究》1956年4期

否定之否定——辩证法三条基本规律之一 《哲学研究》1956年5期

在十月革命的旗帜下,为马克思列宁主义在中国彻底胜利而斗争 《哲学研究》1957年第5期

从马克思主义国家学说方面对毛主席两类矛盾说的一点体会 《哲学研究》1958年3期

大家来学点哲学 《人民日报》1958 年第 7 期

哲学的中国要求有中国化的哲学 《哲学研究》1958 年第 7 期

逻辑研究同样要联系实际 《哲学研究》1958 年第 7 期

要"敢于"革命，还要"善于"革命 《哲学研究》1958 年第 8 期

谈学逻辑 《新观察》1958 年第 9 期

宏伟的远景规划，卓越的科学理论 《哲学研究》1959 年第 1 期

唯物主义的核心问题 《人民日报》1959 年 2 月 23 日

怎样从实际中学习辩证法 《中国青年》1959 年第 4 期

在"农业八字宪法的辩证法"座谈会上的发言 《自然辩证法研究通讯》1960 年第 2 期

三、译著

1. 杜威：《明日之学校》，潘梓年、朱经农/译，商务印书馆 1923 年版

2. 哈忒：《疯狂心理》，李小峰、潘梓年/译，北新书局 1923 年版

3. 乌特窟：《动的心理学》，潘梓年/译，商务印书馆 1923 年版

4. 杜威：《教育学》，潘梓年、沈雁冰/译，商务印书馆 1926 年版

5. 琼斯：《逻辑》，潘梓年/译，商务印书馆 1927 年版

6. 柏格森：《时间与意志自由》，潘梓年/译，商务印书馆 1927 年版

7. W. J. P. Burton：《大块文章——地球及其生命的历史》，北新书局 1927 年版

8. Scott Nearing：《苏俄新教育》，潘梓年/译，北新书局 1928 年版

9. 琼斯：《逻辑归纳法与演绎法》，潘梓年/译，商务印书馆 1947 年版

10. J. 斯拉齐：《社会主义之理论与实践》，潘梓年/等译，上海杂志公司 1949 年版

刘新文/编